노인복지론

신경안 공영미 김송고 김태희
김현경 오승하 이영희 정형민
공 저

SOCIAL WELFARE WITH
ELDERS

양 성 원

머리말

전 세계적으로 인구의 고령화 현상은 장기간에 걸쳐 진행되어 왔지만 우리나라는 그 어떤 나라에서도 유래를 찾아보기 어려울 정도로 고령화 속도가 빠르게 진행되고 있다. 즉, 우리나라는 2000년에 이미 65세 이상의 노인인구가 전체 인구의 7.2%로 고령화사회로 진입하였고, 2022년에는 전체 인구의 17.5%로 고령사회에 도달했으며, 2025년에는 20.6%로 초고령사회로의 진입이 예상되고 있다.

고령사회는 사회 · 경제적인 변화와 함께 가치관도 크게 변화시키고 있다. 더불어 고령사회에서는 고령자들을 배려하는 각종 정책이 증가하고 국가사회적으로 지급하여야 할 공적 부담도 증가하게 되었다. 또한 고령자 인구의 증가는 생산가능인구의 감소로 이어져 노동력의 부족을 가져오며 고령화의 또 다른 측면에서 고령자들의 질병, 외로움, 역할 부재, 빈곤 등의 다양한 문제도 나타나게 되었는데, 이러한 급변하는 환경 속에서 노인에 대한 사회복지사로서 관점을 정립하고, 다양한 수준에서 노인복지에 접근하는 방법을 학습하며, 노인문제를 해결하는 능력을 함양하는 것이 무엇보다 시급하다고 할 수 있다.

따라서 본 책은 우리나라의 노인복지정책을 이해하고 탐구함으로써 한국 노인복지의 현주소와 문제점 및 개선방안을 알아보고, 노인복지서비스 실천 방법들을 익힘으로써 사회복지사로서의 실천 능력을 키우는 것을 목적으로 하였다. 이를 위해 한국사회복지교육협의회(2020)의 '사회복지학 교과목 지침서'를 준수하여 총 3부 13장으로 구성하였다.

1부 노인과 노화의 이해에서는 3개의 장으로 구성하였는데, 1장 노인과 고령사회의 이해에서는 노인 관련 용어와 개념 정의, 고령사회의 인구학적 변화와 사회적 영향 및 노인을 둘러싼 사회문제와 노인복지 과제에 대해 소개하였고, 2장 노화 관련 신체적 및 심리적 이해에서는 인간의 노화, 신체적 노화, 심리학적 노화 및 신체적 · 심리적 노화의 주요 사례를 기술하였으며, 제3장 노화 관련 사회적 이해에서는 사회학적 노화, 은퇴와 노년생활, 사회적 노화이론 및 연령통합 사회에 대해 소개하였다.

2부 노인복지 정책 및 제도의 이해에서는 6개의 장으로 구성하였는데, 4장 노인복지의 개관에서는 노인복지의 이해, 노인복지의 역사, 노인복지의 원칙과 주요내용 및 노인복지정책 및 실천체계에 대해 소개하였고, 5장 노년기 소득실태와 소득보장에서는 노인의 빈곤, 노인의 소득실태, 노인소득보장정책 및 노인소득보장정책의 문제점과 개선방안에 대해 기술하였으며, 6장 노년기 고용과 고용지원에서는 노인고용의 의미와 실태, 노인고용지원정책 및 사회적 노인일자리 사업에 대해 소개하였고, 7장 노인기 건강과 의료보장에서는 노인건강, 노인의 건강현황 및 노인건강보장정책에 대해 기술하였으며, 8장 노인의 돌봄니즈와 장기요양 및 주거정책에서는 노인돌봄, 장기요양보호, Aging in Place(AIP) 및 노인 주거문제와 주거정책에 대해 소개하였고, 9장 노년기 사회참여 및 사회적 관계에서는 노인사회참여활동의 개념, 노인사회참여활동의 유형, 노인사회참여와 관계의 현황 및 노년기의 사회적 지지와 상호작용에 대해 기술하였다.

3부 노인복지실천 및 개입방법의 이해에서는 4개의 장으로 구성하였는데, 10장 노인복지실천에서는 사회복지실천의 개념과 모형, 노인복지실천의 의의와 구성체계, 노인복지실천의 과정, 노인복지실천의 기술 및 노인복지실천의 개입수준과 역할에 대해 소개하였고, 11장 노인사례관리에서는 사례관리의 이해, 사례관리의 과정 및 사례관리 실천모형에 대해 기술하였으며, 12장 노인인권실천에서는 노인학대의 개념 및 위험요인, 노인학대의 판정기준 및 유형, 노인학대에 대한 이론, 노인학대의 현황, 노인학대에 대한 사회제도 및 성년후견제도에 대해 소개하였고, 13장 노인 관련 다양한 사회문제와 사회복지 제안에서는 노인의 정신건강, 노인의 가족관계, 노인의 여가활동, 노인의 죽음수용, 노인과 성 및 고령친화산업에 대해 기술하였다.

본 책을 통해 사회변화에 따른 노인의 변화와 노인에 대한 다양한 관점들을 이해하고, 한국사회 노인들이 경험하는 문제들을 바탕으로 사회복지 대책과 개입 방안을 모색해 보기를 바란다. 또한 우리나라의 노인복지정책을 이해하고 노인복지전달체계 및 관련 법률을 학습하며, 노인복지실천의 방법론을 이해하고 노인복지 대상별로 특화된 서비스를 효과적으로 제공할 수 있는 방법을 학습하길 바란다.

끝으로 이 책의 출판을 허락해 주시고 좋은 책이 될 수 있도록 편집에 힘을 써 주신 양성원 출판사의 강철원 사장님을 비롯해 임직원 여러분들께도 깊은 감사의 마음을 전한다.

2023년 7월

저자 일동

차 례

PART 2 노인복지 정책 및 제도의 이해

PART 1

노인과 노화의 이해

Chapter 01

노인과 고령사회의 이해

배울 내용

1. 노인 관련 용어와 개념 정의
2. 고령사회의 인구학적 변화와 사회적 영향
3. 노인을 둘러싼 사회문제와 노인복지 과제

학습목표

1. 노인의 개념 및 노인문제의 개념을 설명할 수 있다.
2. 고령사회의 인구학적 변화와 사회적 영향을 파악한다.
3. 노인의 사회문제를 파악하고 노인복지 과제의 해결방안을 모색해 본다.

1. 노인 관련 용어와 개념 정의

1) 노인의 개념

일반적으로 '노인'을 정의하는 데 개인의 신체적 특성이나 사회 · 문화적 차이에 따라 그 기준이 서로 다르지만, 대체로 나이라는 기준을 통해 노인의 개념을 규정하고 있다. 구체적으로 UN에서는 노인의 기준을 65세로 규정하고 있고, 국내에서는 「노인복지법」에서 노인을 65세 이상인 자로, 국민연금수급 대상자 선정에서는 노인을 60세 이상인 자로, 기초노령연금제도나 각종 경로우대제도는 65세를 노인의 기준으로 하고 있다(김청자 외, 2012).

이와 같이 나이를 기준으로 노인을 구분하는 것이 일반적이지만, 인간의 발달은 단순히 시간의 경과에 따라 이루어지는 것이 아니기 때문에 나이로만 노인을 규정짓는 것이 반드시 옳은 것은 아니라는 논의도 많다. 왜냐하면 발달의 속도가 개인마다 다를 뿐만 아니라 같은 사람이라도 어떤 면은 빨리 성장하고 또 다른 면은 느리게 성장하기 때문이다.

따라서 나이에 대한 개념 정의의 한계를 벗어나 기능적인 측면에서 노인을 규정하고자 하는 의견도 있다. 이 관점에서는 생물학적 연령(biological age), 심리적 연령(psychological age) 그리고 사회적 연령(social age)으로 노인을 구분하기도 한다(정옥분, 2008). 생물학적 연령은 개인이 어느 정도로 신체적 활력을 갖고 있는가를 의미하는 것으로서 나이와 가장 밀접하게 관련이 있다. 생물학적 연령은 출생 이후 계속 성장을 하다가 20대를 전 · 후해서 천천히 하강 내지는 유지하며, 60세를 전후로 해서 급격한 쇠퇴를 나타내는 것으로 알려져 있다(Cross, 1982). 그러나 중요한 사실은 이러한 생물학적 연령이 나이와 반드시 일치하는 것은 아니며 또한 모든 개인에게 동일하게 적용되는 것도 아니라는 것이다. 즉, 생물학적 연령은 개인마다 큰 차이가 있다. 생물학적 연령은 개인의 신체적 건강수준에 따라 측정되기 때문에 유전적 요소와 운동량, 식사, 그가 경험한 사고의 종류와 횟수, 흡연과 음주 등 생활습관, 그리고 생활환경 등의 영향을 받는다(정옥분, 2008). 그렇기 때문에 규칙적으로 운동을 하는 60세 성인이 전혀 운동을 하지 않는 50세 성인보다 생물학적 연령이 더 낮을 수 있다(남선경, 2012).

심리적 연령은 심리적 성숙도를 의미하는 것으로 나이가 같은 사람들과 비교하여 환경변화에 얼마나 잘 적응하며 예기치 않은 생활사건이 주는 스트레스에 얼마나 잘 대처하는가에 의해 측정된다. 이러한 심리적 연령은 개인에 따라 차이가 크다. 다양한 개인차가 나타나는 원인은 유전적 요인, 환경적 요인, 각 개인이 그 자신의 삶의 과정에 영향을 주는 방식에서부터 초래되는 개별화의 효과, 그리고 다양한 종류의 질병 등의 영향을 받는다고 볼 수 있다. 따라서 심리적 연령은 나이에 따른 일률적인 과정이 아니라는 점이 강조된다(Baltes & Baltes, 1990).

사회적 연령은 개인이 속한 사회에서 자신의 연령에 적합한 역할을 얼마나 훌륭히 수행하는가를 의미하는 것으로 우리 사회에서 하나의 규범으로 정해진 나이를 말한다. 사회적 연령은 나이와 밀접한 관련이 있다. 취업, 결혼, 출산, 은퇴 등에 적절한 나이가 있다는 사회적 기대가 형성되어 있어 사람들은 이 같은 사회적 시간대에 자신의 주요 인생사건을 맞추려는 경향이 있다. 과거에 비하여 평균수명이 연장되고 노년층의 건강상태가 보다 향상되었음에도 불구하고 하나의 규범으로 정해진 사회적 연령은 과거 관습에서 벗어나지 못하고 있다.

특히 강제정년에 의하여 노년층은 일정 연령에 이르면 직장에서 도태되기 십상이다. 정년제도가 처음으로 도입될 당시 우리나라 사람들의 평균수명은 남녀 각각 54.9세와 61.0세였으나 2022년 우리나라 사람들의 평균기대수명은 남녀 각각 80.6세와 86.6세로 25세 이상이 증가했음에도 불구하고 정년연령은 그 당시의 수준을 유지하고 있다. 또한 의료기술의 발달과 풍부한 영양 섭취로 평균수명은 계속 증가할 것으로 전망되므로, 건강하고 일을 계속할 능력을 가진 노년층에게 고용을 연장해 주고, 적절한 분야에 재배치하기 위한 노력뿐 아니라 시대상에 맞춘 사회적 연령의 변화가 필요하다.

지금까지 살펴본 바와 같이, 노인을 정의할 때 가장 일반적인 것은 나이에 의한 개념으로서 우리나라의 경우 65세 이상을 노인으로 분류한다. 하지만 발달이 단순히 시간이 경과하는 것으로 이루어지는 것이 아니기 때문에 여러 가지 기능적 연령도 함께 고려되어야 한다. 기능적 연령은 크게 생물학적 · 심리적 · 사회적 연령으로 분류될 수 있다. 생물학적 연령은 개인의 신체적 활력과 관련되고, 심리적 연령은 심리적 성숙도를 의미하며, 사회적 연령은 사회의 규범으로 정해진 나이를 말한다. 이때 생물학적 · 사회적 연령은 나이와 밀접한 관련이 있지만, 이것이 나이와 일치하는 것은 아니며 모든 개인에게 동일하게 적용되지도 않는다. 즉, 모든 기능적 연령은 나이와 관련이 있지만 나이가 많다고 해서 각 기능적 연령이 높은 것은 아니라는 것이다. 따라서 단순히 나이만으로 노인을 구분 짓는 것보다는 기능적 연령을 고려하여 노인을 이해하는 것이 필요하다. 특히 사회적 연령 중 정년제도의 나이는 과거에 비하여 평균수명이 연장되고 노년층의 건강상태가 보다 향상되었음을 고려하여 상향 조정될 필요가 있다(남선경, 2012).

2) 노인문제의 개념

노인문제란 노령에 수반되는 생활상의 갖가지 곤란이라고 할 수 있다. 노년기에 접어들면서부터 경제적으로 자립하지 못하고, 건강이 악화되며, 의지할 곳이 마땅하지 못하여 어려운 생활을 하게 되는 사람이 많아진다. 변화하는 사회에 적응하지 못해 노인들은 사회적 부적응을 겪게 된다. 이런 곤란은 인간으로서의 사회생활의 기본적인 욕구가 충족되지 않은 상태를 말한다. 여기서 노년기의 기본욕구는 경제적 안정, 직업적 안정, 가족관계의 안정, 의료와 건강의 보장, 교육의 기회, 사회협동의 기회,

문화 · 오락의 기회 등을 생각할 수 있다.

전통적으로 노인문제는 노인이 겪고 있는 세 가지 고통(三苦), 즉 빈고(貧苦), 병고(病苦), 고독고(孤獨苦)를 일컬었다. 이것을 노인의 3악(三惡)이라고도 한다. 이것이 오늘날 산업사회가 도래하면서 은퇴 이후의 기간이 연장됨에 따라 무위고(無爲苦)를 덧붙여 사고(四苦)를 노인들이 당하는 일반적인 고통으로 여기고 있다.

노인이 퇴직 후 소득감소에서 오는 생계비 문제, 노후에 자주 경험하는 만성질환과 심신 쇠약으로 인한 건강문제, 은퇴 후 가정과 사회에서의 역할상실 및 지위의 저하, 그리고 결과적으로 나타나는 고독감, 소외감 등은 현대노인들이 당면하고 있는 공통적인 문제이다.

대체로 개발도상국에서의 노인문제는 빈곤과 질병이며, 선진국에서는 노인의 이런 빈곤과 질병은 사회보장제도로 해결해 나가고 있으므로 여가활동이나 사회참여 그리고 소외감 등의 사회 · 심리적 문제들을 노인복지의 중요한 과제로 다루고 있다.

한국사회에서 노인문제와 노인의 욕구는 노인이 처해 있는 사회 · 경제적 조건에 따라 다양하다. 즉, 농어촌에 살고 있는 노인과 도시에 살고 있는 노인이 갖는 문제의 성격이 서로 다르고, 자녀와 함께 사는 노인과 따로 사는 노인들이 경험하는 문제와 욕구는 매우 상이하다. 노인문제는 일반적으로 도시에서 더욱 심한 것으로 생각하기 쉬우나 실제로는 농어촌의 경우와 저소득층 노인이 더 심각하다.

2. 고령사회의 인구학적 변화와 사회적 영향

1) 고령사회의 도래

이미 많은 선진국에서 인구고령화가 장기간에 걸쳐 진행되어 왔지만 우리나라는 그 어떤 나라에서도 유래를 찾아보기 어려울 정도로 고령화 속도가 빠르게 진행되고 있다. 우리나라는 2000년에 이미 65세 이상의 노인인구가 전체 인구의 7.2%로 '고령화사회'로 진입하였다. **그림 1-1**과 **표 1-1**에 의하면, 우리나라 인구구조가 2022년 65세 이상 고령인구는 우리나라 전체 인구의 17.5%인 901만 8천 명으로 고령사회에 있으며, 고령인구 비중은 계속 증가하여 2025년에는 20.6%로 우리나라가 초고령사회에 진입하고, 2035년에는 30.1%, 2050년에는 40%를 넘어설 것으로 전망되고 있다.

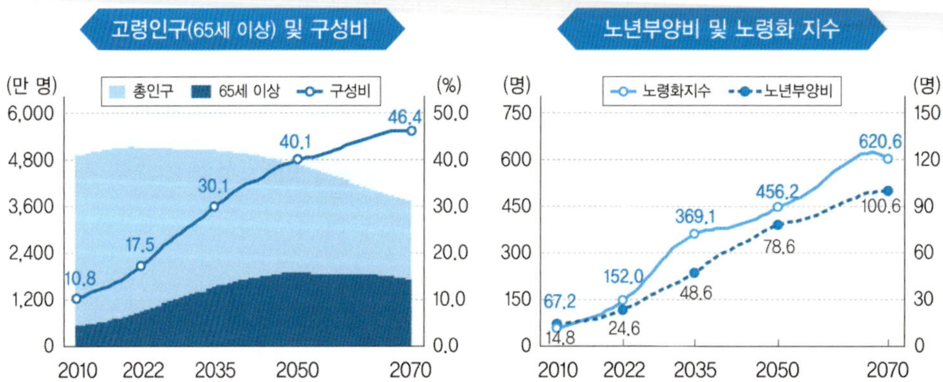

그림 1-1. 고령인구

자료: 통계청, 「장래인구추계: 2020~2070년」.
출처: 통계청(2022). 2022 고령자 통계.

표 1-1. 인구 추이 (단위: 천 명, %, 생산연령인구 100명당 명, 유소년인구 100명당 명)

	총인구	65세 이상	구성비[1]	노년부양비[2]	노령화지수[3]
2010	49,554	5,366	10.8	14.8	67.2
2020	51,836	8,152	15.7	21.8	129.3
2022	51,628	9,018	17.5	24.6	152.0
2025	51,448	10,585	20.6	29.7	201.5
2030	51,199	13,056	25.5	38.6	301.6
2035	50,869	15,289	30.1	48.6	369.1
2040	50,193	17,245	34.4	60.5	389.5
2050	47,359	19,004	40.1	78.6	456.2
2060	42,617	18,683	43.8	90.4	570.6
2070	37,656	17,473	46.4	100.6	620.6

자료: 통계청, 「장래인구추계: 2020~2070년」.
주: 1) 구성비 = 고령인구(65세 이상) ÷ 총인구 × 100.
2) 노년부양비 = 고령인구(65세 이상) ÷ 생산연령인구(15~64세) × 100.
3) 노령화지수 = 고령인구(65세 이상) ÷ 유소년인구(0~14세) × 100.
출처: 통계청(2022). 2022 고령자 통계.

그리고 생산연령인구 100명이 부양하는 고령인구를 의미하는 노년부양비는 2022년 24.6명이며, 2035년에는 48.6명, 2050년에는 78.6명에 이를 것으로 전망되고 있다. 또한 유소년인구 100명이 부양하는 고령인구를 의미하는 노령화지수는 2022년 152명이며, 2035년 369.1명, 2050년 456.2명으로 예상되고 있다.

2) 인구고령화의 요인

인구고령화의 1차적 요인은 평균수명의 연장에 있다. 우리나라 연도별 평균 기대수명 추이와 OECD 주요 국가 기대수명 현황은 그림 1-2와 같다.

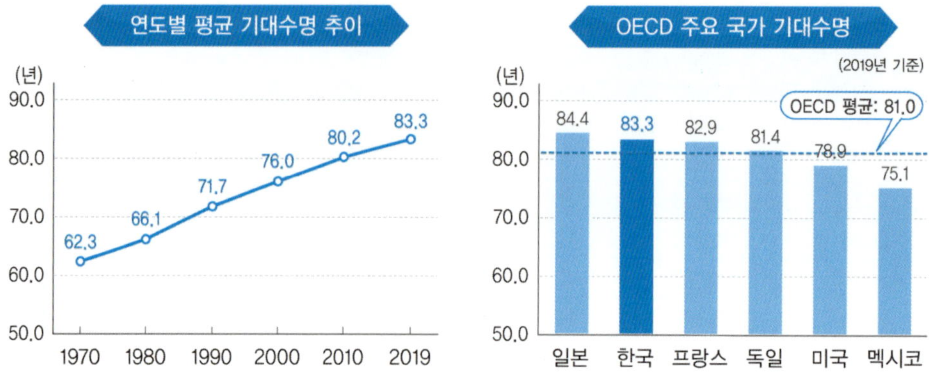

그림 1-2. **연도별 평균 기대수명과 OECD 주요 국가 기대수명**

현재 세계 최고의 장수국가는 일본이다. 그림 1-2에 의하면 일본인의 평균수명은 2019년 기준 84.4세로 세계 1위이고 우리나라는 83.3세로 2위이다. 종전에는 평균수명의 연장에 영유아 사망률의 감소가 주된 영향을 미쳤으나 최근에는 고령자의 사망률 감소의 영향이 더 크다.

1970년 통계를 집계한 이래 해당 연도 출생아의 기대수명은 꾸준히 증가세를 보였는데, 2019년에는 처음으로 83년을 넘어 경제협력개발기구(OECD) 국가 평균(81.0년)보다 2년 이상 긴 것으로 나타났다. 성별로는 남성이 80.3년, 여성은 86.3년으로 나타났다. 여성과 남성 간 격차(6.0년)는 1985년(8.6년)을 정점으로 줄어드는 추세이다. 경제협력개발기구(OECD) 평균과 비교하면 남성은 2.2년, 여성은 2.9년 더 높다. 여성은 OECD 회원국 중 일본(87.3년) 다음으로 높았고, 남성은 11위였다. 1999년엔 남성과 여성 각각 OECD 평균보다 0.6년, 0.7년 낮았으나 의학기술 발달 등으로 빠른 속도로 개선되고 있다.

이와 같은 노령기간의 연장은 생물적인 존재로서의 삶을 넘어 심리적 및 사회적 존재로서의 가치 있는 삶을 추구하려는 욕구 충족의 필요성을 더욱 높여 주게 될 것이고, 이에 따라 다양한 사회복지서비스의 필요성을 증대시킬 것이다.

3. 노인을 둘러싼 사회문제와 노인복지 과제

오래 사는 것이 더 이상 축복이라고 할 수 없는 고령사회에서 저출산에 따른 고령자 인구의 지속적인 증가는 사회·경제적인 변화와 함께 가치관도 변화시키고 있다. 고령사회에서는 고령자들을 배려하는 각종 정책이 증가하고 국가·사회적으로 지급하여야 할 공적 부담도 증가하게 된다. 또한 고령자 인구의 증가는 생산가능인구의 감소로 이어져 노동력의 부족을 가져오며 고령화의 또 다른 측면에서 고령자들의 질병, 외로움, 역할 부재, 빈곤 등의 문제도 나타난다. 사회적으로는 표 1-2와 같은 문제들이 나타나고 있다(이나겸, 2019).

표 1-2. 고령사회의 문제점

구분	내용
고령자의 지위 변화	고령자의 사회적 지위는 고령자가 위치하는 계급에 따라서 큰 차이를 보이고 있다. 특히 산업화는 고령자의 지위를 결정하는 주요 변수로 지적된다. 우리나라도 산업화의 영향으로 확대가족이 붕괴되면서 혈연단위가 감소하고 전통적인 효사상이 약해져 고령자의 지위가 낮아졌다. 즉, 가족이나 공동체 내에서 고령자의 기반이 약해지고 무너지는 양상이 나타나고 있다.
고령자의 역할 변화	역할의 정의는 학문 분야에 따라 다양하다. 사회학에서는 사회적 지위와 위치를 중심으로, 심리학에서는 자아중심의 개념으로, 인류학에서는 문화적 기대로 정의하고 있다. 한편 상호작용의 관점에서 공식적·비공식적 역할을 만들 수 있으며 인생의 전환기에는 다양한 역할을 획득하며 획득한 역할은 변화하기 마련이므로 역할의 전환에 스스로 대비할 수 있어야 한다. 고령자의 사회적 역할은 두 가지 기준에서 고려되는데, 첫째, 공식성과 비공식성으로 고령자의 사회적 역할이 수행되는 영역이 공식적인 영역인지, 비공식적인 영역인지의 여부이다. 둘째, 유급과 무급으로 역할 정체성이 유급에 의하여 규정되는지, 무급에 의하여 규정되는지의 여부이다. 공식적 영역으로 유급에 의한 기준은 경제활동과 관련이 되며 비공식적인 영역에서 무급으로 수행되는 고령자의 역할은 가족 돌봄, 봉사활동 등의 사회참여와 관련되는 것이다. 따라서 노인의 경우 공식성의 역할에서 비공식성의 역할로, 유급에서 무급으로의 역할의 변화가 나타날 가능성이 높다.

구분	내용
정보의 양극화	현대사회는 디지털 미디어를 이용한 정보의 접근이 용이하다. 디지털 유목민(digital nomad)이라는 신조어처럼, 필요한 정보를 얻는 데 디지털 미디어가 기여하는 바가 크다. 정보의 발달에 따라 젊은층을 중심으로 정보화 교육이 전개되었던 반면, 정보화 교육의 기회가 상대적으로 적었던 고령층에서는 정보격차(digital divide)가 두드러지고 있으며, 나아가 모바일 정보격차(mobile divide)는 더 두드러지고 있다.
교육기회의 불평등	국가는 열린학습사회 및 평생학습사회에서 국민의 학습 기회를 골고루 보장하여야 한다. 그러나 신자유주의의 시장원리에 따른 성과와 효율 위주의 교육정책은 다양한 평생교육에 참여할 수 있는 기회를 제한하고 있다. 교육기회의 불평등은 교육을 받을 기회가 차별적으로 주어지는 정도를 의미한다. 엄연히 존재하는 비문해자와 고령층 및 저소득층, 여성 및 노동자가 교육에서 점점 소외되는 경향이 있다.

그리고 빠른 속도의 노인인구의 비율증가는 사회 전반에 미치는 영향을 빨리 준비해야 하는 어려움이 있다. 즉, 선진국들은 50년, 100년에 걸쳐 완만하게 노인인구가 증가하여 노인문제에 따른 따른 사회적 파장에 대하여 대비할 시간이 있었던 반면 우리나라는 단기간에 이를 준비해야 하는 어려움에 놓여 있다.

1) 급속한 고령화의 속도

우리나라 인구고령화는 다른 나라에서는 유례를 찾아볼 수 없는 매우 빠른 진전이 그 특징이라고 할 수 있다. OECD 주요국 고령인구 비중과 OECD 주요국 초고령사회 도달 소요 연수를 살펴보면 그림 1-3, 표 1-3과 같다.

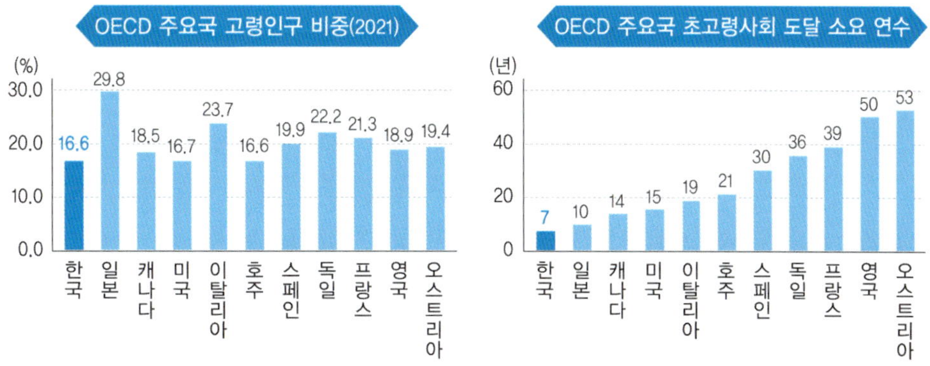

그림 1-3. OECD 주요국 고령인구 비중 및 초고령사회 도달 연수

자료: 통계청, 「장래인구추계: 2020~2070년」, UN, 「World Population Prospects 2022」.
출처: 통계청(2022). 2022 고령자 통계.

표 1-3. OECD 주요국 고령인구 비중 및 초고령사회 도달 소요 연수 (단위: %, 년)

	65세 이상 고령인구 비중		65세 이상 고령인구 비중 도달 소요 연수		
	2010년	2021년	고령사회 7% → 14%	초고령사회 14% → 20%	20% → 30%
한국	10.8	16.6	18	7	10
일본	23.6	29.8	25	10	19
캐나다	14.1	18.5	65	14	52
미국	13.0	16.7	72	15	64
이탈리아	20.4	23.7	61	19	26
호주	13.6	16.6	73	21	48
스페인	16.9	19.9	45	30	17
독일	20.5	22.2	40	36	38
프랑스	17.0	21.3	115	39	45
영국	16.3	18.9	46	50	48
오스트리아	17.6	19.4	41	53	26

자료: 통계청, 「장래인구추계: 2020~2070년」, UN 「World Population Prospects 2022」.
출처: 통계청(2022). 2022 고령자 통계.

2021년 경제협력개발기구(OECD) 주요국의 65세 이상 고령인구 비율은 대부분 7%를 넘어 이미 고령화 사회에 진입하였으며, 우리나라는 고령인구 비중이 16.6%로 영국(18.9%), 미국(16.7%) 등과 함께 이미 고령사회에 도달하였고, 일본(29.8%), 이탈리아(23.7%)를 비롯한 13개 국가는 이미 초고령사회에 진입한 것으로 나타났다. 그리고 우리나라가 초고령사회(65세 이상 고령인구 비중 20%)에 도달하는 속도는 OECD 주요국에 비해 빠르게 진행되고 있는데, 고령사회에서 초고령사회 도달 소요 연수(65세 이상 고령인구 비중 14% → 20%)는 오스트리아 53년, 영국 50년, 미국 15년, 일본 10년에 비해 우리나라는 7년에 불과할 것으로 전망되고 있다.

2) 고령인구의 성별 및 연령대별 차이

고령인구의 성별 및 연령대별로 차이를 보일 것으로 예상되며, 이것에 따른 다양한 문제들이 발생될 것으로 예상된다. 구체적인 고령인구의 성별 및 연령대별 차이는 그림 1-4, 표 1-4와 같다.

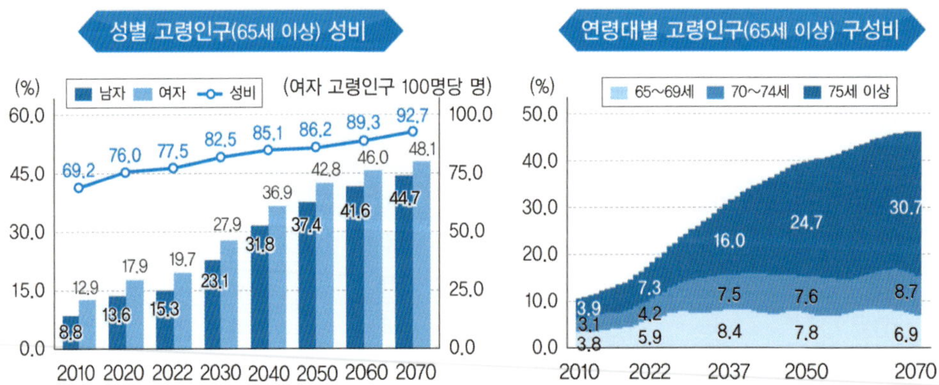

그림 1-4. 성별 및 연령대별 고령인구

자료: 통계청, 「장래인구추계: 2020~2070년」.
출처: 통계청(2022). 2022 고령자 통계.

표 1-4. 성별 및 연령대별 고령인구(65세 이상) (단위: 천 명, %, 여자 고령인구 100명당 명)

	65세 이상	성별					연령별					
		남자	고령 비중[1)]	여자	고령 비중[1)]	성비[2)]	65~69세	구성비[3)]	70~74세	구성비[3)]	75세 이상	구성비[3)]
2010	5,366	2,194	8.8	3,172	12.9	69.2	1,878	3.8	1,540	3.1	1,948	3.9
2020	8,152	3,521	13.6	4,631	17.9	76.0	2,662	5.1	1,990	3.8	3,499	6.8
2022	9,018	3,939	15.3	5,080	19.7	77.5	3,063	5.9	2,168	4.2	3,787	7.3
2025	10,585	4,694	18.3	5,891	22.9	79.7	3,685	7.2	2,533	4.9	4,367	8.5
2030	13,056	5,901	23.1	7,156	27.9	82.5	4,027	7.9	3,532	6.9	5,497	10.7
2037	16,177	7,414	29.4	8,763	34.4	84.6	4,272	8.4	3,789	7.5	8,116	16.0
2040	17,245	7,928	31.8	9,317	36.9	85.1	4,172	8.3	3,980	7.9	9,093	18.1
2050	19,004	8,795	37.4	10,209	42.8	86.2	3,709	7.8	3,619	7.6	11,676	24.7
2060	18,683	8,816	41.6	9,867	46.0	89.3	3,500	8.2	3,099	7.3	12,084	28.4
2070	17,473	8,403	44.7	9,070	48.1	92.7	2,614	6.9	3,288	8.7	11,571	30.7

자료: 통계청, 「장래인구추계: 2020~2070년」.
주: 1) 성별 고령비중 = 성별 고령인구(65세 이상) ÷ 성별 인구 × 100.
2) 성비 = 남자 고령인구(65세 이상) ÷ 여자 고령인구(65세 이상) × 100.
3) 연령별 구성비 = 고령 연령대별 인구 ÷ 총인구 × 100.
출처: 통계청(2022). 2022 고령자 통계.

2022년 고령인구 성별 비중은 여자가 19.7%, 남자가 15.3%로 여자의 고령인구 비중이 남자보다 4.4% 높았으며, 65세 이상 여자 고령인구 100명당 남자 고령인구는 2022년 77.5명에서 계속 증가하여 2050년 86.2명으로 전망되고 있다. 그리고 2022년 전체 인구의 17.5%인 65세 이상 고령인구의 연령대별 구성비를 보면, 65~69세 5.9%, 70~74세 4.2%, 75세 이상이 7.3%로 나타났다. 이는 2022년 65~74세 인구는 523만 1천 명으로 75세 이상 인구보다 144만 4천 명 더 많으나, 2037년부터는 75세 이상 인구가 더 많아질 것으로 전망되는 수치이다.

여성노인들은 생애 동안 남성에 비해 취업의 기회가 제한되어 있고 연금제도를 포함한 사회보장의 수급기회에서도 제한되어 있으므로 여성노인의 경제적 지위는 열악하다. 게다가 여성노인의 대부분이 전업주부로서 가정 내 자신의 재산권을 행사하지 못하고 의존적인 존재로 인생을 보내는 것도 노후의 빈곤과 많은 관련이 있다. 그러나 남성은 노인이 됨으로써 사회생활 영역에서 은퇴하여 그로부터 배제되는 과정에서 상처를 받기 쉽다. 반면, 여성은 신체적·심리적으로 모·자녀 간, 조모·손자녀 간 유대가 유지되기 쉬워 노년 후기에 정신적 안정을 유지할 가능성이 남성에 비해 유리하다.

3) 고령인구의 지역 간 차이

고령인구의 증가는 또한 지역 간 격차를 보이고 있는데, 지역별 고령인구의 비중에 대한 현황은 **그림 1-5**, **표 1-5**와 같다.

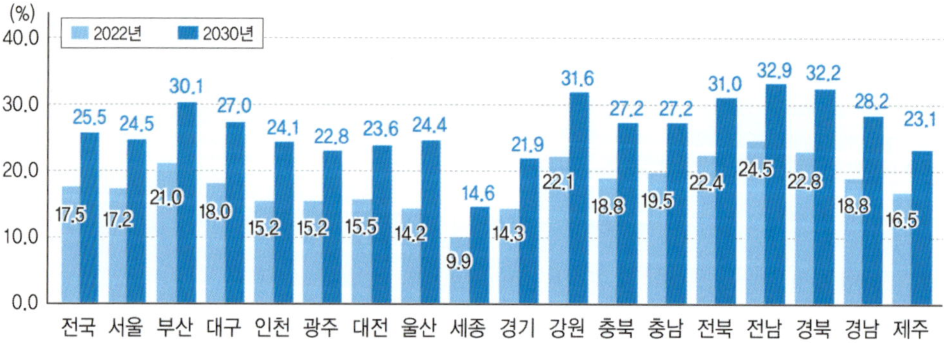

그림 1-5. 지역별 고령인구(65세 이상) 비중

자료: 통계청, 「장래인구추계(시도): 2020~2050.
출처: 통계청(2022). 2022 고령자 통계.

표 1-5. 지역별 고령인구(65세 이상) (단위: 천 명, %, 위)

	2022	고령인구 비중	순위	2030	고령인구 비중	순위	2040	고령인구 비중	순위	2050	고령인구 비중	순위
전국	9,018	17.5	–	13,056	25.5	–	17,245	34.4	–	19,004	40.1	–
서울	1,616	17.2	10	2,188	24.5	10	2,728	31.9	14	2,930	37.0	15
부산	692	21.0	5	925	30.1	5	1,085	38.4	6	1,096	43.6	6
대구	426	18.0	9	594	27.0	9	741	36.7	7	760	42.1	9
인천	451	15.2	13	714	24.1	12	980	33.2	11	1,105	39.3	11
광주	223	15.2	14	319	22.8	15	424	32.0	13	462	38.1	13
대전	229	15.5	12	330	23.6	13	433	32.3	12	471	37.8	14
울산	158	14.2	16	255	24.4	11	339	35.6	10	354	41.9	10
세종	38	9.9	17	72	14.6	17	129	22.0	17	182	28.8	17
경기	1,955	14.3	15	3,152	21.9	16	4,511	30.5	16	5,220	36.4	16
강원	337	22.1	4	484	31.6	3	636	41.4	3	700	47.2	3
충북	307	18.8	7	450	27.2	8	610	36.6	8	685	42.7	8
충남	426	19.5	6	606	27.2	7	820	36.4	9	943	43.0	7
전북	398	22.4	3	523	31.0	4	656	40.9	4	698	46.8	4
전남	433	24.5	1	559	32.9	1	702	43.2	1	754	49.5	1
경북	600	22.8	2	822	32.2	2	1,040	42.6	2	1,102	48.9	2
경남	617	18.8	8	899	28.2	6	1,183	39.1	5	1,275	46.0	5
제주	112	16.5	11	163	23.1	14	229	31.9	15	268	38.3	12

자료: 통계청, 「장래인구추계(시도): 2020~2050」.
출처: 통계청(2022). 2022 고령자 통계.

2022년 고령인구 비중이 20% 이상인 초고령사회인 지역은 전남(24.5%), 경북(22.8%), 전북(22.4%), 강원(22.1%), 부산(21.0%) 5곳이며, 2028년에는 세종(13.4%)을 제외한 우리나라 모든 지역이 초고령사회가 될 것으로 전망되고 있다. 따라서 지역 간 고령인구의 비율을 낮추고, 고령인구가 집중되어 있는 지역에 대한 개입이 필요하다고 할 수 있다.

4) 고령자 가구의 증대

고령사회에서 고령자 가구의 비율도 증대하고 있는데, 고령자 가구 비중 및 가구 유형별 구성비에 대한 현황은 그림 1-6, 표 1-6과 같다.

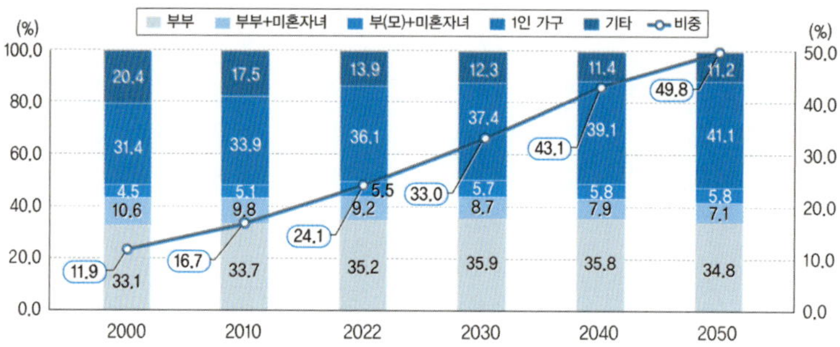

그림 1-6. 고령자 가구 비중 및 가구 유형별 구성비

자료: 통계청, 「장래가구추계: 2020~2050」.
출처: 통계청(2022). 2022 고령자 통계.

표 1-6. 고령자 가구

(단위: 천 가구, %)

	총가구	고령자 가구[1]	비중	고령자 가구 유형 및 구성비									
				부부	구성비	부부+미혼자녀	구성비	부(모)+미혼자녀	구성비	1인 가구	구성비	기타	구성비
2000	14,507	1,734	11.9	573	33.1	184	10.6	79	4.5	544	31.4	354	20.4
2010	17,495	2,923	16.7	985	33.7	286	9.8	149	5.1	991	33.9	512	17.5
2020	20,731	4,640	22.4	1,610	34.7	443	9.6	259	5.6	1,618	34.9	710	15.3
2022	21,579	5,195	24.1	1,829	35.2	480	9.2	287	5.5	1,875	36.1	723	13.9
2025	22,309	6,147	27.6	2,180	35.5	563	9.2	344	5.6	2,248	36.6	812	13.2
2030	23,180	7,654	33.0	2,746	35.9	669	8.7	435	5.7	2,861	37.4	943	12.3
2035	23,709	9,054	38.2	3,263	36.0	751	8.3	518	5.7	3,458	38.2	1,064	11.8
2039	23,870	10,103	42.3	3,632	36.0	808	8.0	581	5.8	3,925	38.9	1,157	11.4
2040	23,866	10,290	43.1	3,688	35.8	811	7.9	592	5.8	4,023	39.1	1,176	11.4
2045	23,572	10,984	46.6	3,885	35.4	815	7.4	632	5.8	4,410	40.1	1,243	11.3
2050	22,849	11,375	49.8	3,958	34.8	812	7.1	658	5.8	4,671	41.1	1,276	11.2

자료: 통계청, 「장래가구추계: 2020~2050」.
주: 1) 가구주의 연령이 65세 이상인 가구.
출처: 통계청(2022). 2022 고령자 통계.

2022년 가구주 연령이 65세 이상 고령자 가구는 519만 5천 가구로 전체 가구의 24.1%로 나타났다. 65세 이상 고령자 가구는 계속 증가하여 2039년에는 천만 가구를 넘고, 2050년에는 우리나라 전체 가구의 약 절반(49.8%)이 고령자 가구가 될 것으로 전망되고 있다. 또한 2022년 가구 유형별로 보면, 1인 가구(36.1%), 부부(35.2%), 부부+미혼자녀(9.2%), 부(모)+미혼자녀(5.5%) 순으로 나타났다.

독거노인들은 홀로 살면서, 때로 가족들로부터 부양이 있겠지만, 그 지원은 동거하는 노인들에 비해 제한된다. 따라서 노인기의 고립, 고독, 무력감이 더욱 증폭될 수 있다. 특히 취약계층의 상당수는 독거노인이며, 이들은 일상생활수행능력과 도구적 일상생활수행능력이 낮아서 타인에 대한 의존도가 높기 때문에 이러한 노인들에 대한 개입이 무엇보다 필요하다고 할 수 있다.

5) 노년부양비의 증대

노년부양비는 2021년 기준 23.0%로 11년 전인 2010년 14.8%에 비해 8.2% 증가하였고, 이는 향후 2025년에 29.3%, 2030년에는 38.2%로 계속 증가할 것으로 전망된다.

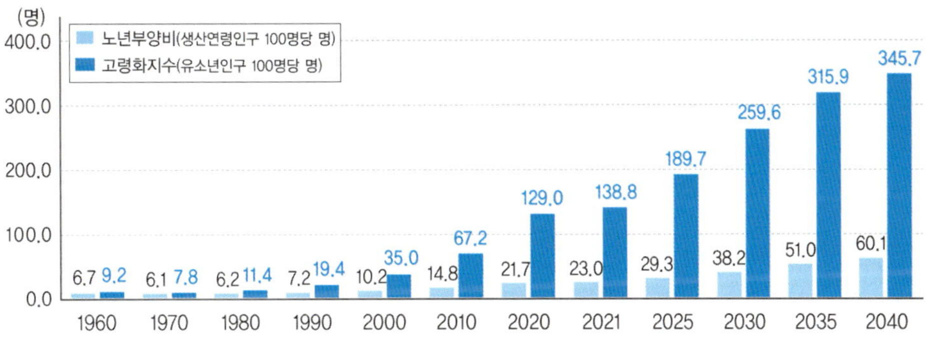

그림 1-7. 연령별 부양비 변화 추세

출처: 통계청(2021). 2021 고령자 통계.

이런 추세로 나간다면 2020년의 경우 생산가능인구 4.6명이 노인 1명을 부양했다면, 2030년에는 2.7명이 노인 1명을 부양해야 할 것이다. 2010년 고령화지수는 67.2로 유소년인구(0~14세) 100명당 노인인구가 67명이지만, 2030년에는 212.1로 크게 높아질 것으로 전망된다. 이러한 현상을 그림 1-7에서 살펴보면, 65세 이상 노인부양지수는 2010년에는 15.1(전체부양비 36.9%), 2020년에는 21.7(전체부양비 39.7%)이 되어 생산인구 10명이 4명을 부양하게 되는데, 이 중 2명이 노인이라는 심각한 상황이 될 것으로 예상된다. 2030년에 이르면 노년부양비가 현재보다 3배 증가할 것이고 노년부양비와 고령화지수가 높아질수록 노인복지문제가 사회적 이슈로 대두될 것이다.

6) 보건의료비 지출의 증대

경제발전과 함께 진행된 고칼로리 중심의 서구식 식생활과 좌식 중심의 도시환경의 확산, 환경위생과 보건의료기술의 발전 등으로 노인들의 질병패턴도 변화하고 있다. 이들 요인들이 복합적으로 작용함으로써 현대의 질병은 과거의 급성전염질환 중심에서 만성퇴행성 질환의 비중이 점점 증가하고 있다. 만성질환이란 여러 가지 위험요인이 복합적으로 작용하여 발생하는 질병들로서 1년 이상 지속되는 질환을 의미한다. 대표적인 만성질환으로 간주되는 당뇨, 고혈압, 심혈관질환 등에서 볼 수 있듯이, 만성질환은 일반적으로 발병 이후 지속적인 질병관리를 필요로 한다. 그리고 이들 질병은 장기적으로 호전과 악화가 반복되면서 그 증상이 증가하며, 결국 정상적인 상태로의 복귀가 쉽지 않게 되는 특징을 지닌다. 따라서 지속적인 질병관리의 필요성이 더욱 요구되는 특징을 가지고 있다. 더하여 노인들의 질병은 노인들의 진료비를 증대시키는데, 연도별 건강보험 노인진료비 현황은 그림 1-8, 표 1-7과 같다.

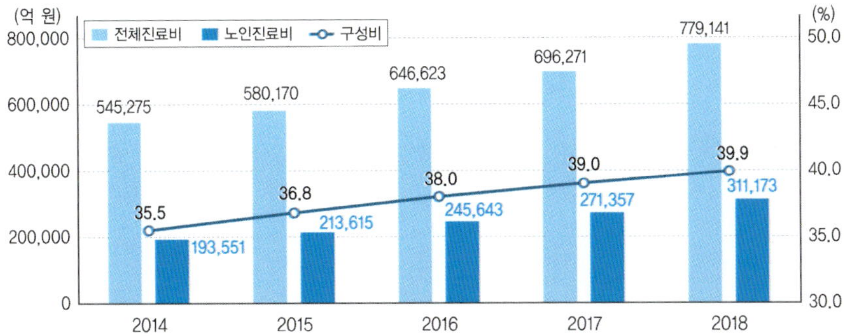

그림 1-8. 연도별 건강보험 노인진료비 현황

출처: 최대환(2019). 노인진료비 현황분석. 건강보험심사평가원.

표 1-7. 연도별 건강보험 노인진료비 현황 (단위: 억 원, %)

구분		2014년	2015년	2016년	2017년	2018년	연평균 증가율 ('14~)
전체	진료비	545,275	580,170	646,623	696,271	779,141	9.3
	증가율	7.5	6.4	11.5	7.7	11.9	
65세 이상	진료비	193,551	213,615	245,643	271,357	311,173	12.6
	(구성비)	(35.5)	(36.8)	(38.0)	(39.0)	(39.9)	
	증가율	10.4	10.4	15.0	10.5	14.7	

출처: 최대환(2019). 노인진료비 현황분석. 건강보험심사평가원.

건강보험 전체 진료비는 2014년 이후 연평균 9.3% 증가한 반면, 노인진료비는 연평균 12.6% 증가한 것으로 나타났다. 따라서 고령사회에 노인들의 질환들이 증가추세를 보이고 있어 조기진단을 통한 질병예방과 일상적인 건강관리서비스의 필요성이 증가하게 된다. 즉, 과거의 전통적인 의사와 의료기관 중심의 보건의료서비스 공급자에서 보다 다양한 영역의 건강전문가들의 참여가 요구되고 있다.

Chapter 02

노화 관련 신체적 및 심리적 이해

배울 내용

1. 인간의 노화
2. 신체적 노화
3. 심리학적 노화
4. 신체적 · 심리적 노화의 주요 사례

학습목표

1. 노화의 개념을 숙지한다.
2. 신체적 노화를 설명할 수 있다.
3. 심리학적 노화를 설명할 수 있다.
4. 신체적 · 심리적 노화를 주요 사례를 통해 익힌다.

1. 인간의 노화

1) 노화의 정의

"늙어 간다는 것"은 신체적 쇠퇴, 허약, 무기력, 생리적 기능의 쇠퇴를 의미한다. 일반적으로 노화란 스탠리 홀(Stanley Hall)이 최초로 만들어 낸 개념으로 "normal aging"과 "senescence"의 의미를 포함하는데, "normal aging(정상적 노화)"란 발생학적으로 대표적인 유기체가 정상적인 환경조건 속에서 살아가면서 시간의 흐름에 따라 자연히 일어나게 되는 변화를 의미하고, "senescence"란 생물학적 측면에서 말하는 노화로 전 생애 가운데 퇴화과정(degenerative processes)이 재생적인 생물학적 과정(regenerative biological process)을 능가하여 결국 유기체의 파괴가 일어나게 되는 시기를 말한다. 그러므로 노화의 쇠퇴과정은 정상적인 노화의 부수적인 과정으로 볼 수 있다(김선희, 1989).

폴라크(Pollak)는 노화(aging)를 변화의 과정으로 전제하고, 노화는 시간적 요소와 상관관계가 있으며, 노화란 '우리 몸의 세포, 조직, 장기 등 신체 전반에 끊임없는 진보 및 퇴화적인 변화를 일으키는 현상'이라고 말하고 있다. 즉, 쇠퇴의 의미뿐만 아니라 진보되는 것, 즉 조금 더 나아지는 것들도 노화의 의미에 포함시키고 있음을 알 수 있다(김정희, 1998).

인간은 연령이 증가하면서 호르몬 체계의 활성능력이 저하되고 근육의 질량이 감소하는 반면, 체지방은 증가하여 젊은 사람에 비해 노인의 운동력은 떨어지게 된다. 대부분의 영양분과 호르몬, 미네랄[1]과 비타민 등은 콜라겐[2]과 엘라스틴[3]이 주성분을

1) 미네랄은 필요한 영양소이기 때문에 부족하면 만성피로를 느낄 수 있으며, 대부분 여러 음식에 고루 분포되어 있기 때문에 평상시 편식을 하지 않는 습관이 매우 중요하다. 미네랄에는 유기 미네랄과 무기 미네랄이 있으며, 유기 미네랄은 음식으로 섭취가 가능한 영양소이다.

2) 동물의 힘줄, 피부, 머리카락 등에 들어 있는 특수한 단백질로 교원질, 아교질이라고도 한다. 아미노산 가운데

이루고 있는 연결조직을 통과하여 뼈와 피부에 이르게 되는데, 뼈와 피부를 둘러싸고 있는 연결조직에도 나이의 증가와 함께 생리적 노화가 발생한다. 구체적으로 나이가 들면서 콜라겐의 생성이 감소하고 생성된 콜라겐도 탄력성을 잃게 되어 연결조직은 딱딱한 형태로 변하게 된다. 그 결과 호르몬과 영양분 등은 연결조직을 쉽게 통과하여 뼈와 피부로 공급되는 것이 어려워지면서 뼈는 쉽게 부러지고 피부는 탄력성을 잃어 주름이 생기게 된다. 그리고 노화현상은 유전 · 생리 · 환경적 요인 등에서 다양한 개인 차이를 보이게 되는데, 이러한 요인들에 의해 개인차를 나타낸다는 것은 유전 · 생리 · 환경적 요인 등의 변화를 통해 노화과정을 둔화시킬 수 있다는 것을 반영한다고 할 수 있다(고수현 외, 2008).

노화현상은 인간이 태어나면서부터 성장하면서 나이가 들어가는 것을 뜻하는데, 이로 인하여 나이를 먹는다는 말을 뜻하는 '가령(加齡, aging)'으로 나타내고 있다. 노화의 특징은 점진적으로 각종 기관, 조직이나 세포 등의 유기체 전반의 점진적인 변화와 시간의 흐름에 따른 반응과 조직의 쇠퇴이며, 본질적으로 외부의 환경으로부터 발생되는 것이 아닌 내재성(intrinsicality)에서 오는 것으로 나이에 따라 모든 기능의 저하가 증가되는 현상이다.

또한 인생에 있어서 피부노화는 자연스러운 현상이지만 어느 날 문득 거울 앞에서 얼굴의 주름을 보고 갑자기 지난날을 회상하면서 '그동안 무엇을 했을까?, 아니면 이제는 다 늙었구나?'라는 인생의 허무함을 느끼며, '이젠 내가 살면 얼마나 살 거냐?' 하는 생각에 매사를 다 귀찮게 생각하며, 이러한 생각들은 정신적 스트레스로 이어져 삶의 의욕을 잃게 할 뿐만 아니라 숙면을 취하지 못하며, 식욕을 잃으며, 노인들에게

글리신을 많이 함유하고 있으며, 28개 이상의 종류가 있다. 동물의 여러 부위에서 추출하여 식품, 화장품, 의약품 등으로 사용된다. 식품으로서의 콜라겐은 인체에서 아미노산으로 분해되어 흡수된다.

3) 엘라스틴(elastin)은 결합조직 내에서 탄성력이 높은 단백질이며, 수많은 체내 조직이 확장되거나 수축된 이후에 모양을 계속 유지할 수 있게 한다. 엘라스틴은 피부가 꾹 눌리거나 죄어질 때 원래 위치로 돌아올 수 있도록 도와준다. 엘라스틴은 또한 척추동물의 체내에서 중요한 지지 용량 조직이며 저장을 위해 역학 에너지가 필요하다. 인간의 경우 엘라스틴은 ELN 유전자로 변환(encode)된다.

는 신체적 질병으로 건강에 큰 손상을 가져올 수 있다. 그래서 노화의 과정은 복합적이며, 생물학 · 심리 · 사회 · 행동적인 변화들이 포함된 과정이라고 말한다. 이는 노화에 관한 연구물들이 생물 · 의학 · 사회복지 · 건축 · 심리 · 교육 · 가정학 등 여러 분야에서 발표되고 있는 것을 보아도 알 수 있다(고수현 외, 2008).

다만 노화를 신체의 각 기관과 그 기능이 시간의 진행과 함께 점진적으로 변화해 가는 생물학적 노화(biological aging)와 생활 경험에 의한 행동, 감각 및 지각, 지적 기능 그리고 자아감 등이 시간이 경과함에 따라 변화해 가는 심리적 노화(psychological aging), 그리고 연령 증가에 따라 사회적 지위나 역할이 변화해 가는 사회적 노화(sociological aging)의 세 분야로 나누어서 연구하고 있으며, 유아기의 발달을 정서 · 신체 · 언어적인 측면 등 여러 영역으로 나누어서 이야기하는 것처럼 인간의 성장이나 발달은 생물학적인 부분으로만 이해되는 것이 아니며, 이해해서도 안 될 것이다. 노화도 인간의 정상적인 성장과 발달과정의 한 부분으로서 생물학적인 변화뿐만 아니라 심리적인 변화 및 사회적 변화의 과정까지 모두 포함하는 것으로 이해하는 것이 가장 합리적인 방법이 될 수 있다.

지금까지의 내용들을 종합해 보면, 노화(aging)란 인간이 세상에 태어나서부터 사망에 이르기까지의 과정으로 성장하면서 신체 · 심리 · 사회적으로 어느 정도 기능과 활동이 왕성하다가 모든 기능과 활동이 서서히 쇠퇴되는 과정이라고 할 수 있다.

2) 성공적 노화

세계적으로 노인인구의 증가추세는 선진국에서 시작되었고 이와 관련하여 성공적인 노화에 대한 연구가 과학적, 학문적으로 연구되기 시작한 것은 1960년이다. 그리고 인생에 대한 만족의 개념에 머물던 노화의 관점은 1986년 세계노년학회의 연례회의에서 "Successful Aging" 개념이 제안되면서 "성공적 노화" 또는 "성공적 노후"에 대한 연구가 촉발되었다.

성공적 노화이론은 크게 전생애발달론, 자아통합론, 불연속 이론, 적극적 인생참여론, 최적화 이론 및 삶의 질과 주관적 안녕감 이론 등이 있으며, 이를 구체적으로 살펴보면 표 2-1과 같다(이정희, 2015).

표 2-1. 성공적 노화이론

구분	시기	내용
전생애발달론	1960년대 Erikson, Jung, Maslow, Neugarten	• 생산적 성인발달관점에서 다양한 심리적, 사회적 단계 규명 • 노화를 성장으로 보며, 발달은 노년기에도 가능한 것으로 봄 • 퇴보와 관련된 적응양식의 변화도 발달개념에 포함하고, 노인에 대한 사회적 시각과 노인 자신의 시각전환의 계기가 됨
자아통합감	1963년 Erikson	• 성숙은 자율성, 주도성과 같은 자아양식의 성장을 촉진하는 것 • 생애발달 8단계 중 마지막 단계 '자아통합 대 절망감'은 노년기 과업 • 신체적, 사회적 퇴보를 보다 더 높은 인생철학으로 자아통합의 계기로 간주
불연속이론	1979년 Neugarten	• 전기노인기: 55세~75세, 비교적 일과 가족의 구속으로부터 자유로우며, 소득활동, 새로운 것의 학습, 정치적 지식과 건강유지 • 후기노인기: 특별한 보호와 보살핌이 필요한 연약한 노인기
적극적 인생참여론 (활동이론)	1984년 Rowe와 Kahn(미국)	• 노년학의 토대, 노화는 퇴화적 과정이 아님 • 노화는 개인의 기능수행에 어떤 방해를 하는가가 중요하며, 노인들도 새로운 것을 학습할 수 있음 • 노인기에도 생활습관을 바꾸면 건강해질 수 있음 • 노인기는 건강과 기능, 친구관계 등 사회적 관계, 교육수준과 삶에 대해 도전할 수 있는 시기
최적화이론 (SOC)	1990년 Baltes와 Baltes(유럽)	• 정상적(nomal), 최적의(opimal), 병리적(pathological) 노화에는 차이가 존재 • 노화에는 개인적 다양성이 존재 • 노인의 인생후기에도 잠재능력이 존재 • 노인의 잠재능력과 가소성에는 한계가 존재 • 지식과 기술은 노인의 기능쇠퇴를 보완할 수 있음 • 연령증가에 따라 이득보다 손실이 증가하는 경향이 있음 • 자아는 노년기에도 탄력적으로 유지됨

구분	시기	내용
삶의 질과 주관적 안녕감	1990년 Hughes 1989년 Ryff	• 삶의 질은 다차원적 개념으로 3가지 분리된 심리학적 영역, 즉 전생애발달, 개인적 성장, 정신건강을 통합하여 심리적 안녕감을 도출함(Hughes, 1990) • 6가지 심리적 안녕감, 즉 자기수용, 타인과 긍정적인 관계, 자율성, 환경적 숙련, 삶의 목적, 개인적 성장은 노인의 심리적 안녕감에 매우 중요한 요소(Ryff, 1989)

노화이론 전기에는 에릭슨(Erikson), 융(Jung), 매슬로우(Maslow), 뉴거튼(Neugarten) 등이 전생애발달론을 주장하였다. 이들은 생산적 성인발달관점에서 다양한 심리적, 사회적 단계를 규명하고, 노화를 성장으로 보며, 발달은 노년기에도 가능하다고 주장하였다. 그리고 퇴보와 관련된 적응양식의 변화도 발달개념에 포함하였는데, 이것은 노인에 대한 이전의 사회적 시각과 노인자신의 시각전환의 계기가 되었다.

자아통합론은 에릭슨이 주장하였다. 그에 의하면 성숙은 자율성, 주도성 같은 자아양식의 성장을 촉진하는 것이다. 생애발달 8단계 중 마지막 단계 '자아통합 대 절망감'은 노년기의 과업이 된다. 그리고 신체적, 사회적 퇴보를 보다 더 높은 인생철학으로 자아통합의 계기로 삼을 수 있다고 주장하였다.

뉴거튼은 불연속 이론을 주장하였는데, 이 이론에서는 노인기를 전기노인기와 후기노인기로 구분하였다. 전기노인기는 55세~75세의 연령대로서, 비교적 일과 가족의 구속으로부터 자유로우며, 소득활동, 새로운 것의 학습, 정치적 지식과 건강을 유지하게 된다. 반면 후기노인기는 특별한 보호와 보살핌이 필요한 연약한 노인기로 정의할 수 있다.

로우(Rowe)와 칸(Kahn)은 적극적 인생참여론 또는 활동이론을 제안하였다. 이들의 연구는 노년학의 토대가 되었는데, 이들의 주장에 의하면 노화는 퇴화적 과정이 아니다. 즉, 노화는 개인의 기능수행에 어떤 방해를 하는가가 중요하며, 노인들도 새로운 것을 학습할 수 있다는 것이다. 그리고 노인기에도 생활습관을 바꾸면 건강해질 수 있으며, 노인기는 건강과 기능, 친구관계 등 사회적 관계, 교육수준과 삶에 대해 도전할 수 있는 시기이다.

미국에서는 주로 활동이론이 주도적인 흐름이었지만 유럽에서는 발테스(Baltes)와 발테스(Baltes)의 선택적 최적화모형(The model of selective optimization with compensation: SOC)이론이 주목을 받았다. 이들의 연구는 몇 가지 핵심 사항으로 요약할 수 있는데, 첫째, 정상적(nomal), 최적의(opimal), 병리적(pathological) 노화에는 차이가 존재한다. 둘째, 노화에는 개인적 다양성이 존재한다. 셋째, 노인의 인생후기에도 잠재능력이 존재한다. 넷째, 노인의 잠재능력과 가소성에는 한계가 존재한다. 다섯째, 지식과 기술은 노인의 기능쇠퇴를 보완할 수 있다. 여섯째, 연령증가에 따라 이득보다 손실이 증가하는 경향이 있다. 일곱째, 자아는 노년기에도 탄력적으로 유지된다. 따라서 이들의 이론은 노인들마다 차이가 있으며, 노인들에게도 새로운 것을 학습할 수 있는 능력과 환경에 적응하는 능력이 있다고 주장한다. 그리고 노화의 과정에서 필연적으로 일어나는 신체적 쇠퇴는 지식과 기술 등으로 어느 정도는 보완이 가능한 것으로 보았다.

삶의 질과 주관적 안녕감이론은 휴즈(Hughes)와 리프(Ryff)에 의해 주장되었다. 우선 휴즈에 의하면, 삶의 질은 다차원적 개념을 가지는데, 3가지 분리된 심리학적 영역, 즉 전생애발달, 개인적 성장, 정신건강을 통합하여 심리적 안녕감을 도출할 수 있다고 주장하였다. 휴즈의 연구를 더욱 발전시켜, 리프는 6가지 심리적 안녕감을 제안하였다. 즉, 자기수용, 타인과 긍정적인 관계, 자율성, 환경적 숙련, 삶의 목적, 개인적 성장은 노인의 심리적 안녕감에 매우 중요한 요소라고 주장하였다.

2. 신체적 노화

1) 신체적 특징

인간은 일정한 나이를 넘으면 노화에 의해서 신체활동이 서서히 둔화되고 작업능률이 저하되기 시작한다. 이러한 신체 상태 자체는 자연적 변화로 정상적인 것으로 보아야 한다. 또한 나이가 들어감에 따라 신체 내부의 기능에서도 이러한 변화를 수용해야 한다. 노화현상은 신경계통 및 혈액순환, 호흡, 소화, 배설, 생식 같은 모든 기능에 영향을 미치고 수면시간 또한 감소하게 된다. 이러한 변화에 대하여 인식하고 수용할 준비가 되어 있지 않다면 불안·욕구불만 및 스트레스 같은 심리적 반응을 초래하고, 행동과 적응력 등 모든 부분에 부정적 영향을 미칠 수도 있다(김청자 외, 2012). 이러한 신체적 특성은 나이와 가장 밀접한 관련을 갖지만, 나이와 반드시 일치하는 것이 아니며 모든 개인에게 동일하게 진행되는 것도 아니다. 노년층의 신체적 특성은 개인에 따라 큰 차이를 나타내므로 본인 스스로 자신의 건강을 지키기 위해 어떤 노력이 필요한지 알아야 한다.

2) 생물학적 노화

생물학적 노화이론은 신체적 노화현상이 왜 일어나는가를 설명한다. 생물학적 이론은 노화를 두 가지 방식으로 설명하는데, 즉 노화(老化)는 비의도적인 과정으로 결국에는 세포, 조직, 체액의 감소 또는 축소의 변화를 초래한다는 것과 노화는 환경과의 상호작용에 의한 구조상의 퇴행적 변화를 나타낸다는 것이다.

노화는 여러 가지 측면에서 정의될 수 있겠지만 생물학적 측면에서의 노화는 수정에서 시작되어 사망 시까지 계속되는 과정이며, 세포와 신체조직, 전신체기관에 걸쳐 일어나는 기능 · 구조 · 생화학적 변화로 본다. 즉, 노화란 연령증가와 더불어 신체기능이 쇠퇴해 가는 과정으로서 출생 · 성장 · 성숙이 모두 정상적인 노화과정의 일부분이라고 할 수 있으며, 노화현상(senility)은 어떤 질병이나 사고에 의한 것이 아니고, 자연적으로 일어나는 생체조직의 변화와 세포의 내인성에 기인되며, 노화는 성숙기가 끝난 시기부터 시작되며, 일반적으로는 65세 이후를 노년기라고 하지만 이 노화현상은 개인차가 매우 크다.

이러한 생물학적 노화이론은 크게 착오이론(error theory)과 예정이론(programed theory)의 두 가지로 나눌 수 있다. 전자는 외부적 혹은 환경적인 손상에 초점을 두고 있는데, 마모이론(wear & tear theory)과 불안정산소이론(free radical theory)이 그 대표적인 예다. 이에 반하여 후자는 내부적인 유전적 부호화에 초점을 둔다. 그 대표적인 이론이 헤이프릭 현상(Hayflick phenomenon)이다(Morgan & Kunkel, 2001). 이 외에도 두 가지 분류체계에 속하지 않으나 노화과정을 적절히 설명하고 있는 면역체계이론(immune system theory)이 있다. 하지만 이들 이론은 상호배타적이지 않고 부분 교차되어 있다(모선희 외, 2006; 윤형준, 2010).

(1) 착오이론과 예정이론

생물학적 노화이론은 크게 착오이론(error theory)과 예정이론(programed theory)의 두 가지로 나눌 수 있다. 전자는 외부적 혹은 환경적인 손상에 초점을 두고 있는데 마모이론(wear & tear theory)과 불안정산소이론(free radical theory)이 대표적이다. 구체적으로 먼저 마모이론(wear & tear theory)은 노화는 신체기관이 시간이 지남에 따라 마모되기 때문에 일어난다고 가정한다. 하지만 노년생물학자들은 이 이론으로는 근육성장과 발달이 어떻게 가능한지를 적절히 설명할 수 없다는 점 때문에 이를 대체적으로 지지하지 않고 있다. 그 다음은 불안정산소이론(free radical theory)으로 불안정산소

이론은 하먼(Harman)에 의해 처음으로 제안되었고, 'free-radical'이란 세포가 산소를 신진대사시킬 때 발생된 불안정한 산소분자로 이러한 분자들은 체내 단백질에 부착되어 건강한 세포의 기능을 손상시키며, 체내에서의 손상은 불안정산소가 축적되어 세포조직에 손상을 끼칠 때 노화가 비로소 일어난다는 것이다. 불안정한 산소분자들은 암과 싸울 수 있고 피부세포의 손상을 회복시키며, 저밀도 지방세포가 동맥에 부착되는 것을 방지할 수 있는 체내의 능력을 손상시킨다(Mclnnis-Dittrich, 2005). 이 이론은 세포손상이 시간이 지남에 따라 축적되고 결국 세포를 파괴시킨다는 이론적 가정 때문에 착오이론의 부류에 포함된다(모선희 외, 2006).

이에 반하여 헤이프릭 현상(Hayflick phenomenon) 이론은 내부적인 유전적 부호화에 초점을 두고 있으며, 헤이프릭(Hayflick)과 동료는 세균배양 접시에서 재배된 피부세포들이 계속해서 50번에 가까워질수록 세포복제 비율은 완화되다가 결국 정지되는 것을 확인하였다. 즉, 세포분열의 횟수는 애초에 정해져 있는데, 세포가 생명이 정지할 때까지 약 50번 정도 복제될 수 있다는 것이다. 이처럼 이 이론은 노화가 사전에 프로그램화(예정)된 세포의 사멸로 발생한다고 전제하고 있다(모선희 외, 2006).

(2) 면역이론

체내의 면역체계는 질병과 싸우고 이물질을 제거하는 데 책임이 있다. 이러한 기능을 수행하기 위하여 면역체계 바이러스, 박테리아, 비정상 세포들을 공격하는 항체를 만든다. 노화에 관한 면역이론은 질병을 인지하고 싸우는 면역체계의 능력이 나이가 증가함에 따라 감소된다고 전제한다. 따라서 비정상세포는 저지되지 않을 가능성이 커서 결국 주요 생리체계기능의 손상으로 유도하여 만성질환 상태를 초래하게 된다는 것이다(모선희 외, 2006).

3. 심리학적 노화

노인의 신체적 노화와는 달리 심리적 노화는 경제적, 사회적, 문화적인 경험과 행동양식에 따라 개인차가 심하게 나타난다. 심리적 노화를 자아개념 및 정체이론, 발달과업이론을 중심으로 살펴보면 다음과 같다.

1) 자아개념 및 정체이론

'자아개념이론(self-concept theory)'이란 다른 사람들과의 상호작용을 통해 나는 어떠한 사람인가에 대한 자아개념을 갖게 되고, 그러한 자아개념이 그 개인의 행동에 영향을 미친다는 이론이다. 킨치(Kinch, 1963)는 이러한 과정이 순환적 과정임을 밝힌 바 있다. 즉, 자신에 대한 다른 사람들의 반응(A)을 지각(P)하고 그 지각에 기초하여 자아개념(S)이 형성되며, 그러한 자신에 대한 규정방식이 자신의 행동(B)에 영향을 미치며, 이러한 행동은 다른 사람들의 반응(A)양식에 다시 영향을 미치게 된다는 것이다. 어떤 사회에서 노인들에 대한 사회적 인식이 부정적으로 묘사될 때 노인들은 긍정적 자아개념을 갖기 어렵다. 그렇게 될 경우 A-P-S-B모형에 의거하여 악순환과정을 반복하게 된다. 이 이론은 노인에 대한 차별의 경험은 자아존중감과 통제력에 유해한 영향을 끼쳐서 미래에 대한 부정적 기대감을 유발하며, 지각된 차별은 무시된 집단 구성원들의 심리적 안녕에 부정적 영향을 미친다고 가정하는 정체이론(identity theory)과 일맥상통한다(모선희 외, 2006).

2) 발달과업이론

에릭슨(1964)은 그의 인생발달이론에서 노년기의 발달단계를 자아통합(ego integrity) 대 절망(despair)으로 설명한다. 자아통합의 특성은 지금까지의 인생을 긍정적으로 받아들이고 자신의 한계성을 인정하며, 다가올 죽음까지도 수용하는 태도를 지닌다. 이와 반대로 절망의 특성은 지나온 인생을 후회하고 인생의 짧음을 한탄하며, 다시 기회가 주어진다면 다른 인생을 살아 보고 싶다는 비현실적인 생각으로 절망에 빠지게 된다. 결론적으로 노인들이 자아통합의 특성을 유지할 때 만족스러운 노후생활을 영위할 수 있다는 것이 이 이론의 핵심이다. 해비거스트(Havighurst, 1973)는 보다 구체적으로 노후에 직면해야 할 발달과제들을 가정하고 있다. 여기에는 감소된 신체적 강도와 건강에 대한 적응, 퇴직과 감소된 소득에 대한 적응, 친지의 죽음에 대한 적응, 동년배 집단과의 관계정립, 사회적 역할에 대한 유연한 적응 등이 포함된다. 이들 과제들에 어떻게 대처하는가에 따라 노인들의 노후 생활만족도가 달라진다는 것이 그의 이론의 주요 전제이다(모선희 외, 2006).

4. 신체적 · 심리적 노화의 주요 사례

노인이 경험하게 되는 신체적 변화, 심리적 변화 및 노인기 정신질환에 대한 사례를 구체적으로 살펴보면 다음과 같다.

1) 신체적 변화

노년기의 신체적 변화는 주로 노화와 관련이 많다. 즉, 피부는 양피지 같은 감촉을 가지게 되고, 탄력성을 잃으면서 주름이 잡히고 반점이 생기게 된다. 정맥이 튀어나오는 현상은 보다 보편적인 것이 된다. 남녀 모두 머리카락이 많이 성글게 되고, 남아 있는 것은 은발이나 백발이 된다. 또한 노인들은 척추의 디스크의 수축으로 인해 신장이 감소하고, 척추 사이에 있는 콜라겐의 감소는 허리를 구부러지게 만들어 체격이 줄어들기도 한다. 폐경 이후의 여성들에게서 종종 볼 수 있는 뼈에 구멍이 생기는 현상인 골다공증 때문에 골절상을 입기 쉽다. 또한 시각은 40세쯤 되면 노안이 진행되어 독서할 때 돋보기 안경을 써야 하는 경우가 많다. 청력의 점진적인 감퇴는 보통 25세 이전에 시작되어 25세 이후에는 감퇴가 보다 뚜렷해진다. 미각, 후각 및 통각과 온도에 대한 감각은 40세에서 50세경까지는 전혀 감소되지 않는다.

(1) 외적 변화

노화와 관련된 신체변화는 노화과정만이 원인은 아니다. 예를 들어, 미소 짓고, 찡그리는 것과 같이 반복되는 얼굴표정은 표정주름을 증가시키고, 자외선 노출은 노인반점과 피부를 건조하게 만들며, 운동 부족은 근육 기능을 감소시키게 된다.

사춘기 이후 나이를 먹으면서 피부는 수분을 잃기 시작하고 점점 건조해지고 주름이 생긴다. 일반적으로 여성에 비해 지성피부를 가진 남성은 피부가 좀 더 천천히 건조해지며 주름도 여성보다 늦게 생긴다. 그리고 남성이 매일하는 면도는 죽은 세포층을 제거하는 것으로 젊어 보이게 하는 효과가 있다.

피부의 피지선과 땀샘 역시 변화가 나타난다. 피지선은 기능이 거의 퇴화하지 않지만 피지분비는 감소한다. 인생 초기 단계에는 피지선이 매우 활동적이어서 피부를 매끄럽고 부드럽게 유지시켜 주지만 점차 수분이 감소해서 결국 피부는 건조해지고 때로는 갈라지기도 한다. 수분의 감소는 폐경기 여성들에게 더욱 심하게 나타난다. 땀샘은 크기, 수, 기능 면에서 감소하기 시작하고, 노년기가 되면 체온을 조절하는 능력에 영향을 미치게 된다.

피부는 얇아지고, 탄력성이 떨어지며, 혈액순환이 잘 되지 않기 때문에 안색이 나빠진다. 색소형성이 불규칙하여 색깔이 고르지 못한 얼룩이 얼굴에 생기며, 주로 자외선에 노출되어 생기게 되는 기미가 얼굴과 손등에게 나타난다.

피부표면에 가까이 있는 혈관이 팽창하게 되면 혈관문제가 발생한다. 즉, 입술 위에 정맥성 용혈이라고 하는 푸른색의 얼룩이 생길 수 있고, 얼굴에는 모세관 확장증 또는 말초혈관 확장증이 나타나기도 한다. 음낭에 푸르고 붉은 얼룩과 몸통의 선홍색의 얼룩은 노인성 혈과증이라고 한다. 또한 피부는 수분을 유지하는 능력이 감소하여 결국 건조하고 탄력이 없는 피부가 된다. 신체적 노화과정으로 인해 갈색 반점이 생기고, 얇아진 세포의 혈관이 더 느리게 회복되기 때문에 상처는 예전보다 더디게 치유된다.

대부분의 성인은 50세가 되면 흰 머리카락이 많이 생긴다. 이와 같이 머리카락의 색깔이 변하는 것은 모근에 있는 멜라닌 색소가 점차 감소하기 때문이다. 또한 중년기에는 모발이 가늘어지기 시작하며 모발의 성장도 느려지기 때문에 더 느리게 모발이 교체된다. 머리카락은 생장기, 퇴행기, 휴지기, 성장기의 주기적 변화를 경험하는데, 중년기에는 모발의 휴지기와 성장주기가 변화한다. 모발의 감소는 휴지기가 덜 길어진 결과이다. 머리를 빗을 때 매일 50~100개의 머리카락이 빠지는데, 젊었을 때에는 빠진 만큼 새로운 모발이 생겨나지만 중년기에 더 길어진 휴지기에는 휴지상태의 모발이 저절로 떨어지는 경우가 많다. 그리고 모발은 더 가늘어지고, 가늘고 색소가 없는 흰 머리카락이 두껍고 검은 머리카락을 대체하는데 심한 경우에는 교체생산이 전혀 일어나지 않는다.

치아 및 잇몸 문제는 노년기에 흔한 일이다. 치아의 색이 탁해지고, 상아질 생성이 감소하며, 잇몸이 수축되고, 골밀도가 감소하는 것은 정상적인 노화의 과정이다. 극소

수의 노인들이 오래도록 자신의 치아를 그래도 유지하는데 치아상실은 영양과 밀접한 관계가 있다. 치아가 손상되거나 빠진 사람들은 씹기가 힘들어지고 식욕을 잃는다. 결과적으로 적게 먹거나 종종 영양가가 떨어지는 유동식으로 바꾸게 된다.

(2) 내적 변화

내적 변화는 눈에 보이지 않는 노화의 증상을 말한다. 이는 신체 내에서 발생하는 퇴행성 변화이다. 즉, 노년기에 신경, 심장혈관, 호흡, 위장, 면역기관 등이 노화로 인해 쇠퇴한다고 하더라도 우리 신체가 가지고 있는 예비능력으로 인해 일상생활에서 적절한 수준을 유지할 수 있다.

성인기 동안에 뇌에서 일어나는 변화는 뇌무게의 감소, 뇌수의 회백질 감소, 신경세포의 자극전달 속도감소 등이다. 평균적으로 뇌신경 세포의 밀도는 감소하고 비효율적이 된다. 뇌의 효율성은 적당한 양의 신경전달물질의 유지 여부에서도 영향을 받는다. 신경전달물질은 뉴런 간의 신경세포의 자극전달을 중재하는 화학물질이다. 신경전달물질은 뇌의 정보유출을 통제하는데, 만약 신경전달물질의 공급이 부족하면 신경충격이 천천히 전도된다. 기억에 영향을 주는 것으로 알려진 신경전달물질 중 아세틸콜린의 수준은 연령과 함께 감소한다. 또 다른 신경전달물질인 도파민 역시 연령과 함께 감소하는데, 도파민이 극도록 감소하면 피킨스병[4]에 걸릴 확률이 높다. 신경계의 또 다른 변화는 신경단위인 뉴런의 수가 감소한다는 것이다. 성인기 동안 50% 정도가 감소한다는 주장도 있지만 아직까지 인간의 뇌세포가 어느 정도 감소하는지에 대한 정확한 통계수치는 없다. 그러나 노년기에 뇌세포가 많이 감소하고 그리고 휴지기

4) 뇌의 일부 구조물에서 신경전달물질인 도파민이 점차 결핍되어 나타나는 질환이다. 파킨슨씨병의 원인은 아직 그 정확한 원인을 알 수 없고, 알쯔하이머 치매와 같은 퇴행성 질환으로 알려져 있다. 성인의 질환으로서 주로 50세 이후에 발생하며, 행동이 느려지고 몸이 뻣뻣해지며 가만히 있을 때 몸, 특히 손등이 떨리는 증상이 특징이다. 이 외에도 무표정한 얼굴, 앞으로 쓰러질 듯한 총총걸음, 구부정한 몸자세 등도 나타나는데 서서히 진행하여 일상생활에도 지장을 주게 된다.

에 들어가기는 하지만 한꺼번에 죽어 없어지는 것은 아니다.

연령이 증감함에 따라 심장조직이 딱딱해지고 탄력성이 감소하며 심박력과 혈액의 양은 감소한다. 30세에 심장혈관의 기능을 100으로 볼 때, 50세에는 80, 80세에는 70으로 감소한다. 그러나 심장혈관 기능의 감소는 노화과정보다는 공기조절력과 더 관련이 있으므로 규칙적인 운동이 필요하다. 또한 노년기에는 심장으로부터 혈액을 공급받아 신체 각 부위로 전달하는 대동맥이 탄력성을 잃게 되기 때문에 동맥경화가 시작되기도 한다. 즉, 동맥이 딱딱해지고, 위축됨으로써 혈액이 체내로 자유롭게 흐르지 못하게 된다. 게다가 심장근육의 힘이 감소하고, 심장근육 세포의 크기와 심박력도 줄어든다.

호흡기 계통의 효율성 또한 눈에 띄게 떨어지는데, 최대 호흡량, 폐용량, 기본적 산소 소모량이 감소한다. 이 모든 것이 신진대사율을 줄어들게 한다. 중년기의 호흡능력은 30세를 100으로 보았을 때 75로 감소한다. 흉곽이 딱딱해지고 숨을 들이마시고 내쉬는 동안 가슴을 움직이게 하는 근육도 더 약해지는 경향이 있다.

소화기관은 인간이 생명을 유지하는 데에 매우 중요한 역할을 하지만 연령이 증가하면서 소화액의 생성이 감소되고 연동운동도 감소한다. 이는 신진대사와 음식물의 배설작용과 관련되기 때문에 전반적인 건강에 중요한 영향을 미친다. 노인들에게 자주 발생하는 변비의 주요 원인은 소화기 계통에서 일어나는 노화이다.

면역력은 연령이 증가하면서 약화된다. 신체는 예전만큼 면역체계로부터 이물질을 제거하는 데 효율적이지 못하다. 면역체계는 부분적으로는 신체의 피드백 체계가 쇠약해져서 효율성이 떨어진다. 또한 결함이 있는 세포의 수가 증가함에 따라 자기면역반응도 떨어진다. 이러한 면역체계의 결함은 폐렴으로 인한 노인의 사망률을 젊은 성인의 6~7배에 이르게 하고, 암과 결핵의 발생률도 높이게 된다.

2) 심리적 변화

노년기에 나타나는 심리적인 변화는 대부분 장년기로부터 시작되어 노년기로 이어지며 지적 · 정서적 · 흥미 등의 정신능력이 대부분 쇠퇴하게 되며, 노년기에는 지적 능력의 변화와 성격의 변화가 심리적 변화의 대표적인 현상이다.

(1) 지적 능력의 변화

지적 능력은 일반적으로 지능, 기억력, 학습능력 및 문제해결능력을 의미하는데, 노년기가 되면 표 2-2와 같이 지적 능력의 변화가 발생하게 된다.

표 2-2. **지적 능력의 변화**

구분	내용
지능	지능은 사람이 목적하는 행동을 합리적인 사고를 통하여 효율적으로 처리하는 종합적인 지적 능력을 말한다. 지능은 환경변인, 즉 교육수준, 생활 경험, 직업, 지능검사 당시의 신체적, 정신적 건강 상태 등에 의하여 크게 영향을 받으며, 지능검사의 변화 가운데 16~25% 정도만이 연령에 의한 영향을 받는 것으로 보고 있다.
기억력	기억과정은 감각기억과 단기기억 장기기억으로 구분된다. 모든 정보는 감각기관으로 들어오지만 선택적 주의를 통해 단기기억으로 저장시키고 시연 부호화, 인출 단계를 반복하며 장기기억으로 저장된다. 따라서 장기기억에 입력된 기억은 시간이 지나도 기억할 수 있게 된다. 노화에 따른 기억력에 대한 연구 결과는 연령이 증가할수록 노화의 과정을 거치게 되어 기억력이 저하된다는 쪽이 우세하지만 상반된 연구 결과도 존재하여 확실한 결론을 내리기는 어렵다. 하지만 노인이라도 높은 교육수준을 가지고 있거나 지식체계가 잘 구조화되어 있으면 노화에 따른 기억 저하가 그렇게 심각하지 않은 것으로 나타났다.
학습능력	학습능력은 반복이나 경험을 통하여 정보, 기술, 기능을 인지하는 능력을 말한다. 노인의 학습능력이 감퇴하는데, 노인의 학습능력을 증진하기 위해서는 충분한 시간과 의미 있고 분명하고 구체적인 학습과제를 제시하며, 학습결과에 대해서는 즉각적인 환류를 제공해야 한다.
문제해결능력	문제해결능력은 교육수준, 지능, 직업 등에 영향을 받으며, 문제해결에 대한 사전훈련을 받으면 다시 증진될 수 있다.

(2) 성격의 변화

노년기가 되면 성격의 변화를 경험하게 된다. 구체적으로 내향성 및 수동성의 증가, 조심성 및 경직성의 증가, 우울증의 증가, 과거에 대한 회상, 친숙한 사물에 대한 애착심, 의존성의 증가, 시간 전망의 변화 및 유산을 남기려는 경향이 강해지는데, 이를 구체적으로 살펴보면 표 2-3과 같다.

표 2-3. 노년기 성격의 변화

구분	내용
내향성 및 수동성의 증가	스스로 문제를 해결하기보다는 누군가에게 의존하여 문제를 해결하려는 수동적인 태도를 보인다.
조심성 및 경직성의 증가	노년기에는 모든 감각기관의 능력이 감퇴하기 때문에 신체적 · 심리적으로 불안한 상태에 있는 노인들은 매사를 조심하게 된다.
우울증의 증가	고령화 속에서 일반적으로 나타나는 현상으로 신체적 질병, 배우자의 사망, 친구의 죽음, 경제사정의 악화, 지나온 세월에 대한 회한, 노화로 인한 고독 및 소외감 등으로 우울증을 경험하게 된다.
과거에 대한 회상	과거의 인생을 회상하여 남은 시간 동안에 지금까지 해결하지 못한 것을 찾아서 새로운 해결을 시도하고 새로운 인생의 의미를 발견하려고 노력한다.
친숙한 사물에 대한 애착심	그동안 사용해 온 물건에 대한 애착이 증가하며, 이를 통해 과거 인생을 회상하고 마음의 평온을 추구한다.
의존성의 증가	노인은 신체적 · 경제적 능력의 쇠퇴로 인해 의존성이 증감하고 사회적 역할의 상실, 경제적 수입의 감소, 사회적 유대관계의 소멸 등으로 타인의 도움을 필요로 하게 되면서 의존성이 증가하게 된다.
시간 전망의 변화	40세 이후부터는 시간 전망의 변화가 나타나는데, 남아 있는 시간을 계산하고 시간이 얼마 남지 않았다는 사실을 회피하기 위해서 과거에 대한 회상에 집중하거나 또는 과도하게 미래지향적이 된다.
유산을 남기려는 경향	죽기 전에 자손, 예술작품, 기술, 지식, 재산 등 무엇인가를 남기려는 성향이 강해진다.

3) 노인기 정신질환

노인기에 경험할 수 있는 대표적인 정신질환으로 치매와 우울증에 대해 살펴보면 다음과 같다.

(1) 치매(Dementia)

① 치매의 개념

치매는 나이가 들면서 뇌세포가 후천적 외상이나 질병 등 외부적 요인과 기질적 요인에 의해 파괴되어 학습장애, 언어장애 및 지능저하를 유발시키는 병으로 정신기능이 비정상적으로 감퇴되는 복합적 임상증후군을 통칭한다. 치매의 초기 증상은 기억력 감퇴와 상실로써 몇 분 전에 발생한 사실도 망각한다.

치매라는 언어는 라틴어 'dement'에서 유래한 말로, '없다'라는 'de'와 '정신'이라는 'ment'가 합해져 '제정신이 아니다, 정신이 나갔다(out of mind)'를 의미한다. 한문으로는 '어리석을 치(癡)'와 '어리석을 매(呆)'가 합쳐진 단어로 '의심이 많아지거나 아는 것에 병이 든 상태'를 의미한다(권중돈, 2020). 주로 노인 연령층에서 나타나므로 '노망'이라는 말로도 흔히 불리며, 65세 이상 노인에게 나타난 경우에 '노인성 치매'라고 한다.

② 치매의 정의 및 유형

치매는 일상적 생활을 하기가 어려울 정도로 정신적 능력이 심각하게 낮아지는 것을 가리키는 일반적인 용어이다(Alzheimer's Association, 2020). 즉, 치매는 특정한 질병보다는 어떤 상태를 가리키고 있다.

여러 기관과 법에서는 치매에 대해 나름대로 정의해 왔다. 그동안 치매에 대해 정의한 것을 몇 가지 제시하면 다음과 같다(국가법령정보센터, 2020; 대한치매학회, 2020; World Health Organization, 2017).

첫째, 세계보건기구(WHO)에 따르면, 치매는 기억하는 것, 생각하는 것, 일상적 활동을 하는 행동과 능력이 없어진 것을 가리킨다.

둘째, 대한치매학회에 따르면, 치매는 인간의 지적 능력과 인간이 사회활동을 할 수 있는 능력이 없어진 것을 가리킨다.

셋째, 우리나라의 '치매관리법'에 따르면, 치매는 '퇴행성 뇌질환 또는 뇌혈관계 질환 등으로 인하여 기억력, 언어능력, 지남력, 판단력 및 수행능력 등의 기능이 저하됨으로써 일상생활에서 지장을 초래하는 후천적인 다발성 장애'를 가리킨다.

정리하면, 치매는 생각하고 기억하는 능력이 줄어들어서 개인이 일상적 활동을 하는 데 어려움을 겪는 장애라고 볼 수 있다.

최근 우리나라에서도 치매노인의 문제가 심각하게 인식되고 있다. 오래전부터 치매를 노망 혹은 망령이 들었다고 하면서 사회적으로 편견시 하였고 가정의 수치로 여겨왔다. 그러나 요즈음 치매가 병으로 인식되어 모든 사람들의 관심이 증가되고 있다.

치매는 생후 정상적으로 발달했던 지능이 후천적인 뇌기능 장애 때문에 영구적 혹은 비가역적으로 저하된 상태를 의미한다. 즉, 치매는 뇌의 질환으로 인해 생기는 하나의 증후군으로 대개 만성적이고 진행성으로 나타나게 된다. 가정에서 치매를 알아볼 수 있는 점검표는 표 2-4와 같다.

표 2-4. 가정에서 알아볼 수 있는 치매 점검표

영역	번호	문항	예	아니오
기억 능력	1	전화번호나 사람 이름을 기억하기 어렵다.		
	2	어떤 일이 언제 일어났는지 기억하지 못할 때가 있다.		
	3	며칠 전에 들었던 이야기를 기억하지 못한다.		
	4	오래전에 들었던 이야기를 기억하지 못한다.		
	5	일상생활에 변화가 생겼을 때 금방 적응하기가 어렵다.		
	6	중요한 일을 잊을 때가 있다.		
	7	다른 사람에게 같은 이야기를 반복할 때가 있다.		

영역	번호	문항	예	아니오
	8	어떤 일을 해 놓고도 잊어버려서 다시 반복한 적이 있다.		
	9	약 먹는 시간을 놓치기가 쉽다.		
	10	여러 가지 물건을 사러 갔다가 한두 가지를 빠뜨리기도 한다.		
	11	가스불 끄는 것을 잊어 음식을 태운 일이 있다.		
	12	남에게 같은 질문을 반복한다.		
	13	어떤 일을 해 놓고도 했는지 안 했는지 다시 확인해야 한다.		
	14	물건을 두고 다니거나 또는 가지고 갈 물건을 놓고 간다.		
언어 능력	1	하고 싶은 말이나 표현이 금방 떠오르지 않는다.		
	2	물건 이름이 금방 생각나지 않는다.		
	3	개인적인 편지나 사무적인 편지를 쓰기 힘들다.		
	4	갈수록 말수가 감소되는 경향이 있다.		
	5	신문이나 잡지를 읽을 때 이야기 줄거리를 파악하지 못한다.		
	6	책을 읽을 때 같은 문장을 여러 번 읽어야 이해가 된다.		
	7	TV에 나오는 이야기를 따라 하기가 힘들다.		
시공간 능력	1	자주 보는 친구나 친척을 바로 알아보지 못한다.		
	2	물건을 어디에 두었는지 몰라서 찾게 된다.		
	3	전에 가 본 장소를 기억하지 못한다.		
	4	방향 감각이 떨어졌다.		
	5	길을 잃거나 헤맨 적이 있다.		
	6	물건을 항상 두는 장소를 잊어버리고 엉뚱한 곳에서 찾는다.		
	7	계산능력이 떨어진다.		
	8	돈관리를 하는 데 실수가 있다.		
	9	과거에 편안히 쓰던 기구 사용이 서툴러졌다.		

출처: 이상일(1997). 치매가 무섭다구요. 치매 빨리 알면 쉬워요. 동학사.

표 2-4에 제시된 항목 중 20개 이상이면 치매전문가에게 진단을 받을 필요가 있음을 시사한다. 치매는 기억력, 사고력, 지남력, 이해력, 계산능력, 학습능력, 언어 및 판단력 등을 포함하는 뇌피질 기능의 다발성 장애라고 할 수 있다. 치매는 크게 알츠하이머병으로 인한 주요 또는 경도 신경인지장애와 혈관성 주요 또는 경도 신경인지장애

로 나누어진다.

가. 알츠하이머형 신경인지장애

알츠하이머형 신경인지장애의 유형은 일반적으로 나타나는 노화현상과 관련이 많다. 즉, 이 치매를 진행시키는 원인 중에서 가장 중요한 것은 뇌를 사용하지 않음으로 인해서 생기는 것이다. 알츠하이머병 신경인지장애는 인지장애와 사회적, 직업적 기능에 있어 심각한 장애를 일으키며, 이 유형의 치매는 직접적인 병리학적 증거를 찾기 힘들기 때문에 치매의 다른 원인들이 제시된 경우에만 진단을 내릴 수 있다.

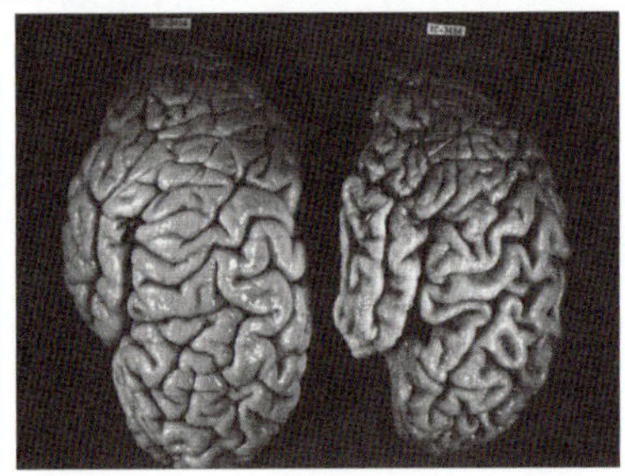

왼쪽은 건강한 사람의 뇌이고 오른쪽은 알츠하이머병을 가진 환자의 뇌이다. 오른쪽이 더 쪼그라져 있음을 알 수 있음.

그림 2-1. 알츠하이머병 환자와 정상인의 뇌

출처: 김완균(2010). 청소년을 위한 뇌과학. 비룡소.

임상양상으로서의 치매 증상은 서서히 시작되고, 경과는 일정하게 점진적으로 진행되는 것이 특징이다. 초기에는 기억력장애만이 유일한 증상이거나, 무감동, 일관성의 결여, 사회교류로부터의 은둔 등 미묘한 인격 변화가 올 수 있다. 그러나 중기에 들어서면 갖가지 지각장애가 두드러지며, 행동이나 인격에 더 명확히 영향을 받는다. 후기에는 완전히 말이 없어지고 주의력이 결여되며, 지적 능력의 상실, 특히 기억력, 판단력, 추상적 사고, 기타 고유 피질기능의 장애와 인격 및 행동의 변화가 나타난다. 또한 점차 자신을 돌볼 수 없는 상태가 되어 필연적으로 사망하게 된다. 노인기에 발생하며, 발생부터 사망까지는 평균 약 10~15년이 걸린다.

치료 초기에는 현재 나타나고 있는 증상의 완화를 위한 치료를 해야 하고, 중기 이후에는 가족, 사회적 치료 및 정신간호가 중요하다. 현재 약물치료가 중요하다는 인식이 증가하여 인지기능 개선을 위한 약물들이 많이 개발되고 있다.

나. 혈관성 신경인지장애

혈관성 신경인지장애는 알츠하이머병 신경인지장애보다 드물지만 보다 일찍 발병한다. 혈관성 신경인지장애는 인지장애와 진단에 요구되는 장애를 보여야 하며, 치매와 원인적으로 관련이 있다고 판단되는 뇌혈관 질환의 증거가 있어야 한다. 또한 두부의 뇌단층 촬영술(CT)이나 자기공명술(MRI)에서 대개 대뇌피질과 피질하 구조물의 혈관장애가 나타나야 한다.

임상양상은 발병 초기에는 지적 기능의 단계적 황폐화, 즉 일률적으로 진행되지 않는 경과와 부분적 황폐화로, 어떤 기능은 영향을 받고 어떤 부분은 그렇지 않은 양상을 보인다. 특징적으로 기억력, 추상적 사고, 판단력, 충동조절 및 인격의 장애가 나타난다. 또한 국소 신경학적 증세도 나타난다. 가끔 가장적 감정으로 갑작스러운 웃음과 울음을 보이며, 구음장애, 연하곤란 등을 동반한 가성연수마비가 나타나는 수도 있다.

혈관성 신경인지장애는 일차적으로 고혈압, 당뇨병 등 동맥경화를 악화시키는 질환들이 문제가 된다. 이러한 질환들은 뇌에 혈액을 공급해 주는 여러 동맥들을 협소하게 하거나 막히게 하여 뇌의 혈액흐름을 저해하는 것이다. 만약 뇌혈관에 전반적으로 이상이 생겨서 뇌경색을 일으키게 되면 뇌의 전반적인 기능이 저하되고, 치매라고 불리는 상태로 되는 것이다. 이 유형의 치매는 비교적 젊은 50~60대에 잘 나타나며 여자보다는 남자에게서 더 많이 발견된다. 혈관성 주요 또는 경도 신경 인지장애는 조기에 원인치료를 하면 회복될 수 있는, 즉 치료가 가능한 치매이다.

(2) 노인기 우울증

노인기에는 신체적 질병, 사회적 지위와 역할의 상실, 경제적 능력의 저하, 가까운 사람의 사망 등과 같은 다양한 상실을 경험하기 때문에 우울증이 나타날 가능성이 매우 높다. 즉, 노인기 우울증은 낮은 사회·경제적 위치, 배우자 상실, 신체질환 및 사회적 고립과의 상관관계가 매우 높다. 특히 노인기 우울증에는 수면장애가 더 많이 나타나고 신체증상의 호소와 초조감을 나타내는 경우가 많다. 노인기 우울증은 치매의 초기 증상과 유사하므로 이를 잘 구분하는 것이 중요하다.

일반적으로 우울증의 병력이나 가족력, 독신생활, 경제적 수준, 수용기관에서의 생활, 저조한 건강상태, 완벽주의적 성격 등의 특성을 지닌 노인들이 우울증에 걸리기 쉽다(권석만, 2008).

표 2-5. 노인성 우울증 척도(단축형)

▣ 다음 질문을 읽고 지난 일주일 동안 당신이 어떻게 느끼셨는지 "예" 또는 "아니오"로 답하시오.

번호	문항	예	아니오
1	당신의 삶에 만족하십니까?		
2	이전에 즐기던 활동이나 취미가 더 이상 재미있지 않습니까?		
3	삶이 허무하다고 느끼십니까?		
4	늘 무료합니까?		
5	대개의 경우 기분이 좋습니까?		
6	당신에게 무엇인가 나쁜 일이 곧 일어날 것이라고 두려워하십니까?		
7	대개의 경우 행복하다고 느끼십니까?		
8	종종 자신이 무력하게 느껴집니까?		
9	바깥에 나가서 새로운 일을 하기보다는 집에 머물러 있고 싶으십니까?		
10	다른 사람들보다 기억력에 더 많은 문제가 있다고 느끼십니까?		
11	살아 있다는 것은 좋은 일이라고 생각하십니까?		
12	당신의 현재 삶은 무가치하다고 느끼십니까?		
13	활력이 있다고 느끼십니까?		
14	내 삶에는 더 이상 희망이 없다고 느끼십니까?		
15	대부분의 사람들이 당신보다 더 낫다고 생각하십니까?		

채점 및 해석

1, 5, 7, 11, 13번 문항은 '아니오'의 개수를, 나머지 문항은 "예"의 개수를 세어 합산한 것이 점수가 된다. 채점결과 6점 이상이면 노인성 우울의 가능성을 고려해 보아야 한다.

Chapter 03

노화 관련 사회적 이해

배울 내용

1. 사회학적 노화
2. 은퇴와 노년생활
3. 사회적 노화이론
4. 연령통합 사회

학습목표

1. 사회학적 노화에 대한 다양한 접근법을 이해한다.
2. 은퇴의 개념과 은퇴만족도의 예측 요인을 파악한다.
3. 사회적 노화이론을 이해하고 이론별 특징을 설명할 수 있다.
4. 연령통합 사회의 의미를 이해하고 필요성을 숙지한다.

1. 사회학적 노화

노년학이론들은 직·간접적으로 관점을 달리하는 네 가지 사회학이론(구조기능주의, 갈등론, 상징적 상호작용론, 교환이론)에 기반을 두고 발전하였다. 노년학이론 중 은퇴(분리)·현대화·연령계층이론 등은 구조기능주의적 시각에 기초를 두고 있고, 정치·경제학적 시각과 세계체제이론은 갈등론적 특성을 지니고 있다. 그리고 상징적 상호작용론은 활동이론과 하위문화이론 등의 노년학 분야에 이론적 기초를 제공하였으며, 교환이론도 다양한 노인문제의 양상을 이해하기 위해서 적용되어 왔다(모선희 외, 2006; 윤형준, 2010).

1) 구조기능주의적 접근

구조기능주의(structural functionalism) 접근에 따르면, 생물유기체와 마찬가지로 전체사회는 상호의존적 관계를 갖는 다양한 부분체계 혹은 요소들로 구성되는데, 이러한 요소들은 전반적으로 전체사회의 유지와 존속에 기여하는 기능을 하게 된다. 결국 사회는 구성원 간의 가치합의를 바탕으로 잘 짜여져 있고 안정되고 균형이 잡힌 질서있는 체계로 묘사된다.

기능주의이론에서 주요한 개념들은 규범, 역할, 사회화 등이다. 규범은 어떤 행동이 주어진 사회에서 적절한지에 대한 구성원들 간에 공유된 규칙이다. 역할은 어느 특정 지위에 부여된 행동기대의 총체이다. 그리고 사회화는 개인이 사회의 규범과 가치를 배우고 내면화하는 과정이다. 개인은 사회질서의 한 부분이 되고 사회구조의 요구에 부응하는 역할을 수행한다. 사회질서의 규범적인 측면을 강조하는 기능주의적 관점에서는 사회질서의 주요 특징을 갈등보다는 합의와 동조로 보고 있다.

기능주의이론이 갖는 또 하나의 중요한 전제는 부분은 전체를 위해 존재하므로 개인에 대한 물질적, 정신적 보상은 사회에 대한 기여도에 비례한다는 점이다. 이러한 전제에 생각해 보면, 현대 산업사회에서 노인들 대부분의 사회적 지위가 현저히 약화된 것은 산업화 이후 초래된 사회변동의 필연적 결과이자 극히 정상적인 현상으로 간주된다.

2) 갈등론적 접근

갈등론적 접근은 기능주의의 대안이 되는 시각의 하나로 평가받고 있다. 기능주의가 안정, 통합, 가치합의를 강조하는 데 반해, 갈등론(conflict theory)은 사회가 상호 대립적 이해관계를 갖는 구성원들 간의 끊임없는 갈등과 투쟁으로 점철되어 있으며, 이에 따라 사회구조적 변동이 발생한다고 주장한다.

갈등이론을 노인문제에 적용시켜 보면, 사회는 상이한 연령집단 간의 갈등과 투쟁의 장으로 묘사된다. 현대 산업사회의 제도적 장치하에서 기득권을 누리는 연령집단은 물론 중년층이며, 노인들은 대부분의 경우 권력과 부의 배분과정에서 소외된다. 이는 산업사회가 될수록 노인은 희소자원을 소유하거나 희소자원에 접근할 수 있는 기회를 상실하게 되기 때문이다. 즉, 노인들은 재산을 통제할 수 없게 되고 가족을 지배할 수 없게 되며, 사회에서의 주요 지위를 차지할 수도 없게 된다. 그리하여 젊음은 아름다울 뿐만 아니라 무한한 가능성을 지닌 것으로 예찬되는 반면에 늙었다는 것은 무능하고 쓸모없는 것으로 비하된다. 중년층 중심의 사회는 때로 강제적 수단을 동원하여(예로 좌천, 주요 업무로부터의 배제, 정년퇴직제) 노인들에게 자신이 무능하며, 쓸모없는 존재라는 허위의식(false consciousness)을 심어 줌으로써 기존 질서를 유지하려고 한다. 이러한 중년층 중심의 사회질서는 노인들이 노년인구집단의 공통적 이해관계에 대한 각성(의식화)을 하게 되고 희소자원에 대한 기존 배분방식의 변경을 집합적으로 추구할 때 변동의 계기를 맞는다(고영복, 1991).

결과적으로 갈등주의 접근에 의하면, 노인문제의 원인은 노인이 사회와 가족생활에서 희소자원을 소유할 수 없거나 많이 소유하지 못함으로 인하여 발생한다고 할 수 있다. 즉, 노인문제의 원인은 개인의 결함이나 무능력에 있는 것이 아니라 현행 사회의 구조와 조직에 있다는 것이다.

3) 상징적 상호작용론적 접근

상징적 상호작용론(symbolic interactionism)은 사회적 상호작용의 역동적이고 의미있는 과정을 강조하고 있다(Blumer, 1969). 이 이론에 의하면, 개인들은 그들의 행위에 대한 타자들의 반응을 해석함으로써 자아개념을 형성하게 된다. 사회질서는 구성원들 간의 지속적인 상호작용을 통해 형성되는 공유된 의미에 기초하고 있다. 상징적 상호작용론에서 사회는 어떤 집단이 어떤 시기의 상황이나 조건에 대하여 동의하는 공통적인 의미를 형성하여 임시적으로 유지하는 조직이다. 사회라는 조직은 일정기간 동안 안정적인 상태를 유지하고 있겠지만, 구성원들이 사회현상에 대하여 새로운 의미를 부여하게 되면, 그 사회에서는 구성원들이 어떤 현상에 대해 문제라고 공통적인 의미를 부여하면 비로소 사회문제가 된다는 것이다.

노인과 노화라는 상징에 대하여 부여하는 의미는 시대와 장소에 따라 다르다. 전통사회에서는 노인은 지혜롭고 권력과 권위를 갖추고 존경의 대상이 된다는 의미를 부여하였지만 현대의 산업화사회에서는 늙고 병들고 가난하고 외롭고 의존적이고 쓸모없는 사람으로 보게 될 때, 노인문제가 있다고 판단하며, 이러한 부정적인 의미부여로 노인은 문제가 많은 사람으로 인정된다. 노인을 이렇게 부정적인 측면으로 이해함으로써 노인 스스로도 가정과 사회에서 고립되고 쓸모없는 존재로 낙인찍고, 이러한 스스로의 낙인은 노인을 더욱더 무능하고 수동적이고 소극적인 존재로 만들게 된다.

따라서 이 이론적 접근에 의하면, 노인문제의 원인은 사회적인 낙인에 따라 행동하는 노인 개인에게도 있지만 이차적인 원인은 노인을 낙인찍는 사회의 일반적 인식이 잘못된 데 있다고 할 수 있다(최일섭, 최성재, 1995).

4) 교환이론적 접근

산업사회 이전의 농경사회에서 노인문제가 없었다고 단정할 수는 없지만 일반적으로 산업화와 공업화를 수반하는 현대화가 노인의 지위를 약화시켜서 결국은 노인문제가 야기되었다는 주장이 받아들여지고 있다. 로소우(Rosow, 1974)는 전통사회에서 산업사회로 변천됨에 따라 노인의 재산소유 및 통제권의 약화, 노인의 생산성 약화, 도시화와 핵가족으로 인한 가족공동체적 유대성의 약화 등으로 노인의 교환자원은 점차 약화된다고 주장한다(모선희 외, 2006).

이러한 노인의 교환자원의 부족, 가치성의 저하 또는 고갈 등은 노인이 집단으로서 또는 개인으로서 교환관계를 형성하는 데 열세를 면치 못하는 지위로 하락시켰다고 할 수 있다. 따라서 노인 지위의 약화는 일반적으로 산업사회에서 여러 가지 면으로 노인에게 문제를 안겨 주고 있다. 즉, 교환자원의 가치 저하는 의존성을 증가시키고 이는 권력의 약화를 초래하고, 권력의 상대적 약화는 또한 교환관계에서의 교환조건의 약세를 초래하여 결국 노인은 개인 및 사회와의 관계에서 문제를 경험하게 된다는 것이다.

2. 은퇴와 노년생활

1) 은퇴의 개념

은퇴란 일자리에서 벗어난 다양한 상태를 의미한다. 따라서 연구자와 국가·사회적 특성에 따라 다양하게 정의되어 왔다. 필드와 미첼(Fields & Mitchell, 1984)은 은퇴를 개인의 주관적 판단에 의한 주관적 정의, 일 또는 구직 활동을 중단하여 노동 참여를 중단하는 것, 노동시간이나 급여가 이전보다 낮아지는 것, 장기간 일하던 직업을 그만두는 것, 연금 수령 이후, 사회보장급여 수령 이후 등으로 구분한다.

은퇴에 대한 개념을 국립국어원 표준국어대사전에서는 '직임에서 물러나거나 사회 활동에서 손을 떼고 한가로이 지냄'이라고 표현하고 있다. 또한 은퇴의 지표에 대하여 설명하였는데, 은퇴란 자신이 은퇴자라고 파악하는 것, 유급 노동을 하지 않는 것, 연금을 수령하는 것으로 규정하였다. 따라서 은퇴에 대한 정의는 학자에 따라 조금씩 다르게 정의되고 있지만 일반적으로 은퇴란 자발적이나 비자발적으로 직업적인 지위와 역할에서 물러나 소득활동을 중단하는 것이라고 할 수 있다.

일반적으로 은퇴와 퇴직은 혼용되어 사용되어 왔다. 퇴직은 노동시장을 이탈하는 것을 의미하지만 퇴직이 반드시 은퇴로 이어지는 것은 아니다. 반면 은퇴란 중요 직업에서 물러나 반영구적으로 이탈함에 따라 비경제 활동상태로 이어지는 것을 말한다(김만기 외, 2018). 즉, 퇴직은 직업을 그만둔 상태를 의미하며 퇴직 이후에 다시 재취업하는 경우도 있으며, 퇴직 이후 실업 상태를 유지하다가 완전히 은퇴하는 경우도 있다. 사실 우리나라에서는 경제위기인 IMF 이전까지는 생애 주된 일자리에서 장기근속하다가 정년퇴직으로 이어져서 통상 퇴직은 곧 은퇴로 이해되었다. 하지만 노동시장의 변화로 인한 퇴직 시기와 유형의 다변화로 퇴직 후 실업 상태로 있다가 은퇴하기도 하고 재취업하기도 하기 때문에 은퇴와 퇴직의 개념은 구분되어 정의되고 있다.

개인 수준에서 은퇴를 정의하는 가장 일반적인 방법으로는 주관적인 방법과 객관적인 방법으로 구분하여 제시할 수 있다. 객관적인 방법의 은퇴에 대한 정의는 65세와 같이 일정 연령이 지난 사람이 주요 직업활동에서 완전히 떠나 경제활동에 참여하지 않거나 노동시간이 감소되는지 여부 또는 임금의 수준이 축소되는지 여부, 연금의 수급 여부에 따라 은퇴를 정의하는 방식을 의미한다. 조사대상자가 직접 자신의 은퇴 여부나 경제활동 여부에 대해 응답한 내용을 기준으로 은퇴 여부를 결정하는 주관적인 방법도 있다(김만기 외, 2018).

2) 은퇴만족도 예측 요인

은퇴만족도에 대한 예측은 은퇴 이후 삶의 만족도를 조망하는 요인이다. 은퇴만족도의 예측에 영향을 주는 요인들을 파악하고, 은퇴 이후 생활을 긍정적으로 조망할 수 있도록 도와주는 요인이 무엇인지 탐색하는 것으로 은퇴만족도 예측을 설명할 수 있다.

은퇴 이후 삶을 조망하는 은퇴만족도 예측은 은퇴 준비에 대한 소견이나 지식이 없어 발생되는 문제를 최소화하도록 도와주고, 은퇴 예정자들에게 효과적이고, 전략적인 은퇴준비 방향을 제시하는 목적으로 활용될 수 있기 때문에 은퇴불안을 조금이나마 해소하는 데 매우 중요한 역할을 한다. 보편적으로 재정적 은퇴준비 수준이 높을수록 은퇴 후 삶에 대한 만족도가 높다.

은퇴만족도 예측에는 소득, 공적연금 수급여부, 자녀의 취업 등과 같은 재무적 만족도와 연령, 가족관계망, 사회적 관계망, 건강상태(심리적 건강 포함), 자녀와의 접촉빈도와 관계 등 비재무적 요인이 포함된다. 경상소득과 가족관계망, 사회관계망 만족도 수준이 높고 우울감이 낮으면 은퇴자의 생활만족도가 높고, 은퇴준비에 대한 인식이 높을수록 은퇴 이후 삶에 대한 만족예측 정도가 높다. 뿐만 아니라 교육 수준과 가계

소득이 높고, 신체적으로 건강할수록 은퇴만족도가 높다. 그 이유는 은퇴 이후 삶에 적응할 수 있는 대처자원이 많다고 생각하기 때문이다(김미령, 2013; 김종모, 2014).

이와 같이 은퇴만족도 예측은 심리 · 사회, 재정, 미래시간 조망, 생활양식, 건강이 은퇴 이후 삶의 만족도와 유의미한 상관이 있다. 특히 미래시간 조망과 은퇴만족도가 높은 상관이 있고, 재정요인은 정신건강 만족도와 월등하게 상관이 높다(김연진, 2012). 이 외에도 경상소득이 높을수록, 부동산 자산이 많고 총부채가 낮을수록 은퇴자의 생활만족도 수준이 높고, 신체적으로 건강할수록, 우울감이 낮을수록, 가족관계망과 사회관계망 만족도가 높을수록 은퇴자의 생활만족도 수준이 높다(최현자 외, 2012).

3. 사회적 노화이론

노인의 사회참여에 대한 진정한 이해는 한 사회가 노년기와 노인에 대하여 어떤 관점을 취하고 있는가와 더불어 그러한 사회적 환경에 노인 개개인이 어떻게 반응하고 적응하는가의 관심에 기초할 때 가능하다고 할 수 있다(이소정 외, 2007). 노인의 사회참여활동에 대한 반응은 '특정 연령대의 사람들에게 사회적으로 바람직한 것으로 기대되는 역할이나 행동'인 연령규범에 의하여 철회나 저하로 나타날 수도 있고, 사회에서 가치 있는 활동으로 여겨지는 가시적인 생산활동에 적극적으로 참여하는 형태로 나타날 수 있다. 이처럼 노년기 연령규범은 노인들이 어떻게 옷을 입어야 하고, 일상적으로 어떤 품행을 보여야 하는지 등 일상생활에 대한 행동양식을 제시할 뿐 아니라, 수행해야 할 사회적 역할이 무엇이고, 포기해야 할 사회적 역할이 무엇인지를 명확하게 해 준다(Atchley, 1989).

1980년대 중반까지의 노년학 연구에서는 노화의 부정적 측면, 즉 생물학적 쇠퇴, 심리적 무기력, 질병과 장애, 사회적 의존성 등에 초점을 맞추었다. 하지만 노인인구 증가와 함께 건강하고 경제적으로 여유 있으면서 지적 수준이 높고 사회활동에 활발하게 참여하는 노인인구가 증가함에 따라 노화의 긍정적 측면에 관심을 기울이기 시작하였다(권중돈, 2006).

따라서 노인의 사회참여활동과 관련하여 다양한 관점으로 이해하는 데에 유용한 지침을 제공해 준 사회적 노화이론을 활동이론, 분리이론, 지속이론, 선택 · 최적화 · 보상(SOC) 모델 및 노년초월론을 중심으로 살펴보면 다음과 같다(박석돈 외, 2022; 최경인, 2014).

1) 활동이론

활동이론(activity theory)에 의하면 기본적으로 생물학적 측면과 건강의 불가피한 변화를 제외하고는 노인은 근본적으로 중년기와 다름없는 심리적 및 사회적 욕구를 지니고 있다고 가정한다. 활동이론에서는 사회적으로 계속 활동할 수 있는 노인들은 보다 긍정적인 자아상(self-image), 사회통합(social integration), 생활만족도를 가지며, 따라서 성공적으로 노화한다고 본다. 즉, 사회활동수준이 높을수록 노인의 생활만족도가 높고, 긍정적인 자아개념을 가진다는 것이다. 그러나 사회적 활동에의 참여가 어떠한 심리적 기제(mechanisms)를 통하여 생활의 만족도를 가져왔는지에 대해 분명한 제시를 하지 못하였다. 따라서 이러한 문제점을 개선하고 사회적 활동의 상징적 상호작용주의적 특성을 고려하여 그림 3-1과 같은 활동이론을 체계화하고 있다.

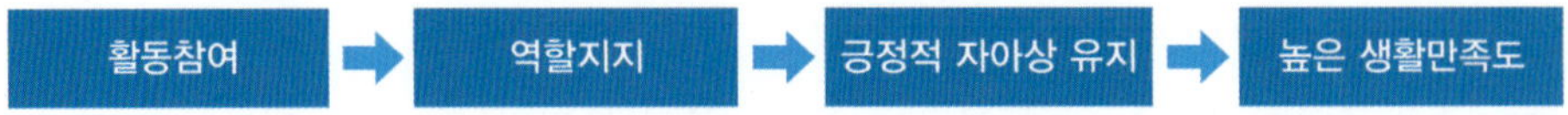

그림 3-1. **활동이론의 인과적 메커니즘**

그림 3-1에서 보는 것과 같이, 활동참여는 개인의 자아개념(Self-Concept)을 재확인하는 데 필요한 역할지지를 가져다준다. 역할지지는 긍정적인 자아상을 유지하는 데 필요하고, 또한 긍정적인 자아상의 유지는 생활만족도를 높게 유지하는 것에 영향을 미치게 된다. 즉, 활동참여와 역할지지, 긍정적 자아상 유지 및 높은 생활만족도의 인과적인 메커니즘을 가정하고 있다.

따라서 노인들이 삶에 대해 만족하고 잘 적응하기 위해서는 가능한 한 중년기의 활동들을 많이 유지해야 하며, 특히 은퇴나 배우자 상실 등으로 이전에 수행했던 역할을 상실할 경우, 이를 대체할 수 있는 새로운 역할을 찾는 것이 필요하다(이현미, 2007). 노인들은 노년기에 일어나는 사회로부터의 고립을 최소화하기 위하여 가능한 한 오랜 중년기의 라이프스타일을 유지하고, 활동적이어야 한다.

위와 같은 논리에 의하면 노후의 생활만족도나 삶의 질은 사회활동과 긍정적인 상관관계가 있다는 것을 알 수 있다. 그러나 노화로 인한 능력의 저하는 분명히 존재하며, 이러한 능력의 저하로 인해 실제로 노인들은 중년기에 자신이 수행했던 역할을 지속하기에는 어려움이 있다는 점에서 활동이론은 비판을 받고 있다. 또한 활동이론에서는 활동수준보다 개인의 성격이나 사회경제적 지위, 생활방식과 같은 변인들이 노년기의 생활만족도에 더 많은 영향을 미치고 있다는 점을 간과하고 있다는 비판을 받고 있다(최두진 외, 2009).

2) 분리이론

분리이론(disengagement theory)은 커밍과 헨리(Cumming & Henry, 1961)의 연구로, 신체적, 경제적 자립상태에 있는 50~90세까지의 미국 Kansas시의 주민을 대상으로 실시한 횡단적 연구결과를 토대로 시작된 이론이다. 이 이론의 핵심은 연령이 증가하게 되면 건강이 악화되고 죽음을 맞이하는 비율이 높아지므로, 이에 따라 노인의 사회적 교류와 활동범위는 축소하고 보다 소극적인 역할을 추구하며 개인이나 사회를 위해 사회로부터 분리되는 것이 정상(normal)이며 피할 수 없는 것(inevitable)이라고 주장한다.

분리이론에서 말하는 분리(disengagement)는 개인과 사회 모두가 최적의 기능 상태를 위해 개인과 사회가 상호 철회하는 과정으로 사회에 의한 것과 개인에 의한 것으로 구분된다. 이러한 개인과 사회 중 분리의 결정이 이루어지는 주체에 따라 개인적 분리, 사회적 분리로 나눈다. 특히 개인적 분리(individual disengagement)를 통해 사회에서 분리된 노인은 사회적 활동이 줄어듦에 따라 심리적 만족도가 더 높아진다고 주장한다. 이에 비해 사회에 의한 분리(social disengagement)는 사회가 그 기능을 최상의 상태로 유지하기 위해서 분리를 위한 제도를 준비하고 있다는 것이다. 즉, 사회가 사회적 기능수행에 필요한 사람들의 자격요건을 제한하는 것은 당연하며, 기능적인 면에서 사회적 참여를 제한하는 것이 바로 개인이 일정 연령에 도달하면 사회로부터 분리시키는 퇴직제도이다. 노인들은 사회가 요구하는 새로운 지식을 습득하는 것이 쉽지 않고 생산성과 효율성이 젊은이보다 뒤떨어지기 쉬운데 이것은 사회활동에 참여하는 데 많은 비용이 들기 때문이다.

이와 같은 분리이론은 남성중심의 산업사회에 편향되었고, 노인들을 원조하기 위한 개입을 저하시킬 수 있으며, 노인이 사회에 참여하고 싶은 의지에도 불구하고 사회가 노인을 배제한다는 비판을 받고 있다(Hooyman et al., 2008). 또한 사회에서 벗어나고 싶어 하는 경향이 노년기의 특징일 뿐만 아니라 개인적인 차원이라는 점을 증명하지 못한다. 그럼에도 다른 이론적 시각의 개발에 자극이 되었고 분리이론과 극히 상반되는 활동이론과의 논쟁을 통하여 노인의 역할과 생활만족도에 관한 연구를 활발하게 할 수 있는 계기를 마련하였다.

3) 지속이론

일명 연속성이론이라고도 하는 지속이론(continuity theory)에서는 노년기 삶의 질을 향상시키고 삶의 만족도를 높이기 위해서, 사회활동을 접거나(분리이론), 반대로 활발한 사회활동만을 강조하는 것(활동이론)이 아니라, 개인의 성향과 중년기에 수행했던 역할에 초점을 맞추어 비슷한 역할을 지속적으로 수행하는 것이 가장 바람직한 노년기 사회활동이라고 주장한다(Hooyman et al., 1999).

이와 더불어, 애칠리(Atchley, 1989)는 '활동능력(activity competence)'을 중년기에 학습하지 못한다면, 노년기에 발현되지 못할 것이며, 이는 곧 노년기 이전에 활동능력에 대한 학습의 중요성이 강조되어야 한다고 주장한다.

이 이론은 전 생애를 통한 성장발달에 초점을 맞추면서 개인의 성격과 중년기에 수행했던 역할과 비슷한 역할을 지속적으로 수행하는 것이 노년기의 생활만족도를 높일 수 있다고 설명한다. 애칠리(1989)에 의하면, 노인은 서로 각각 다른 발달적 목표를 가지고 있으며, 그 목표는 사회구조 내에서 개인의 지위, 가족결속력, 성역할, 사회적 계층 등의 영향을 받아 자신의 행동을 결정하게 된다고 한다. 즉, 노화과정 속에서 개인적 성격, 환경의 변화, 그리고 그러한 변화에 대한 적응방식 등이 각각 다르게 나타난다는 점을 강조한다.

노인은 활동의 모험적 탐색보다는 이미 해 오던 전통적인 활동에 집착하는 경향이 있으며, 대부분의 노인은 노년기 이전의 생활을 동경한다는 것이다. 따라서 노년기의 삶의 질을 향상시키고 삶의 만족도를 높이기 위해 활동을 중단하거나 반대로 활발한 사회활동만을 강조하는 것이 아니라, 개인의 성향과 중년기에 수행했던 역할에 초점을 맞추어 비슷한 역할을 지속하는 것이 가장 바람직한 노년기 사회활동임을 강조한다(Hooyman et al., 2008). 그러나 지속이론은 중년에 적극적인 활동을 하던 사람이 노년에 이르러 활동을 중단하거나 혹은 중년기 이전에 소극적으로 활동에 참가하던 사람이 노년에 적극적인 활동에 참여하는 이유를 설명할 수 없다는 한계점이 있다고 비판받고 있다.

4) 선택·최적화·보완(SOC) 모델

발테스와 발테스(1990)는 전 생애 발달 관점에서 개인과 환경의 상호작용 과정으로 성공적 노화를 설명하는 선택 · 최적화 · 보완(The Model of Selective optimization with compensation: SOC) 모델을 제안하였다.

로우와 칸(1997)에 의해 주도된 초기 연구에서의 성공적 노화의 개념은 오래 사는 것, 생물학적인 건강, 개인조절능력, 정신적인 건강, 사회적 수행 및 생산성, 삶의 만족 등 높은 수준의 건강상태, 사회적 관계망, 적극적 생산적 활동으로 제시하였는데, 이에 대해 발테스와 발테스(1990)는 개인의 상대성을 제시하지 않았다고 지적하면서 연령에 따른 손실 및 성취, 발달적 유연성을 고려한 전 생애적 모형을 구성하려고 노력하였다. 발테스와 발테스(1990)는 성공적 노화란 어떤 획일적인 모습이 아닌 선택과 최적화, 보완이라는 3가지 요인과 관련된 전 생애에 걸쳐 경험하게 되는 일종의 적응 과정으로 보았고, 3가지 생애 관리 전략을 적절히 활용하는 정도에 따라 성공노화가 평가될 수 있으며, 이는 나이가 들면서 신체적, 사회적, 정신적, 잠재능력에 있어 발달의 상실이 획득보다 많은 노년기에 특히 중요하고, 그 사용이 증가한다고 주장하였다.

발테스와 발테스(1990)는 성공적 노화를 7가지 기본전제들로 설명하고 있다. 첫째, 질병 없이 나이가 들어가는 정상적 노화 발달을 지속시키며 노화하는 최적의 노화,

치매와 같은 질병에 의해 노화가 오는 병리적 노화 간에는 주요한 차이가 있다. 둘째, 다양한 경험과 병리적 현상 등이 개인에 따라 각각 다르게 작용하기 때문에 노화는 개인차와 다양성이 존재한다. 셋째, 노년기에도 잠재된 능력이 많아 적절한 환경과 의료조건이 갖추어지면 높은 수준의 잠재력을 지속적으로 가질 수 있다. 넷째, 잠재능력의 한계에 이르면 노화에 따른 손실이 존재한다. 즉, 노년기에는 기억 및 학습능력의 손실은 존재하며 훈련과 같은 프로그램에도 제약이 있다. 다섯째, 과업을 수행하기 위해 오랜 경험으로 축적된 지식 기술을 활용함으로써 연령이 증가함에 따른 쇠퇴를 충분히 보완해 줄 수 있다. 여섯째, 노화는 발달과정에서 항상 증가만을 의미하는 것이 아니며 나이가 많아짐에 따라 증가보다 손실이 많다. 즉, 연령이 증가하면서 지혜나 경험은 증가하지만 건강의 쇠퇴하는 정도가 더 커지는 것과 같은 현상이다. 일곱째, 자아는 노년기에도 탄력성이 유지된다. 노년이 되어도 개인적 통제력이나 자기효능감 등에 별다른 쇠퇴가 나타나지 않으며, 다양한 상황에서 효과적인 적응을 할 수 있고, 생애과정에 따라 삶의 목표나 열망의 수준이 적응적으로 변화하게 되어 자신과 비슷한 준거집단과의 사회적 비교를 통해 기대수준을 조절하게 된다.

이와 같은 기본전제를 바탕으로 성공적 노화를 위한 전략을 세우기 위해 마련된 일반적 원칙은 다음과 같다. 첫째, 병리학적 노화 상태의 가능성을 줄이기 위해 건강한 생활방식을 유지하는 것이 중요하다. 둘째, 노화의 발현과 방향이 다양하므로 단순한 해결을 회피하고 개별적이고 사회적인 유연성을 촉진하는 것이 중요하다. 셋째, 건강과 관련된 활동을 통해 잠재능력을 강화하는 것이 바람직하다. 신체적 · 정신적 · 사회적 잠재능력이 커질수록 성공적 노화의 가능성도 커지게 되므로 지속적인 발전을 위한 사회적 기회와 지지가 제공되어야 한다. 넷째, 잠재능력의 한계와 지식과 기술의 강화와 보완의 역할은 또 하나의 일반적 전략 원칙을 제안한다. 보조 장치 연령에 따른 적절한 생활방식, 고령친화적 환경들의 개발과 개선이 필요하다. 다섯째, 개인이 꿈이나 목표를 바꾸는 효과적인 전략을 획득하도록 도와 노화에 따른 증가와 감소의 균형을 맞추고 자아탄력성을 유지하여 객관적인 현실을 변화시킬 필요가 있다.

발테스와 발테스(1990)는 이상의 전제들을 고려하여 SOC 개념과 노화에 따른 적응의 과정을 설명하면서 3가지 구성요소를 소개하고 있다. 첫 번째 요소인 선택(Selective)은 자원과 잠재능력의 상실이 많아지게 되는 노화 발달과정에서 개인이 수행할 수 있는 영역만 선택적으로 남겨 놓고 다른 영역은 무시하는 전략이다. 우선성이 높은 영역에 노력과 에너지 등 개인 자원을 집중하여 새롭게 변형된 인생의 목적이 자신이 선택한 영역에서 발휘된다. 그러므로 선택 전략을 통해 개인의 기대 수준은 개인적 조절뿐 아니라 주관적인 만족감을 경험함으로써 순응하는 과정이다. 둘째 요소인 최적화(optimization)는 잠재능력을 활성화시키고 자신의 적응성이나 유연성을 검증하기 위해 선택한 영역의 수행을 최대화시키는 행동이다. 즉, 양적 · 질적 측면에서 노인들이 선택한 것을 극대화하는 노력을 말한다. 최적화는 개인의 잠재능력을 극대화하여 노인들도 최적화 과정을 지속적으로 실행하면서 효율적으로 기능할 수 있음을 보여 주고 있다. 셋째 요소인 보완(compensation)은 생물학적 · 인지적 · 사회적인 기능의 손실이 일어났을 때, 보조기구나 외부의 도움, 심리적 보상 기제 등을 통해 손실을 보완하는 전략이다. 노인들은 어떠한 기능이 요구되는 상황에서 그 능력이 손실되거나 상실되었을 때 부정적 영향을 받게 되어 저항이 증가하게 되는데, 이를 최소화하기 위해 기술적 정신적 보완 노력을 하게 된다. 예를 들어, 외부의 도움을 받거나 기억력을 돕기 위한 메모 수첩을 사용하는 등의 정신적 보완 노력을 하거나 돋보기, 지팡이 등을 통하여 기술적 보완 노력을 하게 되는 것이다.

이처럼 SOC 모델은 개인이 선택 · 최적화 · 보상 전략의 활용을 통해 손실된 능력에 집착하기보다는 활용 가능한 개인의 능력에 적합한 활동을 선택하고 보유한 기술을 최대화하며 상실한 것을 보완함으로써 주관적인 만족감을 증진시킬 수 있으며 성공적 노화에 이를 수 있음을 설명하고 있다.

5) 노년초월론

대범하고 깨끗하게 나이를 먹는 데 도움이 되는 또 하나의 방법은 모든 일에 초연한 입장을 취하는 자세이다. 연부역강(年富力強)하여 한창 일할 때는 사업, 가족, 재산 등 갖가지 일로 매일 바쁜 일상을 보냈으며, 그것으로 인해 주변 사회와의 관계도 밀접했기 때문에 세상 일을 초연한 입장에서 바라볼 만한 여유가 없었다. 그러나 노년이 되면 그전과는 달리 수월하게 미련을 버릴 수 있다. 자신의 생활환경도 소유물도 거리를 두고 바라볼 수 있어 새로운 시야가 열리는 것이다.

노년초월론(gerotranscendence)이란 노년기에 접어 든 개인이 "인생의 전반적인 시각을 물질주의적이고 합리적인 시각에서 벗어나 보다 우주적이고 초월적인 시각으로 변화시키는 것"으로 정의할 수 있다. 노년초월의 개념은 스웨덴의 노년학자 토른스탐(Tornstam, 1994)에 의해 처음 제기되었고, 이후 에릭슨과 에릭슨(Erikson & Erikson, 1997)이 기존 8단계였던 심리발달이론에서 제9단계를 추가하면서 9단계 이론으로 알려지게 되었다.

노년초월이란 노인들 자신이 세상과 자신을 바라보는 시선이 변하는 것을 뜻하며, 더 나아가서는 노인이 노화에 대해 가지고 있는 부정적인 생각이 아닌 노화 자체를 긍정적이고 자연적인 한 과정으로 보는 새로운 관점을 가지게 되는 것이다. 그리고 과거 세대와 더욱 친밀감을 느끼게 되면서, 사회관계에서 오는 물질적인 관심이 감소하고, 고독이나 명상을 즐기는 시기이다.

노인들이 직면하는 가장 어려운 과업은 아마도 바로 지금의 자신과 자신의 인생에 대한 관심을 초월하는 것이며, 다가올 죽음의 실체를 받아들이는 것이다. 토른스탐의 노년초월론은 커밍과 헨리(1961)의 분리이론, 펙(Peck, 1968)과 그 외의 노화에 관한 심리발달이론들이 설명하는 노년기에 나타나는 심리적인 변화들을 긍정적인 측면으로 강조한 이론으로 볼 수 있다. 특히 노년초원론을 중년기와 노년기 이후의 발달과정에서 나타나는 현상으로 인식하면서 기존 이론들이 제시한 초월과 관련된 논의를 노년초월이라는 일 아래 집대성한 것으로 볼 수 있다. 모든 노인의 노화과정을 하나의 개별적인 것으로 인식하면서 노년기를 긍정적으로 인식하게 하였다.

4. 연령통합 사회

1) 연령통합의 의미

전통적인 사회 구조에서는 청년층, 장년층, 노년층이라는 연령의 범주에 따른 고정관념(stereotype)이 존재한다. 즉, 연령의 범주에 따라 교육 · 일 · 여가 등의 세 영역으로 구분된다. 그러나 연령통합은 연령이 한 사회 내에서 제도 및 역할 등에서 장벽으로 작용하지 않는 상태이며, 나아가 다양한 연령층이 어우러져 살아가는 상태를 의미한다(이나겸, 2019).

연령통합은 연령유연성(age flexibility)과 연령다양성(age heterogeneity)이라는 두 가지 요소로 이루어져 있다(정순둘 외, 2015). 연령유연성은 제도, 역할 등에서 연령이 장벽으로 작용하지 않고 모든 연령층에 열려 있는 것을 말한다. 연령다양성은 다양한 연령층이 어우러져 상호작용은 물론 연대를 형성하기 때문에 삶이 풍요로워지고 연령을 기준으로 하는 고정관념이나 편견 등이 감소하는 것을 말한다.

연령통합 사회는 전통적인 연령범주 또는 생애단계(phases) 대신, 모든 연령층이 하나의 연령 연속체(age continuum)로 통합된다. 교육 · 일 · 여가 등에서 개인의 생애주기별로 다양한 활동을 선택하고 조정할 수 있다는 것이다. 비록 하나의 담론으로 논의되고 있지만 연령통합 사회는 유연한 연령의 기준을 적용하고 확대된 연령의 다양성을 특징으로 하기 때문에 연령유연성과 연령다양성은 서로 연관되어 있다.

따라서 연령통합 사회는 다양한 연령층의 상호작용이 이루어지는 사회를 의미하며, 모든 연령층이 어우러져 사는 사회로 정의된다(정순둘 외, 2016).

2) 연령통합 사회의 필요성

연령통합 사회는 특히 고령자가 연령의 장벽이 낮은 일터에서 여가는 물론 생산적인 활동이 가능하다는 점 외에도, 전체 연령을 통합하고 공동체성을 높이는 사회이다. 연령통합 사회에서 연령다양성은 다양한 연령층 간의 교류가 활발해져 연령주의에 따른 편견을 약화시키고 여러 세대의 통합을 용이하게 한다. 따라서 인류 공통의 인간성(common humanity)에 근거한 기존의 연령범주가 하나의 연령연속체로 통합되며 연령이라는 긍정적 이익은 모든 연령층에 유익할 수 있다(이나겸, 2019).

인구의 고령화는 연령의 스펙트럼을 확대시키면서 3세대를 넘어 4세대 이상의 다세대(multi generation)가 공존하는 사회를 만들고 있다. 그러나 우리나라는 OECD 국가들 중에서 주관적 및 객관적 연령통합의 수준이 낮다. 청년기에는 인적 자본을 형성할 수 있는 교육과 훈련에 집중하고 장년기에는 노동시장에서 축적된 인적 자본을 생존수단으로 교환하며 인적 자본의 효용가치가 상실된 노년기에는 여가에 집중하는 시스템이 구축되어 온 것이다.

연령통합 사회에서는 다양한 연령층이 함께 참여하는 구조적 기회(structural opportunities for all ages)가 확대될 것으로 예견되며 교육 · 일 · 여가 등에서 점진적으로 연령통합의 구조가 될 것으로 기대된다. 또한 연령주의는 법과 제도, 교육 등의 영역에 영향을 미치고 사회 전반에 만연하는 연령차별(ageism)의 문제와 고령층 내의 여성 차별주의(sexism)를 야기하기 때문에 공평한 공공정책(equitable public policy)의 필요성이 대두되고 있다.

결국 인구의 고령화와 기대수명의 증가에 따라 연령분절(age different-iated) 사회 대신 연령통합 사회라는 새로운 패러다임이 나타나게 된 것이다. 고령화와 선택적 친화력이 있는 연령통합 사회는 새로운 사회의 구성 원리로 제기되고 있으며, 연령분절적인 패러다임으로부터 연령통합적인(age integrated) 패러다임으로의 전환이 필요해졌다.

PART 2

노인복지 정책 및 제도의 이해

Chapter 04

노인복지의 개관

배울 내용

1. 노인복지의 이해
2. 노인복지의 역사
3. 노인복지의 원칙과 주요내용
4. 노인복지정책 및 실천체계

학습목표

1. 노인복지의 개념, 필요성, 기능과 역할 및 특성을 설명할 수 있다.
2. 노인복지의 역사를 이해한다.
3. 노인복지의 원칙과 주요내용을 숙지한다.
4. 노인복지정책 및 실천체계를 설명할 수 있다.

1. 노인복지의 이해

노인복지는 노인에 따라 일어나는 여러 가지 개인적, 사회적 문제인 노인문제를 해결하려는 것으로 그 개념이 명확치 않으며 국가나 사회의 경제적 배경과 전통, 습성은 물론 현재와 미래에 주어지는 여건에 따라 다르기 때문에 노인복지에 대해 한마디로 정의하기는 힘들다. 그러나 일반적으로 학문적인 정의를 하자면, 노인이 인간다운 생활을 영위하면서 자기가 속한 가족과 사회에 적응하고 세대 간에 통합될 수 있도록 필요한 자원과 서비스를 제공하는 데 관련된 공적 및 사적 차원에서의 전문적 서비스 활동을 의미한다. 여기서 인간다운 생활이란 노인이 속한 국가사회의 발전적 수준에 비추어 기본적 욕구를 충족하며 건강하고 문화적인 삶을 사는 것을 뜻하며, 가족과 사회에 적응하고 통합되는 것은 노인이 그가 속할 수 있는 사회적 조직망에서 사회적 및 심리적으로 소외감을 느끼지 않는 것을 의미한다.

따라서 노인복지는 노인생활의 경제적, 정신적, 사회적 측면 등 다양한 측면에서의 보호지원 문제가 내포되어 있으며 서로 조화를 이룰 수 있도록 노인의 생활 속에서 요구와 그 욕구를 충족시킬 수 있도록 종합적인 계획에 의해 이루어져야 한다.

또한 노인복지의 목표는 노인이 복리적인 상태를 유지하도록 하는 사회적 활동의 사회복지실천의 한 분야로서 국가, 사회발전에 기여한 노인들을 위해 소득보장, 의료보장, 사회적 서비스의 확충 등 다양한 시책을 개발하고 추진함으로써 안락한 노후생활을 보장하는 데 있다. 노인복지의 구체적인 목표는 **표 4-1**과 같다(박석돈 외, 2022).

표 4-1. 노인복지의 목표

구분	내용
개인의 성장 욕구 충족	노령기는 인간의 성장 발달단계의 마지막 단계로서, 이 시기에 있는 개인은 개인으로서 특수한 발전의 욕구가 있고 또한 성공적인 노령기 삶을 위한 발달과업이 있다. 그러므로 노인복지 프로그램은 노인이 개인으로서 자기의 고유하고 특수한 욕구를 충족하고 또한 노령기의 발달적 과업을 잘 성취할 수 있도록 하는 데 그 목표를 두어야 한다. 평균수명의 연장으로 노령기는 점차 연장되고 있으며 100세 시대를 내다보고 있는 요즈음 60세까지 생존한 사람은 현재 평균 20~30년 이상 더 살 수 있으므로 이 기간은 노화의 부정적 영향을 잘 수용하면서 심리적 및 사회적으로 더욱 성숙하고 성장하는 시기가 되어야 한다.
사회적 통합의 유지	사회적 통합은 개인이 자기가 속한 사회체계인 가족, 이웃, 집단, 조직, 지역사회 및 국가 사회 등에 심리사회적으로 유대감을 가지고 적응하고 있는 상태를 말한다. 노인복지의 모든 프로그램은 노인이 가정과 이웃 및 사회에서 소외되어 있다는 감정을 줄이고 사회체계 속에 연결되어 사회체제의 삶의 주류에 같이 흐르고 있다는 느낌을 줄 수 있어야 한다.
기본적인 삶의 질 유지	인간다운 삶의 보장은 기초적인 의 · 식 · 주를 영위하는 생활의 보장만을 의미하지는 않는다. 노인의 삶은 노인 자신의 기초적인 생계의 보장과 함께 노인을 둘러싼 중요한 환경으로서 가족관계의 유지도 매우 중요하다. 노인부양과 수발, 정서적 안녕과 삶의 기쁨은 모두 가족이라는 환경에 의해 조건 지어지기 때문이다. 그러므로 노인에 대한 지원은 가족에 대한 지원이기도 하다.

1) 노인복지의 개념

노인복지는 대상에 따라 광의의 개념과 협의의 개념으로 나눌 수 있는데, 먼저 광의의 노인복지는 모든 노인이 생활상의 안정, 교육, 취업 등 사회적 서비스의 제공을 포함한 광범위한 사회적 정책을 의미한다. 협의의 노인복지는 퇴직, 빈곤, 질병 등 제 요인으로부터 발생하는 생활 빈곤, 고독, 욕구, 불만, 삶의 보람을 상실한 노인에게 개별적인 공적부조, 생활지도, 자립조장 등과 같은 구체적인 보호나 육성, 갱생을 위한 일련의 사업과 노인 개개인이 즐겁게 생활하고 장수할 수 있도록 사회적으로 조직된 서비스를 제공하는 것이라고 할 수 있다.

이 두 가지 개념 중에서 현대사회에서는 광의의 개념이 일반적으로 수용되어지는데, 즉 노인복지는 단순한 구빈사업이나 보호의 개념이 아닌 노인이 하나의 독립된 인간으로 기본적인 욕구충족과 문화적 생활을 영위하며 가정이나 사회에서 존중받고 역할과 지위를 유지함으로써 삶의 보람을 갖도록 하는 데에 의의가 있다. 오늘날 노인복지 대책은 모든 노인의 경제적 안정, 직업, 주택, 의료, 위생, 교육, 문화, 오락 등 사회생활 전반의 기본적 욕구의 충족을 사회적으로 보장하는 사회적 정책 전체를 의미한다.

종합해 보면 노인복지란 노인생활의 경제적 측면, 정신적 측면 등 다양한 측면을 내포하고 있다. 따라서 노인복지는 노인생활의 일부만이 아니고 전체 생활 면에서의 욕구를 충족시킬 수 있도록 종합적인 계획 속에서 추진되어야 한다.

노인복지의 활동과 범위는 노년기를 맞이하여 생활의 변화를 예측하고 거기에 대처할 수 있도록 질병(노인병), 빈곤, 고독, 소외, 무위 등 생활 면에서의 원인을 배제하고 노인 스스로가 건전한 생활을 영위해 갈 수 있도록 취해지는 현실적인 보호와 미래사회에 대한 미래지향적 예방을 위한 서비스 활동이 그 중심이 된다. 이상의 개념적 정의에 의거해 보면 노인복지의 범위를 표 4-2와 같이 규정할 수 있다(지재진, 2006).

표 4-2. 노인복지의 범위

- 생활주체의 범위로서 사적 및 공적조직이 모두 다 포함되고 있다. 그 활동이 적어도 계획에 의하여 조직적 또는 체계적으로 이루어진다면 공적차원이든 사적차원이든 간에 모두 노인복지의 활동에 포함될 수 있다는 것이다.
- 다루어질 수 없는 욕구나 문제의 범위로서 이는 시대와 사회에서 다룰 수 있다. 현대 산업 사회에서 다루어지는 노인의 욕구 및 문제의 영역은 생물학적 및 생리적, 경제적, 건강, 심리적, 사회적, 활동, 여가, 문화적, 정치적, 영적인 측면이다.
- 활동의 방법에 있어서는 정책 및 계획과 사회사업 전문 기술적 개입방법(개별, 집단, 지역사회사업)이 포함된다. 즉, 지역사회 또는 국가사회적 차원에서 노인을 위한 프로그램이나 서비스를 정책적으로 결정하고 계획을 수립하는 활동과 노인 개인 및 집단의 문제는 전문직업적 기술로 해결할 수 있는 프로그램을 포함한다.

2) 노인복지의 필요성

노인문제가 사회문제화되면서 노인복지의 문제가 대두되었고, 노인에게 복지적 프로그램과 서비스를 제공하여야 할 필요성은 표 4-3과 같은 측면에서 찾아볼 수 있다(지재진, 2006).

표 4-3. 노인복지의 필요성

구분	내용
생존권 보장 및 존엄성의 측면	현행 「헌법」은 "모든 국민은 인간으로서의 존엄과 가치를 가지며, 국가는 개인이 가지는 불가침의 기본적 인권을 확인하고 이를 보장할 의무를 진다"고 규정하고 있다(헌법 제32조, 34조 2항). 즉, 기본적 인권의 하나로서 모든 국민은 인간다운 생활을 할 권리가 있으며, 생활능력이 없는 국민은 국가의 보호를 받을 수 있는 것이다. 이런 맥락에서 노인은 욕구충족과 삶의 질의 향상을 위해 복지서비스를 받을 권리가 있는 것이다.
개인과 가족 및 사회적 여건의 변화 측면	오늘날 생활수준의 향상으로 노인은 기본적 생존권이나 생리적 욕구 충족 외에 자아실현의 욕구충족을 위한 보다 높은 수준의 만족을 추구하게 되었다. 또한 과거보다 연장된 노령기는 노인에게 보다 성공적이고 질 높은 삶을 영위하면서 만족스러운 발달과업이나 자아통합감을 이루도록 요구하고 있다. 이와 같은 개인적 상황의 변화뿐만 아니라 가족원 수의 감소, 장남 부양형태의 변화, 여성의 취업률 증가 등은 노인에게 복지적 차원에서 과거와 달리 국가나 사회의 개입을 요구하고 있으며, 사회전반에서 복지에 대한 요구수준이 높아 가는 현상 또한 모든 노인에게 노인복지의 필요성을 증대시키고 있다.
평균수명의 연장으로 인한 요보호 고령노인의 증가 측면	일반적으로 보면, 경제적 빈곤함과 열악한 상황에 처해 있는 노인에게는 당연히 노인복지의 혜택이 주어질 필요가 있을 뿐만 아니라 중산층이든 하류층이든 모든 노인에게는 노인으로서 갖는 신체적, 심리적 문제가 있는 것이다. 따라서 노인인구의 증가에 따라 이들 노인들의 요구는 증대하고 있으며, 특히 질병과 장애 등이 심해지고 의존성이 매우 높아 가는 고령노인에게는 사회적 개입이 더욱 절실히 요구되고 있다. 앞으로 사회가 고령화되고, 특히 후기 고령자(old-old age) 노인이 급증할 것은 예측되는 결과이다. 이들 노인의 증가는 노인복지서비스의 필요성을 증가시킨다.
문제의 예방적 조치의 측면	문제발생 후의 치료나 해결보다는 예방적 조치가 효율적이라는 이론은 사회복지에 있어서 오랫동안 주장되어 온 원칙이다. 복지국가를 지향하는 데 가장 큰 비용의 투입을 요하는 부분이 노인복지 분야이고, 이로 인해 국가에 재정적 위협이 되고 있는 것은 선진 산업사회의 경험에서 쉽게 관찰될 수 있는 것이다. 즉, 복지정책에 있어

구분	내용
	서 비용의 효율성과 향상된 삶의 질을 위해서는 문제의 예방적 조치가 매우 필요한 것이다. 따라서 노인복지는 노인문제의 발생 후 파생되는 경제적 비용을 절감하고 효율성을 높이는 데 장기적 안목에서 매우 필요한 것이다.

현대와 같이 복잡한 사회에서 노인복지는 없어서는 안 될 제도이며, 그중에서도 근간을 이루는 것이 사회보장제도이다. 우리나라 현재 노인세대는 우리의 전통 사회적 가치관에 대해서 자식이 자원인 세대였으므로 자식에게 노후를 의탁하려 했다. 이제 사회는 변해서 현대사회를 살아가는 자녀로서 본인의 노후와 자녀의 교육, 현재 한국 사회의 경제적인 난관, 부모까지 부양해야 하는 여러 복합적인 요소로 인하여 더 이상 개인이 해결할 수 없는 문제가 되고 말았다.

3) 노인복지의 기능과 역할

노인복지의 역할은 노인들의 욕구를 개인과 가정에서 효과적으로 해결하기 힘들어 사회문제가 되는데, 이에 따라 국가나 지역사회 또는 단체에서 개입하여 그것을 해결하기 위한 것이라 할 수 있다. 그러므로 노인복지의 역할은 노인들의 욕구를 해결하는 것이라고 할 수 있다.

에릭슨은 인생주기의 각 단계를 하나의 '도전과 위기(challenge and crisis)'로 보고 그 위기를 극복하기 위한 노력을 통하여 적절하게 해결해야 다음 발달단계에서 잘 적응하고 건전한 양상으로 진행될 수 있다고 한다. 에릭슨은 표 4-4와 같이 인간의 발달단계를 8단계로 구분하고 있다.

에릭슨

표 4-4. 에릭슨의 발달단계

생활주기(연령)	
• 유아기(0~1세) • 초기아동기(2~3세) • 유희기(4~5세) • 학령기(7~12세) • 청소년기(12~20세) • 성인기(20~35세) • 장년기(35~60세) • 노년기(60세 이후)	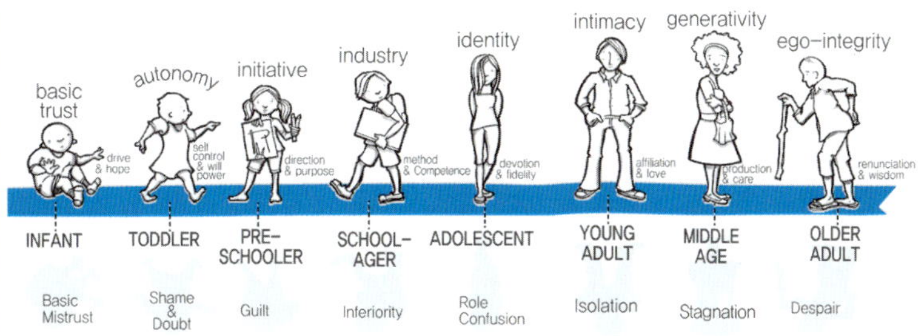

에릭슨이 주장한 생애주기 8단계는 노년기로 이 시기에 해결해야 할 과업으로는 자아통합감 대 절망감(ego integrity vs despair)으로 보았다. 구체적으로 생애주기에서 노년기에 해당하는 이 시기는 인생의 마지막 단계이다. 신체기능은 물론 대부분의 정신기능까지 급격하게 쇠퇴하고 모든 것을 잃어 가는 이 시기에 이르면, 누구든 앞으로 나아가는 대신 지난날을 돌아보게 된다. 그래서 지나온 삶을 의미 있게 여기고 만족감을 느끼면 자신의 삶이 완성되었다는 느낌을 갖게 될 것인데, 이것을 자아통합감(ego integrity)이라고 불렀다. 반면 삶을 회고하였을 때 후회와 아쉬움만이 가득하면 헤어나기 힘든 무의미과 허무의 나락으로 하염없이 빠져들 것이다. 이것이 바로 절망(despair)이다.

이 시기의 발달적 위기를 무난히 극복하면 지혜를 얻게 된다. 노년기의 지혜는 생의 마지막 단계에서 자신의 생애 전체에 가치와 의미를 부여하고 다가오는 죽음을 겸허하게 받아들일 수 있게 하지만, 그것을 얻지 못한 사람은 절망과 회한의 늪에서 생을 마감하게 된다.

다시 말해, 자아통합을 갖는 노인은 지나온 세월에 대해 별다른 불만이나 회한을 갖지 않고 감사하게 받아들인다. 그러나 절망에 빠진 부적응적인 노인은 직업 등에서의 역할상실, 경제적 어려움, 시대적 역경 등에 대해 불만을 갖고 우울해지거나 괴로워한다.

또한 딤목(Dimmock)은 노인의 욕구를 그림 4-1과 같이 대처의 욕구, 표현의 욕구, 친교의 욕구, 기여의 욕구, 나눔의 욕구 및 자기초월의 욕구인 여섯 가지로 표현하였다(변선희, 1998).

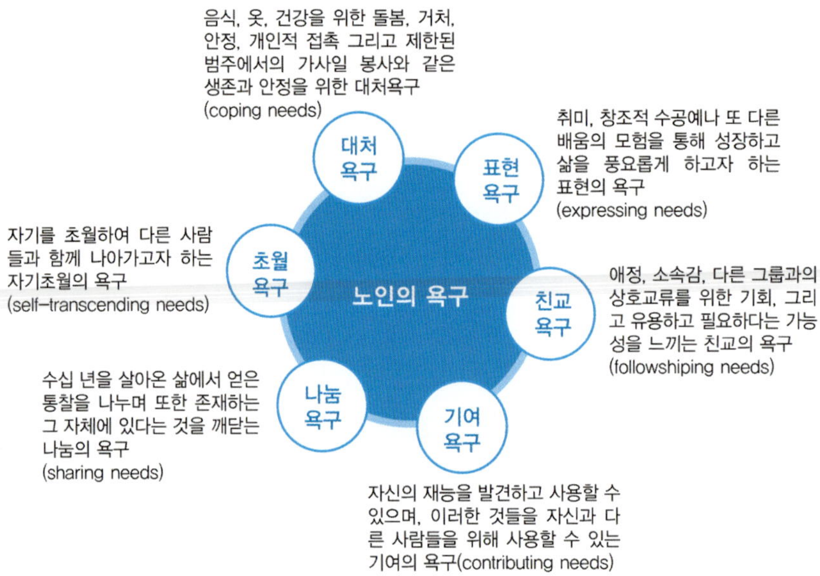

그림 4-1. **노인의 욕구**

이상에서 살펴본 여러 가지 욕구의 형태들은 그것이 독립적으로 발생하는 것이 아니다. 특히 노인의 욕구는 발달단계상의 특징으로 인하여 매우 복잡한 형태로 나타난다.

이처럼 인간생활의 기본적 욕구 혹은 보편적 욕구는 다양하게 분류될 수 있으며,

욕구를 이러한 분류의 연장선에서 인간의 속성에 따라 다시 세분할 수도 있다. 또한 카플란(Kaplan)은 노년기를 살고 있는 인간의 욕구를 사회적으로 도움이 되는 봉사활동을 해 보려는 욕구, 여가를 친구들과 같이 지내고 싶어 하는 욕구, 자신의 존재를 타인으로부터 인정받고 싶어 하는 욕구, 특정한 직업이나 성과를 내고 싶어 하는 욕구, 오래도록 건강으로 유지하고자 하는 욕구, 심리적으로 자극을 받아 보고 싶어 하는 욕구, 가족관계를 원만히 유지하고자 하는 욕구, 종교적 신앙을 포함한 정신적 만족을 얻으려는 욕구로 세분화할 수 있는데, 이러한 노인의 욕구는 그림 4-2가 잘 나타내 주고 있다(김성순, 1991).

노인문제		노인욕구	욕구의 내용
빈곤문제		생존욕구	생계욕구 · 시설보호 · 의료보호
건강문제		환경욕구	주택 · 가족 · 생활시설
고독과 소외		생산욕구	취로 · 여가 · 생산활동
역할과 보람		문화욕구	교육 · 사회참여 · 창조활동

그림 4-2. **노인의 욕구**

노인 모두에게 동일한 비중으로 이 욕구들이 나타나는 것이라고는 볼 수 없다. 즉, 각 개인의 심리적 특성과 생활환경, 가치관, 교양 정도 그리고 현재 생활환경 등에 의하여 그 비중의 경중이 나타나는 것이다. 객관적 수준에서 고찰해 본다면, 노인의 특성과 욕구를 형성하는 사회적 또는 신체적 환경에는 공통된 요소가 적지 않다는 점을 고려해야 한다.

이상에서 노인생활의 기본적 욕구 혹은 보편적 욕구에 대한 분류와 욕구를 가진 인간의 속성에 따른 분류를 통하여 노인의 욕구에 대해 경제적 안정을 위한 욕구, 신체적 · 정신적 건강유지의 욕구, 가족관계의 안정의 욕구, 문화 오락에 대한 욕구(여가의 욕구) 등으로 구별해 볼 수 있는데, 이러한 욕구를 해결해 줄 수 있도록 국가나 지역사회 그리고 가정에서 체계적이고 효율적으로 개입하는 것이 노인복지의 역할이라고 할 수 있다.

4) 노인복지의 특성

노인의 신체적, 정신적, 사회적 안정을 위한 노인복지는 타 사회복지분야와 다른 특성을 가지고 있는데 이를 살펴보면 욕구의 다양성, 대상의 보편성, 대상의 증가성, 선봉사 후 수혜성으로 구분할 수 있으며, 구체적인 내용은 표 4-5와 같다.

표 4-5. 노인복지의 특성

구분	내용
욕구의 다양성	인간은 성장과정에 따라 나이가 들수록 그 욕구가 다양해지는데, 특히 노인이 되면 경제적 빈곤, 건강의 악화, 역할의 상실, 고독감 등의 문제와 후손들에게 장래에 대한 어른으로서 대접을 받겠다는 욕구 등이 복합적으로 나타나게 된다.
대상의 보편성	인간은 누구를 막론하고 늙게 되고 따라서 조만간 그 대상이 된다는 점에서 타 복지와는 다른 대상의 보편성을 가지고 있다.
대상의 증가성	현대사회는 인구의 자연증가와 의학의 발달, 생활수준의 향상에 따른 평균수명의 연장 등 인구의 고령화 현상을 보이고 있다. 신기술 개발, 산업화 정책, 정년제 등 인위적인 정책에 따른 제도적인 요인에 의해서 노인층이 증가하는 추세에 있다.
선봉사 후 수혜성	현재의 노인은 경제활동이 가능했던 활동 기간 중에 보험료 또는 납세 등에 의해 보험재정에 기여해 왔으며 사회적 활동을 통해 사회발전에 기여해 왔기 때문에 경제능력을 상실한 노후에는 오늘의 경제활동 인구층으로부터 부양받을 권리를 갖고 있다.

이와 같이 노인복지는 타 복지 등과는 다른 특성을 지니고 있으며, 노인복지서비스를 효율적으로 실현하기 위한 기본원칙으로, 표 4-6과 같이 존엄성의 원칙, 개별성의 원칙, 연대책임의 원칙 및 욕구반영의 원칙을 가지게 된다.

표 4-6. 노인복지의 원칙

구분	내용
존엄성의 원칙	노인에게도 모든 국민과 같이 신분, 직업, 연령, 신체적 및 정신적 건강, 경제적 지위로 인해 차별받지 않는 인간적인 권리로서의 존엄성이 존중되어야 한다는 것이다.
개별성의 원칙	노인의 개성이 존중될 수 있도록 개별적으로 다루어져야 하고, 노인에 대한 일반화나 고정관념이 배제되어야 한다는 것이다.
연대책임의 원칙	노인복지에 대한 책임의 소재를 밝히는 것은 매주 중요하다. 노인 자신의 노력도 중요하지만 노인복지 책임의 대부분은 노인을 둘러싸고 있는 환경에 있으므로 국가, 지방자치단체, 기업, 지역사회, 가족, 이웃 등 모두가 공동적인 책임을 가지고 있다는 것을 인식해야 한다.
욕구반영의 원칙	노인은 65~70세, 71~80세, 80세 이상의 연령에 따라 욕구가 다르며, 오늘과 내일이 다른 것과 같이 그 시대별 욕구 또한 같지 않다. 그러므로 수시로 욕구조사를 하여 새로운 프로그램을 계획함으로써 노인복지를 증진시키려는 노력이 필요하다.

이상에서 살펴본 바와 같이 노인복지는 누구나 거쳐야 하는 하나의 관문처럼 보편성과 다원성을 가지고 있으면서도 노인이 되면 건강의 악화와 경제적인 자립이 힘들어지게 되므로 이를 뒷받침하기 위한 정책적인 배려가 있어야 한다.

노인도 하나의 인격체로서 사회생활을 지속적으로 할 수 있도록 사회여건의 조성도 아울러 필요하다. 이와 같이 노인의 수가 증가하고 누구나 경험하게 되는 보편성을 가지고 있으면서도 여러 가지 제도적, 정책적 인식의 부족으로 인한 여러 문제를 야기하고 있다는 것이 노인복지의 특성이라고 할 수 있다.

2. 노인복지의 역사

노인복지의 역사를 삼국시대부터 해방 전까지는 시대별로 살펴보고, 현대 노인복지 제도에 영향을 직접적으로 미친 해방 이후 현재까지의 과정을 10년 단위로 구분하여 노인복지의 발달과정을 살펴보면 다음과 같다(박석돈 외, 2022; 지재진, 2006).

1) 전통사회의 노인복지

(1) 삼국시대

① 노인보호사업의 개요

우리나라에 민생구휼행정이 역사상 뚜렷하게 나타나는 것은 삼국시대부터이다. 이러한 사업은 한 · 위 · 당의 중국문화가 우리나라에 흘러 들어오면서부터 점점 발달한 것으로 보인다. 양로사업은 삼국이래 유교적 경로사상에 영향을 받아 역대 왕들이 실시한 하나의 사업이었다. 그러나 대개 임시적으로 은사를 내려 군주가 경로 정신을 모범으로 실시함으로써 백성으로 하여금 이를 보고 따르게 하는 것이었다.

② 노인보호사업의 내용

노인보호사업의 시초는 신라 유리왕 5년(서기 28년)부터 시작되었고, 왕명에 의한 급양을 국가적 차원에서 실시한 경로사업은 흥덕왕 8년에 이르러 나타났다. 이와 같은 양로사업은 경로사상에서 비롯된 것인데, 신라에서는 국학, 원성왕 4년에는 독서삼품과가 설치되어 교육제도상으로 경로사상을 진작시켰으며, 화랑도의 세속오계에 나타난 "효"개념 역시 경로사상에 큰 영향을 주었다. 또한 고구려의 양로에 관한 시책은 을파소에 의한 구휼제도인 진대법을 들 수 있다. 이 법은 춘궁기에 곡식이 떨어져 노모를 봉양하지 못하는 사람을 조사해서 춘궁기에 관청 곡식을 꾸어 주었다가 추수기에 환곡하도록 한 것이다.

삼국시대에는 경로사상에 바탕을 둔 양로사업이 주축을 이루고 있다고 볼 수 있다. 즉, 삼국시대 국가 차원에서의 노인복지에 대한 제도적 개입은 매우 빈약했지만 국왕의 노인보호에 대한 책임의식의 정도에 따라 당대의 노인문제해결의 정도가 결정되었다고 할 수 있다.

(2) 고려시대

① 노인보호사업의 개요

고려시대는 불교를 숭배하면서 양로사업을 활발하게 진행한 시기이다. 구체적으로 불교의 자비사상은 노인구제 등 보호사업에 큰 영향을 미치게 되었다.

② 노인보호사업의 내용

고려시대 노인보호제도에 대한 것은 성종 때 특히 구체적이고 광범위하게 실시되었다. 고려시대는 건국 초기부터 효도를 정치의 기본 이념으로 삼아 노인을 공경하고, 어려움을 보살펴 주는 많은 정책을 실천해 왔는데, 구체적으로 첫째, 경로 고양사상은 성종 10년에 경로사상을 중요한 정책지표로 삼았으며, 원종 2년에는 양호할 자가 없는 자는 동서대비원에 수용하여 국량을 공급하여 부양하도록 하였다. 둘째, 급가제도는 관리에게 효도할 기회를 주는 제도이다. 이것은 부모님이 생존에 계시는 관리에게는 문안, 병간호를 위한 휴가를 주는 것이고, 돌아가신 분은 장례를 치르거나, 묘소를 돌보게 하는 휴가제도였다. 셋째, 노인직은 현종 5년과 우왕 13년 때 노인에게 직위를 준 제도였다. 넷째, 시정제도는 고령자에게 노인봉사자인 시정을 두게 하는 제도로 이미 고려시대에 현재 노인복지제도에서 실시되는 가정봉사원서비스의 개념이 있었음을 알 수 있다.

(3) 조선시대

① 노인보호사업의 개요

조선시대는 유교를 숭상하였으며, 이것은 인간윤리의 근본인 효도를 강조하였다. 또한 유교의 최고 교육기관인 성균관이나 학당, 향교, 서원 등에서 유교교육을 실시하여 효도개념의 토착화를 전개하였다. 따라서 조선시대는 노인에 대한 양로사업이나 시책 등이 싹트고, 본격적으로 발달, 정립된 시기라고 할 수 있다.

② 노인보호사업의 내용

조선시대 노인보호사업의 내용을 살펴보면, 양로연 제도, 노인직, 치사제도, 노부모에 대한 특전, 기로소와 기로직 등이 있었다. 구체적으로 첫째, 양로연 제도는 조선시대에 노인의 권위를 뒷받침하기 위하여 실시된 중요한 정책 중의 하나였다. 양로연은 국가에서 노인을 위하여 개설하는 연회로서 매년 9월에 개회하여 80세 이상인 자는 모두 참석하였다. 둘째, 노인직은 고려시대와 마찬가지로 벼슬을 주는 것이었고, 셋째, 치사제도는 나이가 많아 물러가기를 청하는 자는 그 청을 들어 주고 물을 것이 있으면 그들을 다시 부르게 하도록 정한 법이었다. 넷째, 노부모가 있는 자는 병역을 면제하거나, 노인에 대한 범죄를 사면하는 법이었다. 마지막으로 기로소와 기로직은 전자는 왕이 정이품 이상 되는 문관 중 70세에게 가을에 잔치를 베풀어 주는 것이고, 후자는 나이 많은 사람에게도 등용의 기회를 우대한 제도이다.

2) 요보호 노인을 위한 구호사업

(1) 일제시대

1910년 한일합방 이후 노인복지사업은 조선총독부에 의하여 실시되었다. 따라서 노인복지정책은 식민지 통치에 반대하는 세력을 위한 무마책이었고, 시혜 또는 자선적 성격의 단순 구호사업에 불과하였다.

1944년 3월에는 조선구호령이 공포, 실시되어 극빈자와 무의탁자에 대한 국가적 차원의 생활보장의 기초가 마련되었다. 특히 조선구호령은 65세 이상의 극빈 노인 또는 무의탁 노인에게 필요한 생활부조, 의료부조 등의 서비스를 규정하고 있어, 제도적으로 정비되기 시작한 시기로 볼 수 있다. 그러나 조선구호령 또한 일제치하에 있어서 명문화뿐인 법령에 불과하였던 것으로 평가된다.

(2) 해방 이후부터 1950년대까지

1945년 해방과 남북분단에 의한 미군정, 6 · 25사변 등 시대적 특성으로 인하여 이 시기의 노인복지는 거의 독립적으로 기능하지 못하였다. 이 시기는 전쟁 등으로 인해 요구호대상자가 급증하여 노인복지사업은 거의 무시되었다. 그리고 1948년 제1공화국이 수립되면서 「헌법」상 노인들의 생존권이 보장되었지만 이 시기의 사회복지사업은 요구호대상자에 대한 임시 혹은 응급적 구호사업에 불과하였다.

3) 노인보호에서 노인복지로의 전환

(1) 1960년대

1960년대는 4·19혁명과 5·16군사 쿠데타 등 정치·사회적 변화와 더불어 경제개발 정책이 국가 정책의 핵심이 되었으며, 사회복지에 관한 법률이 점차 제정되기에 이르렀다.

1960년대 초에 우리나라에 있어서 사회보장제도의 기반이 마련된 것으로 평가되기도 하지만 노인복지 분야에 있어 제도적 기반이 마련되었다고는 단정 지을 수 없다. 다만 「생활보호법」 제3조와 제25조에 근거하여 65세 이상 생활능력이 없는 노인을 대상으로 구빈 차원에서 노인보호사업이 전개되었을 뿐이었다. 뿐만 아니라 실제적인 보호수준은 최저생계비 보장에도 미치지 못하였다.

1960년대 말부터 인구구조가 소산소사(小産小死)의 선진국형으로 점차 변화되면서 노인인구에 대한 사회보장제도의 필요성이 인식되었지만 당시 경제발전지향 논리에 의하여 정부의 관심의 대상이 되지는 못하였다.

(2) 1970년대

1970년대 초에 이르러 경제성장의 성과와 산업화, 도시화, 핵가족화, 인구의 노령화 현상이 급격하게 진행되었다. 더불어 국민의 생활수준이 향상되고 노인인구의 욕구도 다양하게 증대되기 시작하면서, 노인문제가 점차 사회문제로 대두되게 되었다. 이러한 결과 노인복지시설의 필요성이 제기되었고 점차 노인문제를 사회문제로 인식하게 되면서 노인문제 해결을 위한 방안이 논의되기 시작하였다. 하지만 노인문제는 여전히 국가 관심거리가 되지 못하고, 당시 노인단체의 존재나 활동도 미비하였다.

1977년부터 생활보호사업에서 분리 실시된 의료보호는 65세 이상의 생활보호대상 노인에게만 제공되었고, 65세 이상 원호대상 노인에게 노령생계수당이 지급되기도 하였다. 한편 1979년 보건사회부는 「노인복지법」을 제정하기 위한 몇 차례의 준비와 검토를 거친 후, 같은 해에 「노인복지법」 초안을 마련하였다.

4) 노인복지제도의 확립

(1) 1980년대

1980년대부터 노인 자신과 일반 국민들 사이에서 국가와 사회가 노인부양과 복지를 책임져야 한다는 인식과 태도가 나타나게 되었다. 이러한 노인부양의식의 변화를 배경으로 1980년 9월 제5공화국이 출범하면서 1981년 「노인복지법」이 제정·공포되었고, 이로써 노인복지제도의 발전을 위한 기반이 마련되었다. 그러나 「노인복지법」의 내용은 의무적인 규정을 피하고 거의 선언적·임의적인 것에 그치고 있어 보다 구체적인 실현성이 결여되어 있는 것으로 평가된다.

1981년 「노인복지법」의 입법 이후에 많은 사회변화가 일어났고, 노인복지 욕구도 다양해짐에 따라 「노인복지법」의 개정 논의가 계속되어 왔다. 그 결과 내용 자체의 변경은 없었으나 1984년 12월 15일에 「노인복지법」 재정 이후 개정이 최초로 개정 과정을 밟았다는 점에서 1차 개정으로 간주되고 있다. 그럼에도 불구하고 노인문제가 심각한 사회문제로 대두됨으로써 노인복지 증진을 도모하는 데 필요한 제도를 보완하고 개선해야 할 필요성이 계속 인정되어, 1989년 12월 30일 법률 제4178호로 「노인복지법」을 2차로 개정하게 되었다.

(2) 1990년대

2차로 개정된 「노인복지법」의 경우에도 각 조항들을 분석해 보면 강제규정보다는 임의규정 또는 노력 의무규정이 많았으며, 대통령령 또는 보사부령으로 위임된 조항이 너무 많았다. 또한 「생활보호법」이나 「의료보호법」 등 관련된 타 법과의 관계가 제대로 조정되어 있지 않아 중복되는 문제점 등을 가지고 있었다.

따라서 현행 규정상의 일부 미비점을 보완하고자 1993년 12월 27일 「노인복지법」이 법률 제4633호로서 3차로 개정되었다. 개정된 내용 중 특이한 점은 유료 노인복지사업에 민간기업체나 개인의 참여를 허용함으로써 노인복지사업의 공급기반을 다양하게 확충하고자 하였고, 또한 일반가정에서 생활하는 노인들에게 생활지원 및 각종 서비스를 제공하고자 재가노인복지사업의 실시 근거를 마련하였다.

이와 같이 개정된 「노인복지법」은 내용 면에선 다양하고 체계적인 프로그램을 제시하고 있었지만 여전히 강제규정이 아닌 임의규정이나 선언적인 성격이 상당부분 남아 있었고, 또한 소득보장과 의료보장에 있어서도 많은 제한점을 가지고 있었다. 이러한 제한점을 보완하고자 1997년 8월 22일에 법률 제5359호로서 제4차로 전면 개정되었다.

(3) 2000년대 이후

2000년도 이후 주요 노인복지사업 연혁을 살펴보면, 2000년에 노인장기요양보호정책기획단이 설치되었고 경로연금 지급대상자가 확대되었다. 2001년에는 지역사회시니어클럽이 5개소 지정되어 사업이 시작되었고, 이듬해 이를 다시 20개소로 확대 지정하였다. 2002년 3월, 경로연금 수급자 재산기준을 변경하였고, 12월에는 「노인복지법 시행규칙」을 개정하여 30인 이하 시설의 기준을 완화하고, 무료시설에 기초생활보장 수급노인이 아닌 저소득 노인을 정원의 30% 내에서 실비 입소하도록 허용하였다.

법 개정의 연혁으로는 2000년 1월 12일 「노인복지법」이 일부 개정되었는데, 이때 노인복지대책위원회가 폐지되었고, 재가복지의 중요성이 증대되면서 가정봉사원

교육 및 가정봉사교육기관의 설치에 관한 조항이 신설되었다. 또한 증가하는 노인학대 문제에 보다 적극적으로 대처하고자 2004년 1월, 「노인복지법」이 부분 개정되어 부양 의무자 규정을 강화하고, 노인학대 예방 및 사후 치료에 관한 조항이 신설되었다.

그리고 저출산 · 고령화사회가 되면서 노인부양비 부담이 커지자 노인일자리 문제가 시대적 이슈가 되었다. 이러한 시대적 상황에 대처하기 위해 「노인복지법」은 노인일자리전담기구 설치에 관한 규정을 신설하였다. 2007년에는 노인복지시설의 종류를 서비스 내용으로 구분하고 노인일자리 지원기관을 노인복지시설로 추가하였다. 그리고 실종노인에 대한 보호 · 지원규정을 신설하였다.

보편적 복지냐 선별적 복지냐의 논쟁이 끊임없이 되풀이되면서 노인복지에서도 보편적 노인복지의 일환으로 기초연금제도가 이 시기에 확립되었다. 1989년 노령수당제도로 출발하여 1997년 경로연금으로, 2007년에 기초노령연금으로 조금씩 변화 발전해오다가 마침내 2014년 기초연금으로 정착하였다. 2022년부터 노인 단독가구의 경우 소득평가액과 재산의 소득환산액을 합산한 월 소득인정액이 169만 원, 부부가구는 270만 4,000원 이하면 기초연금을 받을 수 있다. 2014년 435만 명이던 기초연금 수급자가 2021년에는 598만 명으로 증가하였다. 기초연금 최대 지급액도 도입 시 20만 원에서 2022년에는 30만 원까지 확대되었다.

3. 노인복지의 원칙과 주요내용

오늘날 노인복지는 사회가 산업사회로 바뀌면서 인구의 고령화에 따른 노인인구의 증가와 핵가족화로 인한 노인문제가 하나의 커다란 사회문제로 되면서 선진 산업국가에서부터 관심을 갖기 시작하였다. 특히 UN은 인권문제를 다루면서 일찍부터 사회적 약자로서 노인의 인권문제에 관심을 가지고 각국의 노인복지정책을 수립함에 있어서 다양한 원칙을 제시해 왔다(박석돈 외, 2022).

1) The Declaration of Old Age Rights(1948)

UN이 1948년 11월 26일에 노인권리선언(The Declaration of Old Age Rights)을 발표한 이래 노인에 대한 국제적 관심이 높아졌다. UN노인권리선언의 내용은 공공부조를 받을 권리(right to assistance), 주거에 대한 권리(right to accommodation), 식품에 대한 권리(right to food), 의복에 대한 권리(right to clothing), 건강보호에 대한 권리(right to the care of physical health), 정신건강에 대한 권리(right to the care of moral health), 오락에 대한 권리(right to recreation), 노동에 대한 권리(right to work), 안정에 대한 권리(right to stability), 존경받을 권리(right to respect) 등이다.

2) Vienna International Plan of Action on ageing(1982)

서구 선진국에서부터 고령화가 급격하게 진전되면서, 고령화현상에 대응하는 각국 정부의 정책과 프로그램 형성에 대한 기준을 제시하기 위해 채택되었다. 1982년 오스트리아 비엔나에서 열린 '고령화에 관한 세계총회(world assembly on ageing)'에서 채택된 문서를 같은 해 UN총회가 비준(resolution 37/51)한 것으로, 고령화정책에 관한 최초의 국제기준이라고 볼 수 있다. 흔히 '비엔나 plan'이라고도 불리는 이 문서는 노인들의 상황(situation of older persons), 생애를 통한 개인적 발전(individual lifelong development), 세대 간의 유대(relationship between the generations), 연령집단 간의 상호

관계 및 발전(interrelationship of population ageing and development)이라는 네 가지를 기초로 건강과 영양, 노인 소비자의 보호, 주거와 환경, 가족, 사회복지, 소득보장과 고용, 교육 등 7개 영역과 그 하위 분야에 따라 취해야 할 정책방향 62가지를 권고하고 있다.

3) United Nations Principles for Older Persons(1991)

1991년 12월 16일 UN총회는 고령화 관련 국제행동계획과 노인을 위한 UN원칙(International Plan of Action on ageing and United Nations Principles for Older Persons)을 채택하였다(결의서 46/91). 정부들은 가능한 경우 언제든지 그들의 사업에 이 원칙들을 반영하여야 한다. 이 원칙은 표 4-7과 같이, 노인의 지위와 관련된 다섯 가지 분야로 구성되어 있고, 세부사항은 18개 항으로 되어 있다.

표 4-7. 노인을 위한 UN원칙

구분	내용
독립의 원칙	• 소득, 가족과 지역사회의 지원 및 자조를 통하여 적절한 식량, 물, 주거, 의복 및 건강보호에 접근할 수 있어야 한다. • 일을 할 수 있는 기회를 제공받거나, 다른 소득을 얻을 수 있는 기회에 접근할 수 있어야 한다. • 직장에서 언제 어떻게 그만둘 것인지에 대한 결정에 참여할 수 있어야 한다. • 적절한 교육과 훈련 프로그램에 접근할 수 있어야 한다. • 개인의 선호와 변화하는 능력에 맞추어 안전하고 적응할 수 있는 환경에서 살 수 있어야 한다. • 가능한 오랫동안 가정에서 살 수 있어야 한다.
참여의 원칙	• 사회에 통합되어야 하며, 그들의 복지에 직접 영향을 미치는 정책의 형성과 이행에 적극적으로 참여하고, 그들의 지식과 기술을 젊은 세대와 함께 공유하여야 한다. • 지역사회 봉사를 위한 기회를 찾고 개발하여야 하며, 그들의 흥미와 능력에 알맞은 자

구분	내용
	원봉사자로서 봉사할 수 있어야 한다. • 노인들을 위한 사회운동과 단체를 형성할 수 있어야 한다.
보호의 원칙	• 각 사회의 문화적 가치체계에 따라 가족과 지역사회의 보살핌과 보호를 받아야 한다. • 신체적 · 정신적 · 정서적 안녕의 최적 수준을 유지하거나 되찾도록 도와주고 질병을 예방하거나 그 시작을 지연시키는 건강보호에 접근할 수 있어야 한다. • 그들의 자율과 보호를 고양시키는 사회적 · 법률적인 서비스에 접근할 수 있어야 한다. • 인간적이고 안전한 환경에서 보호, 재활, 사회적 · 정신적 격려를 제공하는 적정 수준의 시설보호를 이용할 수 있어야 한다. • 그들이 보호시설이나 치료시설에서 거주할 때도 그들의 존엄, 신념, 욕구와 사생활을 존중받으며, 자신들의 건강보호와 삶의 질을 결정하는 권리도 존중받는 것을 포함하는 인간의 권리와 기본적인 자유를 향유할 수 있어야 한다.
자아실현의 원칙	• 자신들의 잠재력을 완전히 개발하기 위한 기회를 추구하여야 한다. • 사회의 교육적 · 문화적 · 정신적 그리고 여가에 관한 자원에 접근할 수 있어야 한다.
존엄의 원칙	• 존엄과 안전 속에서 살 수 있어야 하며, 착취와 육체적 · 정신적 학대로부터 자유로워야 한다. • 나이, 성별, 인종이나 민족적인 배경, 장애나 여타 지위에 상관없이 공정하게 대우받아야 하며, 그들의 경제적인 기여와 관계없이 평가되어야 한다.

4. 노인복지정책 및 실천체계

노인복지정책 및 실천체계를 노인복지와 관련된 「저출산 · 고령사회기본법」, 「노인복지법」, 「고령자고용촉진법」 및 「고령친화산업진흥법」을 중심으로 살펴보면 다음과 같다.

1) 저출산·고령사회기본법

(1) 저출산 · 고령사회기본법의 개요

우리나라는 2000년대에 들어서면서 저출산과 고령화 문제에 국가적으로 대응하기 위하여 2005년에 「저출산 · 고령사회기본법」을 제정하였고 6번의 개정을 통해 2021년 12월 14일 법률 제18580호로 시행하고 있다. 기본법은 저출산 · 고령사회정책의 기본방향을 제시하며, 저출산 · 고령사회기본계획 수립의 근거가 된다. 또한 저출산 · 고령사회기본계획에 포함될 내용과 방향까지 규정하고 있다.

(2) 저출산 · 고령사회기본법의 내용

「저출산 · 고령사회기본법」은 출산율을 안정화시키고, 고령화시대를 맞이하여 고령인구 세대의 생활 안정 및 생산활동에 기여하기 위한 제도적 장치를 마련한 것으로, 이 기본법은 저출산 및 인구의 고령화에 따른 변화에 대응하는 저출산 · 고령사회정책의 기본방향과 그 수립 및 추진체계에 관한 사항을 규정함으로써 국가의 경쟁력을 높이고 국민의 삶의 질 향상과 국가의 지속적인 발전에 이바지함을 목적으로 하며(제1조), 국가의 지속적인 발전을 위한 인구 구성의 균형과 질적 향상을 실현하고, 국민이 건강하고 안정된 노후생활을 할 수 있도록 하는 것을 기본 이념으로 한다(제2조).

기본법에서 밝히고 있는 국가 및 지방자치단체의 책무는 저출산 · 고령사회정책을 수립하고 시행하는 것이다. 구체적으로 국가는 종합적인 저출산 · 고령사회정책을 수립 · 시행하고, 지방자치단체는 국가의 저출산 · 고령사회정책에 맞추어 지역의 사회 · 경제적 실정에 부합하는 저출산 · 고령사회정책을 수립 · 시행하여야 한다(제4조 제1항). 또한 국가와 지방자치단체는 다른 법률의 규정에 의하여 중 · 장기계획 및 연도별 시행계획 등 주요정책을 수립하는 경우에도 저출산 · 고령사회기본계획을 고려하여야 한다(제4조 제2항)고 규정함으로써 기본법의 주요성을 확인시켜 주고 있다.

또한 기본법에서 국민은 가정 및 지역사회의 일원으로 상호연대를 강화하고 각자의 노후생활을 건강하고 충실하게 영위할 수 있도록 노력하여야 한다(제5조 제2항)고 규정함으로써 국가와 지방자치단체의 책무뿐만 아니라 국민의 책무도 규정하고 있다. 이는 저출산 · 고령화의 문제해결을 위해서는 국민들의 인식과 적극적 참여, 국민들의 상호연대의 중요성을 강조하는 것이다.

저출산 · 고령사회정책의 기본방향은 저출산대책과 고령사회정책으로 구성되어 있다. 그중 고령사회정책은 노년기에 초점이 맞추어져 있으며, 고용과 소득보장(제11조), 건강증진과 의료제공(제12조), 생활환경과 안전보장(제13조), 여가 · 문화 및 사회활동의 장려(제14조), 평생교육과 정보화(제15조), 노후설계(제15조의2), 취약계층노인(제16조), 가족관계와 세대 간 이해증진(제17조), 경제와 산업(제18조), 고령친화적 산업의 육성(제19조)으로 구성되어 있다.

2) 노인복지법

(1) 노인복지법의 개요

노인의 심신유지와 생활 보장 등 노인의 보건복지를 위해 제정된 법률로 노인이 국가 및 사회발전에 기여해 온 자로서 노후생활을 보장받게 함이 목적이다. 1981년에 제정되었으며, 전문 62조와 부칙으로 이루어져 있다. 이 법에 의하면 국가와 지방자치단체는 노인의 보건 및 복지증진의 책임이 있다. 따라서 노인주거복지시설을 설치할 수 있으며 노인학대를 예방하고 수시로 신고를 받을 수 있도록 긴급전화를 설치해야 하며, 누구든지 노인학대를 알게 된 때에는 신고할 수 있다.

(2) 노인복지법의 내용

「노인복지법」은 제1장 총칙, 제3장 보건 · 복지 조치, 제4장 노인복지시설의 설치 · 운영, 제5장 비용, 제6장 보칙, 제7장 벌칙 등 전문 62조와 부칙으로 이루어져 있다. 1981년 6월 5일 법률 제3453호로 제정되었다.

노인복지법의 주요 내용은 다음과 같다. 노인은 후손의 양육과 국가 및 사회의 발전에 기여해 온 자로서 존경받으며 건전하고 안정된 생활을 보장받으며, 능력에 따라 적당한 일에 종사하고 사회적 활동에 참여할 기회를 보장받는 한편, 노령에 따르는 심신의 변화를 자각하여 항상 심신의 건강을 유지하고 그 지식과 경험을 활용해 사회의 발전에 기여하도록 노력해야 한다(제2조). 국가와 지방자치단체는 노인의 보건 및 복지증진의 책임이 있으며, 이를 위한 시책을 강구하여 추진해야 한다(제4조). 노인에 대한 사회적 관심과 공경의식을 높이기 위해 매년 10월 2일을 노인의 날로, 매년 10월을 경로의 달로 한다(제6조).

국가 또는 지방자치단체는 노인의 사회참여 확대를 위해 노인의 지역 봉사활동 기회를 넓히고, 노인에게 적합한 직종의 개발과 그 보급을 위한 시책을 강구하며, 근로능력이 있는 노인에게 일할 기회를 우선적으로 제공하도록 노력해야 한다(제23조). 국가 또는 지방자치단체는 65세 이상의 자에 대해 대통령령이 정하는 바에 의해 국가 또는 지방자치단체의 수송시설 및 고궁 · 능원 · 박물관 · 공원 등의 공공시설을 무료로 또는 그 이용요금을 할인하여 이용하게 할 수 있다(제26조).

국가 또는 지방자치단체는 노인주거복지시설을 설치할 수 있으며(제33조), 노인복지주택에 입소할 수 있는 자는 60세 이상의 노인으로 한다. 다만, 입소 자격자의 배우자는 60세 미만의 자라 하더라도 입소 자격자와 함께 입소할 수 있다(제33조의 2). 국가 및 지방자치단체는 노인학대를 예방하고 수시로 신고를 받을 수 있도록 긴급전화를 설치해야 하며(제39조의 4), 누구든지 노인학대를 알게 된 때에는 노인보호 전문기관 또는 수사기관에 신고할 수 있다(제39조의 6).

누구든지 노인의 신체에 폭행을 가하거나 상해를 입히는 행위, 노인에게 성적 수치심을 주는 성폭행 · 성희롱 등의 행위, 자신의 보호 · 감독을 받는 노인을 유기하거나 의 · 식 · 주를 포함한 기본적 보호 및 치료를 소홀히 하는 방임행위, 노인에게 구걸을 하게 하거나 노인을 이용하여 구걸하는 행위, 노인을 위하여 증여 또는 급여된 금품을 그 목적 외의 용도에 사용하는 행위를 해서는 안되며(제39조의 9), 노인에게 상해를 입히는 자는 7년 이하의 징역 또는 2,000만 원 이하의 벌금에 처한다(제55조의 2).

3) 고령자고용촉진법

1991년 12월 31일 법률 제4487호로 제정된 「고령자고용촉진법」은 2008년 3월 21일 법률 제8962호로 「고용상 연령차별금지 및 고령자고용촉진에 관한 법률」로 바뀌었다. 그 시행일은 2009년 3월 22일이다. 법 개정의 취지는 지금까지는 고령자에 대한 고용정책이 고용 촉진정책에 치중되었으나 앞으로는 고용에서 연령을 이유로 차별하는 관행을 해소하기 위한 연령차별금지정책을 병행 추진하기 위함이다. 개정법은 모집 · 채용, 임금 또는 임금 외의 금품 · 복리후생, 교육 · 훈련, 배치 · 전보 · 승진, 퇴직 · 해고 등 고용의 전단계에서의 연령차별을 금지하며 고용상 연령차별행위로 피해를 입은 자에 대한 구제방법으로 국가인권위원회에 대한 진정 및 이에 따른 권고, 권고 불이행에 대한 시정명령제도를 도입하였다.

4) 고령친화산업진흥법

이 법은 고령친화산업을 지원 · 육성하고 그 발전 기반을 조성함으로써 노인의 삶의 질 향상과 국민경제의 건전한 발전에 이바지함을 목적으로 한다(법 제1조). 오늘날 우리나라는 급속한 고령화로 노인이 주요 수요계층으로 등장하면서 고령친화산업을 국가의 새로운 성장 동력 산업으로 육성할 필요성이 증가하고 있다. 이에 따라 고령친화산업 관련 각종 시책을 종합적으로 수립 · 추진하고, 고령친화산업의 기반 조성과 고령친화제품 및 서비스의 품질향상 등 고령친화산업을 체계적으로 육성해야 할 법적 기반을 마련해야 한다는 요구가 있어 왔다.

또한 실버산업은 주된 소비자가 노인이기 때문에 노인의 다양한 취약성으로 인해 자칫 심각한 피해를 입을 수 있으므로 단순한 수요공급의 시장경제원칙에만 맞출 수 없고 국가가 적절히 개입하여 소비자인 노인들을 보호해야 할 부분이 많아지게 된다. 이런 측면에서 실버산업을 노인복지적인 측면에서 국가가 개입해야 할 근거를 찾는 것이다. 이 법은 2006년 12월 28일 법률 제8110호로 제정되었고, 2007년 6월 29일자로 시행되었다.

Chapter 05

노년기 소득실태와 소득보장

배울 내용

1. 노인의 빈곤
2. 노인의 소득실태
3. 노인소득보장정책
4. 노인소득보장정책의 문제점과 개선방안

학습목표

1. 노인빈곤의 정의를 이해하고 현황을 파악한다.
2. 노인의 소득실태 현황을 파악한다.
3. 노인소득보장정책의 유형별 내용을 설명할 수 있다.
4. 노인소득보장정책의 문제점을 파악하고 개선방안을 모색해 본다.

1. 노인의 빈곤

1) 빈곤의 정의

빈곤의 현실에 대한 정확한 파악과 설명은 그것을 바라보는 시각에 의해 결정된다. 따라서 빈곤은 개인과 가족이 일상생활을 유지하기 위하여 필요한 의 · 식 · 주의 결핍뿐만 아니라, 기타 사회적 조건을 충족시킬 수 없는 자원의 결핍상태로 정의할 수 있다. 이러한 빈곤은 다시 절대적 빈곤과 상대적 빈곤 및 주관적 빈곤으로 구분할 수 있다. 구체적으로 절대적 빈곤(absolute poverty)이란 신체적인 건강과 생산을 위한 노동력을 유지하는 데 필요한 기본수요가 결여된 상태로 전물량 방식과 반물량 방식으로 구분된다. 상대적 빈곤(relative poverty)은 한 사회의 소득수준으로 볼 때 소득이 상대적으로 낮은 계층으로 정의된다. 즉, 상대적 빈곤은 자원이나 생활양식에 의한 상대적 관점으로서 불평등과 불균등한 배분의 결과인 상대적 박탈(relative deprivation)로 규정하고 있다. 그리고 주관적 빈곤(subjective poverty)은 개인의 주관적인 평가에 근거한 것으로 개인이 빈곤하다고 느끼는 소득수준을 주관적 빈곤선으로 정의할 수 있다. 지금까지 살펴본 절대적 빈곤, 상대적 빈곤 및 주관적 빈곤의 측정에 대한 논의를 정리하면 표 5-1과 같다(조휘래, 2022).

표 5-1. 빈곤의 유형과 정의

빈곤의 유형	빈곤선의 정의	
절대적 빈곤	전물량 방식	인간이 살아가는 데 필요한 모든 품목에 대해 최저 수준을 가격으로 환산한 값의 총합을 빈곤선으로 정의한다.
	반물량 방식	저소득층의 최소 식료품 지출비에 "3"을 곱한 금액을 빈곤선으로 정의한다.

빈곤의 유형	빈곤선의 정의
상대적 빈곤	구성원 다수가 누리는 생활수준을 누리지 못하는 상태로 평균소득 또는 중위소득을 기준으로 정의한다.
주관적 빈곤	제3자의 입장을 묻는 방식과 자신의 입장을 묻는 방식(라이덴 방식)으로 구분된다.

그리고 빈곤은 경제적 빈곤, 사회적 빈곤 및 심리적 빈곤으로 구분할 수 있다. 구체적으로 경제적 빈곤은 일정수준의 생계비를 감당할 수 없는 저소득을 말하고, 사회적 빈곤은 빈곤층의 사회·문화적 성격을 그들 나름대로 독특하게 발전시키는 빈곤문화와 제도를 말한다. 그리고 심리적 빈곤은 빈민이 갖게 되는 각종 심리상태를 말하는데 모든 일에 숙명적이고 운명적이며, 인지구조의 불안 등의 상태를 말한다. 이러한 세 가지 빈곤의 측면은 어느 것이 원인이고 결과인지는 따질 수 없으며, 서로 순환되는 성격을 지니고 있다고 볼 수 있다. 또한 빈곤은 객관적이고 동시에 주관적인 현상이다. 객관적으로는 기본적 욕구를 달성하는 데 소득이 적다는 것이고, 주관적으로는 자신의 무능력이 욕구와 기대충족에 못 미쳐서 풍족한 생활양식과는 동떨어진 차별적인 느낌을 갖게 하는 것이다.

2) 노인빈곤의 현황

한국 노인의 빈곤을 파악할 수 있는 소득분배지표는 그림 5-1과 같다. 최근 3개년의 소득분배지표를 가처분소득과 시장소득을 기준으로 근로연령인구(18~65세)와 노인인구(66세 이상)의 빈곤율이 제시되어 있다(통계청, 2021). 지난 3년간 노인의 빈곤율은 시장소득과 가처분소득에 상관없이 근로연령 인구에 비해 상당히 높은 수치를 보이고 있다. 2020년 기준으로 보면, 가처분소득 기준으로 근로연령인구는 빈곤율이 10.6%를 보이고 있지만, 노인은 40.4%의 빈곤율을 보이고 있다.

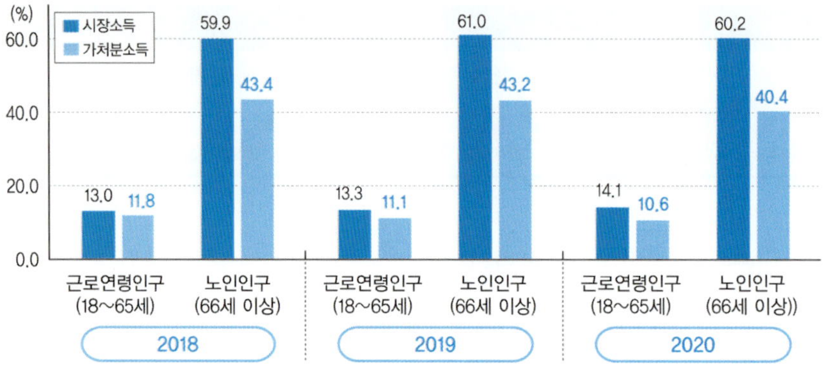

그림 5-1. 노인인구 소득분배지표 추이(2018~2020)

주: 중위소득의 50%를 기준으로 측정되었음.
출처: 통계청(2021). 가계동향조사.

노인의 빈곤에 대해 구체적으로 살펴보면, 시장소득과 가처분소득 기준의 빈곤율 차이는 2020년 기준 19.8% 차이를 보이고 있다. 이는 근로연령인구의 시장소득과 가처분소득의 빈곤율 차이(3.5%)보다 큰 차이를 보인다. 즉, 시장소득 항목에 해당하지 않는 사적이전소득, 공적이전소득, 그리고 각종 지출들을 포함한 값이 노인가구에서 높게 나타난다는 것이다. 또한 시장소득 기준으로 노인빈곤율은 3년 사이에 0.3% 증가하였다. 반면에 가처분소득 기준 노인빈곤율은 3년 사이 3%가 감소한 것으로 나타났는데, 이는 노인에 대한 국가의 복지 지출 확대에 따라 노인에 대한 공적이전소득이 빈곤 완화 효과를 보이고 있는 것으로 분석할 수 있다.

노인의 빈곤은 이전보다 빈곤율이 감소하였지만, 다른 연령대에 비해 소득 불평등이 심각하다는 평가를 받고 있다. 즉, 노인가구의 중산층 비율은 비노인가구의 약 60%로 상당히 적게 나타난 것이다. 또한 은퇴시점이 집중된 51~65세부터 빈곤율이 높다는 점은 언제든지 노인 연령대에서 빈곤으로 추락할 여지가 있다는 점을 암시한다(장성현, 2022).

2. 노인의 소득실태

노인이 인간다운 삶을 살 수 있기 위해서는 노인의 사고(四苦) 중에서 무엇보다도 빈고(貧苦)가 최우선적으로 해결되어야 한다. 노인의 가난을 극복하기 위해서는 노후의 소득이 보장되거나 노후의 안정된 생활을 유지할 만한 소득을 얻을 수 있을 정도의 고용이 보장되어야 한다. 노인의 소득실태를 자산 소유액 및 구성, 은퇴연령층 빈곤율 및 공적연금 수급률로 구분하여 살펴보면 다음과 같다.

1) 자산 소유액 및 구성

2021년 가구주 연령대별 가구 순자산과 가구 자산 구성비에 대한 현황은 그림 5-2, 표 5-2와 같다.

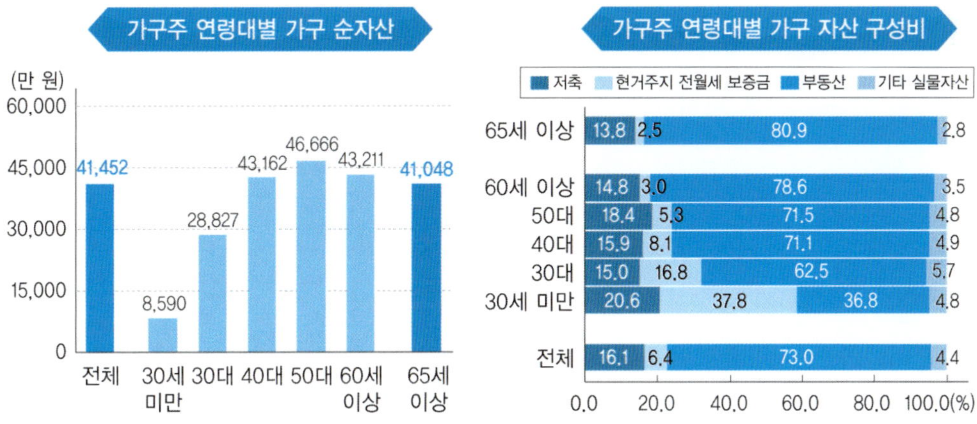

그림 5-2. 가구주 연령대별 가구 순자산과 자산 구성비

출처: 통계청(2022). 2022 고령자 통계.

표 5-2. 고령자(65세 이상) 가구 자산 소유액 및 구성 (단위: 만 원)

구분	순자산[2)]	자산							부채		
			금융자산	저축액	현거주지 전월세 보증금	실물자산	부동산	기타 실물자산		금융부채	임대보증금
2014	26,365	29,720	4,422	3,664	758	25,298	24,175	1,123	3,355	1,705	1,650
2015	27,961	31,732	4,864	4,030	833	26,868	25,959	909	3,771	1,990	1,781
2016	29,636	33,627	5,176	4,335	841	28,451	27,441	1,010	3,991	2,064	1,928
2017	30,767	34,946	5,671	4,766	905	29,274	28,241	1,034	4,179	2,236	1,943
2018	33,676	37,787	6,207	5,318	889	31,580	30,236	1,344	4,111	2,232	1,879
2019	33,571	37,830	6,191	5,250	941	31,638	30,384	1,255	4,259	2,312	1,947
2020	34,954	39,426	6,688	5,618	1,070	32,738	31,632	1,106	4,472	2,388	2,084
2021	41,048	45,615	7,454	6,299	1,155	38,161	36,881	1,280	4,567	2,628	1,939

주 1) 조사년도 3월 31일 기준.
2) 순자산 = 자산 - 부채.
출처: 통계청(2022). 2022 고령자 통계.

2021년 65세 이상 고령자 가구의 순자산액은 4억 1,048만 원으로 전년 대비 6천 94만 원 증가한 것으로 나타났다. 구체적으로 65세 이상 고령자 가구의 순자산액은 전체 가구(4억 1,452만 원)의 99.0% 수준으로 나타났으며, 65세 이상 고령자 가구의 경우 부동산이 자산에서 차지하는 비중이 80.9%로 가장 높았고, 저축은 13.8%로 타 연령대에 비하여 낮은 것으로 나타났다.

2) 은퇴연령층 빈곤율

우리나라 노인의 은퇴연령층 빈곤율과 OECD 주요 국가 은퇴연령층의 상대적 빈곤율을 살펴보면 **그림 5-3**, **표 5-3**과 같다.

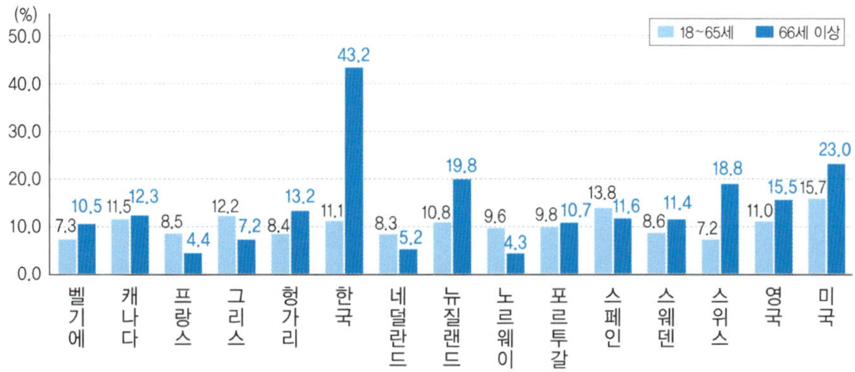

그림 5-3. OECD 주요 국가 은퇴연령층의 상대적 빈곤율(중위소득 50% 이하, 2019)

주: OECD 주요 국가의 상대적 빈곤율은 2019년 기준.
출처: OECD(2022). Social and Welfare Statistics.
통계청(2022). 2022 고령자 통계.

표 5-3. 은퇴연령층 빈곤율[1]

(단위: %, 배)

구분	상대적 빈곤율 (중위소득 50% 이하)[2]		지니계수[3]		소득 5분위 배율[4]	
	18~65세 (근로연령인구)	66세 이상 (은퇴연령인구)	18~65세 (근로연령인구)	66세 이상 (은퇴연령인구)	18~65세 (근로연령인구)	66세 이상 (은퇴연령인구)
2013	13.8	47.7	0.357	0.453	6.74	11.23
2014	13.7	46.0	0.348	0.450	6.49	10.73
2015	12.9	44.3	0.337	0.427	6.09	9.27
2016	12.9	45.0	0.338	0.425	6.12	9.05
2017	12.6	44.0	0.337	0.419	6.09	8.82
2018	11.8	43.4	0.325	0.406	5.67	7.94
2019	11.1	43.2	0.317	0.389	5.40	7.21
2020	10.6	40.4	0.312	0.376	5.19	6.62

주: 1) 균등화 처분가능소득 기준.
균등화 처분가능소득 = 처분가능소득(시장소득 + 공적 이전소득* − 공적 이전지출**)을 균등화한 소득.
* 공적 이전소득: 공적연금(국민연금 등), 기초연금, 양육수당, 장애수당 등.
** 공적 이전지출: 세금, 공적연금 기여금 · 사회보험료 등.
2) 중위소득 50%(빈곤선) 이하인 인구가 차지하는 비율.
3) 소득불평등도를 나타내는 지표로 '0'이면 완전평등, '1'이면 완전 불평등을 의미함.
4) 소득 상위 20% 계층의 평균소득을 소득 하위 20% 계층의 평균소득으로 나눈 값.
출처: 통계청(2022). 2022 고령자 통계.

2020년 66세 이상 은퇴연령층의 소득 분배지표는 상대적 빈곤율이 40.4%, 지니계수 0.376, 소득 5분위 배율 6.62배로 2016년 이후 모든 지표에서 소득분배 정도가 개선되고 있는 것으로 나타났으며, 2019년 기준 우리나라 은퇴연령층(66세 이상)의 상대적 빈곤율은 43.2%로 경제협력개발기구(OECD) 가입국 중 높은 수준을 보이고 있는 것으로 나타났다.

3) 공적연금 수급률

노인의 공적연금 수급률(2021)에 대한 구체적인 현황을 살펴보면 그림 5-4, 표 5-4와 같다.

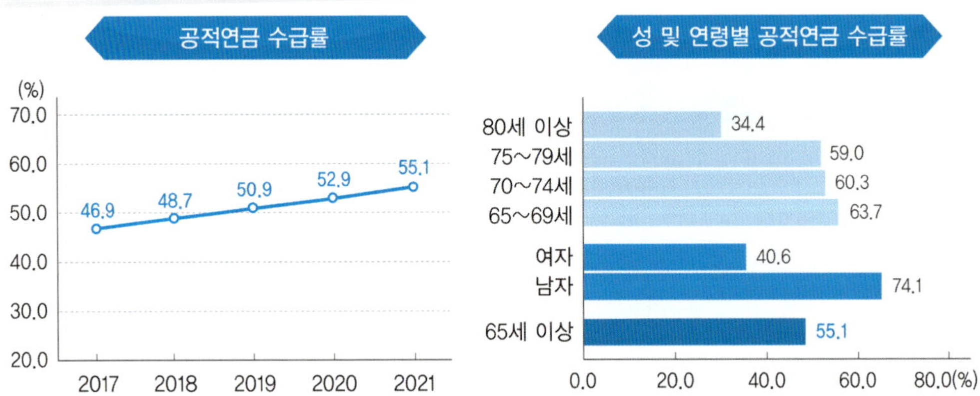

그림 5-4. 공적연금 수급률

출처: 통계청(2022). 2022 고령자 통계.

표 5-4. 공적연금 수급률(65세 이상) (단위: %, 천 명)

구분	공적연금 수급률[1)]	공적연금 수급자 수[2)]	국민연금	구성비	공무원 연금	구성비	사학연금	구성비	군인연금	구성비
2017	46.9	3,313.6	2,936.7	88.6	279.5	8.4	42.5	1.3	54.9	1.7
2018	48.7	3,584.9	3,180.0	88.7	300.0	8.4	47.1	1.3	57.7	1.6
2019	50.9	3,914.5	3,478.6	88.9	323.4	8.3	52.3	1.3	60.1	1.5
2020	52.9	4,315.0	3,842.2	89.0	351.9	8.2	58.7	1.4	62.2	1.4
2021	55.1	4,723.4	4,215.0	89.2	379.0	8.0	65.0	1.4	64.3	1.4
남자	74.1	2,757.1	2,395.8	86.9	269.3	9.8	48.1	1.7	44.0	1.6
여자	40.6	1,966.2	1,819.2	92.5	109.7	5.6	17.0	0.9	20.3	1.0
65~69세	63.7	1,844.1	1,666.7	90.4	134.1	7.3	27.6	1.5	15.7	0.9
70~74세	60.3	1,261.3	1,140.5	90.4	94.4	7.5	14.9	1.2	11.5	0.9
75~79세	59.0	924.3	832.9	90.1	68.7	7.4	11.0	1.2	11.6	1.3
80세이상	34.4	693.8	574.9	82.9	81.8	11.8	11.5	1.7	25.5	3.7

주 1) 공적연금 수급률 = 공적연금 수급자 수(65세 이상) ÷ 65세 이상 추계인구 × 100.
2) 각 연금별 노령(퇴직, 퇴역)연금 및 장애(장해, 상이)연금, 유족(퇴직 유족)연금 수급자 수의 합계임.
출처: 통계청(2022). 2022 고령자 통계.

65세 이상 고령자의 공적연금 수급률은 매년 증가하여, 2021년에는 전체 고령자의 55.1%가 공적연금을 받고 있는 것으로 나타났다. 구체적으로 여자의 공적연금 수급률은 40.6%로 남자(74.1%)의 절반 수준이었으며, 연령대별로 살펴보면, 65~69세의 연금 수급률이 63.7%로 가장 높았고, 70~74세(60.3%), 75~79세(59.0%), 80세 이상(34.4%) 순으로 나타났다.

3. 노인소득보장정책

1) 노인소득보장정책의 개념

생물학적 노화와 사회적으로 가해진 제약으로 노년기에 수입이 크게 줄어들거나 중단되어 최소한의 생활을 위한 경제적 수입을 확보하지 못하는 사람들이 많다. 이러한 문제에 직면한 사회구성원인 노인에게 최저생활을 영위할 수 있도록 소득보장제도를 마련해 주는 것은 매우 중요하다. 왜냐하면 노인의 소득보장은 다른 노인문제에도 직·간접으로 영향을 미치므로 노인문제 중 가장 시급하게 해결해야 할 문제 중의 하나이기 때문이다(최성재 외, 2010).

노인의 소득보장정책은 일할 수 있는 노인에게 일자리를 제공하고 일할 수 없는 저소득층 노인에게는 경로연금의 형태로 생활비를 지원하는 두 가지 방식으로 이루어진다. 즉, 일자리 제공정책과 저소득층 생활비지원으로 구분된다. 구체적으로 일자리 제공정책으로는 1981년 시작된 노인능력은행의 설치에서 비롯되어 노인공동작업장, 시니어클럽 등의 정책을 제공하고 있으며, 저소득층 생활비지원은 1991년부터 70세 이상 생활보호대상자에게 매달 생활보조비를 지급하던 것이 대상 및 지급액을 확대하여 경로연금으로 변경되어 제공되어 왔다. 현행 「기초연금법」상 기초연금은 「노인복지법」의 '경로연금'으로 출발하여 「기초노령연금법」상 '기초노령연금'의 주요 내용을 포함하고 있다(김명 외, 2004).

국민연금제도는 소득활동을 하는 사람이 소득활동기간 중에 보험료를 납부하였다가 나이가 들거나 사고나 질병으로 사망 또는 장애를 입어 소득활동이 중단된 경우 본인이나 유족에게 연금을 지급하는 제도이다. 국민연금의 가입대상자는 국내에 거주하는 18세 이상 60세 미만의 국민으로 하되 특수한 직역에 종사하여 별도의 연금에 가입하고 있는 공무원·군인·사립학교 교직원 등은 제외된다. 국민연금 급여의 지급

방법은 매월 정기적으로 지급받는 경우와 일시금으로 받는 경우가 있다. 연금은 기본연금액에 부양가족 연금액을 합산한 금액을 지급하는 것으로 기본연금액은 연금수급 직전 3년간의 전국 소비자물가를 반영한 전체 가입자의 평균월소득액의 평균액과 가입자 개인의 가입기간 중 기준소득월액의 평균액을 기초로 한 공식에 의해 산정된다(이종복 외, 2018).

이와 같이 우리나라 노인의 소득보장을 위한 다양한 프로그램이 제공되고 있는데, 현행 노인소득보장 프로그램의 내용은 표 5-5와 같다. 구체적으로 현행 노인소득보장 프로그램은 크게 직접 보장과 간접 보장으로 구분된다. 직접 보장 프로그램은 사회보험, 공적부조, 사회수당, 개인보장으로 나눌 수 있으며, 간접 보장 프로그램은 경로우대, 취업증진, 생업지원 및 세제혜택으로 구분할 수 있다.

표 5-5. 노인소득보장 프로그램

직접 보장			간접 보장		
구분	프로그램	실시연도	구분	프로그램	실시연도
사회보험	• 공무원연금 • 군인연금 • 사립학교교직원연금 • 국민연금	1960 1663 1975 1988	경로우대	• 공영시설 이용료 할인 • 버스승차권 지급 • 현금 지급으로 개정	1980 1990 1996
공공부조	• 생활보호(2000.9. 폐지) • 노령수당(1997 폐지) • 노인결연사업 • 경로연금(2007 폐지) • 기초생활보장 • 기초연금	1961 1989 1991 1998 2000 2008	취업증진	• 노인능력은행 • 노인공동작업장 • 고령자취업알선센터	1981 1986 1992
사회수당	• 노부모봉양수당(공무원) • 기업연금	1986	생업지원	• 매점설치 우선권 • 전매품 판매 우선선정	1989 1989
개인보장	• 퇴직금제도	1953	세제혜택	• 상속세 공제 • 소득 공제	1986 1986

2) 노인소득보장 프로그램

노인소득보장 프로그램을 사회보험, 국민기초생활보장, 기초노령연금 및 취업증진 프로그램을 중심으로 살펴보면 다음과 같다(최진태, 2021).

(1) 국민연금

국민연금은 표 5-5에 제시된 직접 보장 프로그램 중에서 사회보험에 속하는 프로그램이다. 국민연금가입자의 종류로는 「국민연금법」 제7조에 따라 사업장가입자, 지역가입자, 임의가입자 및 임의계속가입자로 구분된다. 구체적으로 사업장가입자로는 고용된 근로자 및 사용자로서 18세 이상 60세 미만으로 가입된 자, 지역가입자로는 사업장가입자가 아닌 자로서 국민연금에 가입된 자, 임의가입자로는 사업장 및 지역가입자 외의 자로서 연금에 가입된 자, 임의계속가입자는 국민연금 가입자 또는 가입자였던자가 국민연금 가입기간이 10년 미만인 가입자가 60세가 되었을 때 가입기간이 부족하여 연금을 받지 못하거나 가입기간을 연장하여 더 많은 연금을 받고자 하는 경우 65세가 될 때까지 가입을 신청한 자가 있다.

「국민연금법」 제6조의 가입대상자는 18세 이상 60세 미만인 자는 국민연금가입대상이 되므로 10년 단위로 연령을 구분하여 표 5-6에서 보는 것과 같이 국민연금 가입자의 종류별 가입자 수를 나타내고 「국민연금법」 제11조 제2항 제4호에 가입자 자격의 취득 시기는 18세 이상 27세 미만인 자가 소득이 없는 경우 국민연금 자격을 취득하지 않으므로 27세 미만은 가입자 수가 적다. 그리고 「국민연금법」 제12조 제1항 제4호에 따라 60세에 이르게 된 때에 국민연금 보험료 기간의 만료로 가입자격을 상실하게 되지만 「국민연금법」 제13조 제1항 제1호에 따라 국민연금 가입자 또는 가입자였던 자로서 60세가 된 자는 임의계속가입자로 가입이 가능하다(이종복 외, 2018). 국민연금 가입자의 종류별 · 연령별 현황은 표 5-6, 가입자의 종류별 · 성별 현황은 표 5-7과 같다.

표 5-6. 국민연금 가입자 수(가입자의 종류별 · 연령별) (단위: 명)

	계	사업장가입자	지역가입자	임의가입자	임의계속 가입자
계	21,999,490	14,382,818	6,688,571	381,157	546,944
~30세 미만	3,892,993	2,541,344	1,333,030	18,619	0
30세~40세 미만	5,064,336	3,730,603	1,295,318	38,415	0
40세~50세 미만	6,028,173	4,223,331	1,681,182	123,660	0
50세~60세 미만	6,467,041	3,887,540	2,379,038	200,463	0
60세 이상~	546,947	0	3	0	546,944

출처: 국민연금관리공단(2021).

표 5-7. 국민연금 가입자 수(가입자의 종류별 · 성별) (단위: 명)

	계	사업장가입자	지역가입자	임의가입자	임의계속 가입자
계	21,999,490	14,382,818	6,688,571	381,157	546,944
남자	12,004,518	8,320,987	3,451,342	57,374	174,815
여자	9,994,972	6,061,831	3,237,229	323,783	372,129

출처: 국민연금관리공단(2021).

(2) 특수직역연금

특수직역연금은 표 5-5에 제시된 직접 보장 프로그램 중에서 사회보험에 속하는 프로그램이다. 즉, 사회보험의 공무원연금, 군인연금 및 사립학교교직원연금을 특수직역연금이라고 한다.

공무원연금제도는 사회보험방식의 연금으로 우리나라에서 제일 먼저 1960년에 제정된 「공무원연금법」에 의하여 실시되고 있으며, 적용을 받는 대상은 「국가공무원법」 · 「지방공무원법」 · 「교육공무원법」에 의한 공무원 및 대통령령이 정하는 국가 또는 지방자치단체의 직원이다. 다만 군인과 선거에 의하여 취임하는 공무원은 제외된다. 그리고 사립학교교직원연금제도는 1973년 12월에 제정된 「사립학교교원연금법」에 의해

1975년부터 교원에게 적용되었고, 1978년부터는 사무직원까지 확대 실시되었다. 2000년 1월에 「사립학교교직원연금법」으로 개칭되어 여러 차례 개정되었다. 그 외 군인연금제도는 1963년에 제정된 「군인연금법」에 의하여 설립되었으며, 중사 이상의 현역 또는 소집되어 실역에 복무하는 군인에게 적용되는 연금제도이다.

(3) 국민기초생활보장

국민기초생활보장은 표 5-5에 제시된 직접 보장 프로그램 중에서 공공부조에 속하는 프로그램이다. 즉, 국민기초생활보장 프로그램은 공공부조 방법에 의한 소득보장 제도로서 종전의 생활보호제도가 2001년 10월부터 개편되어 시행되는 제도이다.

공공부조제도는 1960년까지는 일제 강점기 말기인 1944년에 제정된 조선구호령과 해방 후의 미군정훈령 등에 준하여 실시되어 오다가 1961년 「생활보호법」을 제정함으로써 공공부조제도가 확립되었다. 그러나 보호대상자를 제한함으로써 개인이나 가족의 능력으로 최저생계 유지가 곤란한 많은 사람들이 수급대상에서 제외되었고, 법 내용이 생활보호수급을 분명한 국민의 권리로 규정하지 못하여 국가의 시혜적 성격이 남아 있었다. 이러한 문제점을 개선하기 위하여 1999년에 모든 국민에게 최저생계 유지를 국민의 사회적 권리로 보장해 주는 취지에서 「생활보호법」을 「국민기초생활보장법」으로 개정하여 2000년 10월부터 실시되고 있다(최성재 외, 2010).

국민기초생활보장의 수급대상자는 기본적으로 연령에 관계없이 개인이나 가족이 스스로 최저생계를 유지할 수 없는 국민은 수급할 수 있다. 즉, 부양의무자[1]가 없거나 부양의무자가 있더라도 부양능력이 없어 부양을 받을 수 없는 자로서 소득인정액[2]이 최저생계비 이하인 자이다. 또한 2009년에는 결혼한 자녀의 집에서 동거하는 노인에

1) 부양의무자는 수급권자의 직계혈족(부모, 아들, 딸 등) 및 배우자, 수급권자의 직계혈족의 배우자(며느리, 사위 등), 수급권자와 생계를 같이하는 2촌 이내의 혈족(세대별 주민등록표에 함께 기재되어 있거나 생계 및 주거를 같이하는 수급권자의 형제 · 자매)를 말한다.

2) 소득인정액이란 개별가구의 소득평가액과 재산의 소득환산액을 환산 기준으로 합산한 금액을 말한다.

대해 「국민기초생활보장법」상 별도 가구로 인정하여 노인만 별도로 소득 재산 자격기준을 판정하여 수급자로 선정될 수 있게 되면서 별거 중이던 수급자 노인이 자녀가구와 동거하더라도 자녀의 부양능력이 없을 경우 수급자격이 그대로 유지되도록 하였다(노길희 외, 2021).

수급자격은 신청을 전제로 하고 있으며, 읍 · 면 · 동 행정복지센터에 신청하면 사회복지전담공무원이 신청자의 가정을 방문하여 자산조사를 실시하고 14일 이내에 수급 여부를 통지하도록 되어 있다. 공공부조의 수급자격은 수급받고자 하는 당사자 측(본인 · 친척 · 이웃)이 신청을 해야 하며(신청주의 원칙), 당사자가 제도를 잘 모르거나 신청절차를 취할 수 없는 경우 본인의 허락을 얻어 사회복지전담공무원이 대신 신청할 수 있다(직권신청). 그러나 신청하지 않으면 급여가 이루어질 수 없다는 신청주의 원칙을 기본으로 하고 있다.

(4) 기초노령연금

기초노령연금은 표 5-5에 제시된 직접 보장 프로그램 중에서 공공부조에 속하는 프로그램이다. 기초노령연금제도의 도입 배경은 1988년부터 일반 국민을 대상으로 공적 노령연금인 국민연금제도가 시행됨에 따라 당시 이미 55세 이상이 된 사람은 연금에 가입해도 일시금만 받을 수 있고 연금을 받을 수 없게 되었다. 또한 60세 이상이 된 사람들은 국민연금에 가입할 수가 없어 연금제도의 혜택을 전혀 받을 수 없게 되었다. 이에 대한 대책으로 정부는 국민연금 시행에 따라 연금 혜택을 보지 못하는 노인층을 위한 보상적 조치로 1991년부터는 저소득층을 대상으로 노령수당제도를 시행하게 되었다. 그러나 노령수당은 연금제도 비혜택자에 대한 보상적 프로그램의 성격은 거의 없고 저소득 노인에 대한 공공부조적 성격으로 시행되고 있다는 문제점이 제기되었다.

따라서 「기초노령연금법」 제정으로 경로연금제도는 폐지되고, 2008년 1월부터 기초노령연금제도가 도입되었다. 기초노령연금제도는 2008년 1월부터 70세 이상 중 소득인정액 하위 70%로 수급대상자를 점차적으로 확대하였지만 연금액이 적어 연금 사각지대 해소의 한계와 미래세대의 부담을 완화하기 위해 재정적으로 지속가능한 기초연금제도를 2014년 7월부터 시행하고 있다.

(5) 고용증진

고용증진은 표 5-5에 제시된 간접 보장 프로그램 중에서 취업증진에 속하는 프로그램이다. 노인의 경제적 자립은 사회적 · 심리적 측면에서도 보람 있는 노후의 삶을 영위할 수 있도록 하는 기반이 되므로 매우 중요한 요소라고 할 수 있다. 노인 취업은 노인의 빈곤 해결 방안으로서의 가치와 노인의 소외감 해소 및 사회를 위한 봉사와 사회적 참여자로서의 능동적 역할을 할 수 있다. 또한 노인의 취업은 노인의 신체적 · 정신적 건강을 증진시키는 요인이 되며, 고령사회의 사회적 비용의 절감 차원에서 노인의 취업은 활성화되어야 한다. 노인의 고용증진을 위한 노인일자리사업, 지역사회 시니어클럽 및 노인취업알선센터에 대해 살펴보면 다음과 같다(최진태, 2021).

① 노인일자리사업

노인일자리사업은 노인의 적성과 능력에 맞는 사회적 일자리를 창출하고 제공함으로써 노인의 보충적 소득보장과 사회참여를 도모한다는 목적으로 정부재정 지원 일자리사업의 일환으로 시작되었다. 정책대상은 65세 이상 노인으로 고용을 통한 안정적인 소득 창출을 목적으로 하는 고용정책이 아니라 일을 통한 사회참여와 보충적 소득창출을 목적으로 하는 노인복지정책으로 도입되어 시행되어 왔다. 구체적인 노인일자리 및 사회활동지원 사업의 유형 및 내용은 표 5-8과 같다.

표 5-8. 노인일자리 및 사회활동 지원사업 유형 및 내용

<table>
<tr><th colspan="2">유형</th><th>내용</th><th>지원</th><th>대상</th></tr>
<tr><td rowspan="2">공공형</td><td>공익활동</td><td>노노케어, 취약계층 지원, 공공시설 봉사, 경륜전수 활동 등</td><td>월 27만 원 활동비/11개월</td><td>기초연금 수급자</td></tr>
<tr><td>재능나눔</td><td>재능을 보유한 노인이 자기만족, 지역사회 공익증진을 위한 참여하는 봉사성격의 활동</td><td>월 10만 원 활동비/6개월</td><td>만 60세 이상</td></tr>
<tr><td colspan="2">사회서비스형</td><td>노인의 경력과 활동역량을 활용하여 사회적 도움이 필요한 영역(지역사회 돌봄, 안전 관련 등)</td><td>월 59.4만 원 급여/10개월 (수당 별도)</td><td>만 65세 이상 (일부 만 60세 이상)</td></tr>
<tr><td rowspan="4">민간형</td><td>시장형 사업단</td><td>실버카페, 반찬가게 등 제품 제조·판매, 서비스 제공 등 사업을 통해 수익 창출</td><td>연 267만 원 사업비</td><td rowspan="4">만 60세 이상</td></tr>
<tr><td>취업 알선형</td><td>관련직종, 업무능력 보유자를 수요처로 연계</td><td>연 5만 원 (일부 15만 원) 사업비</td></tr>
<tr><td>시니어 인턴십</td><td>기업에 인턴기회(3개월) 제공 후 계속 고용 유도</td><td>월 37만 원 (최대 6개월)</td></tr>
<tr><td>고령자 친화기업</td><td>노인 적합업종 분야 내 노인 다수 고용기업 설립 또는 우수 고용기업 지원</td><td>최대 3억 원 사업비</td></tr>
</table>

출처: 보건복지부(2021). 2020 보건복지백서.

노인일자리 및 사회활동 지원사업의 유형은 공공형, 사회서비스업 및 민간형으로 구분된다. 공공형 유형에는 공익활동, 재능나눔의 프로그램이 속하고, 민간형 유형에는 시장형사업단, 취업알선형, 시니어인턴십 및 고령자친화기업 사업이 포함되어 있다.

② 지역사회 시니어클럽

시니어클럽은 「노인복지법」 제23조(노인사회참여 지원)와 제23조의 2(노인일자리 전담기관 운영위탁 등)에 의하여 노인의 사회적 경험과 지식을 활용할 수 있는 다양한 일자리를 개발하고 이에 참여할 수 있는 여건을 조성하여 노인의 삶의 질 향상을 위해

지역사회 내에서 일정한 시설과 전문인력을 갖추고 지역의 자원을 활용하여 노인일자리를 창출하여 제공하는 노인일자리 전담기관으로 2001년부터 시작되었다. 구체적으로 2001년에 노인일자리 전담기관으로 지역사회 시니어클럽 시범사업이 실시되었고, 2004년에는 지역사회 시니어클럽에서 노인인력지원기관으로 명칭이 변경되었고, 2005년에 지방으로 이양되면서 다시 시니어클럽으로 명칭이 변경되었다(노길희 외, 2021).

시니어클럽은 지역사회의 노인일자리 전담기관으로서 지역 특성에 적합한 시장형 노인일자리사업을 개발하고 지역사회 노인인력 활용을 위해 교육 · 훈련을 실시하며, 사후관리를 하고 일하는 노인을 위한 지역연대를 결성하며 기타 관련 사업 등을 수행한다. 사업내용은 청정유기농작물 재배 · 판매, 한과 제조 · 판매업, 한문 서예 등 노인들의 전문성이 있는 부분에 대한 교사 출신 노인들을 중심으로 방과 후 교실 등 교육활동, 경비 주차 주유소협회와 계약체결 등을 통한 용역서비스업, 아이 돌보기, 환자돌보기 등 가사 지원을 담당한다.

③ 노인취업알선센터

노인능력은행을 확대, 개편하여 1981년 3월 노인취업알선센터로 설치되었다. 즉, 노인취업상담, 취업알선 및 사후관리를 위한 노인취업알선센터를 설치 · 운영함으로써 노인들의 여가선용 및 소득기회를 부여한다. 노인취업알선센터는 사단법인 대한노인회가 주체가 되어 운영하고 있다.

「노인복지법」 제23조에 의하여 지역사회 구직희망 노인의 취업상담 · 알선을 통하여 노인의 소득보장과 사회참여 기회 확대를 위해 대한노인회 중앙회와 시 · 도지부에 설치되어 있으며, 퇴직한 노인이나 저소득층 노인에게 취업의 기회를 제공함으로써 소득 유지와 경제적으로 안정된 노후생활을 보장하고자 한다. 주로 65세 이상 취업희망 노인과 지역사정에 따라 60세 이상 노인을 위해 구직희망 노인을 상담 취업 알선 및 사후관리하고, 지역사회 업체 및 기관단체를 대상으로 노인 구인처를 개발하여 노인의 능력과 적성에 맞는 직업교육을 실시하고, 경로당과 공동작업장을 운영 및 활성화를 지원한다.

4. 노인소득보장정책의 문제점과 개선방안

1) 노인소득보장정책의 문제점

현대 산업사회에서 인간다운 최소한의 생활을 영위하기 위해 건강에 대한 욕구뿐만 아니라 의 · 식 · 주의 욕구와 문화적 욕구를 기본적으로 충족시키기 위해서는 경제적 소득이 필요하다. 노년기의 적절한 소득은 최소한의 생존을 위할 뿐만 아니라 여가 문제, 사회적 · 심리적 고립과 소외 문제도 해결할 수 있으며, 나아가서는 자아를 실현할 수 있도록 함으로써 성공적인 노후생활을 가능하게 한다. 그러나 대부분의 노인의 경우 단순 기술노동이나 육체노동으로 최저생활급 또는 그 이하의 저임금이 많기 때문에 노후생활을 대비한 저축이나 사적 보험에 가입할 정도의 소득의 여유가 없는 실정이다. 강제적인 성격을 가지고 있는 공적 노령연금이나 퇴직연금에 가입하여 연금을 받는다고 하더라도 연금만으로는 최저생활을 유지하기 어려운 경우도 많다.

그리고 2020년 신노년세대(베이비부머, 1955~1965년생)로 본격 노년기에 진입하는 세대는 전체 인구의 약 15%에 달할 정도로 그 규모가 큰 만큼, 그들의 은퇴는 노동력 공급, 소비, 저축 등 사회 전반에 영향을 미칠 것으로 예상되며, 신노년세대는 일반적으로 현 노인세대와 비교해 경제적 수준, 교육 수준, 건강 등이 더 나은 것으로 알려져 있다. 그러나 계층의 고착화가 가시화되기 시작한 세대로 노년기 이전의 격차가 노후에도 이어질 것으로 전망되는데, 이는 신노년세대를 하나의 동질 집단으로 간주하는 것은 부적절함을 의미하며, 노년기 복지 욕구도 보다 다양할 가능성을 시사하고 있다. 지금까지 살펴보면 현대사회의 노인소득보장정책의 문제점 및 주요 내용을 요약하면 표 5-9와 같다(최진태, 2021).

표 5-9. 노인소득보장정책의 문제점 및 주요 내용

노인소득보장정책의 문제점	주요 내용
• 노인층의 경제적 빈곤과 취업	• 노년기의 행복한 노후생활을 위한 적절한 소득보장 • 퇴직 전 대부분 저임금 생활로 인해 노후 대비 못함 • 공적 노령연금과 퇴직금만으로는 노후 생활의 어려움
• 노인고용정책의 국가적 지원과 기업의 고용 미비	• 노년기 이전의 생활 격차가 노후에도 지속됨 • 신중년 퇴직 전문인력의 사회적 활용 및 일자리 지원사업 필요함

2) 노인소득보장정책의 개선방향

노인소득보장정책의 개선방향을 사회적 인식의 전환, 연금지급 방식의 전환, 사적 저축의 증대 및 공적 연금의 보장성 강화로 구분하여 살펴보면 표 5-10과 같다(박석돈 외, 2022).

표 5-10. 노인소득보장정책의 개선방향

구분	내용
사회적 인식의 전환	노인소득보장정책의 성패 여부는 노인 자신은 물론 일반국민과 정책결정 관계자들의 인식의 획기적인 전환에 달려 있다. 즉, 노인소득보장 측면에서 가장 선행되어야 할 것은 노인의 기본적인 욕구 충족이 사회적 책임이라는 성격이 규명되어야 하는 것이다. 노인은 한 인간으로서 노후생활이 보장되어야 하고, 특히 현대 산업사회의 특성으로 인해 노령 자체가 사회문제로 인정되는 만큼 노인의 기본 욕구를 충족시킬 수 있는 급여수준이 사회적으로 보장되어야 한다. 특히 우리나라의 경우 오늘의 노인들은 과거 그들의 희생의 대가 위에 국가를 발전시켜 온 측면에서 볼 때도 사회적 보상의 의미로서 획기적인 노인소득보장정책이 마련되어야 한다.

구분	내용
연금지급 방식의 전환	현행 공적연금제도는 모두 일시금제도를 인정하고 있다. 그런데 인플레이션으로 인한 실질 가치의 하락과 연금제도에 대한 불신, 퇴직 후 재취업의 경우 연금감액지급 등의 제한 조치 및 사회적 불안, 부동산이나 증권 등에 대한 투기 분위기 때문에 전반적으로 연금방식보다는 일시금을 선호하는 경향이 있었다. 그러나 사후조사에 의하면 일시금 수령자의 경우 대부분 원금을 탕진하고 생활고에 시달리면서 일시금 수령을 후회하는 경우가 많다. 따라서 노후 안정생활을 도모하는 연금제도로서 본래의 목적을 달성하기 위해서는 현재 일시금의 수령 선호도가 높은 저해요인을 제거하여 연금방식으로 전환되도록 해야 할 것이다.
사적 저축의 증대	사회보장의 일차적인 목표는 최저한의 생활보장이므로 사회보장에 의한 급여로는 경제적으로 여유 있는 생활을 하기는 어렵다. 현행의 국민연금의 소득 대체율은 20년 가입을 기준으로 할 때 40% 정도밖에 되지 않는다. 따라서 노후의 보다 여유 있는 생활을 위해서는 장기간의 개인저축이 필요하다. 국민 개개인이 노후를 예상하여 스스로 장기저축에 가입하기 어렵기 때문에 국가는 국민들로 하여금 스스로 노후를 대비하도록 유도하는 것이 바람직하다.
공적연금의 보장성 강화	한국의 노인빈곤율은 OECD 평균에 비해 매우 높은 수준으로, 국민연금 · 기초연금 등 고령층에 대한 공적 지원을 개선할 필요가 있다. 65세 이상 노인의 상대적 빈곤율(2021년)은 43.2%로 OECD 국가 중에 제일 높다. 이에 대한 대책으로 일단 기초연금을 저소득층에 집중하고, 자산 유동화 촉진 등으로 소득을 확충시킬 필요가 있다. 국민연금은 보험료 납부자 수를 확대하고, 소득대체율을 현행수준으로 유지하는 등 국민연금의 보장성을 강화하고 지속가능성 제고를 위해 보험료율을 상향 조정할 필요가 있다.

Chapter 06

노년기 고용과 고용지원

배울 내용

1. 노인고용의 의미와 실태
2. 노인고용지원정책
3. 사회적 노인일자리 사업

학습목표

1. 노인고용의 의미를 이해하고 고용현황을 파악한다.
2. 다양한 노인고용지원정책을 설명할 수 있다.
3. 사회적 노인일자리 사업의 개요와 유형을 설명할 수 있다.

1. 노인고용의 의미와 실태

1) 노년기 일의 의미

은퇴 후 노인연금을 지급하는 연금제를 운영하고 있던 대부분의 국가들이 평균 수명 증가와 이에 따른 고령인구의 증가로 인해 사회보장비용 지출의 재정적 부담에 직면하게 되었다. 이에 대한 해결방안으로 UN은 MIPAA(마드리드 고령화 국제 행동 계획, Madrid International Plan of Action on Ageing)을 발표하며 노인빈곤율 해소를 위해 취약계층인 고령자에 대한 일자리 참여에의 기회 제공, 그리고 소득창출 기회 제공을 제안하였다. 이에 대한 영향으로 대부분의 선진국들은 사회보장체제 개혁을 통해 연금급여 비율을 줄이면서, 고령자의 고용과 연계한 소득보장제도를 도입하고 있다.

고령자의 취업은 연금의 재정적 지속가능성을 유지하며, 생산가능 인구감소 완화와 고용을 통해 자립적인 노후생활을 지원하는 사회보장 지출을 절감시킬 수 있는 효과가 있다. 뿐만 아니라 '노년기 일'은 노동과 같은 생산적인 일을 중시하는 사회적 가치와 일치하는 것으로 고령자에게 삶의 의미를 부여하며, 고령자의 자아에 긍정적인 영향을 주어 개인의 노화 적응력을 높여 주기도 하고, 고령자 개인에게 창조적인 생산활동을 통한 자기실현의 의미를 부여하기도 하며, 고령자의 신체적 · 정신적 건강을 증진할 수 있는 기회를 제공하고, 사회적인 관계를 유지할 수 있게 하는 등의 다양한 효과를 가진다(강소랑, 김병수, 2016).

노년기 활동이란 유급이든 무급이든 경제적 가치를 지닌 재화와 용역을 산출하기 때문에 고령자의 경제활동은 타인과의 관계 맺기와 적극적 인생참여를 가능하게 하는 요소가 될 수 있다.

ㄹ) 노인의 고용현황

노인의 고용현황을 고용률, 취업 의사 및 취업을 원하는 이유, 일자리 선택기준 및 고용 안정성으로 구분하여 살펴보면 다음과 같다.

(1) 고용률

고령자(65세 이상)의 고용현황과 경제활동현황은 그림 6-1, 표 6-1과 같다.

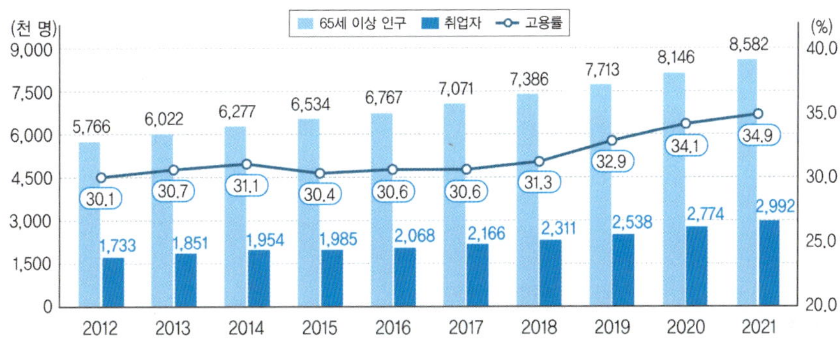

그림 6-1. 고령자(65세 이상)의 고용현황

출처: 통계청(2022). 2022 고령자 통계.

표 6-1. 고령자(65세 이상)의 경제활동현황 (단위: 천 명, %)

구분	65세 이상 인구	경제활동인구			고용률[1]	실업률[2]
			취업자	실업자		
2012	5,766	1,770	1,733	37	30.1	2.1
2013	6,022	1,879	1,851	28	30.7	1.5
2014	6,277	1,995	1,954	41	31.1	2.1
2015	6,534	2,034	1,985	48	30.4	2.4
2016	6,767	2,116	2,068	49	30.6	2.3
2017	7,071	2,228	2,166	62	30.6	2.8

2018	7,386	2,381	2,311	70	31.3	2.9
2019	7,713	2,622	2,538	85	32.9	3.2
2020	8,146	2,879	2,774	105	34.1	3.6
2021	8,582	3,112	2,992	119	34.9	3.8
전체[3](2021년)	45,080	28,310	27,273	1,037	60.5	3.7

주: 1) 고용률 = 고령자(65세 이상) 취업자 수 ÷ 고령자(65세 이상) 인구 × 100.
2) 실업률 = 고령자(65세 이상) 실업자 수 ÷ 고령자(65세 이상) 경제활동인구 × 100.
3) 15세 이상 인구임.
출처: 통계청(2022). 2022 고령자 통계.

2021년 65세 이상 고령자의 고용률은 34.9%로 전년(34.1%) 대비 0.8% 상승한 것으로 나타났다. 구체적으로 고령자의 고용률은 15세 이상 인구 전체 고용률(60.5%)에 비해 낮은 수준이지만 2015년 이후 상승 추세에 있으며, 고령자의 실업률은 2018년 이후 상승 추세를 보이고 있으며, 2021년은 3.8%로 전년 대비 0.2% 상승한 것으로 나타났다. 고령자(65세 이상)의 산업별 취업자 분포현황은 표 6-2와 같다.

표 6-2. 고령자(65세 이상)의 산업별[1] 취업자 분포 (단위: 천 명, %)

구분	취업자	소계	농림어업	광·제조업	제조업	사회간접자본 및 기타 서비스업	건설업	도소매·음식숙박업	사업·개인·공공서비스 및 기타	전기·운수·통신·금융업
2017	2,166	100.0	27.4	6.8	6.6	65.8	3.3	16.1	39.7	6.7
2018	2,311	100.0	27.4	6.7	6.6	65.9	3.6	15.4	39.9	7.1
2019	2,538	100.0	25.6	6.4	6.3	68.0	3.7	14.6	42.8	7.0
2020	2,774	100.0	25.1	6.1	6.0	68.9	3.9	14.1	43.2	7.7
2021	2,992	100.0	25.0	5.7	5.7	69.3	4.3	13.1	44.0	7.8
전체[2] (2021년)	27,273	100.0	5.3	16.1	16.0	78.6	7.7	20.0	38.6	12.3

주: 1) 한국표준산업분류 10차 개정(2017년) 기준임.
2) 15세 이상 전체 취업자 대상임.
출처: 통계청(2022). 2022 고령자 통계.

2021년 65세 이상 취업자의 산업별 비중은 사업·개인·공공 서비스 및 기타(44.0%), 농림어업(25.0%), 도소매·음식숙박업(13.1%) 순이었고, 전체 취업자보다 고령층의 종사 비중이 높은 산업은 농림어업, 사업·개인·공공 서비스 및 기타로 나타났다. 고령자(65세 이상)의 직업별 취업자 분포는 표 6-3과 같다.

표 6-3. 고령자(65세 이상)의 직업별[1)] 취업자 분포 (단위: 천 명, %)

구분	취업자	소계	관리자·전문가	사무 종사자	서비스·판매 종사자	농림어업 숙련종사자	기능·기계조작 종사자	단순노무 종사자
2017	2,166	100.0	4.8	2.5	17.0	25.9	12.7	37.0
2018	2,311	100.0	5.1	3.0	17.0	26.0	13.2	35.7
2019	2,538	100.0	5.5	3.0	17.7	24.6	13.5	35.8
2020	2,774	100.0	5.3	3.4	17.5	24.2	13.5	36.0
2021	2,992	100.0	4.8	3.4	16.8	24.2	14.1	36.6
전체[2)] (2021년)	27,273	100.0	21.9	17.4	21.4	5.1	19.7	14.4

주: 1) 한국표준직업분류 7차 개정(2018년) 기준임.
2) 15세 이상 전체 취업자 대상임.
출처: 통계청(2022). 2022 고령자 통계.

2021년 65세 이상 취업자의 직업별 비중은 단순노무종사자(36.6%), 농림어업 숙련종사자(24.2%), 서비스·판매 종사자(16.8%), 기능·기계조작 종사자(14.1%) 순이었다. 전체 취업자와 비교하면 단순노무 종사자와 농림어업 숙련종사자의 비중이 매우 높고, 관리자·전문가 및 사무 종사자의 비중은 상대적으로 낮은 것으로 나타났다.

(2) 취업 의사 및 취업을 원하는 이유

취업 의사 및 취업을 원하는 이유에 대한 조사결과는 그림 6-2, 표 6-4와 같다.

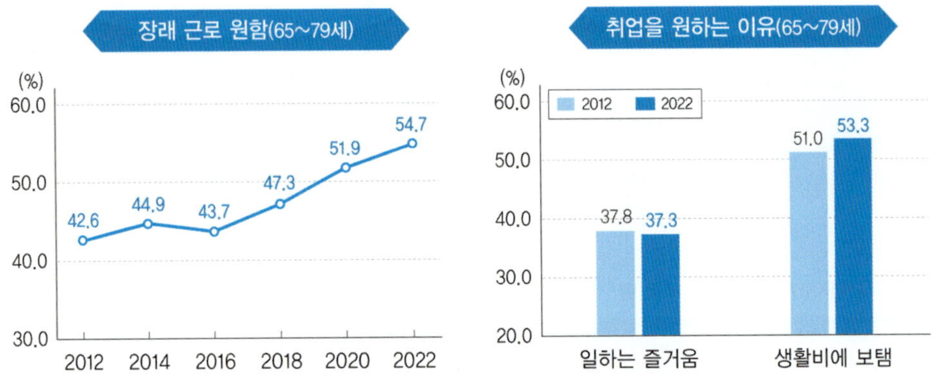

그림 6-2. 장래 근로의 희망과 이유

출처: 통계청(2022). 2022 고령자 통계.

표 6-4. 취업 의사 및 취업을 원하는 이유(65~79세)

구분		장래 근로 원함	소계	일하는 즐거움	생활비 보탬	사회가 필요로 함	건강 유지	무료 해서	기타
전체	2012	42.6	100.0	37.8	51.0	1.3	3.0	6.6	0.2
	2014	44.9	100.0	39.7	51.0	0.9	2.8	5.4	0.2
	2016	43.7	100.0	36.5	55.2	1.4	2.4	4.4	0.1
	2018	47.3	100.0	34.8	57.2	1.1	2.4	4.5	0.0
	2020	51.9	100.0	37.1	54.5	1.5	2.4	4.4	0.0
	2022	54.7	100.0	37.3	53.3	1.2	3.0	5.2	0.0
남자	2012	53.9	100.0	43.8	45.0	1.9	3.2	6.0	0.2
	2022	64.4	100.0	40.8	49.7	1.6	3.4	4.6	0.0
여자	2012	34.1	100.0	30.7	58.3	0.6	2.7	7.4	0.3
	2022	46.4	100.0	33.2	57.7	0.8	2.5	5.8	0.0

출처: 통계청(2022). 2022 고령자 통계.

2022년 장래에 일하기를 원하는 65~79세 고령자는 54.7%로 지난 10년간 12.1% 증가하였다. 그리고 2022년 65~79세 고령자가 취업을 원하는 이유는 생활비 보탬 53.3%, 일하는 즐거움 37.3% 순이었다. 지난 10년간 생활비 보탬은 2.3% 증가한 반면, 일하는 즐거움은 0.5% 감소하였고, 생활비 보탬은 남자가 4.7% 증가한 반면, 여자는 0.6% 감소하였으며, 일하는 즐거움은 남자가 3.0% 감소한 반면, 여자는 2.5% 증가한 것으로 나타났다.

(3) 일자리 선택기준

일자리 선택기준에 대한 조사결과는 그림 6-3, 표 6-5와 같다.

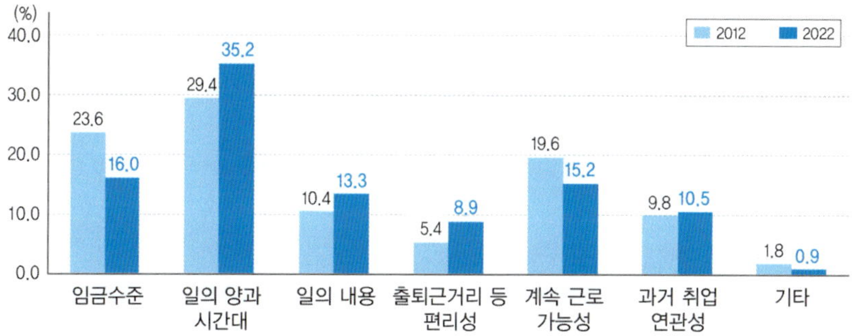

그림 6-3. 일자리 선택기준

출처: 통계청(2022). 2022 고령자 통계.

표 6-5. 일자리 선택기준(65~79세)

(단위: %)

구분		전체[1]	임금 수준	일의 양·시간대	일의 내용	출퇴근 편리성	계속 근로 가능성	과거 취업 연관성	기타
전체	2012	100.0	23.6	29.4	10.4	5.4	19.6	9.8	1.8
	2014	100.0	16.9	36.3	12.4	6.1	16.8	10.4	1.0
	2016	100.0	17.5	35.1	12.0	5.8	16.2	12.5	0.9
	2018	100.0	18.9	35.5	11.7	7.4	15.2	10.4	0.8
	2020	100.0	15.6	36.0	12.6	8.6	16.1	10.0	1.0
	2022	100.0	16.0	35.2	13.3	8.9	15.2	10.5	0.9
남자	2012	100.0	23.1	23.6	11.9	4.6	23.0	11.3	2.5
	2022	100.0	16.9	28.9	14.2	7.2	18.4	13.2	1.3
여자	2012	100.0	24.1	36.4	8.7	6.4	15.5	8.0	0.9
	2022	100.0	15.0	42.7	12.2	10.8	11.3	7.4	0.5

주: 1) 장래 근로를 원하는 고령층.
출처: 통계청(2022). 2022 고령자 통계.

2022년 장래에 일하기를 희망하는 65~79세 고령자의 일자리 선택기준은 일의 양과 시간대 35.2%, 임금수준 16.0%, 계속 근로 가능성 15.2% 순이었고, 지난 10년간 일의 양과 시간대는 5.8%, 출퇴근 편리성은 3.5% 증가한 반면, 임금수준 7.6%, 계속 근로 가능성은 4.4% 각각 감소하였다. 그리고 2022년 남자는 일의 양과 시간대(28.9%), 계속 근로 가능성(18.4%), 임금수준 (16.9%) 순이었고, 여자는 일의 양과 시간대(42.7%), 임금수준(15.0%), 일의 내용(12.2%) 순으로 나타났다.

(4) 고용 안정성

연도별 및 연령별 고용 안정성에 대한 조사결과는 **그림 6-4**, **표 6-6**과 같다.

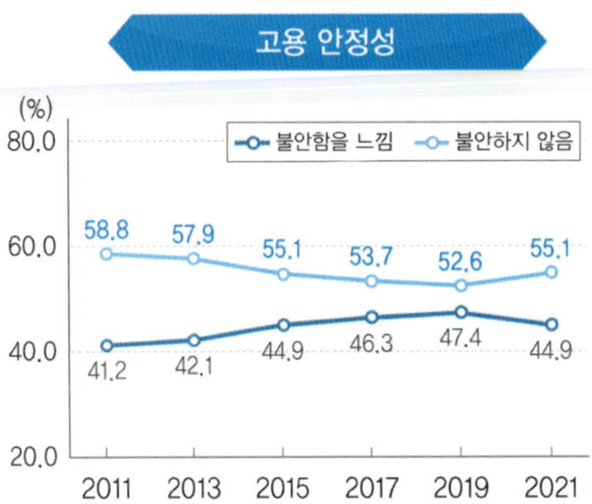

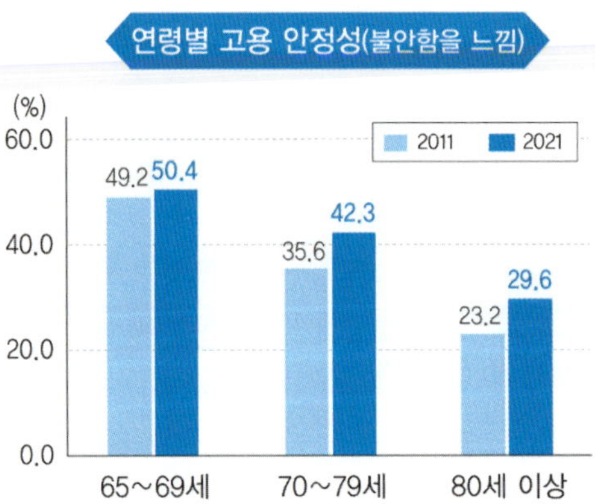

그림 6-4. 연도별 및 연령별 고용 안정성

출처: 통계청(2022). 2022 고령자 통계.

표 6-6. 고용 안정성[1]

(단위: %)

구분		전체	불안함을 느낌	매우	약간	불안함을 느끼지 않음	별로	전혀
전체	2011	100.0	41.2	14.9	26.3	58.8	38.6	20.2
	2013	100.0	42.1	14.1	28.0	57.9	36.5	21.5
	2015	100.0	44.9	11.9	32.9	55.1	40.3	14.8
	2017	100.0	46.3	12.9	33.4	53.7	35.7	18.0
	2019	100.0	47.4	11.8	35.6	52.6	39.7	12.9
	2021	100.0	44.9	12.3	32.6	55.1	37.4	17.7
65~69세	2011	100.0	49.2	17.4	31.8	50.8	35.7	15.1
	2021	100.0	50.4	13.6	36.8	49.6	35.1	14.5
70~79세	2011	100.0	35.6	13.3	22.3	64.4	41.3	23.1
	2021	100.0	42.3	11.8	30.5	57.7	38.7	19.0
80세 이상	2011	100.0	23.2	7.9	15.3	76.8	40.6	36.2
	2021	100.0	29.6	7.4	22.2	70.4	42.8	27.6

주: 1) 조사 기준일 직전 지난 일주일간 일한 적이 있는 사람으로, 2021년은 21.5.5~5.11.까지 일한 적이 있는 사람만 응답임.
출처: 통계청(2022). 2022 고령자 통계.

2021년 수입을 목적으로 일한 고령자 중 44.9%는 고용 불안감을 느끼고 있었으며, 지난 10년간 3.7% 증가하였다. 연령대별로 살펴보면, 65~69세 50.4%, 70~79세 42.3%, 80세 이상 29.6%는 고용 불안감을 느끼고 있었으며, 지난 10년간 고용 불안감은 70~79세에서 6.7%, 80세 이상에서 6.4%, 65~69세에서 1.2% 각각 증가한 것으로 나타났다.

2. 노인고용지원정책

최근 노인인구의 급격한 증가로 생산 가능인구 대비 부양인구에 대한 부담이 커지지게 되면서 소득보장정책의 간접적인 정책으로 사용한 고용지원정책은 세분화되어 가고 있다. 노인의 고용지원은 소득창출 측면뿐만 아니라 일을 통한 능력 발휘라는 측면에서도 중요하게 다루어지고 세분화되어 가고 있다. 앞으로도 노인의 고용정책은 계속적으로 발전 강화되어야 할 것으로 보인다. 노인고용지원정책을 정년보장과 고령자고용촉진 지원정책으로 구분하여 살펴보면 다음과 같다(박석돈 외, 2022).

1) 정년연장

(1) 연령차별금지법

「고령자고용촉진법」이 2008년 3월 21일로 「고용상 연령차별금지 및 고령자고용촉진에 관한 법률」로 바뀌었다. 이것은 우리나라 「연령차별금지법」의 최초이다. 최근 들어 성을 기준으로 한 차별은 상당히 줄어든 것이 사실이다. 그러나 연령을 기준으로 한 차별은 아직 우리 사회에서 문제로 제기조차 못하던 실정이었다. 또한 명예퇴직이나 정리해고에서 연령이나 근속연수를 하나의 기준으로 삼는 데 대해 심각하게 문제가 제기되기 어려운 문화가 팽배해 있었던 데다가 외환위기를 겪으면서 이러한 분위기는 더욱 지배적이 되었다. 따라서 우리나라도 고령에 의한 사회적 차별을 금지하기 위한 포괄적인 입법 필요성이 제기되었다.

현재 미국에서 시행되고 있는 「연령에 의한 고용차별 금지법」과 캐나다, 프랑스 등에서 입법 · 시행되고 있는 「연령차별금지법」은 채용, 해고, 승진, 배치 등에서 40세 이상의 고령자들을 사회적으로 보호하기 위한 것이다. 우리나라도 이제 고용상 연령차별을 금지하는 법을 제정하였으나 이것이 고용현장에서 정착될 수 있도록 모두가 노력하여야 할 것이다.

(2) 정년제도의 연장 · 철폐

평균수명이 급격히 늘어나는 현시점에서 55세 전후의 조기정년은 개인적으로나 사회적으로도 큰 손실이 아닐 수 없다. 정년퇴직 연령의 고정화 현상은 평균수명의 연장이나 인구고령화, 그리고 고령인구의 급증현상과는 사뭇 모순되는 것이다. 따라서 고령인력을 생산적으로 활용한다는 측면이나 노인에 대한 경제활동인구의 부양부담을 경감시킨다는 의미에서도 가장 시급히 강구되어야 할 대책이 정년을 연장하는 것이다.

정년연장은 이미 세계적인 추세로 선진 산업국가에서는 정년 제한이 없거나 또는 연장되고 있다. 우리나라도 앞으로 경제구조가 정보서비스산업 위주로 급속히 재편되고 건강한 고학력 노령인구가 급증할 것이다. 따라서 선진 산업사회 수준인 65세 혹은 그 이상으로 정년이 연장되는 것이 바람직하고, 나아가서 정년철폐까지도 고려해야 한다.

그러나 정년연장은 기업이나 사회 전체에 큰 파급효과를 던질 수 있는 문제이기 때문에 단계적으로 실시하는 것이 바람직하다. 현재 우리나라의 정년연령은 그 절대적인 수준이 너무 낮기 때문에 일차적으로는 국민연금 수급 개시연령인 60세로 연장되어야 한다. 그리고 앞으로 국민연금 수급연령을 65세로 상향조정할 계획을 가지고 있으므로 그때가 되면 정년연령도 65세로 되든가 또는 철폐되어야 할 것이다.

2) 고령자 고용촉진 지원정책

우리나라의 노인취업 관련 정책을 추진하고 있는 부처는 보건복지부와 고용노동부로 이원화되어 있다. 보건복지부의 정책은 주로 요보호대상자인 영세민 노인들을 위한 프로그램이고, 고령자 취업을 촉진하기 위한 정책은 주로 고용노동부에서 시행하고 있다. 우리나라 노인고용정책은 크게 두 가지, 고령자 고용촉진 프로그램과 고용알선 프로그램으로 대별되는데, 각 제도상의 실태와 문제점을 살펴보면 다음과 같다(박석돈 외, 2022).

(1) 고령자 고용촉진 프로그램

고령자 고용촉진 프로그램으로 대표적인 것은 표 6-7과 같이 고령자 고용촉진제도와 고령자 고용촉진 장려금제도가 대표적이다.

표 6-7. 고령자 고용촉진 프로그램

구분	내용
고령자 고용촉진제도	고령자 고용촉진은 노인으로 하여금 스스로 일을 하여 독립적으로 소득을 창출하도록 지원하는 미래지향적인 정책이라고 할 수 있다. 1992년 7월부터 시행된 「고령자고용촉진법」에 의하면, 300인 이상 사업장에 대해서 55세 이상 고령자를 3% 이상 채용하도록 권장하고 있지만 이는 어디까지나 권장사항으로 그 실효성을 거두기가 어렵다.
고령자 고용촉진 장려금제도	고령자 고용촉진 장려금제도는 55세 이상 고령자를 고용하고 있는 사업장을 지원해 주는 제도로 현재 '고령자 다수고용 장려금제도', '신규고용 장려금제도', 그리고 '재고용 장려금제도' 등 세 가지 프로그램이 있다. 이 제도는 사업주로 하여금 정규직에 고령자 고용을 유도하기 위한 것이지만 고령자의 연령을 55세부터로 규정하고 있기 때문에 실제 65세 이상 노인들에 대한 고용촉진 효과는 그다지 크지 않은 것으로 나타났다.

(2) 고령자 고용촉진제도의 강화

현재 노인의 재취업 내지 고용증진에 있어서 가장 큰 과제는 권장규정으로 되어 있는 「고령자고용법」상의 규정을 의무화해야 한다는 것이다. 현행 법규정은 법적 제재가 따르지 않는 임의적 권장사항에 불과해 실질적으로 효과를 거두지 못하고 있다.

우리나라도 일본처럼 장기적인 시각에서 보다 강제성 강한 고령자 고용정책을 수립해 나가는 것이 요구된다. 강제되고 장기적인 제도로 강화하지 않는다면 고령자 고용촉진은 단기적이고 형식적인 프로그램으로만 남게 될 것이다.

또한 시행 중인 「고령자고용법」 적용대상을 300인 이상 사업장에서 100인 이상 사업 장으로 확대하는 한편 기준고용률도 3%를 5% 이상으로 상향조정해서 공공기관은 물론 민간기업도 조기퇴직자를 의무 채용하게 하는 것이 바람직하다. 또한 실질적인 법 집행을 위해 고령자의 창업 지원방안도 현실적으로 적용 가능하도록 이를 구체화하고, 법의 존재와 내용을 지역사회에 널리 알리려는 홍보 노력도 기울여야 할 것이다.

현시점에서 고령자 고용은 이윤극대화를 위한 기업의 경영방침에 크게 좌우된다. 또 법 자체도 강제적인 것이 아니므로 이미 고령이 된 사람들의 소득보장에 기여할 만큼 취업이 확산되기는 어려울 것이다. 다만, 장애인들의 취업 활성화를 위해 '장애인고용촉진공단'을 설립하고, 전문적인 취업전략을 세우는 것처럼, 노인취업도 이러한 전문기관을 설립하여 구인처를 개발하고 구직자를 지속적으로 훈련시킬 수 있다면 훨씬 더 효과적인 고용창출이 일어날 수 있을 것이다.

(3) 고용알선 및 직업훈련의 내실화

현재 노인 취업상담이나 직업알선, 사후관리 등을 위해 노인취업알선센터가 구 · 군청 및 노인 관련 단체나 기관 등에 설치되어 있지만 아직 여러 이유로 활성화되지 못하고 있다. 취업을 통해 노인의 소득을 보장하기 위해서는 단지 취업알선만 하는 게 아니라 취업정보를 수집하고 교육 · 훈련을 시키며, 인력네트워크를 구축하여 사업체의 수요와 연계시키며 사후관리까지 책임지는 보다 적극적인 자세가 필요하다.

이를 위해 전문상담과 컨설팅, 인력연계 훈련 및 지도, 취업알선 등 다방면으로 활동할 수 있는 노인고용을 위한 특화센터가 필요하다. 이러한 노인고용 알선센터들이 사업체의 노동수요를 확보하고, 노인들의 공동작업을 활성화하며, 이를 조직적으로 연계하는 적극적인 역할을 수행할 수 있을 것이다.

또한 직업훈련에 있어서 모든 것을 정부가 다 관장하기보다는 자금력이나 현장감 있는 기업이나 사회교육단체에서도 재취업 훈련을 시키는 것이 바람직하다. 이 경우 정부는 세금감면이나 보조금 지원 등의 혜택을 부여해야 할 것이다. 고령자 취업알선센터와 같은 정부지원기관도 단지 취업소개만 할 것이 아니라 인력개발 차원에서 기술 교육 및 적응훈련 등을 실시할 수 있어야 한다.

(4) 정년 후 재고용 및 시간제 고용제도

조기정년이 지배적인 우리나라에서 사실상 정년연장과 같은 효과를 얻을 수 있는 것으로 정년 후 재고용제도를 들 수 있다. 국민연금의 수급연령이 2013년부터 현행 60세에서 61세로 올라간 후 5년마다 1세씩 증가하여 2033년에는 65세에야 국민연금을 받을 수 있다는 점을 감안하면 앞으로 우리가 좀 더 적극적으로 시도해야 할 것이 고령자의 정년퇴직 후 재고용제도이다. 다만, 근로의 형태는 시간제근로, 촉탁직, 계약직 등의 고용형태로 유연하게 운영하여야만 실질적으로 기업에서 받아들일 수 있을 것이다.

정년퇴직 후의 시간제 고용제도는 정년제도의 개선과 보완책으로서 유용할 것이다. 이는 퇴직 후 일정 기간(예컨대, 5년) 동안 퇴직자의 경험이나 지식에 맞는 일을 반일근무, 격일근무, 주 4일제 근무 등 다양하게 선택한다. 이는 정년퇴직의 충격을 줄이고 서서히 퇴직생활에 적응할 수 있게 하는 제도로서, 재취업의 기회가 거의 주어지지 않고 있는 우리 사회에서 바람직한 제도라고 할 수 있다.

(5) 지역사회 시니어클럽의 활성화

지역사회 시니어클럽은 노인들과 구조조정으로 퇴출된 50세 이상 연령층의 사회적 역할에 대한 욕구를 감안하여 경륜을 봉사 및 소득사업에 발휘하는 계기를 마련한 사업으로, 예를 들어 가정문제, 고부갈등, 교육, 세무, 환경 등 전문상담사업 환경보호, 방범, 청소년선도 등을 위한 교육, 강연, 상담사업 등 자원봉사활동 경비, 주차관리, 건물관리, 운전 등 종합용역서비스 제공, 아이돌보기(영아, 저학년 아동), 환자돌보기, 시간제 도우미, 가정 단기 일손공급 사업, 가사서비스 제공 사업 등은 노인들의 생활에 활력을 주고 경륜을 사회에 환원시키며, 본격적 고령사회에 대비하려는 데 목적을 가지고 있는 사업이다.

정부는 고령자의 사회참여 기회를 제공할 목적으로 2001년도부터 전국 5개 기관에서 지역사회 시니어클럽(Community Senior Club: CSC)을 시범적으로 운영하고 있으며, 자활후견기관 형태로 운영되는 지역사회 시니어클럽은 65세 이상 노인과 50세 이상의 퇴직자들로 구성하여, 이들의 직업경험을 살려 지역사회 봉사나 취업활동 등을 통해 사회참여나 노후 소득창출의 이중효과를 얻고자 노력하고 있다.

하지만 이 사업은 참여대상의 연령범위가 넓고, 주로 50~60대의 노인 위주로 운영되기 때문에 고령노인들이 참여할 영역이 마땅치 않을 우려가 있다. 따라서 노동력이 상대적으로 취약할 수밖에 없는 고령노인들만 참여할 수 있는 영역을 별도로 마련하여 연령별로 적합한 프로그램을 개발·훈련시키는 노력을 기울여야 할 것이다.

현재 정부에서 추진 중인 노인취업 알선기관 확충이나 활성화 계획을 성공적으로 이행하기 위해서는 지역사회 시니어클럽도 이들 기관에 배치되어야 한다. 아울러 실질적인 업무를 수행할 사회복지사 등 전문인력을 양성, 배치하는 방안도 강구되어야 할 것이다.

이처럼 한평생 배우고 일한 전문인력을 재활용하고 그들의 노하우를 가지고 지역사회 및 개인의 발전을 위해 봉사, 헌신할 수 있는 방안이 더욱 확대되어야 한다. 일할 수 있는 구조도 보다 다양화되어 지역사회 시니어클럽 계획이 실직자들의 재취업 방안에도 새로운 아이디어를 제공하는 계기가 되어야 한다.

(6) 임금피크제의 도입

임금피크제는 정년연장 또는 정년 후 재고용하면서 일정 나이 · 근속기간을 기준으로 임금을 감액하는 제도이다. 기업은 인건비 부담을 줄이고 근로자는 고용이 연장되어 노사 모두 만족할 수 있는 임금제도이다. 회사를 도중에 그만두는 일이 줄고, 정년 이후에도 상당 기간 일할 수 있으며, 노사갈등을 피할 수 있다. 또한 인건비는 줄이면서 훈련된 인력을 계속 사용할 수 있으며, 고령화에 따른 인력부족 문제를 해결하고 사회보장 비용부담도 줄일 수 있다.

임금피크제는 크게 정년보장형, 정년연장형으로 구분된다. 한국의 경우 대다수의 임금피크제 도입 기업들은 정년보장형을 채택하고 있다. 구체적으로 정년보장형 임금피크제는 임금 인상보다는 고용 안정을 원하는 근로자에게 현실적인 만족감을 줄 수 있다는 것과 기업에게는 고용 조정에 따른 부담감과 인건비 절감의 효과를 얻을 수 있다는 장점이 있다. 그러나 기업 내 인건비 절감이나 인력구조 변경 목적으로 악용될 소지가 있고 자칫 정리해고의 대체수단으로 사용될 여지가 있다.

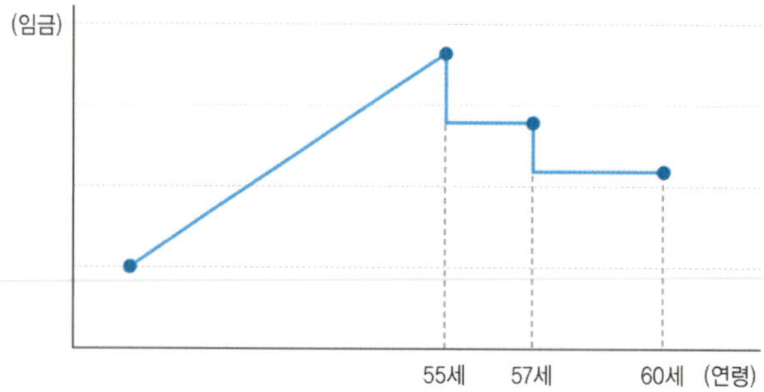

그림 6-5. 임금피크 시점 이후 단계적 감축 형태의 임금피크제

정년연장형 임금피크제는 한국의 극히 일부 기업 및 일본의 대부분 사례에서 살펴볼 수 있다. 이 유형은 정년을 기준으로 한 노동력 감소를 극복하기 위해 정년에 도달한 근로자를 업무에 재투입하여 은퇴 예정자(고령자)를 활용하는 것을 말한다. 따라서 정년에 도달한 은퇴 예정자에 대해 재취업의 어려움 등을 감안하여 임금수준을 정하고 연장 고용한다.

이는 관련 직무에 익숙한 근로자를 계속 활용함으로써 신규 근로자의 채용과 적응에 수반되는 비용을 절감하고 근로자 개인에게 근로의 기회를 지속시킬 수 있다는 장점이 있다. 하지만 이를 위해서는 임금피크의 시점 및 임금 감액률의 결정 기준에 대한 신뢰가 전제되어야 하고 제반 조건에 대한 객관성이 담보되어야 한다.

3. 사회적 노인일자리 사업

1) 노인일자리 및 사회활동지원 사업의 개요

우리나라는 2004년부터 근로를 희망하는 고령자에게 적합한 일자리를 창출 · 제공하는 노인일자리 사업 및 사회활동지원 사업[1)]을 진행하고 있다. 노인일자리 사업은 「노인복지법」 제23조와 24조, 「저출산 · 고령사회 기본법」 제11조와 제14조를 근거로 하고 있다. 구체적으로 「노인복지법」 제23조에서는 “국가 또는 지방자치단체는 노인의 사회참여 확대를 위하여 노인의 지역봉사 활동기회를 넓히고 노인에게 적합한 직종의 개발과 그 보급을 위한 시책을 강구하며 근로능력이 있는 노인에게 일할 기회를

1) 사업의 명칭은 2004년 ‘노인일자리 사업’으로 시작하여, 2015년 ‘노인사회활동 지원 사업’을 거쳐 2016년 ‘노인일자리 및 사회활동지원 사업’으로 전환되었다.

우선적으로 제공하도록 노력하여야 한다"고 규정하고 있으며, 제24조에서는 "국가 또는 지방자치단체는 사회적 신망과 경험이 있는 노인으로서 지역봉사를 희망하는 경우에는 이를 지역봉사지도원으로 위촉할 수 있다"고 규정하고 있다.

그리고 「저출산 · 고령사회 기본법」 제11조에서는 "국가 및 지방자치단체는 일할 의욕과 능력이 있는 고령자가 최대한 일할 수 있는 환경을 조성하여야 한다"와 "국가 및 지방자치단체는 연금제도 등 노후소득보장체계를 구축하고 노인에게 적합한 일자리를 창출하는 등 국민이 경제적으로 안정된 노후생활을 할 수 있도록 필요한 조치를 강구하여야 한다"고 규정하고 있으며, 14조에서는 "국가 및 지방자치단체는 노후의 여가와 문화활동을 장려하고 이를 위한 기반을 조성하여야 한다"와 "국가 및 지방자치단체는 자원봉사 등 노인의 사회활동 참여를 촉진하는 사회적 기반을 조성하여야 한다"고 규정하고 있다.

사업은 시행당시 '고령자의 취업증진'을 목표로 하였으나 중점사업영역과 목표에 다소의 변화를 거치면서, 현재의 사업 비전은 '노인일자리의 활성화를 통해 활기찬 고령사회를 구현하는 것'으로 그 정책목적이 변화하였다. 이처럼 노인일자리 사업은 고령자들에게 사회참여와 자활, 자립의 기회를 제공하기 위한 고용지원정책으로 고령자들의 소득창출 및 사회참여 기회를 제공하기 위해 보건복지부와 한국노인인력개발원, 광역 및 기초지자체, 노인복지관, 시니어클럽 등에 의해 추진[2]되고 있다.

보건복지부(2020)에서 명시하고 있는 사업의 의의는 일할 의욕과 근로능력이 있는 고령자에게 능력과 적성에 맞는 일자리를 개발하고 사회활동을 지원하여 고령자들이 활기차고 건강한 노후생활을 영위할 수 있도록 고령자의 복지 향상에 기여하는 것이다. 또한 한국노인인력개발원(2019)에서는 '노인일자리 활성화를 통한 활기찬 고령사

2) 보건복지부가 노인일자리 및 사회활동지원 사업의 총괄 조정을 담당하며, 지자체가 재정과 행정의 감독을 맡고 있으며, 한국노인인력개발원에서 실적 관리 및 평가 분석, 수행기관에 대한 교육과 연계, 지원, 평가 기능을 담당하고, 각 수행기관(지자체, 복지관, 대한노인회, 시니어클럽)에서 노인일자리를 맡아 수행하고, 사업단이 이를 운영 · 관리한다.

회 구현'을 사업의 미션으로 규정하고, 사업 경영의 목표를 활기찬 노년, 준비된 일자리, 지속가능한 성장으로 규정하고 사업을 추진하고 있다.

따라서 노인일자리 및 사회활동지원 사업의 핵심 정책목표는 '소득보장과 사회참여를 통해 활기찬 노년을 구현'하는 것이며, 생계 중심의 경제적 욕구와 사회참여활동, 공공분야 활동을 연계하고자 하는 것에 초점을 두고 있는 사업이라고 할 수 있다.

지금까지 내용을 종합해 보면, 노인일자리 및 사회활동지원 사업은 고령 국민들이 사회구성원으로서 지속적으로 일하거나 사회참여를 지원하기 위한 적극적인 정책이라고 할 수 있다(변금선, 2018).

2) 노인일자리 및 사회활동지원 사업의 유형

노인일자리 및 사회활동지원 사업은 사업의 성격에 따라 봉사부문(공공형)과 근로부문(사회서비스형, 민간형)의 두 가지 유형으로 구분할 수 있다. 노인일자리 및 사회활동지원 사업의 유형과 내용 및 예산지원 기준은 표 6-8, 표 6-9, 노인일자리 및 사회활동지원 사업 실적 현황은 표 6-10과 같다.

표 6-8. 노인일자리 및 사회활동지원 사업 내용

사업 구분	사업 유형	주요내용	예산지원 형태	활동의 성격
공공형 사업	공익활동	고령자가 자기만족, 성취감 향상, 지역사회의 공익증진을 위하여 참여하는 활동	지자체 경상보조	봉사 (사회공헌)
	재능나눔활동	재능보유 고령자가 자기만족, 성취감 향상, 지역사회 공익 증진을 위해 자발적으로 참여하는 봉사활동 성격의 활동	민간 경상보조	

사업 구분	사업 유형	주요내용	예산지원 형태	활동의 성격
사회서비스형		고령자의 경력 및 활동역량의 활용으로 사회적 도움이 필요한 분야(지역사회 돌봄영역, 안전 관련 영역 등)에 서비스 제공	지자체 경상보조	근로
민간형 사업	시장형사업단	사업 참여자의 인건비를 일부 보충지원하며, 추가 사업수익을 통해 연중 운영	지자체 경상보조	
	취업알선형	수요처의 요구에 의해서 일정 교육을 수료하거나 관련된 업무능력이 있는 자를 해당 수요처로 연계하여 근무기간에 대한 일정 임금을 지급받을 수 있는 일자리	지자체 & 민간 경상보조	
	시니어인턴십	만 60세 이상 고령자의 고용촉진을 위하여 기업에 인건비를 지원, 계속고용을 유도	민간 경상보조	
	고령자친화기업	고령자 적합 직종에서 다수의 고령자를 고용하도록 고령친화기업 설립을 지원	민간 경상보조	

출처: 보건복지부(2020). 2020 노인일자리 및 사회활동지원 사업 운영안내.

표 6-9. 노인일자리 및 사회활동지원 사업 예산지원 기준

구분		활동비(월)	부대경비(연)	참여기간	합계(연)
공공형(공익활동)		270천 원	180천 원	평균 11개월	3,150천 원
사회서비스형		594천 원	489천 원	10개월	7,887천 원
민간형	시장형사업단	2,670천 원		연중	2,670천 원
	취업알선형	–	(지자체보조)150천 원 (민간보조)사업비지원	연중	150천 원, 사업비

* 시장형사업단, 취업알선형의 경우 사업비로 활용
** 주휴 및 연차 수당으로 연 1,458천 원 포함
※ 각 사업별 국고보조율은 50%(서울의 경우 30%)
※ 수행기관 노인일자리 담당자의 경우, 월 1,850천 원(퇴직적립금 포함 13개월)
출처: 보건복지부(2020). 2020 노인일자리 및 사회활동지원 사업 운영안내.

표 6-10. 노인일자리 및 사회활동지원 사업 실적 현황 (기준: 2018.12.31. 단위: 개, 명, %)

구분		확정내시 목표사업량 A	배정 사업량	사업단	누적 참여자수 (명)	중도 포기자수 (명)	추진실적 (B)	추진율 (B/A)+100 (%)
2018년 전체		513,121	533,434	8,772	590,262	56,106	543,926	106.0
사회활동	공익활동	375,288	398,239	5,656	449,359	44,225	405,134	108.0
	노노케어	80,000	81,613	1,204	93,638	8,108	85,530	106.9
	취약계층지원	295,288	12,129	260	13,498	1,415	12,083	108.2
	공공시설봉사		290,967	3,608	327,688	33,624	294,064	
	경륜전수활동		13,530	584	14,535	1,078	13,457	
	재능나눔	51,900	51,900	804	54,264	2,111	52,153	100.5
취업·창업일자리	시장형사업단	49,377	47,693	1,758	54,585	9,135	54,585	110.5
	공동작업형		13,133	379	15,445	2,830	15,445	
	제조판매형		17,362	1,023	19,397	3,576	19,397	
	서비스제공형		17,198	365	19,743	2,729	19,743	
	인력파견형	22,907	21,952	165	20,067	–	20,067	87.6
	시니어인턴십	7,900	7,900	94	5,686	188	5,686	72.0
	고령자친화기업	1,750	1,750	59	1,708	–	1,708	97.6
	고령자친화기업	1,750	1,750	51	1,468	–	1,468	83.9
	시니어직능클럽	–	–	8	240	–	240	–
	기업연계형	4,000	4,000	236	4,593	447	4,593	114.8

출처: 한국노인인력개발원(2019). 2018 노인일자리 및 사회활동 통계 동향.

사업유형별 비중을 살펴보면, 전체 승인된 사업의 총량을 100으로 보았을 때, 공익활동과 재능 나눔의 공공형사업이 전체의 84.4%, 민간형사업이 15.6%를 차지하고 있다. 노인일자리 및 사회활동지원 사업은 2004년 이후 사업 명칭의 변화는 물론 사업 유형의 변화가 나타났는데, 즉 사업의 성격을 복지성, 근로성, 지역 혁신성 등으로 분류하여 성격에 따라 사업의 신설, 통합이나 사업분류의 변경 등을 거치며 현재에 이르렀다.

현재 공공형사업은 복지의 성격이 강하고 민간형은 주로 근로 성격의 사업으로 분류된다. 두 사업은 성격뿐 아니라 참여 고령자의 기초통계에서도 차이를 보인다. 2018

년 기준 공공형 사업 중 공익활동에 참여한 고령자의 평균 연령은 76.1세, 재능나눔 활동 참여자의 평균연령은 74.7세였으며, 민간형 사업의 시장형 사업단의 경우는 72.2세, 인력 파견 사업은 67.7세, 시니어인턴십은 65.5세, 고령자친화기업은 68.1세로 나타났다(한국노인인력개발원, 2019).

(1) 공공형

공공형 일자리 사업은 봉사의 활동성격을 가지고 있는 공익활동과 재능나눔 활동의 두 가지 유형의 사업을 의미한다. 구체적으로 첫째, 공익활동사업의 정의는 '고령자가 자기만족, 성취감 향상, 지역사회의 공익증진을 위하여 참여하는 봉사활동으로, 그 목적은 저소득 고령자에 대한 지속적인 사회참여 활동지원이며, 이를 통해 건강개선과 사회적 관계 증진, 소득 보충 등을 이루어 건강하고 활기찬 노후생활에 기여한다'고 명시되어 있다. 따라서 참여대상은 만 65세 이상 기초연금수급자와 만 60~64세 차상위계층이다. 지자체 경상보조사업으로 지역 내 노인복지관, 시니어클럽, 대한노인회 등에서 사업을 수행하고 있으며, 독거노인과 조손가정 노인, 거동불편노인 등 취약고령자를 대상자를 서비스를 제공하는 노노케어 활동, 장애인, 다문화가정 등 취약계층 지원사업 활동, 지역 내 공익서비스 제공을 위한 공공시설봉사활동, 고령자의 경험과 지혜를 지자체 구성원들과 공유하는 경륜전수 활동이 이에 속한다. 참여자의 활동비는 1인당 27만 원 이내로, 교통비와 간식비가 각 3천 원, 식비 6천 원, 시간당 6천 원인 활동실비로 구성되어 있으며, 일 활동 시간은 3시간 이내로 되어 있다.

둘째, 재능 나눔 활동사업은 '재능을 보유한 고령자가 자기만족과 성취감 향상과 지역사회 공익증진을 위하여 자발적으로 참여'하는 봉사활동 성격의 활동으로, 민간 경상보조사업으로 추진되고 있으며, 사업대상은 만 60세 이상 대한민국 고령자이다. 사업내용은 안전예방활동, 상담안내, 학습지도, 문화예술, 기타 재능 나눔 활동이다.

(2) 사회서비스형

사회서비스형은 고령자의 경력 및 활동역량을 활용하여 사회적으로 도움이 필요한 영역(지역사회 돌봄 영역, 안전 관련 영역 등)의 서비스를 제공하는 일자리로, '근로능력이 있는 고령자에게 적합한 일자리 활동을 지원함으로써 소득 보충과 건강개선, 사회적 관계증진 등 안정적 노후 생활 유지를 보장하는 것'을 그 사업의 목표로 한다. 사업대상은 만 65세 고령자로 정하여 두었으나, 각 유형별 연령기준이 상이하며, 만 60세 이상자부터 참여가 가능하다. 운영기간은 연 10개월이며, 근무시간은 주 15시간, 월 60시간 이상으로 인건비는 월 최대 712,800원이며, 연차수당은 별도로 지급한다. 이외 참여자 1인당 연간 48.9만 원의 부대경비를 지원한다. 사업 추진방식은 지자체 경상보조사업으로 지역 내 노인복지관, 시니어클럽, 대한노인회 등에서 사업을 수행하며, 아동 · 청소년 서비스 지원 사업, 한부모가족과 북한이탈주민 등을 위한 가정서비스 지원 사업, 장애인서비스 지원 사업, 시설이용 노인서비스 지원과 환경정비 지원 사업, 시니어 취업상담 동행면접, 시니어 일자리 발굴 등 상담 및 컨설팅 지원 사업 등이 있다.

(3) 민간형

민간형 사업에는 시장형사업단, 취업알선형, 시니어인턴십, 고령자 친화기업의 4가지 유형의 사업이 이에 속한다(보건복지부, 2020).

첫째, 시장형사업단은 '고령자 적합 업종 중 소규모 매장이나 전문 직종 사업단 등을 공동으로 운영함으로써 일자리를 창출하는 활동'으로 되어 있으며, 일정 기간의 사업비 또는 사업 참여자의 인건비 일부를 보조하고 추가 사업소득으로 연중 운영하는 고령자형 일자리이다. 사업의 추진 방식은 지자체 경상보조이며, 노인복지관, 시니어클럽, 대한노인회 등에서 사업을 수행한다. 반제품의 제조 및 납품, 공산품 제작 및 판매, 식품의 제조 및 판매, 매장 운영, 지역 영농업, 아파트 택배업, 세차 및 세탁업 등이 속한다. 사업의 대상자는 만 60세 이상 사업 특성 적합자로 명시하고 있다.

둘째, 취업알선형 사업은 '수요처의 요구에 맞추어 일정한 교육을 수료한 자이거나 관련한 업무능력을 갖춘 자'를 해당 수요처로 연계하는 일자리로, 사업대상은 만 60세 이상의 고령자이며, 수행기관에 사업비를 지원하는 형식으로 운영되고 있다. 과거 인력파견형과 대한노인회 취업지원 사업으로 나뉘어 있던 것을 취업 알선형으로 통합하였으며, 향후 취업지원센터로 일원화할 예정이다.

셋째, 시니어인턴십은 만 60세 이상인 고령자 고용촉진을 위하여, 시니어인턴을 고용하는 해당 기업에 인건비를 지원하며 계속고용을 유도하는 사업이다. 사업대상은 4대 보험 가업 사업장 및 비영리 민간단체 등이다. 민간 경상보조 100% 국비로 사업이 추진되고 있다. 지원내용은 참여기업에 인건비를 지원하고, 수행기관에는 사업비를 지원하는 형식이다.

넷째, 고령자 친화기업은 고령자가 경쟁력을 가질 수 있는 적합 직종에서 다수의 고령자를 고용하여 운영하는 기업을 지원하는 것으로, 개소당 1~3억 원을 지원하고 있으며, 사업에서 규정하는 고령자는 만 60세 이상자이다.

Chapter 07

노인기 건강과 의료보장

배울 내용

1. 노인건강
2. 노인의 건강현황
3. 노인건강보장정책

학습목표

1. 노인건강의 개념과 건강생성이론을 설명할 수 있다.
2. 노인의 건강현황을 파악하고 개입방안을 모색해 본다.
3. 노인건강보장정책을 이해하고 개선방안을 모색해 본다.

1. 노인건강

1) 노인건강의 개념

국제노년학회는 노인에 대해 "노화과정에서 나타나는 생리적, 신체적, 심리적, 환경적 및 행동의 변화가 상호작용하는 과정에 있는 사람"으로 정의하고 있다. 구체적으로 노인은 연령 증가에 따라 정년퇴직으로 경험하게 되는 경제적 불안정, 사회나 가정에서의 역할상실, 만성적 질병으로 인한 신체적 기능 저하로 인해 건강상태의 문제를 자주 보이는 시기라고 할 수 있다.

건강은 모든 세대에 걸쳐 개인의 삶의 질을 결정하는 매우 중요한 핵심적인 요소이며, 건강수준의 차이는 생애시기와 상관없이 필연적으로 존재할 수밖에 없다. 일반적으로 건강은 신체적으로 정상(normal)인 상태를, 그렇지 않은 상태를 비정상(abnormal)이라고 정의하거나, 임상적으로(clinically) 확인되는 질병이 없는 상태를 의미한다. 다시 말해, 건강이란 신체적 혹은 정신적으로 질병이 없거나 허약함이 없는 상태이며, 신체적, 정신적 그리고 사회적인 영역에서 완전한 안녕 상태를 말한다. 세계보건기구(WHO)는 '건강에 대해 주어진 환경과 상황에서 적절하게 기능하는 상태 혹은 수준이며, 심신이 스스로 균형을 유지하고 상황과 환경에서 적절하게 반응하고 잘 대처할 수 있는 상태'라고 정의하였다. 이에 반해 건강하지 못하면 몸의 균형이 깨어지고, 심신의 조절능력이 상실되어 항상성에서 벗어나게 된 상태를 말한다. 신체적 건강은 근력과 지구력, 유연성과 민첩성, 평형성과 협응성 같은 체력에 대한 요소능력이 잘 기능하여 정상적인 일상생활을 영위할 수 있음을 뜻한다. 그리고 정신적 건강은 사물을 느낄 수 있고 생각과 판단하는 능력을 의미하며, 따라서 정신적으로 건강하다고 하는 것은 사고나 기억, 의식과 욕구 그리고 감정 등이 정상적으로 기능하고 있는 것을 뜻한다.

블랙스터(Blaxter)는 1990년 발표한 연구에서 보통의 사람들이 건강을 어떻게 이해하고 있는지 그 개념을 조사하였는데(lay definitions of health), 생물의학적 측면과 사회적 · 심리적 측면을 포함하여 표 7-1과 같이 총 9가지의 정의를 도출하였다.

표 7-1. 블랙스터(1990)의 건강에 대한 정의

- 아프지 않은 상태를 건강으로 보는 개념이다(health as not ill).
- 질병을 기준으로 건강을 정의할 수 있다. 건강한 사람은 질병이 없거나(health as absence of disease), 질병이 있더라도 그러한 상황에 잘 적응하거나 조건을 극복함으로써 본인이 건강하다고 인식하는 경우(health despite disease)에 해당한다.
- 보존능력의 유무 또는 정도에 따라 건강을 이해한다(health as a reserve).
- 신체적으로 건강하고 적합한 상태(health as physical fitness)를 건강이라고 정의할 수 있다.
- 에너지와 활력으로 건강을 판단한다(health as energy, vitality).
- 건강을 사회적 관계로도 정의할 수 있다(health as social relationships).
- 기능상태 정도를 기준으로 건강을 정의하기도 한다(health as function).
- 심리사회적 안녕의 측면에서 건강을 설명할 수 있다(health as psycho-social well-being).

그리고 현다운(2021)은 블랙스터와 WHO가 제시한 건강에 대한 정의를 종합하여 건강에 대한 정의를 제시하였는데, 구체적인 내용은 그림 7-1과 같다.

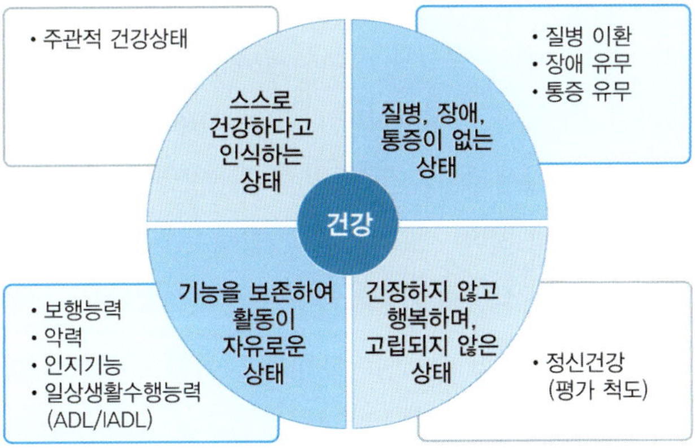

그림 7-1. 건강의 정의(개념적 · 조작적 정의)

그림 7-1에서 보는 것과 같이, 건강은 개인 스스로가 본인의 건강수준을 어떻게 인식하는지 주관적으로 평가하는 것과 밀접하게 관련되어 있으며, 질병이나 장애, 통증이 없고 기능을 보존함으로써 스스로 신체활동을 활발하게 수행할 수 있는 정도로 측정할 수 있고, 심리 · 정서 · 사회적으로 긴장되지 않고 행복하며 고립되지 않은 상태라고 요약할 수 있다. 이는 대부분의 학자들이 건강의 개념을 조작적으로 정의할 때, 주관적 건강상태나 질병의 이환, 장애 유무, 통증 유무, 보행능력, 악력 등 신체기능의 정도, 인지기능, 일상생활수행능력, 정신건강 등을 평가하여 대용지표로 삼는 데 구체적인 근거가 될 수 있다(이동노, 2021).

2) 건강생성이론

안토노프스키(Antonovsky, 1996)의 건강생성(Salutogenesis)은 건강을 병리학적 관점에서 '질병'과 '질병 없음(건강)'의 이분법으로 보지 않고, '덜 건강한 상태'와 '건강한 상태'의 연속선상의 축에서 이동하고 있다고 보면서 건강이 어떻게 유지되고 개선될 수 있는지를 설명하고 있는 이론이다. 즉, 건강을 설명하는 데 있어 그림 7-2와 같이 연속선상에 두 가지의 상반된 방향이 존재하는데, 병인론적 힘이 절대적으로 압도하여 질병이나 적응실패로 이르게 되는 방향과 스스로 건강을 생성하고 회복하여 건강에 이르는 방향으로 나아갈 수 있다고 설명한다(김지연, 2016).

안토노프스키(1987)의 건강생성이론에 관한 연구는 스트레스 연구에서 시작되었으며, 사람은 누구나 매일 크고 작은 스트레스를 경험하고 이에 대한 대처를 한다. 스트레스는 신체적 · 정신적 항상성을 위태롭게 하는 내 · 외적 환경에 의해 형성된 요구이며, 이러한 요구가 자신이 활용할 수 있는 자원을 넘어서 부담으로 작용할 때 긴장상태를 만들어 낸다. 이러한 긴장상태를 해결하지 못하면 질병이나 적응실패가 될 수 있으며, 반대로 긴장상태를 잘 해결하면 스스로 건강을 생성하는 방향으로 나아가 건강을 회복하게 된다고 주장한다. 단지 스트레스원을 피하는 것만으로는 건강을 유지하거나 향상시키는 데 충분하지 않다고 설명하고 있다.

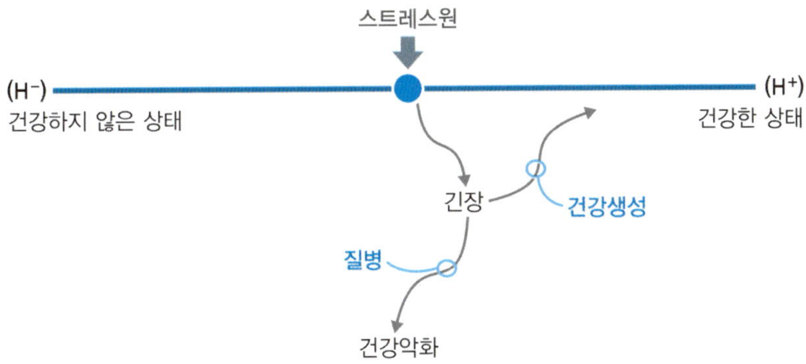

그림 7-2. 안토노프스키의 건강 연속선과 건강생성이론

건강생성이론은 활용할 수 있는 저항자원을 제공함으로써 스트레스나 위기에 적극적인 대응을 도울 수 있게 한다. 이에 스트레스원에 대처하고 긴장을 성공적으로 관리할 수 있는 자원을 동원하는 능력을 통합성으로 보았으며, 이는 건강생성과정에서 결정적 역할을 하는 것으로 보았다.

일반적 저항자원(Generalized Resistance Resources: GRRs)은 스트레스를 발생시키는 '일반적 저항장애'에 대처하는 것이며, 효과적으로 긴장관리를 촉진하는 환경, 집단, 개인의 특성이다. 이는 면역강화 요소, 유전적 적응성, 물질, 지식과 정보, 확고한 자아, 타인으로부터의 인정, 예방적 건강인식, 합리적이고 유연한 통찰력 있는 대처전략, 사회지지, 사회적 유대정도와 참여정도, 예측가능한 문화적 안정성, 철학적 입장 및 종교참여 등이 다양하게 포함된다. 일반적 저항자원은 일종의 면역체계로 이것을 가진 사람들은 '더 건강함'의 축으로 이동할 수 있으며, 다양한 스트레스 발생 요소에 대항해서 효과적으로 대처할 수 있는 기능을 하며, 어떤 형태가 스트레스에 대한 일반적 저항자원으로 기능할 수 있는가는 개인에 따라서 다양하다고 할 수 있다.

개인은 일반적 저항자원을 동원해 스트레스를 극복하게 되는데, 이때 적절한 저항자원을 활용하고 조절하는 개인의 능력이 통합성(Sense of Coherence)이다. 즉, 통합성은 건강연속선상에서 개인이 건강의 방향으로 움직이게 하는 데 핵심 변수가 되는 요인으로써, 표 7-2와 같이 세 가지 하위개념으로 구성된다. 이러한 통합성은 경험을 통해 지속적으로 변화되기도 하고 약화 혹은 강화되기도 하는데, 통합성이 강화되면 문제를 해결하는 과정에서 그것을 단순히 불쾌하고 힘든 사건으로 여기지 않고 극복하는 과정에서 의미를 찾게 된다.

표 7-2. 통합성의 하위개념

구분	내용
이해력	이해력(comprehensibility)은 인지적 요소로서 삶의 과정에서 내적·외적 환경으로부터 오는 자극을 구조화하고 예측하며 설명할 수 있는 능력이다. 직면한 위기 상황 또는 사건의 윤곽을 명료하게 하여 사건의 전개 방향을 예측함으로 사건에 따른 현실적 검토를 할 수 있게 하는 현실성을 판단하는 능력이라고 할 수 있다. 이해력의 개발을 위해서는 극복과 신뢰에 대한 일관성 있는 경험이 필수적이다.
관리력	관리력(manageability)은 도구적 요소로서 자극들에 제기되는 요구를 만족시키기 위해 내적·외적 자원을 활용할 수 있는 정도이다. 이는 도전으로 다가오는 상황에 대해서 자신의 능력으로 자율성 있게 대처하는 것으로 개인적인 차원 및 주변 환경에서 이용 가능한 다양한 자원을 사용하여 문제요인에 대해 현실적으로 대처할 수 있다. 관리력을 개발하기 위해서는 자기효능감의 경험이 필수적이다.
의미부여	의미부여(meaningfulness)는 동기적 요소로서 자신의 경험에 대해 긴장유발요인에 대처하고자 하는 동기를 부여하며, 경험으로부터 생기는 문제에 도전하고 이를 해결할 만한 가치가 있는 것으로 지각하는 능력이다.

안토노프스키(1987)는 사람이 건강을 생성해 나가는 과정을 사회문화적, 역사적 맥락, 개인적 및 사회적 요인의 모든 구성요소가 서로 관련이 있으며 상호작용과 반응을 포함하는 과정으로 설명하였다. 또한 1996년에는 건강증진을 안내하는 이론적 토대로

서 건강생성모델을 재정립하고, 통합성의 중요성을 건강증진 분야의 연구와 실무를 위해 강조하였다. 나아가 건강증진과 질병예방의 과정은 특정한 질병의 위험요인이 있는 사람에게 역량을 강화시켜 줌으로써 질병을 스스로 예방하는 것이라고 하였으며, 통합성은 모든 문화에서 적용할 수 있는 보편적 개념이라고 주장하였다. 구체적인 안토노프스키(1979)의 건강생성모델의 내용은 그림 7-3과 같다.

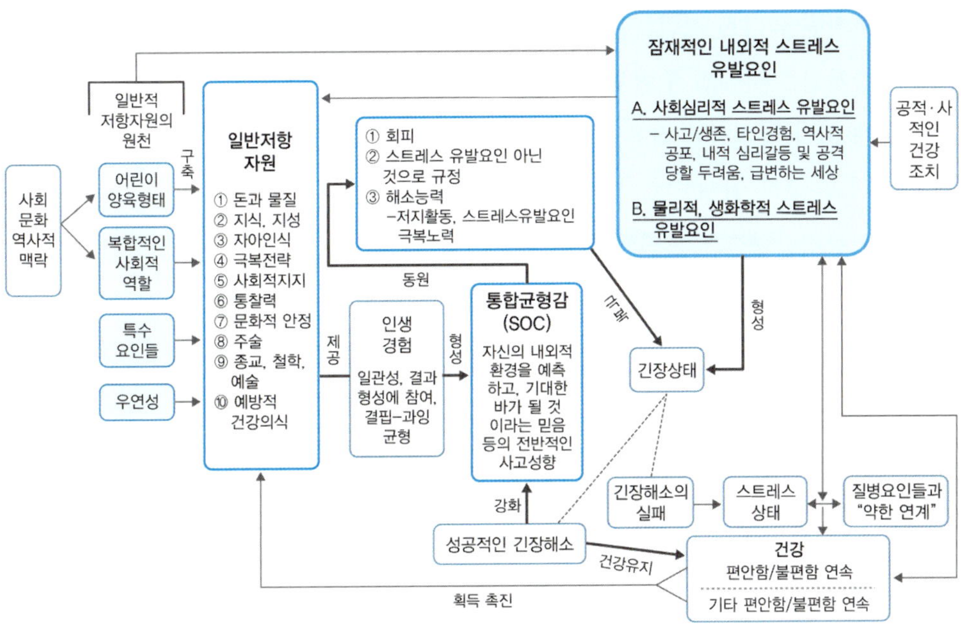

그림 7-3. **안토노프스키의 건강생성론 모델**

그림 7-3과 같이 일반적 저항자원은 개인에게 의미 있고 일관성 있는 삶의 경험을 제공하며(서영호, 2019), 이러한 성공적인 인생 경험들이 통합균형감을 향상하는 데 영향을 미친다. 형성된 강한 통합균형감은 일반적 저항자원을 동원하여 스트레스 유발요인을 피하게 해 주거나 자극이 스트레스 유발요인으로 작동하는 것을 예방하며, 스

트레스 유발요인을 저지하고 극복하게 해 준다. 이는 성공적인 긴장해소를 이끌며, 건강을 유지할 수 있도록 하는 동시에 일반적 저항자원의 획득을 촉진하여 다시 통합균형감을 강화한다(Antonovsky, 1979).

이에 김지연(2016)은 건강생성이론의 기본 원칙을 다음과 같이 설명한 바 있다. 첫째, 건강생성이론은 자기 스스로 건강을 유지하고 향상하기 위한 일반적 저항자원에 관한 이론이며, 개인과 환경의 통합균형감을 매우 중요시하고 있다. 둘째, 충분한 일반적 저항자원을 가진 사람들은 자신의 통합균형감을 향상시킬 수 있으며, 이러한 일반적 저항자원은 자신의 주변 환경을 포함한 전체 환경의 물질적 또는 비물질적인 질적 수준에 따라 상이하게 작용할 수 있다. 셋째, 높은 수준의 통합균형감을 가진 사람들은 자신의 삶을 이해하며, 통제할 수 있고, 의미 있게 생각한다.

이러한 통합균형감은 노인의 심리적 안녕감 및 주관적 건강, 삶의 만족도, 신체적 및 정신적 안녕감과 정적 상관관계가 있는 것으로 나타났으며, 우울과 스트레스, 상실감과는 부적관계가 있는 것으로 나타났다. 이 외에도 통합균형감은 노인의 건강 유지와 건강증진에 중심적인 역할을 하는 것으로 밝혀졌으며, 건강과 성공적인 노화를 예측하는 중요 요인으로 나타났다.

2. 노인의 건강현황

노인의 건강현황을 기대여명, 사망원인별 사망률, 본인부담 의료비, 건강검진 수검률, 운동실천율, 건강실태 및 건강행태로 구분하여 살펴보면 다음과 같다.

1) 기대여명

OECD 주요 국가의 성별 기대여명과 우리나라 연령별 기대여명에 대한 현황은 그림 7-4, 표 7-3과 같다.

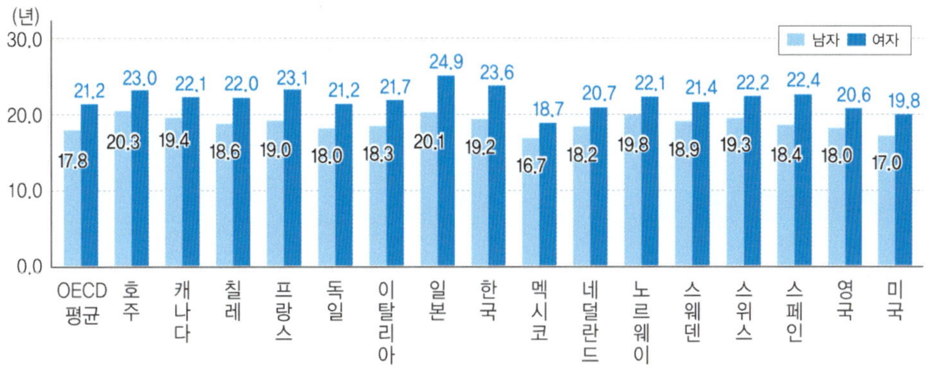

그림 7-4. OECD 주요 국가의 성별 기대여명(65세, 2020)

주: 1) 2020년 자료가 공표된 OECD 35개국의 산술평균임.
출처: 통계청(2022). 2022 고령자 통계.

표 7-3. 연령별 기대여명[1)2)] (단위: 년)

	65세				75세			
	전체	남자(A)	여자(B)	차이(B–A)	전체	남자(A)	여자(B)	차이(B–A)
2005	17.7	15.5	19.6	4.1	10.6	9.2	11.6	2.4
2010	19.1	16.8	21.2	4.4	11.6	10.0	12.9	2.9
2015	20.3	18.2	22.4	4.2	12.4	10.8	13.7	2.9
2017	20.8	18.6	22.7	4.1	12.7	11.1	14.0	2.9
2018	20.8	18.7	22.8	4.1	12.7	11.1	14.1	3.0
2019	21.3	19.1	23.4	4.3	13.2	11.5	14.6	3.1
2020	21.5	19.2	23.6	4.4	13.3	11.6	14.7	3.1

주: 1) 연령별 총 생존년수를 연령별 생존자 수로 나누어 산출.
2) 16.12.2. 생명표 작성 방법 개선으로 '70~'14년 생명표 수치가 갱신됨.
출처: 통계청(2022). 2022 고령자 통계.

2020년 65세의 기대여명은 21.5년, 75세의 기대여명은 13.3년으로 전년 대비 각각 0.2년, 0.1년 늘어났다. 구체적으로 65세 여자의 기대여명은 23.6년으로 남자보다 4.4년 더 길었고, 75세 여자의 기대여명은 14.7년으로 남자보다 3.1년 더 많은 것으로 나타났다. 또한 2020년 우리나라 65세의 기대여명은 경제협력개발기구(OECD) 평균보다 높은 수준으로 나타났다. 구체적으로 65세 여자의 기대여명은 OECD 평균보다 2.4년 높으며, 남자는 1.4년 더 높은 것으로 나타났다.

2) 사망원인별 사망률

고령자 사망원인별 사망률 순위 및 사망률 추이 현황은 그림 7-5, 표 7-4와 같다.

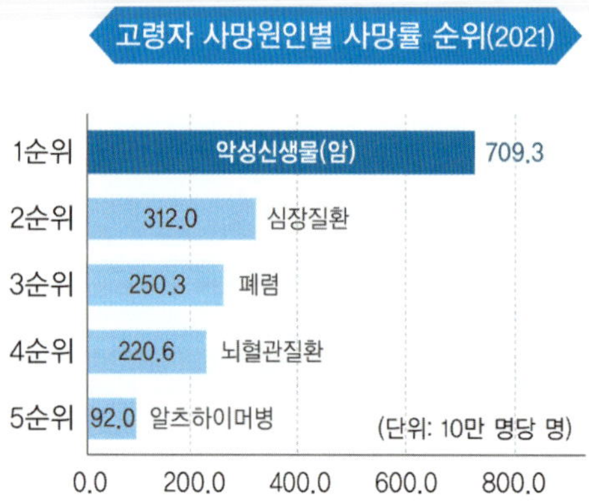

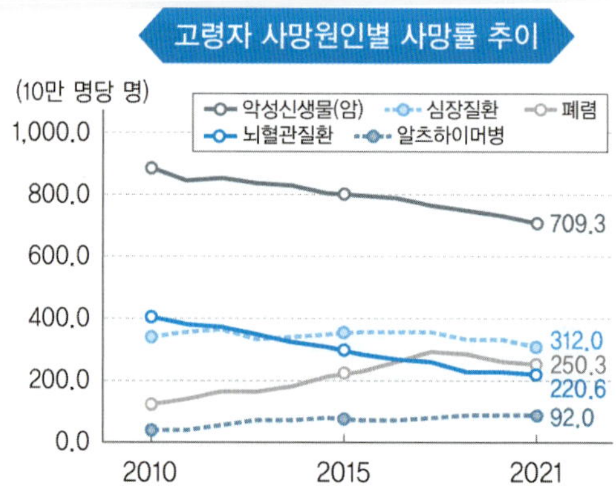

그림 7-5. **고령자 사망원인별 사망률 순위 및 사망률 추이**

출처: 통계청(2022). 2022 고령자 통계.

표 7-4. 사망원인별 사망률[1)2)] (단위: 인구 10만 명 당 명)

		2000	2010	2015	2020	2021
전체 인구	1순위	악성신생물(암) (122.4)	악성신생물(암) (144.4)	악성신생물(암) (150.8)	악성신생물(암) (160.1)	악성신생물(암) (161.1)
	2순위	뇌혈관질환 (73.6)	뇌혈관질환 (53.2)	심장질환 (55.6)	심장질환 (63.0)	심장 질환 (61.5)
	3순위	심장질환 (38.7)	심장질환 (46.9)	뇌혈관질환 (48.0)	폐렴 (43.3)	폐렴 (44.4)
	4순위	간질환 (23.0)	고의적 자해(자살) (31.2)	폐렴 (28.9)	뇌혈관질환 (42.6)	뇌혈관 질환 (44.0)
	5순위	당뇨병 (22.7)	당뇨병 (20.7)	고의적 자해(자살) (26.5)	고의적 자해(자살) (25.7)	고의적 자해(자살) (26.0)
고령인구 (65세 이상)	1순위	악성신생물(암) (937.3)	악성신생물(암) (882.4)	악성신생물(암) (803.0)	악성신생물(암) (733.3)	악성신생물(암) (709.3)
	2순위	뇌혈관질환 (789.9)	뇌혈관질환 (409.4)	심장질환 (351.0)	심장질환 (331.9)	심장 질환 (312.0)
	3순위	심장질환 (363.5)	심장질환 (344.0)	뇌혈관질환 (311.1)	폐렴 (257.5)	폐렴 (250.3)
	4순위	당뇨병 (220.0)	당뇨병 (153.1)	폐렴 (209.1)	뇌혈관질환 (225.3)	뇌혈관질환 (220.6)
	5순위	만성하기도질환 (210.3)	폐렴 (127.6)	당뇨병 (133.2)	알츠하이머병 (91.4)	알츠하이머병 (92.0)

주: 1) 심장질환은 허혈성 심장질환과 기타 심장질환을 포함.
2) 만성하기도 질환은 기관지염, 천식, 폐기종 등 만성적으로 호흡에 장애를 주는 폐질환의 총칭.
출처: 통계청(2022). 2022 고령자 통계.

2021년 65세 이상 고령자 10만 명당 사망원인별 사망자 수는 악성신생물(암)이 709.3명, 심장질환 312.0명, 폐렴 250.3명, 뇌혈관질환 220.6명 순으로, 악성신생물(암), 뇌혈관질환에 의한 사망은 감소하는 추세이지만 알츠하이머병에 의한 사망은 계속 증가하고 있는 것으로 나타났다. 그리고 고령자의 사망원인별 사망률을 전체 인구 사망률과 비교해 보면, 악성신생물(암)은 4.4배, 심장질환 5.1배, 폐렴 5.6배, 뇌혈관질환 5.0배, 알츠하이머병 5.9배 수준으로 나타났다.

3) 본인부담 의료비

1인당 본인부담 의료비 및 본인부담금 비중의 현황은 그림 7-6, 표 7-5와 같다.

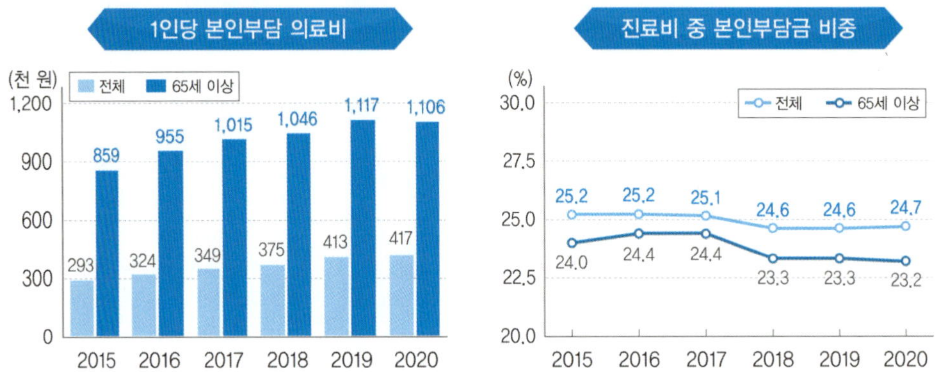

그림 7-6. 1인당 본인부담 의료비 및 본인부담금 비중

출처: 통계청(2022). 2022 고령자 통계.

표 7-5. 1인당 진료비 및 본인부담 의료비 (단위: 억 원, 천 원, %)

	전체					65세 이상				
	진료비[1] (A)	1인당 진료비[2]	본인 부담금 (B)	1인당 본인 부담금[3]	본인 부담금 비중[4]	진료비[1] (A)	1인당 진료비[2]	본인 부담금 (B)	1인당 본인 부담금[3]	본인 부담금 비중[4]
2012	478,392	963	121,246	244	25.3	164,494	3,008	38,553	705	23.4
2013	509,262	1,019	128,458	257	25.2	180,852	3,151	42,578	742	23.5
2014	549,639	1,092	137,534	273	25.0	199,687	3,326	47,074	784	23.6
2015	587,869	1,164	148,147	293	25.2	222,361	3,573	53,426	859	24.0
2016	651,844	1,284	164,532	324	25.2	252,692	3,921	61,583	955	24.4
2017	707,525	1,389	177,772	349	25.1	283,247	4,162	69,074	1,015	24.4
2018	779,104	1,526	191,614	375	24.6	318,235	4,487	74,183	1,046	23.3
2019	861,110	1,676	212,228	413	24.6	357,925	4,796	83,351	1,117	23.3
2020	867,139	1,689	214,223	417	24.7	376,135	4,759	87,412	1,106	23.2

주: 1) 요양기관에서 건강보험환자 진료에 소요된 비용으로 공단부담금 및 환자 본인부담금을 합한 금액임.
2) 1인당 진료비 = 진료비 ÷ 건강보험 적용인구(연도 말 기준).
3) 1인당 본인부담금 = 본인부담금 ÷ 건강보험 적용인구(연도 말 기준).
4) 본인부담금 비중 = 본인부담금(B) ÷ 진료비(A) × 100.

출처: 통계청(2022). 2022 고령자 통계.

2020년 65세 이상 고령자의 1인당 진료비는 475만 9천 원, 본인부담금은 110만 6천 원으로 전년 대비 각각 3만 7천 원, 1만 1천 원 감소한 것으로 나타났다. 구체적으로 고령자의 1인당 진료비 및 본인부담금은 전체 인구 대비 각각 2.8배, 2.7배 수준이었으며, 2020년 전체 인구의 본인부담금 비중은 24.7%로 전년 대비 0.1% 증가한 반면, 고령자의 본인부담금 비중은 23.2%로 전년 대비 0.1% 감소한 것으로 나타났다.

4) 건강검진 수검률

고령자의 건강검진 수검률 및 연령별 건강검진 수검률의 현황은 그림 7-7, 표 7-6과 같다.

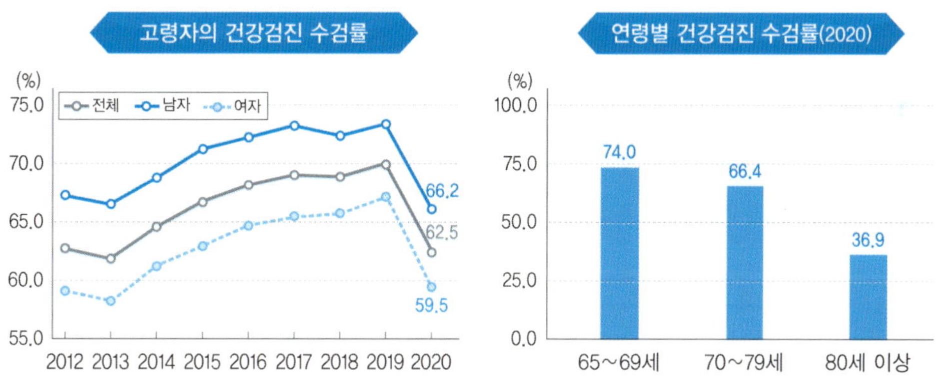

그림 7-7. 고령자의 건강검진 수검률 및 연령별 수검률

출처: 통계청(2022). 2022 고령자 통계.

표 7-6. 건강검진 수검률[1)]

(단위: %)

	65세 이상			65~69세			70~79세			80세이상		
	전체	남자	여자	전체	남자	여자	전체	남자	여자	전체	남자	여자
2012	62.7	67.3	59.2	76.2	76.3	76.0	66.5	69.0	64.6	37.3	45.8	33.3
2013	61.9	66.6	58.3	76.5	76.7	76.3	66.0	68.3	64.2	37.3	45.3	33.5
2014	64.6	68.8	61.3	78.3	78.4	78.1	68.7	70.5	67.3	40.8	48.4	37.1
2015	66.7	71.3	63.1	80.3	80.6	80.0	70.9	73.1	69.1	42.7	50.9	38.6
2016	68.1	72.3	64.7	81.8	81.8	81.8	72.6	74.2	71.2	44.5	52.7	40.2
2017	68.9	73.2	65.4	83.0	83.1	82.9	73.6	75.3	72.1	45.5	53.7	41.0
2018	68.8	72.4	65.8	80.2	79.6	80.8	72.4	74.1	71.0	43.5	52.0	38.9
2019	69.9	73.4	67.1	81.2	80.6	81.8	74.4	75.6	73.4	45.8	54.1	41.1
2020	62.5	66.2	59.5	74.0	73.4	74.6	66.4	68.4	64.7	36.9	45.1	32.4

주: 1) 건강검진수검률 = (1차검진 수검인원 ÷ 1차검진 대상인원) × 100.
출처: 통계청(2022). 2022 고령자 통계.

2020년 65세 이상 고령자의 건강검진 수검률은 62.5%로 전년 대비 7.4% 감소한 것으로 나타났다. 구체적으로 연령별 건강검진 수검률은 65~69세가 74.0%로 가장 높았고, 70~79세 66.4%, 80세 이상 36.9% 순으로, 연령대가 높을수록 건강검진 수검률이 낮았다. 이는 전년 대비 건강검진 수검률은 80대 이상 8.9%, 70~79세 8.0%, 65~69세 7.2% 감소한 것이다.

5) 운동 실천율

고령자의 성별 및 연령별 운동 실천율의 현황은 그림 7-8, 표 7-7과 같다.

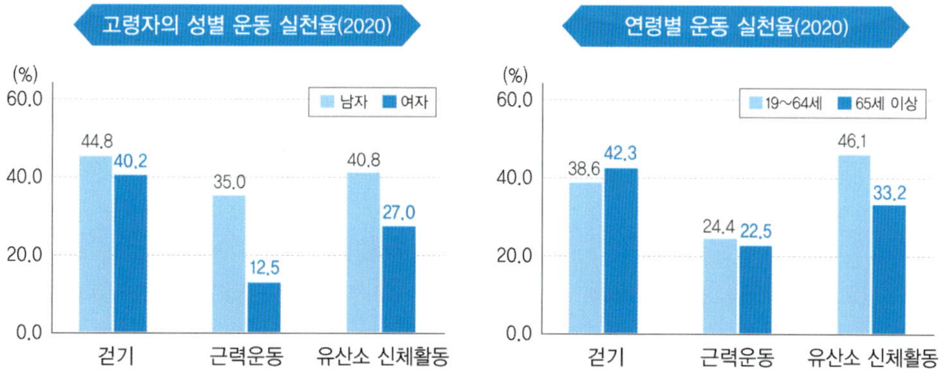

그림 7-8. 고령자의 성별 및 연령별 운동 실천율

출처: 통계청(2022). 2022 고령자 통계.

표 7-7. 운동 실천율

(단위: %)

	걷기 실천율[1]				근력운동 실천율[2]				유산소 신체활동 실천율[3]			
	19~64세	65세 이상	남자	여자	19~64세	65세 이상	남자	여자	19~64세	65세 이상	남자	여자
2014	41.4	41.3	47.6	36.7	21.5	16.8	28.5	8.3	59.8	41.1	50.9	33.6
2015	41.5	35.8	41.1	32.0	23.1	17.7	30.7	8.3	54.2	33.7	41.7	27.9
2016	39.8	35.4	39.0	32.7	21.7	15.2	24.7	8.4	50.3	34.4	43.4	27.9
2017	39.2	35.7	42.2	30.8	22.1	17.5	28.8	9.0	49.8	29.4	32.6	26.9
2018	39.7	37.3	46.1	30.8	23.1	18.3	30.3	9.5	48.3	28.1	33.4	24.3
2019	43.4	39.9	44.3	36.5	24.3	18.3	30.5	8.7	48.2	33.0	36.6	30.1
2020	38.6	42.3	44.8	40.2	24.4	22.5	35.0	12.5	46.1	33.2	40.8	27.0

주: 1) 최근 1주일 동안 걷기를 1회 10분 이상, 1일 총 30분 이상 주 5일 이상 실천한다고 응답한 사람의 비율.
2) 최근 1주일 동안 팔굽혀펴기, 윗몸 일으키기, 아령, 역기, 철봉 등의 근력운동을 2일 이상 실천한다고 응답한 사람의 비율.
3) 일주일에 중강도 신체활동을 2시간 30분 이상 또는 고강도 신체활동을 1시간 15분 이상 또는 중강도와 고강도 신체활동을 섞어서(고강도 1분은 중강도 2분) 각 활동에 상당하는 시간을 실천한다고 응답한 사람의 비율.
- 고강도 신체활동: 격렬한 신체활동으로 숨이 많이 차거나 심장이 매우 빠르게 뛰는 활동.
- 중강도 신체활동: 중간 정도의 신체활동으로 숨이 약간 차거나 심장이 약간 빠르게 뛰는 활동.

출처: 통계청(2022). 2022 고령자 통계.

2020년 65세 이상 고령자의 운동별 실천율은 걷기 42.3%, 유산소 신체활동 33.2%, 근력운동 22.5% 순이었고, 근력운동과 걷기 실천율은 전년 대비 각각 4.2%, 2.4% 증가한 것으로 나타났다. 구체적으로 남자의 운동 실천율이 여자보다 모든 항목에서 높았으며, 근력 운동 22.5%, 유산소 신체활동 13.8%, 걷기 4.6% 순으로 격차가 크게 나타났다. 그리고 65세 이상 고령자는 저연령층(19~64세)보다 걷기 실천율은 3.7% 높았지만 유산소 신체활동과 근력운동 실천율은 각각 12.9%, 1.9% 낮은 것으로 나타났다.

6) 건강상태

(1) 주관적 건강상태

노인 자신이 평소 생각하는 건강상태에 대해 질문한 조사결과는 그림 7-9와 같다.

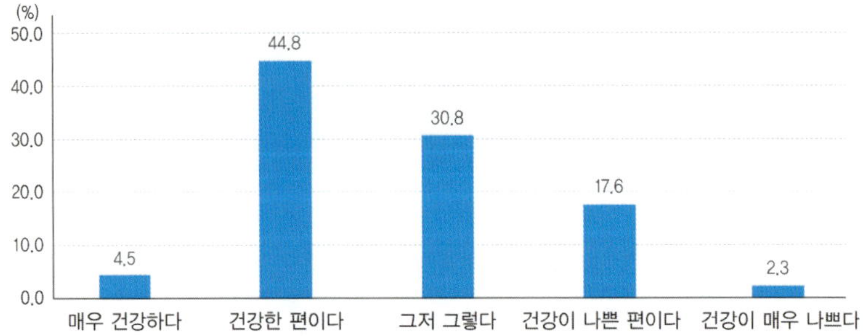

그림 7-9. 노인의 주관적 건강상태

출처: 보건복지부, 한국보건사회연구원(2020). 2020년 노인실태조사.

평소 자신의 건강상태가 매우 건강하다고 응답한 노인은 4.5%, 건강한 편이다 44.8%, 그저 그렇다 30.8%, 건강이 나쁜 편이다 17.6%, 건강이 매우 나쁘다 2.3%로 나타났다. 구체적으로 평소 자신의 건강상태가 좋은 것으로 평가한 노인은 49.3%이고,

건강이 나쁜 것으로 평가한 노인은 19.9%로 주관적 건강상태를 긍정적으로 평가하는 노인의 비율이 더 높게 나타났다. 성별로는 남자 노인(55.3%)이 여자 노인(44.8%)보다 주관적 건강상태에 대한 긍정적 응답률이 높게 나타났으며, 연령별로는 대체적으로 연령이 낮을수록 자신의 건강상태에 대한 긍정적 응답률이 높게 나타났고, 반대로 연령이 높아질수록 자신의 건강상태에 대한 부정적 응답률이 높게 나타났다.

(2) 만성질병 실태

만성질병 수에 대한 측정은 노인의 객관적 건강상태를 파악할 수 있는 지표로 활용될 수 있다. 3개월 이상 지속적으로 앓고 있으며 의사의 진단을 받은 만성질병이 있는지에 대한 조사결과는 그림 7-10과 같다.

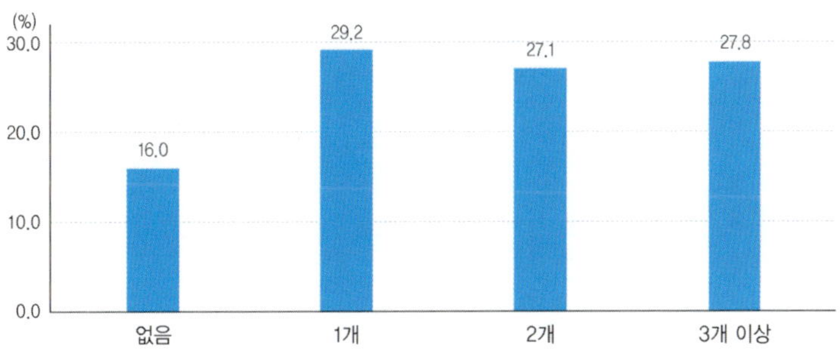

그림 7-10. 노인의 만성질병(의사진단 기준) 개수
출처: 보건복지부, 한국보건사회연구원(2020). 2020년 노인실태조사.

전체 노인의 84%가 1개 이상의 만성질병이 있다고 응답하였다. 구체적으로 만성질병 1개를 지니고 있는 노인은 29.2%, 만성질병 2개는 27.1%, 만성질병이 3개 이상인 노인은 27.8%로 나타났다. 그리고 만성질병을 2개 이상 지니고 있는 복합이환자는 54.9%였으며, 평균 만성질병 수는 1.9개로 나타났다. 성별로는 여자 노인의 만성질환 유병률(86.1%)이 남자 노인(81.3%)보다 더 높게 나타났으며, 연령별로는 연령이 높아질수록 만성질환 유병률도 증가하는 것으로 나타났는데, 65세에서 74세까지 전기노인의 만성질환 유병률은 각각 75.6%, 83.8%로 나타났고, 75세 이상 후기노인의 만성질환 유병률은 각각 89.8%, 90.8%, 93.1%로 전기노인보다 후기노인의 만성질환 유병률이 높았다. 만성질병 종류별 유병률을 조사한 결과는 표 7-8과 같다.

표 7-8. 만성질병 종류별 유병률

만성질환별(1)	2020					
	전체		남자		여자	
	유병률 (%)	치료율 (%)	유병률 (%)	치료율 (%)	유병률 (%)	치료율 (%)
고혈압	56.8	98.7	57.0	99.0	56.6	98.5
뇌졸중(중풍, 뇌경색)	4.3	96.5	4.8	96.8	3.8	96.2
고지혈증(이상지질혈증)	17.1	96.9	13.5	96.1	19.9	97.3
협심증, 심근경색증	4.4	96.9	4.8	97.3	4.2	96.6
기타 심장질환	4.5	98.2	4.2	99.0	4.8	97.7
당뇨병	24.2	99.0	23.9	99.4	24.4	98.7
갑상선 질환	3.3	97.3	1.3	97.2	4.9	97.3
골관절염, 류머티즘관절염	16.5	91.1	7.4	87.3	23.3	92.1
골다공증	8.5	90.1	1.7	87.4	13.7	90.3
요통, 좌골신경통	10.0	82.1	4.3	82.5	14.3	82.0
만성기관지염, 폐기종(CO포인트D)	1.5	91.8	2.2	94.2	0.9	87.7
천식	2.0	94.3	2.4	93.3	1.7	95.4
폐결핵, 결핵	0.1	82.9	0.2	74.9	0.1	100.0
백내장	5.3	74.1	6.0	76.8	4.8	71.5
녹내장	1.1	81.1	1.2	86.7	1.0	76.2
만성중이염	0.7	98.1	1.0	100.0	0.5	95.3
악성신생물(암)	1.8	88.5	2.4	90.2	1.4	86.3
위 · 십이지장궤양	5.0	93.6	4.9	95.8	5.0	92.0
간염	0.4	84.1	0.4	75.7	0.3	94.1
간경변	0.3	90.1	0.6	87.1	0.1	100.0
만성신장질환	1.1	95.1	1.4	91.8	0.9	98.8

만성질환별(1)	2020					
	전체		남자		여자	
	유병률 (%)	치료율 (%)	유병률 (%)	치료율 (%)	유병률 (%)	치료율 (%)
전립선비대증	4.1	96.2	9.3	96.2	0.1	100.0
요실금	3.9	43.7	0.5	43.7	6.5	43.7
빈혈	1.8	75.9	0.7	77.0	2.5	75.6
피부병	0.9	84.3	1.1	91.0	0.7	76.3
우울증	1.5	81.3	0.8	90.7	2.1	78.4
치매	2.1	93.8	1.9	95.2	2.2	93.0
골절, 탈골 및 사고후유증	1.5	87.0	1.1	86.7	1.8	87.1
불면증	2.0	78.9	1.1	78.3	2.6	79.1
파킨슨	0.6	100.0	0.7	100.0	0.4	100.0
노인성 난청	2.5	53.9	2.6	59.6	2.4	49.2
기타	1.6	94.4	1.8	93.8	1.4	95.1

출처: 보건복지부, 한국보건사회연구원(2020). 2020년 노인실태조사.

만성질병 종류별 유병률은 고혈압이 56.8%로 가장 높고, 다음으로 당뇨병 24.2%, 고지혈증 17.1%, 골관절염 또는 류머티즘 관절염 16.5%, 요통 및 좌골신경통 10.0%로 나타났다. 성별에 따른 만성질병 종류별 유병률을 보면, 남자 노인은 고혈압 57.0%, 당뇨병 23.9%, 고지혈증 13.5%, 전립성비대증 9.3% 등의 순이었고, 여자 노인은 고혈압 56.6%, 당뇨병 24.4%, 골관절염 또는 류머티즘 관절염 23.3%, 고지혈증 19.9% 등의 순으로 나타났다.

만성질병 종류별 치료율을 살펴보면, 유병률이 높은 고혈압, 당뇨병, 고지혈증, 골관절염 또는 류머티즘 관절염의 치료율은 모두 90% 이상의 치료율을 보이고, 요통 및 좌골 신경통은 80% 이상의 치료율을 보였다. 2020년 조사에서는 새롭게 노인성 난청 항목이 추가되었는데, 노인성 난청의 유병률은 2.5%, 치료율은 53.9%로 나타났다. 만성질병 중 요실금(43.7%)과 노인성 난청(53.9%)의 치료율이 가장 낮게 나타났다.

(3) 우울증상

단축형 노인우울척도(Short Form of Geriatric Depression Scale: SGDS)를 사용하여 노인의 우울증상을 측정하였는데, 이 척도는 0~15점 중에서 8~15점을 우울증상으로 분류한다. 노인의 우울증상에 대한 조사결과는 그림 7-11과 같다.

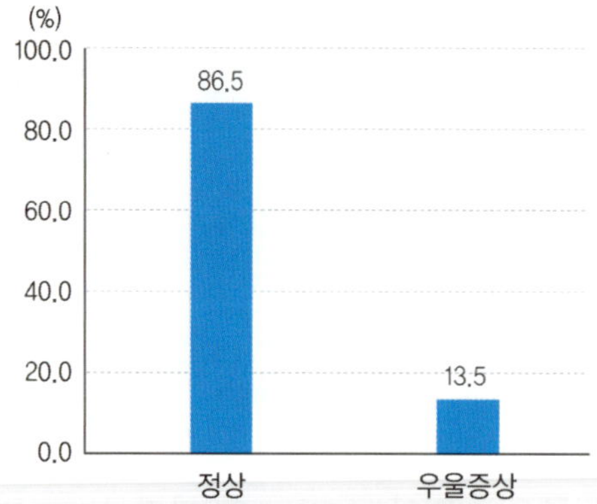

그림 7-11. 노인의 우울증상

출처: 보건복지부, 한국보건사회연구원(2020). 2020년 노인실태조사.

전체 노인의 13.5%가 우울증상을 보이고 있고, 15개 문항의 평균 점수는 3.5점이었다. 성별로는 남자 노인의 우울증상 비율이 10.9%, 여자 노인의 우울증상 비율이 15.5%로 여자 노인의 우울증상 비율이 4.6% 높게 나타났다. 연령별로는 연령이 높아질수록 우울증상이 심해지는 것으로 나타났는데, 65세에서 69세 연령군의 우울증상은 8.4%인 반면, 85세 이상 연령군의 우울증상은 24.0%로, 85세 이상 연령군은 65세에서 69세 연령군보다 우울증상이 약 3배 정도 높은 수준으로 나타났다.

7) 건강행태

(1) 흡연실태

노인의 흡연실태에 대한 조사결과는 그림 7-12와 같다.

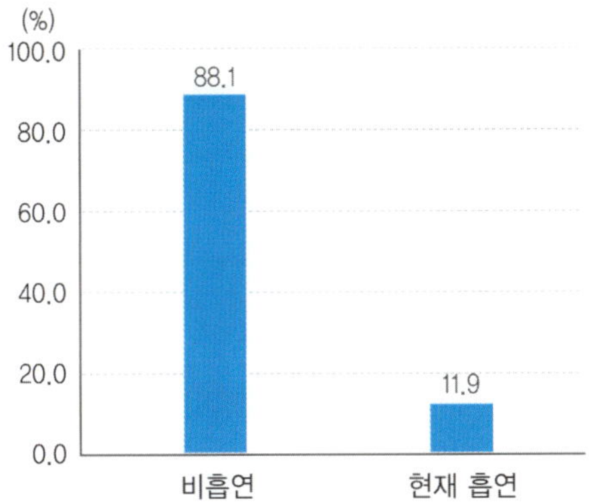

그림 7-12. 노인의 흡연상태

출처: 보건복지부, 한국보건사회연구원(2020). 2020년 노인실태조사.

65세 이상 노인 중 11.9%가 현재 흡연을 하고 있으며, 88.1%는 흡연을 하지 않는 것으로 나타났다. 성별로는 남자 노인의 흡연율이 24.7%로 여자 노인 2.3%에 비해 월등히 높았으며, 연령이 낮을수록 흡연율이 높아지는 경향을 보였다. 구체적으로 65~69세 연령군의 흡연율은 14.9%, 70~74세 연령군은 14.1%, 75~79세 연령군은 10.8%, 80~84세 연령군은 6.5%, 85세 이상 연령군은 4.6%로 나타났다.

(2) 음주실태

노인의 음주실태에 대한 조사결과는 그림 7-13과 같다.

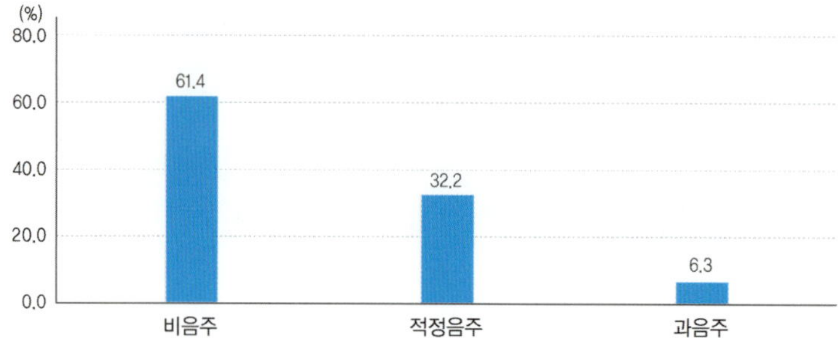

그림 7-13. 노인의 음주 정도

출처: 보건복지부, 한국보건사회연구원(2020). 2020년 노인실태조사.

지난 1년간 음주실태를 살펴보면, 61.4%가 최근 1년간 전혀 술을 마시지 않았고, 38.6%는 술을 마셨다고 응답하였다. 음주한 노인 중 적정음주(1주일에 7잔 이하) 노인은 32.2%이고, 과음주노인(1주일에 7잔 초과)은 6.3%였다. 성별로는 남자 노인의 음주율이 58.4%로 여자 노인의 음주율 23.6%에 비해 월등히 높았고, 남자 노인의 과음주 비율은 12.8%로 여자 노인 1.5%에 비해 약 8.5배가량 높은 것으로 나타났다. 연령별로는 대체적으로 연령이 높아질수록 음주율은 낮아지는 경향을 보였는데, 65~69세 연령군은 50.1%, 70~74세 연령군은 43.1%, 75~79세 연령군은 32.6%, 80~84세 연령군은 25.6%, 85세 이상 연령군은 13.6%이었다. 과음주율도 연령이 높아질수록 낮아지는 양상을 보이는 것으로 나타났다.

(3) 영양관리

Nutrition Screening Initiative(NSI)가 개발한 'Determine Your Nutrition Health' 체크리스트를 이용하여 노인의 영양관리상태를 조사하였는데, 영양선별도구(NSI)의 10개 항목에 문항별 가중치를 부여한 총점 21점을 기준으로 0~2점은 양호, 3~5점은 영양관리 주의, 6점 이상은 영양관리 개선으로 구분하였다. 노인의 영양관리상태에 대한 조사결과는 그림 7-14와 같다.

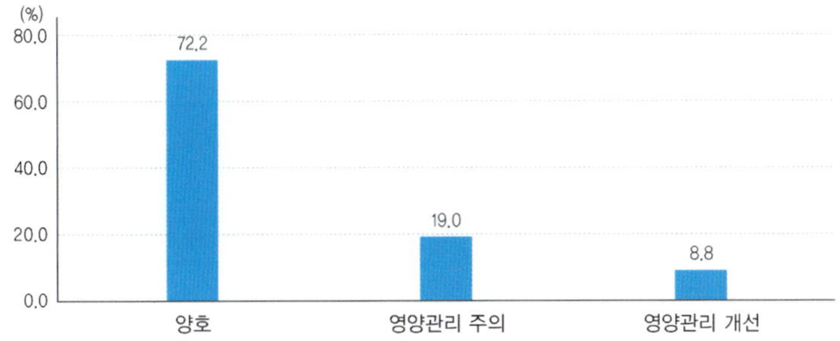

그림 7-14. 노인의 영양관리 상태

출처: 보건복지부, 한국보건사회연구원(2020). 2020년 노인실태조사.

노인영양관리 상태는 전체 노인의 72.2%는 양호한 수준이고, 19.0%는 영양관리 주의가 요구되며, 8.8%는 영양관리 개선이 필요한 것으로 파악되었다. 성별 영양관리 개선이 요구되는 비율은 여자 노인이 10.6%로 남자 노인 6.6%보다 높았고, 연령별로는 연령이 높아질수록 영양관리 개선이 요구되는 비율이 높아지는 경향을 보였다. 즉, 영양관리 개선 요구 비율에서 65~69세 연령군은 5.4%인 데 비해 85세 이상 연령군은 17.1%였다.

(4) 비만정도

노인의 비만정도를 파악하기 위해 체질량지수(BMI)를 분석하였는데, 비만지수(체질량지수)는 국민건강보험공단이 개발한 '한국인 비만지수 참조표준'에 근거하여 신장(키)과 체중(몸무게)를 활용한 BMI=체중/(신장㎡) 값으로 계산하였으며, 체질량지수(BMI) 18.5 미만은 저체중범위, BMI 18.5 이상~25 미만은 정상범위, BMI 25 이상은 비만범위로 분류하였다. 노인의 비만정도에 대한 조사결과는 그림 7-15와 같다.

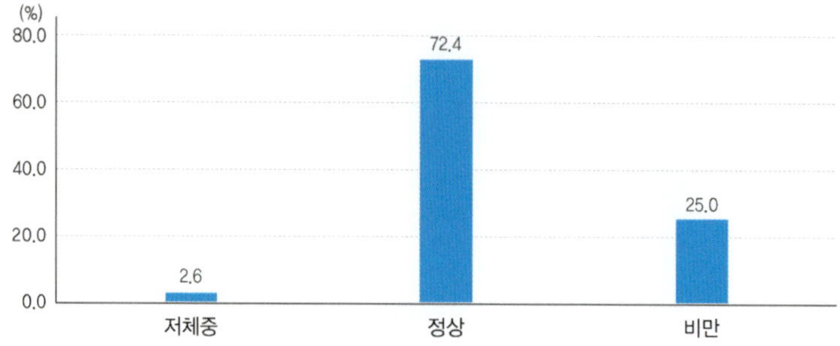

그림 7-15. 노인의 비만도 수준

출처: 보건복지부, 한국보건사회연구원(2020). 2020년 노인실태조사.

노인의 비만정도는 전체 노인의 2.6%가 저체중이며, 72.4%는 정상, 25.0%는 비만인 것으로 나타났다. 성별로는 여자 노인의 비만지수가 28.0%로 남자 노인의 21.1%보다 높았다. 연령별로는 연령이 높을수록 저체중의 비율이 높게 나타나며, 85세 이상 연령군의 저체중 비율이 8.2%로 높은 것으로 나타났다.

3. 노인건강보장정책

노인건강보장정책을 노인 관련 보건·의료·복지 관계 법령, 노인의료보장의 정책원리, 의료보장의 유형 및 노인의료보장서비스의 주요 내용으로 구분하여 살펴보면 다음과 같다(박석돈 외, 2022).

1) 노인 관련 보건·의료·복지 관계 법령

「보건의료기본법」(제33조)은 노인의 질환에 대한 예방, 조기발견, 치료 및 요양 등 보건의료서비스의 모든 범주에 속하는 서비스를 제공할 수 있는 근거를 마련하고 있지만 각종 사업의 대상노인은 「국민건강보험법」이나 「국민건강증진법」을 제외하고 실질적으로 빈곤 · 저소득층에 국한되어 있는 실정이다. 또한 「노인복지법」에 의해 실시되고 있는 노인건강증진사업도 법령상으로는 전체 노인이 대상이지만 실질적으로는 국민기초생활보장제도의 수급노인에 한정되어 있다. 노인 관련 보건 · 의료 · 복지 관계 법령의 구분과 구체적인 내용은 표 7-9와 같다.

표 7-9. 노인 관련 보건 · 의료 · 복지 관계 법령

구분	내용
「보건의료 기본법」	제33조(노인의 건강증진) 국가와 지방자치단체는 노인의 질환을 조기에 발견하고 예방하며, 질병상태에 따라 적절한 치료와 요양(療養)이 이루어질 수 있도록 하는 등 노인의 건강을 보호 · 증진하기 위하여 필요한 시책을 강구하여야 한다. 제45조(취약계층 등에 대한 보건의료서비스 제공) ① 국가와 지방자치단체는 노인 · 장애인 등 보건의료 취약계층에 대하여 적절한 보건의료서비스를 제공하기 위하여 필요한 시책을 수립 · 시행하여야 한다.
「지역보건법」	제11조(보건소의 기능 및 업무) 보건소는 당해 지방자치단체의 관할 구역에서 다음 각호의 기능 및 업무를 수행한다. 제5호. 라. 여성 · 노인 · 장애인 등 보건의료 취약계층의 건강유지 · 증진
「구강보건법」	제15조(노인 · 장애인구강보건사업 등) ② 국가와 지방자치단체는 「노인복지법」에 따른 노인복지시설 및 장애인복지법에 따른 장애인복지시설을 이용하거나 입소하여 생활하는 노인 및 장애인 또는 재가(在家) 노인 및 장애인을 대상으로 구강보건사업을 실시하여야 한다.
「구강보건법 시행령」	제15조(노인 구강보건사업의 범위) ① 법 제15조 제2항에 따라 국가와 지방자치단체가 실시하는 노인 구강보건사업의 범위는 다음 각 호와 같다. 1. 노인 구강보건교육사업 2. 노인 구강검진사업 3. 그 밖에 노인의 구강건강증진에 필요하다고 인정되는 사업

구분	내용
「국민건강보험법 시행규칙」	① 외래진료 및 고가의 특수 의료장비를 이용한 진료의 경우에 영 별표 2 제1호 나목에 따른 요양급여비용 총액에 관한 조건 및 본인부담액은 별표 3과 같다. ② 약국 또는 한국희귀의약품센터를 이용한 경우에 영 별표 2 제1호 다목에 따른 요양급여비용 총액에 관한 조건 및 본인부담액은 별표 4와 같다.
「치매관리법」	제1조(목적) 이 법은 치매의 예방, 치매환자의 진료 · 요양 및 치매퇴치를 위한 연구 등에 관한 정책을 종합적으로 수립 · 시행함으로써 치매로 인한 개인적 고통과 피해 및 사회적 부담을 줄이고 국민건강증진에 이바지함을 목적으로 한다.

2) 노인의료보장의 정책원리

노인의료보장의 정책원리는 적용대상의 보편성 원리, 재원부담의 형평성의 원리, 급여수준의 적정성의 원리 및 의료서비스와 개호서비스의 병행원리에 의해 이루어지고 있는데, 구체적인 내용은 표 7-10과 같다.

표 7-10. 노인의료보장의 정책원리

구분	내용
적용대상의 보편성 원리	노인의료보장은 그 대상과 기회의 측면에서 공평하게 의료의 기회가 제공되어야 한다. 각국은 모든 국민을 대상으로 하는 보편성의 원리에 충실해야 한다.
재원부담의 형평성의 원리	노인의료보장은 그 재원 조달에 있어서 정부재원에 의한 부담과 국민 상호 간의 능력에 비례하는 부담을 원칙으로 하고 있다. 노인의료보장은 능력에 비례한 비용부담으로써 형평성의 원리에 충실해야 하며, 이는 사회계층 간의 소득재분배의 효과를 가져온다.
급여수준의 적정성의 원리	노인의료보장은 질병이라는 사회적 사고에 대하여 예방급여와 적정 수준의 치료를 함으로써 건강하고 문화적인 생활수준을 유지하도록 급여수준의 적정성의 원리에 충실해야 한다. 이는 모든 질병을 치료하고 건강을 회복하는 데 필요하며 충분하여야 한다.
의료서비스와 개호서비스의 병행원리	노인의료보장은 예방적 · 재활적 전문의(專門醫) 중심이 되고 동시에 간호와 수발서비스를 중심으로 한 제반 사회적 서비스를 병행해야 한다.

3) 의료보장의 유형

의료보장의 유형을 크게 의료급여와 건강보험으로 구분하여 살펴보면 다음과 같다.

(1) 의료급여

의료급여는 건강보험을 적용받을 수 없는 저소득층을 위한 의료비 보조이다. 질병에 대한 의료비를 많이 지출하게 되면, 그 결과 생활이 빈곤해질 수 있고, 또한 빈곤자는 일반적으로 건강하지 못하여 의료비 지출로 인해 빈곤을 가중시킬 수 있다는 사실에 입각하여 의료급여를 빈곤에 대한 대책의 일환으로 보고 있다.

의료급여는 본래 「생활보호법」이 제정된 1961년부터 1976년까지 보건소 · 국공립병원 기타 비영리 의료기관을 중심으로 영세민에 대한 무료진료가 실시되어 왔다. 그러나 「생활보호법」에 의한 의료보호는 사실상 보호의 질적 내용이 빈약하였고, 기타 수용시설 및 재정의 부족으로 진료거부 등의 사태가 발생하기도 하였다.

2000년 10월 국민기초생활보장제도의 도입과 2001년 5월 「의료보호법」이 「의료급여법」으로 전면 개편됨에 따라 의료급여는 생계, 주거, 교육급여와 더불어 국민의 권리로서 보장받게 되었다. 이에 따라 2004년부터 저소득층 의료보장 확대를 위하여 만성 · 희귀난치성질환자 가구는 의료비 부담이 과중하여 기초생활수급자로 전락할 우려가 많아 의료급여를 확대하였다. 그 결과 빈곤층으로 전락할 우려가 많은 차상위계층(최저생계비 120% 이하로서 부양의무자의 부양능력이 없는 가구) 중 만성 · 희귀난치성질환자에 대해서도 의료급여를 지원할 수 있는 기반을 마련하여 2021년 3월 말 기준 153만 2천여 명에 대해 의료급여를 지원하고 있다. 의료급여의 구체적인 보장기관, 수급권자의 구분 및 내용은 표 7-11과 같다(박석돈 외, 2022).

표 7-11. 의료급여의 구체적인 구분과 내용

구분	내용
보장기관 (「의료급여법」 제5조, 제9조)	의료급여에 관한 업무는 수급권자의 거주지를 관할하는 특별시장 · 광역시장 · 도지사와 시장 · 군수 · 구청장이 한다. 주거가 일정하지 아니한 수급권자에 대하여는 그가 실제 거주하는 지역을 관할하는 시장 · 군수 · 구청장이 한다. 의료급여기관으로는 의료기관, 보건소 · 보건의료원 및 보건지소, 보건진료소, 약국 및 한국희귀약품센터 등이다.
의료급여 수급권자의 구분 (「의료급여법」 제3조, 제3조의2)	의료급여의 수급권자는 ① 국민기초생활 수급자, ② 재해 이재민, ③ 의상자 및 의사자유족, ④ 국내에 입양된 18세 미만의 아동, ⑤ 각종 보훈법의 적용을 받고 있는 자와 그 가족으로서 국가보훈처장이 의료급여가 필요하다고 요청한 자 중 보건복지부장관이 의료급여가 필요하다고 인정한 자, ⑥ 중요무형문화재의 보유자(명예보유자 포함) 및 그 가족으로서 문화재청장이 의료급여가 필요하다고 요청한 자 중 보건복지부장관이 의료급여가 필요하다고 인정한 자, ⑦ 탈북자와 그 가족으로서 보건복지부장관이 의료급여가 필요하다고 인정한 자, ⑧ 5 · 18 민주화운동 관련자 보상 등에 관한 법률에 의하여 보상금 등을 받은 자와 그 가족으로서 보건복지부장관이 의료급여가 필요하다고 인정하는 자, ⑨ 노숙인 등, ⑩ 그 밖에 생활유지의 능력이 없거나 생활이 어려운 자로서 대통령령이 정하는 자 등이다. 그리고 ⑪ 난민법에 따른 난민인정자로서 국민기초생활 수급권자의 범위에 해당하는 자는 의료급여 수급권자로 본다.
의료급여의 내용 (「의료급여법」 제7조)	수급권자의 질병 · 부상 · 출산 등에 대한 의료급여의 내용은 진찰 · 검사, 약제 · 치료재료의 지급, 처치 · 수술과 그 밖의 치료, 예방 · 재활, 입원, 간호, 이송과 그 밖의 의료목적의 달성을 위한 조치이다.

(2) 건강보험

현재 건강보험에서 지급하는 급여수준은 명목상 입원비의 80%, 종합병원 외래진료비의 45%, 병원진료비의 50%, 의원진료비의 70%를 지급해 주고 있다. 나머지는 본인부담으로 되어 있어, 의료비 조달은 노인의 심각한 재정문제가 되고 있다. 실제로는 병원에 입원할 경우 각종 검사비, 식대, 6인 미만이 사용하는 병실의 경우 상급 병실료의 차액 등을 본인이 모두 부담해야 하기 때문에 본인부담금의 비율은 훨씬 늘어난다. 건강보험의 구체적인 적용대상자, 건강보험급여 및 요양기관에 대한 내용은 표 7-12와 같다(박석돈 외, 2022).

표 7-12. 건강보험의 구체적인 구분과 내용

구분	내용
적용대상자 (「건강보험법」 제5조, 제6조)	국내에 거주하는 국민으로서, 가입자는 직장가입자 및 지역가입자로 구분되고 적용대상은 가입자 본인 및 피부양자, 의료급여를 받는 자, 독립유공자 등이다. 모든 사업장의 근로자 및 사용자와 공무원 및 교직원은 직장가입자가 된다. 직장가입자의 피부양자는 가입자에 의하여 주로 생계를 유지하는 자로서 보수 또는 소득이 없는 자를 말하며, 직장가입자의 배우자 · 직계존속 · 직계비속 및 그 배우자 · 형제 · 자매이다.
건강보험급여 (제39조, 제45조)	첫째, 요양급여로는 가입자 및 피부양자의 질병 · 부상 · 출산 등에 대하여 진찰 · 검사, 약제 · 치료재료의 지급, 처치 · 수술 기타의 치료, 예방 · 재활, 입원, 간호, 이송 등이 지급된다. 둘째, 임의급여로서 대통령령에 의해 규정된 장제비 · 상병수당 기타 급여를 실시하며, 등록한 장애인인 가입자 및 피부양자에게는 보장구에 대하여 보험급여를 실시한다.
요양기관 (제40조)	의료기관, 약국, 한국희귀의약품센터, 보건소 · 보건의료원 및 보건지소, 보건진료소 등이다.

4) 노인의료보장서비스의 주요 내용

현행 실시되고 있는 노인 관련 보건 · 의료서비스는 표 7-13과 같이 건강진단서비스, 방문간호서비스, 질병치료서비스 및 장기요양서비스로 구분된다(박석돈 외, 2022).

표 7-13. 노인의료보장서비스의 구분과 주요 내용

구분	내용
건강검진서비스	건강검진서비스 1983년부터 저소득층 노인들을 대상으로 무료건강진단을 실시해 왔으며, 매년 약 3만여 명의 노인에게 무료 건강진단을 실시하고 있다. 이 제도는 질병의 조기발견 및 조기치료로 건강의 유지 · 증진 도모와 노인건강수준 향상으로 건강하고 활기찬 노후생활보장을 목적으로 하고 있다. 건강검진서비스는 시 · 군 · 구 관할구역에 거주하는 65세 이상 국민기초생활보호 대상 및 차상위노인 중 노인건강진단 희망자를 대상으로 하고 있다. 구체적 서비스의 내용은 1차 진단과 2차 진단으로 구분되는데, 기본진찰, 체능검사, 혈액검사, 소변검사, X-선 촬영 등의 1차 검진에서 유병상태가 확인되면 2차 정밀진단을 받게 된다.

구분	내용
방문간호서비스	방문간호 또는 가정간호서비스는 거동불편 노인을 대상으로 신체적 기능을 유지, 향상시켜 주기 위해 노인의 건강상태를 관찰하고 간단한 질병처치적 측면에서 서비스가 제공되고 있다. 현재 보건소를 중심으로 이루어지는 방문간호사업과 의료기관에서 이루어지는 가정간호사업을 나눌 수 있다. 보건소 방문간호사업의 경우 그 대상이 거동불편의 기초생활수급노인으로 제한되어 있으며 서비스의 내용이 기본적인 건강상태를 관찰하는 정도에 그치고 있다. 또한 많은 경우 노인의 신체적 기능을 유지하고 통증관리, 관절염, 요통, 좌골통 등의 근 · 골격계 질환으로 인한 통증관리를 위해서는 방문물리치료서비스가 병행되어야 함에도 불구하고 일부 보건소에서만 제공하고 있어 이의 법제화가 필요하다.
질병치료서비스	만성질환노인계층의 경우 상대적으로 진료비 본인부담금이 적기 때문에 여러 의료기관을 매일 또는 매월 순회방문하면서 중복적으로 치료를 받는 경우가 있는가 하면, 반대로 완치가 되지 못하는 만성질환의 특성 때문에 진료를 중도에 포기하는 경우도 많다. 이는 노인환자를 종합적이고 전문적으로 진료할 수 있는 노인의학전문의가 부재하여 질병 치료 시에 해당 진료과에서만 단편적으로 서비스를 제공하는 데 기인한다고 볼 수 있다. 최근 의학회를 중심으로 노인병 인정의를 양성하고 있기는 하지만 병원 자체에서는 별도의 노인진료과가 설치되어 있지 않기 때문에 활용도가 지극히 낮은 실정이다.
장기요양서비스	현행 「노인복지법」에 의해 재가서비스 및 시설서비스를 제공하고 있다. 장기요양서비스를 필요로 하는 허약 및 장애노인의 경우 만성질환의 관리를 위해 의사의 왕진서비스가 중요하다. 이 부분은 건강보험과 연계하여 노인장기요양보험제도를 운영함으로써 해결하고 있다.

Chapter 08

노인의 돌봄니즈와 장기요양 및 주거정책

배울 내용

1. 노인돌봄
2. 장기요양보호
3. Aging in Place(AIP)
4. 노인 주거문제와 주거정책

학습목표

1. 노인돌봄의 개념과 주요내용을 설명할 수 있다.
2. 장기요양보호의 개념을 파악하고, 외국의 사례와 비교 분석할 수 있다.
3. AIP의 개념과 욕구를 파악하고 AIP 욕구에 영향을 미치는 요인들을 설명할 수 있다.
4. 노인 주거문제를 파악하고 주거정책 방향을 모색해 본다.

1. 노인돌봄

1) 노인돌봄의 개념

돌봄의 개념은 각 사회의 문화적 차이와 가치 등에 따라 다양하게 정의되며, 한 사회 내에서도 돌봄 영역의 변화에 따라 지속해서 변화되고 있는 개념 중의 하나이다(최희경, 2009). 돌봄의 사전적 정의를 살펴보면 "관심을 가지고 보살핌"으로 광범위한 의미(표준국어대사전, 2017)를 내포하고 있지만 구체적인 돌봄의 본질과 과정에 대한 함의는 포함하지 않고 있는 실정이다.

먼저 돌봄의 개념에 대한 국외의 연구들을 살펴보면, 레닌거(Leininger, 1981)는 "포괄적인 의미로서 돌봄(care/caring)을 어떠한 상태나 생활방식을 개선할 필요가 있는 개인이나 집단을 위해 돕고 지지하며 또는 촉진하는 행위"라고 정의하였고, 달리와 루이스(Daly & Lewis, 2000)는 돌봄을 "의존적인 성인과 아동의 신체적, 정서적인 욕구를 충족시키는 관계와 활동, 그리고 이를 할당하고 수행하는 규범적, 경제적, 사회적 체계"라고 정의하고 있다. 그리고 브란센(Brandsen, 2009)은 "돌봄은 단지 기저귀를 갈아주고, 집을 청소하고 노인을 돌봐 주는 것만이 아니라 욕구에 대한 이해가 중심이 되는 활동"으로 정의하고 있으며, 또한 호크실드(Hochschild, 1995)는 "돌봄은 사람과 사람 사이의 정서적 유대관계에 기초하여 돌봄을 제공하는 사람이 대상자의 복지와 안녕에 책임을 느끼고 돌봄의 제공과정에서 정신적, 육체적 노동을 수행하는 행위"로 정의하고 있다(김다미, 2018). 그리고 토마스(Thomas, 1993)는 돌봄의 개념을 7가지 차원으로 구성하여 표 8-1과 같이 정의를 하고 있다.

표 8-1. **토마스(1993)는 돌봄의 개념**

- 돌봄 제공자의 사회적 정체성(social identity) 차원으로, 돌봄 제공자를 정의하는 사회적 특성에 관한 것이다. 돌봄 제공자는 아내, 엄마, 딸로서 가족 내 역할로 정의할 수 있으며, 또는 가정도우미, 간호사, 자원봉사자 등의 직업적, 전문적 그리고 분야적인 역할에서 정의될 수 있다.
- 돌봄 수혜자의 사회적 정체성(social identity) 차원으로, 돌봄 수혜자를 정의하는 사회적 특성에 관한 것이다. 돌봄 수혜자는 성인, 아동, 노인과 같은 연령집단 또는 가족과 같은 사회집단으로 집단구성원과 관련되어 정의된다. 그러나 연구에서 가장 중요한 변수는 의존성이며, 이에 돌봄 수혜자는 의존성 집단으로서 연약한 노인, 학습장애가 있는 사람, 만성질환자 등으로 정의된다.
- 돌봄 제공자와 돌봄 수혜자 간의 대인관계(interpersonal relationships) 차원으로, 이들 관계의 본질에 관한 것이다. 돌봄 연구에서의 관계는 개인적 친밀감과 의무감의 정도를 나타내는 연계 혹은 결속의 측면에서 정의된다. 가족은 관계에서 가장 중요하게 여겨지고 있으나 친구 또는 이웃을 기반으로 이루어질 수도 있으며, 또한 특정한 목적을 위하여 특정 서비스 조건으로 설정된 낯선 사람들 간의 관계로 이루어질 수도 있다.
- 돌봄의 특성(nature) 차원이다. 이와 같은 돌봄의 관점은 연구자에게도 어려운 개념으로, 어려움은 돌봄의 이중적인 의미와 함께 시작된다. 연구자들이 지적하듯이 돌봄은 누군가에 관심을 가지는 감정, 애정, 사랑과 같은 정서적인 상태와 누군가를 돌보는 일, 직무, 노동과 같은 활동적인 상태로 나누어 볼 수 있다. 우리가 보는 돌봄의 특성은 주로 활동적인 상태이지만, 활동적 상태와 정서적 상태가 함께 정의될 수 있는 것이다.
- 돌봄 관계의 사회적 공간(social domain)의 차원이다. 이 차원에서는 공적 공간, 사적 공간, 또는 가정 공간으로 나누어진다. 또한 돌봄 관계의 위치에 따라 돌봄의 개념이 근본적으로 다를 수 있다. 예를 들어, 비공식적인 돌봄인 가정 내에서 돌봄의 관계에 중점을 두는 경우에는 보수를 주든 또는 자발적이든 간에 공식적인 돌봄 제공자는 돌봄의 개념의 범위를 벗어나는 경향이 있다.
- 돌봄 관계의 경제적 특성(economic character) 차원이다. 이 차원은 가족 규범 등의 규범적 의무에 따른 무급 돌봄 또는 현금의 지배에 따른 유급 돌봄으로 나누어 볼 수 있다.
- 돌봄의 제도적인 설정(institutional setting) 차원이다. 이 차원에서는 돌봄 활동의 물리적인 위치와 관련이 있다. 일부 연구자들은 가정이나 관련성이 있는 제도적 설정에만 초점을 두는 경우도 있지만 광범위하게 가정, 병원, 주거시설, 장기입원 병동, 지역사회 보건 클리닉 등과 같이 제도적이고 조직적인 설정의 범위로 나누어 볼 수 있다.

다음으로 국내의 연구를 살펴보면, 박병현 등(2011)은 "노인돌봄이란 일상생활 기능의 자립도가 부족한 노인을 대상으로 일상생활기능에 필요한 신체적, 정서적, 인지적, 행동적, 사회적 지원 및 보호 서비스 위주로 제공하며, 비교적 양질의 서비스가 제공될 수 있도록 유급 돌봄 전문 인력을 제공하는 것"으로 노인돌봄의 개념을 대상, 내용,

제공자와의 관계로 나누어 설명하였다. 김윤수와 류호영(2012)은 돌봄을 "서비스 제공자와 이용자 간의 상호관계 속에서 이용자의 지속적인 생활개선을 위한 행위"라고 정의하였으며, 석재은(2014)은 돌봄의 개념 정의에 대한 공통점을 정리하면서 "돌봄의 구체적 욕구와 돌봄 방식에 대하여 돌봄 수급자와 돌봄 제공자의 지속적인 상호작용을 통하여 돌봄의 구체적 내용을 구성해 나가는 과정"으로 정의하고 있다.

따라서 이상의 내용을 종합해 보면, 노인돌봄은 서비스 제공자와 서비스 이용자의 상호관계 속에서 이용자의 욕구를 정확히 파악하고 물리적 측면뿐만 아니라 정서적 측면까지 고려하여 그들을 지지하고 생활을 개선하기 위해 노력하는 행위라고 정의할 수 있다.

2) 노인돌봄종합서비스의 주요내용

노인돌봄종합서비스의 주요내용을 다루기에 앞서 UN(1991)에서 제시한 '노인을 위한 UN의 기본원칙(United Nations Principles for Older Persons)'에 대해 살펴보면, UN(1991)은 전 세계적으로 고령화가 급속하게 진행되고 있음에 따라 노인의 인간다운 삶을 보장하기 위하여 '자립, 참여, 돌봄, 자아실현 및 존엄성'과 같은 5가지 원칙들을 총회 결의를 통해 채택하였으며, 제시된 원칙 중 '돌봄(Care)'에 대한 내용은 **표 8-2**와 같다(김다미, 2018).

표 8-2. 노인을 위한 UN의 기본원칙

- 노인은 각 사회의 문화적 가치 체계에 따라 가족과 지역사회의 돌봄과 보호를 받아야 한다.
- 노인은 신체적, 정신적, 정서적 안녕의 최적 수준을 유지하거나 회복하도록 도와주고, 질병을 예방하거나 질병의 시작을 지연시키는 건강 보호에 접근할 수 있어야 한다.
- 노인은 그들의 자율, 보호, 돌봄을 강화하는 사회적, 법률적 서비스에 접근할 수 있어야 한다.

- 노인은 인간적이고 안전한 환경에서 보호, 재활 그리고 사회적, 정신적인 격려를 제공하는 적정한 수준의 시설보호를 이용할 수 있어야 한다.
- 노인은 보호 또는 치료시설에서 거주할 때에도 그들의 존엄, 신념, 욕구와 사생활을 존중받으며, 보호와 삶의 질을 결정하는 권리도 존중받을 것을 포함하는 인간의 권리와 기본적인 자유를 누릴 수 있어야 한다.

표 8-2에서 제시한 UN의 기본원칙과 같이 현재 우리나라는 노인의 안정된 노후생활 보장체계를 위하여 「노인복지법」 제27조의 2와 「사회복지사업법」 제33조의 7에 근거한 노인돌봄종합서비스를 시행하고 있는데, 먼저 「노인복지법」 제27조의 2항에서는 "국가 또는 지방자치단체는 홀로 사는 노인에 대하여 방문요양서비스 등의 서비스와 안전 확인 등의 보호조치를 취하여야 함"을 명시함으로써 노인의 안정된 노후생활을 보장하고자 노력하고 있다. 다음으로 「사회복지사업법」 제33조 7항에서는 "시·군·군수·구청장은 제33조의 2에 따른 서비스 제공 신청을 받으면 복지담당 공무원에게 서비스 신청자의 복지 욕구를 조사하게 함"을 명시하여 다양한 노인의 욕구를 반영한 서비스를 제공하고자 노력하고 있다.

이와 같은 노인돌봄종합서비스의 궁극적인 목적은 "혼자의 힘으로 일상생활을 영위하기 어려운 노인들에게 가사지원과 활동지원 또는 주간보호서비스를 제공함으로써 안정된 노후생활을 보장하고 가족의 사회·경제적 활동의 기반을 조성하는 것"에 있으며(보건복지부, 2017), 서비스를 제공하는 데 있어 관련 주체들은 표 8-3과 같다.

표 8-3. 노인돌봄종합서비스의 사업추진체계

추진주체		기능
보건복지부	노인정책과	• 노인돌봄서비스사업 기본계획 수립, 지침 작성, 국고보조, 홍보 등 사업 총괄 • 노인돌봄서비스사업 평가 및 지도·감독
	사회서비스정책과	• 바우처 운영계획 수립 및 관리 • 전자바우처 시스템 구축 및 관리

<table>
<tr><th colspan="2">추진주체</th><th>기능</th></tr>
<tr><td colspan="2">사회보장정보원</td><td>• 바우처 비용의 구축 및 관리</td></tr>
<tr><td>시 · 도</td><td>사회복지과
(노인복지과)</td><td>• 바우처 사업 총괄(사회복지과)
• 시 · 군 · 구별 예산 배정
• 시 · 군 · 구 및 읍 · 면 · 동 사업 관리 감독</td></tr>
<tr><td rowspan="2">시 · 군 · 구</td><td>주민생활지원과
(또는 사회복지과)</td><td>• 바우처 사업 관리 및 예산 예탁 총괄</td></tr>
<tr><td>노인복지과</td><td>• 노인돌봄서비스사업 시행
• 서비스 대상자 선정 및 자격관리
• 서비스 제공기관 등록 및 관리감독
• 서비스 제공 지도 감독
• 사업 홍보</td></tr>
<tr><td>서비스
제공기관</td><td>기관 담당자</td><td>• 서비스 제공인력 모집, 교육
• 서비스 제공 및 모니터링</td></tr>
<tr><td colspan="2">전담 금융기관(카드사)</td><td>• 국민행복카드 발급 · 관리</td></tr>
</table>

노인돌봄종합서비스의 내용은 방문간호서비스 · 주간보호서비스, 단기가사서비스 및 치매가족휴가지원서비스를 제공하고 있는데, 제공되는 서비스의 구분과 대상자 선정기준은 표 8-4와 같다. 서비스 대상자의 자격 기준을 구체적으로 살펴보면, 방문서비스와 주간보호서비스는 만 65세 이상의 노인장기요양등급 외 판정자를 대상으로 서비스를 제공하고 있으며, 시 · 군 · 구청장이 인정한 자 또한 자격기준을 가지게 된다. 단기가사서비스는 만 65세 이상의 독거노인 또는 부부의 나이가 모두 만 75세 이상인 고령의 부부 노인가구를 대상으로 서비스를 제공한다. 치매가족휴가지원서비스는 방문서비스와 주간보호서비스를 이용하고 있는 이용자 중의 치매노인을 대상으로 서비스를 제공한다.

표 8-4. 노인돌봄종합서비스의 구분과 대상자 선정기준

구분	자격기준
방문간호서비스 · 주간보호서비스	◈ 노인장기요양등급 외 판정자 • 건강기준: 노인장기요양 등급 외 A, B • 소득기준: 가구 소득이 기준 중위소득 160% 이하
	◈ 시 · 군 · 구청장 인정자 • 건강기준: 장애 1~3등급 또는 중증질환자 • 소득기준: 차상위계층 이하
단기가사서비스	◈ 만 65세 이상의 독거노인 또는 고령(부부 모두 만 75세 이상)의 부부 노인가구 ※ 조손가정(1인 이상의 만 18세 미만 아동과 만 65세 이상 노인 1인 또는 1인 이상의 만 18세 미만 아동과 만 75세 이상 고령노인부부로 구성된 가구)의 노인으로 시 · 군 · 구청장이 인정하는 자인 경우, 대상자 선정 가능 • 건강기준: 최근 2개월 이내 골절(관절증, 척추병증 포함) 진단 또는 중증질환수술로 인하여 단기간 돌봄이 필요한 자로 의사진단서(소견서) 또는 입 · 퇴원확인서, 수술확인서 중 1개로 확인 • 소득기준: 가구 소득이 기준 중위소득 160% 이하
치매가족휴가지원서비스	◈ 노인돌봄종합서비스 이용자(방문서비스, 주간보호서비스) 중 치매노인 • 건강기준: 최근 6개월 이내 발급받은 의사진단서(상병코드 F00~F03, G30) 또는 의사소견서로 치매노인임을 확인 • 소득기준: 가구 소득이 기준 중위소득 160% 이하

이 외에 서비스 대상자의 자격 기준이 적합하지 않거나 또는 재가서비스사업의 대상이 아니거나, 그리고 국고 사업에 의한 동일 · 유사한 재가서비스를 받고 있는 자는 제외 대상자가 된다. 또한 대상자를 선정하는 데 소득과 건강상태 등의 기준을 충족하더라도 시 · 군 · 구별 예산 한도 범위 내에서 지원하게 된다. 서비스 대상자수가 예산 범위를 초과할 것으로 예상하는 경우에는 우선순위에 의해 선정된다. 방문서비스와 주간보호서비스는 대상자 특징, 건강상태, 연령상태 순으로 우선순위를 부여하며, 단기가사서비스는 독거노인, 만 75세 이상 고령의 부부 노인가구, 조손가정 순으로 대상자를 선정한다.

2. 장기요양보호

1) 노인장기요양보험과 노인장기요양시설

(1) 노인장기요양보험

'요양보호'는 사회복지전문용어로써 일본어로는 개호(介護), 영어로는 care로 표현된다. 원래 '장기요양보호'라는 뜻을 지닌 영어의 long-term care라는 용어는 외국의 노년학 분야에서는 오래전부터 사용되어 왔고, 우리나라에서는 그동안 요양보호, 수발, 간호, 개호, 케어 등 여러 가지 용어로 번역하여 사용하여 왔다. 2003년 정부가 자문위원회를 운영할 때부터 '요양'이라는 용어를 사용하다가, 2007년 4월 27일 법률 제 8403호로 「노인장기요양보험법」이 제정되면서 '요양보호'라는 용어가 채택되었고 이는 'care'와 같은 의미로 사용되고 있다.

개호보험을 도입한 일본에서는 장기요양보호를 "신체상 또는 정신상의 장애가 있어서 입욕, 배설, 식사 등 일상생활에 기본적인 동작의 전부 또는 일부에 대해 후생성령으로 정한 기간 동안에 상시 개호가 필요하다고 인정되는 상태에 있는 자에게 제공되는 서비스"라고 규정한다. 요양보험을 세계 최초로 도입한 독일의 경우도 "신체적 · 지적 또는 정신적 질병이나 장애로 일상생활 과정 중에서 보통 정기적으로 반복되는 동작이 장기간 적어도 6개월 이상의 돌봄을 필요로 하는 자에게 제공되는 서비스"로 규정하고 있다.

이러한 개념 정의로 볼 때, 장기요양보호란 "일상생활에 있어서 기능장애를 가진, 즉 선천적 또는 후천적으로 다양한 기능의 장애로 인해 일상생활을 하는 데 있어서 필수적으로 타인의 간병이나 수발을 필요로 하는 수급자에 대한 사회적 보호"이다. 따라서 노인장기요양보호서비스는 일상적인 생활이 불가능하여 적어도 6개월 이상 간병 수발을 받아야 하는 노인에게 제공되는 서비스로서, 이러한 서비스에 소요되는 비용을 생산 가능한 사회구성원에게 공동 부담하게 하는 사회보험이 노인장기요양보험제도이다(김한덕, 2012).

노인장기요양보험은 장기요양보호가 필요한 대상자들에게 의료적 치료서비스를 제공하는 것이 아니라 이동도움, 배설, 목욕 등의 일상생활 수발에 대한 영역에서 서비스를 제공한다는 점에서 국민건강보험과 구별된다. 또한 기존에 시 · 군 · 구를 중심으로 제공되었던 노인보건복지제도는 기초생활수급권자 또는 차상위계층 등을 중심으로 서비스를 제공했던 것에 비해 노인장기요양보험은 전 국민이 가입자로서 소득 또는 재산기준 없이 수발필요 정도에 따라 수급자로 결정되어 시설급여와 재가급여로 나누어 요양급여가 제공된다는 점에서 차이가 있다(임소림, 2012).

(2) 노인장기요양시설

노인장기요양시설은 시설급여를 받은 노인이 이용할 수 있는 기관으로써, 「노인복지법」 제34조에 의한 노인의료복지시설의 한 유형이다. 즉, "치매 · 중풍 등 중증의 질환 노인을 입소시켜 무료 또는 저렴한 요금으로 급식 · 요양 기타 일상생활에 필요한 편의를 제공함을 목적으로 하는 시설"을 말한다. 노인장기요양시설은 가정과 병원의 중간위치로, 가정에서처럼 편안하게 지낼 수 있는 거주환경으로서의 측면, 의료 및 간호서비스를 제공해 줄 수 있는 병원 역할이나 병원과의 연계서비스를 제공하는 측면이 모두 고려되어야 하는 시설이라고 할 수 있다.

노인이 노인장기요양시설에 입소하는 결정적 이유는 건강의 쇠퇴이다. 노인은 신체적 · 인지적 기능손상으로 인해 기본적인 일상생활능력에서 제한을 받게 된다. 이러한 일상생활에서의 제한들은 노인장기요양시설에 입소하는 노인에게 의료 · 사회복지 · 요양서비스가 필요하다는 것을 의미한다. 노인장기요양시설은 노인들의 다양한 욕구를 수용해 줄 수 있는 지원성 높은 환경 및 서비스체계를 갖추고 노인과 가족의 삶의 질을 향상시킬 수 있어야 한다. 단지 보완차원에서의 주거환경만을 생각해서는 안되며 노인들 나름의 특성과 선호 욕구에 따라 주거환경 및 사회복지, 간호처치, 보호서비스 등 다양한 분야의 서비스가 통합적으로 관리 · 제공되어야 한다.

따라서 노인장기요양시설은 노인들이 자신의 잔존능력을 유지하면서 최대한 독립적으로 그들의 삶을 영위할 수 있도록 종합적인 서비스 전달이 필요하고 이를 위해서는 효과적인 사례관리가 실현되어야 한다.

2) 노인장기요양보험과 사례관리

노인장기요양보험제도의 목적은 고령이나 노인성 질병 등의 사유로 일상생활을 혼자서 수행하기 어려운 노인 등에게 신체활동 또는 가사활동 지원 등의 장기요양급여를 제공하여 노후의 건강증진 및 생활안정을 도모하고 그 가족의 부담을 덜어 줌으로써 국민의 삶의 질을 향상하도록 함을 목적으로 시행하는 사회보험제도이다.

우리나라 노인장기요양보험제도는 건강보험제도와는 별개의 제도로 도입 · 운영되고 있으며, 제도운영의 효율성을 도모하기 위하여 보험자 및 관리운영기관을 국민건강보험공단으로 일원화하고 있다. 또한 국고지원이 가미된 사회보험방식을 채택하고 있고 수급대상자에는 65세 미만의 장애인이 제외되어 노인을 중심으로 운영되고 있는데, 구체적인 주요 특징은 표 8-5, 노인장애요양보험의 적용은 표 8-6, 기존 건강보험제도 및 노인복지서비스 체계와의 차이점은 표 8-7과 같다.

표 8-5. 노인장기요양보험제도의 주요 특징

구분	내용
건강보험제도와 별도 운영	장기요양보험제도를 건강보험제도와 분리 운영하는 경우 노인 등에 대한 요양 필요성의 이해가 비교적 용이하여 새로운 제도도입에 용이하며, 건강보험 재정에 구속되지 않아 장기요양급여 운영, 장기요양제도의 특성을 살릴 수 있도록 「국민건강보험법」과는 별도로 「노인장기요양보험법」을 제정하여 운영되고 있다.

구분	내용
사회보험방식을 기본으로 한 국고지원 부가방식	우리나라 장기요양보장제도는 사회보험방식을 바탕으로 일부는 공적부조방식을 가미한 형태로 설계·운영되고 있다. **「국민건강보험법」의 적용을 받는 건강보험가입자의 장기요양보험료** [건강보험료액 × $\frac{\text{장기요양보험료율}(0.9082\%)}{\text{건강보험료율}(7.09\%)}$ (2023년도 보험료 기준)] + **국가 및 지방자치단체 부담** 장기요양보험료 예상수입액의 20% + 공적부조의 적용을 받는 의료급여 수급권자의 장기요양급여비용
보험자 및 관리운영기관의 일원화	우리나라 장기요양보험제도는 이를 관리·운영할 기관을 별도로 설치하지 않고 「국민건강보험법」에 의하여 설립된 기존의 국민건강보험공단을 관리운영기관으로 하고 있다. 이는 도입과 정착을 원활하게 하기 위하여 건강보험과 독립적인 형태로 설계하되, 그 운영에 있어서는 효율성 제고를 위하여 별도로 관리운영기관을 설치하지 않고 국민건강보험공단이 이를 함께 수행하도록 한 것이다.
노인중심의 급여	우리나라 장기요양보험제도는 65세 이상의 노인 또는 65세 미만의 자로서 치매·뇌혈관성 질환 등 노인성질병을 가진 자 중 6개월 이상 혼자서 일상생활을 수행하기 어렵다고 인정되는 자를 그 수급대상자로 하고 있다. 여기에는 65세 미만인 자의 노인성질병이 없는 일반적인 장애인은 제외되고 있다.

표 8-6. 노인장기요양보험의 적용

구분	내용
적용대상	건강보험 가입자는 장기요양보험의 가입자가 된다(법 제7조 제3항). 이는 건강보험의 적용에서와 같이 법률상 가입이 강제되어 있으며, 또한 공공부조의 영역에 속하는 의료급여수급권자의 경우 건강보험과 장기요양보험의 가입자에서는 제외되지만, 국가 및 지방자치단체의 부담으로 장기요양보험의 적용대상으로 하고 있다(법 제12조).
장기요양인정	장기요양보험 가입자 및 그 피부양자나 의료급여수급권자 누구나 장기요양급여를 받을 수 있는 것은 아니다. 즉, 일정한 절차에 따라 장기요양급여를 받을 수 있는 권리(수급권)가 부여되는데, 이를 장기요양인정이라고 한다. 장기요양인정절차는 먼저 공단에 장기요양인정신청으로부터 출발하여 공단직원의 방문에 의한 인정조사와 등급판정위원회의 등급판정 그리고 장기요양인정서와 개인별장기요양이용계획서의 작성 및 송부로 이루어진다. 장기요양인정 신청자격은 장기요양보험 가입자 및 그 피부양자 또는 의료급여수급권자 중 65세 이상의 노인 또는 65세 미만인 자로서 치매, 뇌혈관성 질환 등 노인성질병을 가진 자이다.

표 8-7. 기존 건강보험제도 및 노인복지서비스 체계와의 차이점

<table>
<tr><th>구분</th><th>내용</th></tr>
<tr><td>국민건강보험 제도와의 차이</td><td>국민건강보험은 질환의 진단, 입원 및 외래 치료, 재활 등을 목적으로 주로 병·의원 및 약국에서 제공하는 서비스를 급여 대상으로 하는 반면, 노인장기요양보험은 고령이나 노인성질병 등으로 인하여 혼자의 힘으로 일상생활을 영위하기 어려운 대상자에게 요양시설이나 재가기관을 통해 신체활동 또는 가사지원 등의 서비스를 제공하는 제도이다.</td></tr>
<tr><td>기존 노인복지서비스 체계와의 차이</td><td>기존 「노인복지법」상의 노인요양은 주로 국민기초생활보장수급자 등 특정 저소득층을 대상으로 국가나 지방자치단체가 공적부조방식으로 제공하는 서비스 위주로 운영되어 왔으나, 「노인장기요양보험법」상의 서비스는 소득에 관계없이 심신기능 상태를 고려한 요양필요도에 따라 장기요양인정을 받은 자에게 서비스가 제공되는 보다 보편적인 체계로 운영되고 있다.

❑ 노인장기요양보험제도와 기존 노인복지서비스체계의 비교표
<table>
<tr><th>구분</th><th>노인장기요양보험</th><th>기존 노인복지서비스체계</th></tr>
<tr><td>관련법</td><td>「노인장기요양보험법」</td><td>「노인복지법」</td></tr>
<tr><td>서비스대상</td><td>• 보편적 제도
• 장기요양이 필요한 65세 이상 노인 및 치매 등 노인성질병을 가진 65세 미만인 자</td><td>• 특정대상 한정(선택적)
• 국민기초생활보장 수급자를 포함한 저소득층 위주</td></tr>
<tr><td>서비스선택</td><td>수급자 및 부양가족의 선택에 의해 서비스 제공</td><td>지방자치단체장의 판단(공급자 위주)</td></tr>
<tr><td>재원</td><td>장기요양보험료+국가 및 지방자치단체 부담+이용자 본인 부담</td><td>정부 및 지방자치단체의 부담</td></tr>
</table>
</td></tr>
</table>

노인장기요양보험제도가 목표로 하고 있는 '이용자 중심의 서비스체계 확립'과 '보건·의료·복지 등 종합적이고 복합적인 복지서비스 제공'이라는 측면에서 사례관리가 중요하게 부각되기 시작하였다. 우리나라보다 앞서 장기요양보장제도를 운영하고 있는 선진국들의 경우 서비스 전달 시스템의 주요 전략으로써 사례관리를 채택하여 각 나라의 상황에 맞게 다양한 형태로 운영하고 있으나 우리나라의 노인장기요양보험은 제도적으로 사례관리 전략을 채택하지 않았다(이정석 외, 2011).

대신에 노인장기요양보험제도의 운영주체인 국민건강보험공단이 공단에 소속된 장기요양요원을 통해 수급자와 가족의 장기요양서비스 이용을 지원하는 '이용지원체계'를 운영하고 있다. 장기요양인정 및 이용절차는 그림 8-1과 같다.

그림 8-1. 장기요양인정 및 이용절차

구체적으로 욕구를 가진 대상자가 국민건강보험공단에 급여 신청을 한 후 국민건강보험공단 소속의 장기요양요원이 방문하여 장기요양인정욕구·조사표를 도구로 욕구파악을 한 내용을 가지고 장기요양등급판정과 장기요양서비스의 욕구파악이 이루어진다. 장기요양인정·욕구조사표는 일상생활기능(ADL), 인지기능, 문제행동, 간호처치욕구 및 재활욕구 등 5영역으로 구성되어 있다. 그 밖에 연령, 성별, 주거상태, 희망서비스 등 일반사항과 사회생활기능(IADL), 지원형태, 질병, 환경평가 등 추가적인 욕구조사 항목을 조사하는데, 이는 표준장기요양이용계획서를 작성하는 데 활용한다.

이후 월 한도액 범위 내에서 장기요양급여를 효율적이고 효과적으로 이용하도록 표준장기요양이용계획서를 작성하여 대상자나 가족에게 송부한다. 대상자나 가족은 표준장기요양이용계획서를 수령한 후, 시설이나 재가의 기관과 급여계약을 체결하여 서비스를 이용하게 된다. 이때 이용자에게 어떠한 서비스가 적합한지 안내하는 표준장기요양이용계획서에는 장기요양등급, 월 한도액, 본인부담금(율), 장기요양 필요 영역 및 주요 기능 상태, 장기요양 목표, 장기요양 필요내용, 수급자 희망급여, 급여 종류별 횟수, 장기요양급여비용, 본인부담금, 복지용구, 담당 요양관리요원의 정보 등을 포함하고 있다.

우리나라 장기요양이용지원체계는 다른 나라에 비해 상대적으로 축소된 특성을 보이며, 대상자의 욕구사정, 표준장기요양이용계획서 작성, 서비스 제공 계획수립의 제한된 과정만을 포함한다.

표준장기요양이용계획서는 국민보험공단이 수급자에게 제공하는 일종의 케어플랜으로 이용자의 욕구수준에 적합한 요양계획을 수립하는 데 도움을 주기 위한 성격과 비용통제를 위한 계획으로서의 성격 모두를 갖는다. 무엇보다 중요한 것은 노인장기요양시설에서는 입소한 노인에게 표준장기요양이용계획서를 참고하여 급여제공계획과 필요 노인에게 사례관리를 실시하고 있다는 것이다. 그러나 표준장기요양이용계획서 내용이 실제 대상자의 주요기능상태나 장기요양 필요내용과는 크게 다르고, 노인 개개인의 욕구나 기능상태를 설명하기보다는 등급에 따라 비슷한 내용으로만 작성되어 있어 활용성은 낮은 편이다. 이에 따라 사례관리 대신 제공되고 있는 표준장기요양이용계획서는 절차상 확인자료만 기록하여, 노인장기요양시설 내에서 입소노인의 급여제공계획과 사례관리를 위해서는 새로운 욕구조사와 사정이 필요하게 되었다.

현행 표준장기요양이용계획서 작성에서 중요한 역할을 하는 작성자를 사례관리에서는 케어매니저[1)]라 칭한다. 케어매니저는 사례관리에 대한 지식과 기술을 습득하여 복합적인 욕구를 가진 클라이언트를 사회자원과 연결시켜 포괄적인 서비스를 제공하는 역할을 담당한다. 또한 지속적인 점검과 평가를 통해 서비스의 효과성 · 효율성을 증대시키고 보호의 연속성을 보장받을 수 있도록 클라이언트에 대한 개별적 케어를

1) 케어매니저는 국가에 따라 다소 명칭의 차이가 존재하는데, 미국의 케이스매니저, 영국의 케어매니저, 일본의 개호지원전문원으로 우리나라는 현재 없으며 굳이 표현해 본다면 국민건강보험관리공단의 방문조사원으로 표현될 수 있다(안용석, 2012). 하지만 국민건강보험관리공단의 방문조사원이 케어매니저 역할을 제대로 수행하는지는 의심의 여지가 많다고 할 수 있다.

관리하는 전문가이다. 케어매니저의 역할은 표 8-8과 같다.

표 8-8. 케어매니저의 역할

- 클라이언트의 다양한 욕구를 사정하는 것
- 사정에 의해 클라이언트에게 제공되어야 할 서비스나 자원에 대한 계획을 수립하는 것
- 계획의 실행으로 클라이언트와 서비스가 연결되도록 관리하는 것
- 클라이언트와 서비스 연결 상황을 점검하고 클라이언트의 변화 등에 따라 생기는 욕구와 서비스가 불일치할 경우 재사정하고 서비스 계획의 변경을 도모하는 것

하지만 우리나라의 「노인장기요양보험법」은 케어매니저에 관한 내용을 법에 포함하고 있지 않고 공단에서 방문 조사하여 표준장기요양이용계획서를 작성 · 시행하는 것으로 대체되어 실시되고 있다. 이로 인해 노인 개개인의 욕구 특성에 맞는 케어플랜을 수립하는 일은 기대하기 어렵고 다만 대상자를 선정하고 공급자 측면에서 표준 서비스를 제공할 뿐이다. 또한 노인장기요양시설에서 최초 입소단계에서 현행 표준장기요양이용계획서를 이용하더라도 사례관리의 전문적 실천을 위한 체계적인 접근 전략이 부재한 상황으로 본격적인 사례관리에 대한 논의가 필요하다고 할 수 있다.

3) 외국의 노인장기요양보험 제도의 이해

외국의 노인장기요양보험 제도를 독일과 일본으로 구분하여 살펴보면 다음과 같다.

(1) 독일

독일이 시행하고 있는 사회보장제도의 특성은 사회적 위험에 대한 일차적 대응이라고 할 수 있다. 즉, 사회보험이 제 기능을 하지 못할 경우에는 예외적으로 사회부조가

감당하는 체계를 갖추고 있다. 독일은 1932년에 고령화에 진입하였고, 42년 후인 1974년에 고령사회에 진입하였으며, 이에 따라 노인인구의 고령과 개인 및 가족의 장기요양부담 증가, 가족기능의 약화, 건강보험(질병금고)의 재정악화 등의 이유로 수발보험을 도입하고 있다.

1970년대 중반부터 독일은 독자적인 장기요양의 필요성을 인식하고 있었다. 그 후 20년여 년의 활발한 논의를 거치면서 1995년 1월 보험료를 징수하여 4월부터 재가수발급여를 실시하고, 1996년 7월 시설수발급여를 실시하여 성공적으로 진행되고 있다는 평가를 받고 있다. 이처럼 독일이 수발보험제도를 도입하기까지의 20년 이상의 정책적 논의를 걸쳐 제정되었다는 점을 주목할 필요성이 있다. 또한 독일은 정책과정에서 국민적 합의를 이끌어 낸 상황에서 수발보험제도를 도입할 수 있는 시설 및 인력 등의 인프라가 구축되어 있었다는 점을 고려해야 한다(장은아, 2023). 독일의 장기요양보험 제도의 구체적인 특징은 **표 8-9**와 같다.

표 8-9. 독일의 장기요양보험 제도

구분	내용
장기요양보험 원칙	재가급여 우선의 원칙, 예방과 재활의 우선의 원칙, 예산원칙
적용대상	• (피보험자) 모든 건강보험 의무가입자와 임의가입자, 그리고 건강보험에 가입된 피부양자는 장기요양보험에 가입하여야 한다. • (급여대상자) 장기요양 필요상태에 있는 자로, '장기요양필요상태'는 건강상의 이유로 자립상태의 침해 또는 기능장애가 있으며, 이로 인하여 타인의 도움을 필요로 하는 상태를 말한다.
등급판정체계	• 장기요양을 필요로 할 경우 장기요양대상자나 부양가족이 대상자 본인이 가입한 장기요양보험 조합에 등급판정 신청을 하여야 한다. • 신청을 받은 장기요양보험조합은 MDK(공적의료보험소속의료지원단)에 요양인정과 등급판정을 위한 도움욕구 조사를 의뢰한다. • 도움욕구 조사결과를 토대로 MDK는 장기요양등급과 급여종류를 장기요양보험조합에 권고한다. • 장기요양보험조합은 등급판정신청자에게 최종 판정결과를 통보한다.

<table>
<tr><th>구분</th><th>내용</th></tr>
<tr><td>급여체계</td><td>
<table>
<tr><th>구분</th><th>내용</th></tr>
<tr><td>시설급여</td><td>완전주거시설과 부분주거시설에서의 요양급여와 단기보호가 포함됨. 2등급 이상 등급판정을 받은 수급권자는 완전주거시설에서 장기요양을 받을 권리가 있음</td></tr>
<tr><td>재가급여</td><td>방문요양, 현금 · 현물연계급여, 재가급여를 이용하는 공동생활가정을 위한 추가급여, 대리수발, 보장구 및 주거환경개선지원금 등으로 구분됨</td></tr>
<tr><td>현금급여</td><td>재가급여수급권자가 현물급여 대신 선택할 수 있는 현금급여와 대리수발비나 주거환경개선금과 같이 현금으로 추가 지급되는 급여들이 있음</td></tr>
</table>
• 비공식수발자를 위한 급여: 사회보험료 지원, 수발휴가, 수발지원금, 수발교육 등의 급여를 지원함
※ 비공식수발자란 ‘규칙적으로 매주 이틀 이상에 걸쳐 10시간 이상, 한 명 이상의 2~5등급 장기요양보험수급권자를 그의 가정에서 비직업적으로 수발하는 자’로 규정
</td></tr>
<tr><td>전달체계</td><td>독일의 수발보험제도는 건강보험, 재해보험, 연금보험, 실업보험과 제5의 사회보험제도로 구축되었으나 건강보험과 연결된 까닭에 건강보험의 행정 및 인력체계를 보완하여 수발보험을 책임지게 되면서 건강보험제에 의해 운영된다. 수발보험을 위해 따로 조직을 만들지 않은 이유는 관료주의의 폐해를 막기 위해서, 그리고 수발보험 가입자의 신청과 감독업무에 소요되는 비용을 최소화하기 위해서이다.</td></tr>
<tr><td>재정체계</td><td>• 독일 장기요양보험은 부과방식으로 운영되기 때문에 고용주와 피고용자가 절반씩 부담한 보험료가 급여의 주요 재원(부분보장 원칙)
• (재정구조의 이원화) 경상운영비와 급여지출비는 장기요양조합이 보험료 수입 내에서 책임지고, 주정부는 시설유지와 투자를 책임</td></tr>
</table>

(2) 일본

세계 최장수국이면서 복지국가를 지향하는 대표적인 선진국으로 꼽히는 일본은 그에 따른 급격한 고령사회로 들어서면서 거동 불능의 노인과 치매 등의 노인질환으로 요개호자(要介護者)가 급증하였다. 이에 반해 핵가족화의 빠른 진행과 여성의 높은 사회진출 등의 사회적 변화로 전통적인 가족에 의한 개호기능은 저하되었다. 개호문제는 국민의 노후생활에서 최대의 불안요인이 되어 그 대책 수립이 요구됨에 따라 현행 제도를 개편하여 사회 전체에서 개호를 지탱할 수 있는 구조를 만들기 위하여 개호보

험제도가 창설되었다.

일본의 노인장기보험제도에서 개호는 신체적, 정신적 문제로 일상생활을 영위하는 데 장애를 가진 사람을 대상으로 신변에 관련된 일련의 원조를 행하는 것이다. 급격한 고령화로 노인인구가 증가하고 평균수명 연장과 저출산으로 노인성질병에 따라 의료비 증가와 가족의 개호부담 증가가 국민의 부담을 가중시키게 되었다. 이에 따라 일본 정부는 「개호보험법」을 제정하였다(장은아, 2023).

노인장기요양법에 해당하는 일본의 「개호보험법」은 1997년 의회에서 통과되어 2004년 4월 1일부터 시행함으로써 그동안 사회복지의 근간으로 치부되었던 저소득층 우선 제도를 해체하고 사회보장제도를 중산층 중심의 보험제도로 재편성하였다. 일본의 개호보험제도의 실시 목적은 개호에 대한 사회적 지원과 요개호자의 자립지원, 이용자 중심과 서비스의 종합화, 사회보험방식의 도입에 있다. 일본의 장기요양보험 제도의 구체적인 특징은 표 8-10과 같다.

표 8-10. 일본의 장기요양보험 제도

구분	내용
개호보험 제도 실시 목적	개호에 대한 사회적 지원, 요개호자의 자립지원, 이용자 중심과 서비스의 종합화, 사회보험방식의 도입 등
요개호인정	피보험자 중에서 요개호인정 절차에 따라 1차 판정(면접조사, 주치의 소견서), 2차 판정(개호인정심사회)에 따라 인정여부(요개호, 요지원 및 등급결정)가 결정된다.
급여체계	• (보험급여) 개호급여, 개호예방급여, 시 · 정 · 촌 특별급여(지역지원사업)로 구분 개호급여: 거택개호서비스, 거택개호서비스계획, 시설개호서비스, 지역밀착형개호서비스 개호예방급여: 개호예방서비스, 개호예방지원으로 구분됨. 요지원자에 대한 개호예방급여(방문개호, 통소개호)는 지역지원사업으로 실시 • (케어매니지먼트) 일본은 급여의 수급자인 요개호자 및 요지원자 개인이 해결해야만 하는 과제를 위해서 적절한 수급자 중심에서 개호서비스를 종합적, 일체적, 효율적으로 이용할 수 있도록 케어매니지먼트 체계를 운영하고 있음.

구분	내용
전달체계	일본의 개호보험제도에서 보험자는 시 · 정 · 촌 및 특별구 거주자를 대상으로 중앙정부와 도도부현, 의료보험자, 연금보험자가 시 · 정 · 촌의 재정 및 사무, 행정을 공동 지원하는 방식으로 중층적인 구조에 의해 전달된다.
재정체계	• 재원은 개호급여에 필요한 재원의 50%를 공비(公費)로 충당하고, 나머지 50%를 제1호 피보험자와 제2호 피보험자가 부담하는 보험료로 조달한다. • 제1호와 제2호 피보험자의 보험료 부담비율은 각각의 전국 기준의 인구비율에 근거해 정해진다.

3. Aging in Place(AIP)

1) AIP의 개념

AIP(Aging in Place)의 개념은 고령자의 존엄과 자율성을 존중해야 한다는 철학과 연계되어 있으며, 1980년대부터 노인복지정책의 주요 방향과 목표로 언급되어 오고 있지만 아직까지 이론적으로 합의된 정의는 없는 실정이다(Bookman, 2008). 미국 질병예방관리센터(Center for Disease Control and Prevention)에서는 AIP를 연령과 소득, 능력 수준과 무관하게 누구나 자신의 집 또는 공동체에서 안전하고, 독립적으로, 그리고 편하게 생활하는 상태라고 정의하고 있다(이윤경 외, 2017).

AIP라는 용어를 직접 사용하고 있지는 않지만 1982년 UN에서 발표한 고령화국제행동계획과 노인을 위한 UN원칙(International Plan of Action on Aging and United Nations Principles for Older Persons)에서 고령화정책에서 고려해야 할 권고사항에 "노인 돌봄의 기본적인 원칙은 그들이 가능한 한 오랫동안 지역사회에서 독립적 생활을 이끌도록 해야 한다", "노인에게 집은 단지 거주지 이상으로 검토되어야 하며, 물리적인 것에 더해 심리적, 사회적 중요성을 갖는다. 따라서 정책은 가능한 한 오랫동안 그들의 집에서 계속 살도록 도와야 한다"라고 제시하고 있다. 이는 AIP 개념이 물리적인 공간의 개념뿐만 아니고 사회적, 심리적, 환경적 요소와 관련이 있음을 나타내고 있다(김우중, 2022).

AIP를 뜻 그대로 노인이 살아온 주거지에서 노후를 보낸다는 장소적 개념에서 보면 이사를 하지 않고 계속 거주한다는 것으로 정의할 수 있지만(Harris, 1988), 가능한 한 오랫동안 살아나갈 수 있는 능력의 개념을 포함하는 것으로 그 의미가 확대되고 있다(우국희, 2017).

먼저 AIP의 장소적 개념 측면에서 살펴보면, 살아온 곳이라는 의미에서 살 만한 곳, 편안한 곳, 떠나는 것보다 나은 곳이라는 의미가 포함되어 있다. 이런 맥락에서 초기의 AIP 정책은 고령친화적인 주택환경 개선 등 물리적인 공간과 기술영역에 초점을 맞추어 왔다(홍송이, 2017). 즉, AIP에서 장소적 개념은 초기에 노인이 살던 집(home)을 의미했으나 점차 집의 범위를 넘어 이웃, 동네, 지역으로 확장되었다. 이처럼 장소적 개념이 이동됨에 따라 주거공간은 사회적 관점으로 확대되었으며(Campbell, 2015), 지역 내 사람들과의 관계, 지역 내 거주하기 위한 의료, 교통, 생활편의 등 지역적 서비스, 공동체 지원 등의 중요성이 강조되고 있다(김수영 외, 2015; 임연옥, 2016).

AIP의 장소적 개념과 더불어 살던 장소에서 가능한 오랫동안 살아갈 수 있는 능력의 측면에서 살펴보면, 노인 개인의 건강, 경제, 주거상황 등과 아울러 가족 돌봄자 또는 서비스 제공자가 전제되어야 하며, 공동체의 지원과 행정적·재정적 지지가 뒷받침되지 않으면 AIP는 신기루에 불과하다고 주장한다(우국희, 2017). 이와 같이 AIP 개념에서 장소나 지역만을 고정적인 배경으로 간주하기보다는 노인이 장기적인 신체적 변화에 따라 일상생활기능 등의 쇠퇴가 일어나면, 그 변화에 맞게 사람과 장소와의 관계나 재통합(re-integration)을 유지하는 활동으로써 역동적이고 동태적인 것으로 이해해야 한다는 주장이 제기되었다(조아라, 2013).

2) AIP의 욕구

2020년도 노인실태조사에 의하면, 조사에 응답한 노인 중 건강이 유지된다는 조건에서 83.8%, 건강이 악화된 경우에도 56.5%의 노인이 현재 거주하는 곳에서 머물면서 노후를 보내고자 하는 욕구가 높은 것으로 나타났다(이윤경 외, 2020). 이는 대부분의 노인들이 AIP 욕구를 가지고 있음을 보여 주는 결과이며, 이러한 노인의 AIP 욕구는 장소애착 또는 지역애착에 따른 것일 수도 있다는 주장이 제기되고 있다.

장소애착(place attachment)은 살아온 인생행로에서 겪었던 장소와 관련된 경험에 대한 기억의 일부분에 관한 것으로 과거라는 시간적 특징을 갖고 있지만 기억을 해석하는 방식, 감정의 유지 필요성 등은 현재, 미래와도 관련되는 특성을 지닌다(이은숙, 2004). 또한 심리적 요인의 하나로 특정 장소에 대한 특별한 감정 또는 정서적 관련이나 감정적 유대를 의미하며, 이는 심리적으로 뿌리내리고자 하는 착근성으로 질서, 자유, 안전 등의 욕망과 동등하거나 그 이상의 심리적 욕망으로 볼 수 있다(Relph, 2005). 따라서 장소애착은 개인 또는 집단과 지리적 환경 사이에서 발생하는 감정의 결속으로 사회를 살아가는 중요한 생존본능이라고 할 수 있다(김수민, 조택연, 2015).

그리고 AIP 욕구와 관련하여 기본 심리적 욕구(basic psychological needs) 개념을 살펴볼 필요가 있는데, '기본 심리적 욕구' 개념은 인간은 생존하고 성장하는 데 세 가지 기본 심리적 욕구인, 즉 자율성, 유능감, 관계성의 욕구를 갖는다는 것이다. 구체적으로 자율성은 개인이 행동하는 데 자신의 의지, 주체성, 자발성의 정도를 뜻하며, 유능감은 자신이 환경과 효율적으로 상호작용하고 주어진 상황에서 자신의 능력을 실행하고 표현할 수 있다는 내적 성장의 느낌을 말하며, 관계성은 주위 사람들과 의미 있는 관계를 맺음으로써 타인과 연결되어 있다고 느끼는 것이다(윤성민, 2019). 이 세 가지 기본 욕구들이 충족되면 내적으로 동기화되고 심리적 안녕감과 삶의 만족이 높아지지만, 욕구가 좌절되면 사회적 기능이 제대로 작동하지 못하고 불행을 경험하게 된다(Deci & Ryan, 2000). 즉, 노인의 AIP 욕구는 노인들이 살던 집이나 지역에 머무르면서 자율성을 갖고, 지역사회의 일원으로써 상호작용한다는 유능감을 갖으며, 친숙한 주위 사람들과 관계를 유지하고자 하는 기본 심리적 욕구의 표현으로 해석할 수 있다.

따라서 노인의 AIP 욕구에 기반한 정부의 AIP 우선 정책은 대다수의 노인이 현재 거주하는 곳에서 계속 머무르기를 원하는 "정주(定住)에 대한 욕구"를 충족시키자는 정책적 방향성을 지향하는 것이지만, 돌봄비용이 더 많이 소요되는 시설보다는 더 적게 소요되는 지역사회 거주 지원을 선택하게 되는 경제 · 정책적인 측면에서 강조되는 양면성이 있으므로(조아라, 2013), AIP 정책추진에 유의해야 할 필요성을 시사한다고 할 수 있다.

3) AIP 욕구에 영향을 미치는 요인들

지금까지 살펴본 AIP 개념에서 공통적으로 포함하고 있는 내용들은 살아오던 익숙한 장소와 공동체에서 독립성을 가지고 안전하고 편안하게 남은 생애를 보내는 것으로 요약할 수 있다. 따라서 AIP 욕구는 현재 지역에 거주하고 있는 노인들이 앞으로도 지속적으로 지역에 거주하겠다는 AIP에 대한 의지나 바람이라고 할 수 있다.

AIP를 가능하게 하는 현실적인 요인들은 다양하며 복합적으로 작용함을 발견할 수 있다. 즉, 지역사회에 계속 머무르고자 하는 욕구에 영향을 줄 수 있는 요인들은 선행연구들을 통해 배우자 유무, 건강상태, 경제상태, 주거환경 등이 포함된 개인적 요인과 생활편의, 교통, 의료, 안전환경 등이 포함되는 지역사회의 물리적 환경, 그리고 이웃과의 관계나 친밀성 등을 포함한 사회환경 요인 등이 영향을 미치는 것으로 보고되고 있다(정찬우, 한창근, 2021; Erickson et al., 2012).

4) 시설 거주노인의 AIP 욕구 및 영향

지금까지 살펴본 Place, AIP 및 AIP 욕구의 개념과 특징을 시설 거주노인의 관점에서 정리하면, 우선 Place는 노인의 인생행로에서 공간적 의미와 함께 관계를 포함하는 비공간적 의미를 포함하는 상징성을 가지고 있다. AIP 욕구는 장소에 대한 애착으로서 과거, 현재, 미래와 관계된 동적인 삶의 과정과 관계된 것으로 신체적, 정신적, 경제적 능력이 쇠퇴하는 노년기에는 장소애착이 더욱 강해지는 경향이 있다(김우중, 2022).

따라서 시설에 입소한 노인에게도 특정 애착장소에 머무르고자 하는 AIP 욕구가 높게 나타날 것으로 추정할 수 있다. 반면 장소애착은 과거의 경험과 기억에 근거한 것이지만 현재의 환경적 상태에 따라 애착의 강도가 조절되는 특성이 있으므로 시설에서 경험하는 물리적 환경이나 정서적 지원 등에 따라 그 정도가 달라질 수 있다고 할 수 있다(Rubinstein & Parmelee, 1992). 아울러, AIP 욕구를 기본 심리적 욕구인 자율성, 유능성, 관계성에 대입하였을 경우 AIP 욕구 실현을 통해 기본 심리적 욕구가 채워진다면 삶의 만족감이 높아지지만 AIP 욕구 실현이 어려워 기본 심리적 욕구가 좌절된다면 삶의 만족감이 떨어진다고 할 수 있다(Deci & Ryan, 2000). 다만, AIP 욕구에 영향을 미치는 요인들이 노인 개인별로 다르므로 심리적인 욕망인 AIP 욕구의 정도 또한 시설 거주노인에 따라 다르게 나타날 수밖에 없을 것이다.

4. 노인 주거문제와 주거정책

노년기 은퇴와 사회적 관계망의 축소, 노화로 인한 건강 악화로 이동성이 크게 줄어들면서 노인은 주택에서 보내는 시간이 많아지게 된다. 따라서 노인들이 원하는 주거환경에서 쾌적하게 인간으로서의 존엄성을 누리고 사생활의 자유를 확보하도록 지원하는 것이 중요해지고 있다(이병관, 2017). 이를 위해 정부는 인간으로서의 자립과 존엄성을 지키기 위한 인권보장으로서의 거주기회의 평등 보장과 주거공간의 최저수준 보장을 전제로 하여 주거권 보장 프로그램을 시행하고 있다.

노인의 주거형태를 의료 및 복지서비스, 입주방법을 기준으로 분류해 보면 표 8-11과 같이, 독립 거주 유형, 서비스형, 복지시설 거주, 의료시설 거주, 그리고 일시거주형의 5가지 유형으로 구분해 볼 수 있다(양연희, 2021).

표 8-11. 노인의 주거형태

구분	내용
독립 거주 유형	독립 거주 유형은 가장 일반적인 주거형태로서 비교적 건강하고 보건의료서비스를 필요로 하지 않는 노인의 거주형태로 일반주택, 고령자주택 등이 여기에 속한다.
서비스형	서비스형 거주는 비교적 경제적인 여유를 가진 노인들이 생활서비스를 제공하는 시설에 입주하여 건강, 여가 등의 필요한 서비스를 제공받으며 거주하는 형태로 유료노인복지주택, 실버타운이 이에 속한다.
복지시설 거주	복지시설 거주는 고령자들이 입소하여 집단생활을 하는 거주형태로서, 「노인복지법」상 보호받는 주거복지시설인 양로시설, 노인의료복지시설, 노인요양시설 등이 포함된다.
의료시설 거주	의료시설 거주는 의료서비스가 중점 제공되는 시설에 거주하는 형태로서, 질병의 치료와 간호를 목적으로 한 보건소, 병·의원, 노인전문병원 등의 거주이다.
일시거주형	일시거주형은 이용시설에서 단기보호시설과 같이 일시적으로 숙식과 기타 서비스를 제공받는 주거형태를 의미한다.

노인복지시설에 거주하는 노인의 수는 2003년도에는 25,000여 명에서 2019년에는 266,325명으로 급증하였으며 매년 증가추세를 보이고 있다(양연희, 2021). 하지만 고령화 비율에 비해 노인복지시설은 절대 수가 부족하며, 소득수준에 따른 지원정책으로 노인복지시설의 거주 노인의 수는 극히 일부분에 해당한다. 즉, 주거지원 정책은 급증하고 있는 노인인구를 대비하기에 역부족인 상황이다. 따라서 노인 중 상당수는 지역

사회에서 생활하고 있으며, 자택에서 거주하기를 희망하고 있다. 그러나 절대 다수의 노인들은 기존의 주택에서 불편하고 위험에 노출되기 쉬운 거주환경에 생활하고 있다. 특히 저소득 독거노인은 임대료의 부담으로 인해 잦은 이동을 하며 불안정하고 열악한 주거환경에서 삶의 질이 심각하게 위협받는 상황에 놓여 있다. 또한 독거노인은 면적, 구조, 성능, 환경 등의 주거안정성의 측면에서 최소한의 주거요건이 충족되지 못한 상태로 살고 있다(김유진, 2016).

커뮤니티케어는 중앙정부 중심이 아닌, 지역사회 중심의 노인돌봄서비스 이용체계의 마련과 제공이라는 합목적성을 가지고 있다. 커뮤니티케어는 거주 지역에서 노년기에도 자립생활이 가능하도록 지역사회가 지원한다는 의미를 가지고 있다. 노인돌봄서비스 수요에 대한 대응과 노인의 상황 파악은 중앙정부보다는 지자체에서 담당하는 것이 유리하며, 서비스 이용체계에서도 지역중심의 지속적인 관리의 필요성이 대두되고 있다(양연희, 2021).

한국형 커뮤니티케어인 '지역사회 통합돌봄'은 노인들이 가장 오랫동안 살던 곳, 은퇴하기 전에 주로 살았던 지역에서 지역사회와 함께 어울려 살면서 각자에게 필요한 보건의료, 요양, 돌봄, 독립생활을 위한 주거지원 등 지역 기반의 통합서비스를 받을 수 있는 '지역주도형 사회서비스정책'을 말한다. 이는 탈시설, 즉 지역사회에서 멀리 떨어진 곳에 있는 시설의 제한되고 통제된 집단생활에서 벗어나, 지역사회에서 자립적이고 의미 있는 삶으로의 변화를 의미한다(김용득, 2018). 지역사회 통합돌봄의 목표는 노인이 평소 사는 곳에서 건강관리를 받고 각종 돌봄 서비스 등을 편하게 누릴 수 있는 거주 형태의 구축이다. 이를 위해 돌봄 · 안전 등의 사회서비스를 확충하고, 지역사회 중심의 건강관리 체계를 강화하여 돌봄이 필요한 사람들의 지역사회 정착을 지원하는 것이다. 거동이 불편한 노인 중 경제적 여력이 없어 개인적으로 돌봄을 담당시킬 수 없는 노인환자를 찾아가는 방문의료와 돌봄을 본격화하고, 방문건강 및 방문의료서비스의 실시로 병원과 시설의 합리적 이용을 유도하기 위하여 지역사회 통합돌봄을 위한 인프라와 책임성을 제고하여 지역사회 통합돌봄 제도에 걸맞은 차세대 노인장기요양보험 구축을 위해 노력하고 있다.

초고령사회로의 진입이 예상되면서 보건복지부는 지역사회 통합돌봄 제도의 핵심으로 케어 안심주택을 제시하였다. 케어 안심주택은 노인, 장애인, 정신질환자, 노숙인 등을 대상으로 지역사회 복귀 및 자립에 필요한 주택을 제공하고, 돌봄 대상의 복합적 욕구에 맞게 사회서비스를 제공한다는 점이 특징이다. 이는 기존의 시설 중심의 케어 서비스의 한계를 극복하고 초고령사회를 적극적으로 대비하는 묘책으로 제시된다. 해당 정책사업의 실질적 운영은 지자체 혹은 민간 부문에서 담당하고, 중앙정부는 이에 대한 정책적·재정적 지원을 하면서 주거취약계층 대상에 대한 주거지원, 주거제공과 보건의료 및 돌봄 서비스와의 연계를 강조하고 있다(국회입법조사처, 2020).

또한 보건복지부는 지역사회 통합돌봄 기본계획으로 주거지원 인프라를 확충하겠다는 의지를 보이고 있다. 현재, 돌봄과 주거를 연계한 사업으로는 한국토지주택공사의 영구임대인 '공공실버주택'과 취약계층 대상의 '다가구 매입임대주택', 그리고 서울시의 주거와 돌봄을 연계한 임대형 '지원주택' 등이 있다(국회입법조사처, 2020). 그러나 이러한 정책은 지역사회에서의 노인생활을 보장하기 위한 목적으로 운영되고 있기 때문에 여전히 일반노인은 복지대상이 되지 못하고 자택이 없거나, 열악한 주거환경에 처한 경우에만 제공된다는 한계를 보이고 있다.

Chapter 09

노년기 사회참여 및 사회적 관계

배울 내용

1. 노인사회참여활동의 개념
2. 노인사회참여활동의 유형
3. 노인사회참여와 관계의 현황
4. 노년기의 사회적 지지와 상호작용

학습목표

1. 노인의 사회참여활동의 개념을 파악한다.
2. 노인의 사회참여활동의 유형을 설명할 수 있다.
3. 노인의 사회참여와 관계의 현황을 파악한다.
4. 노년기 사회적 지지와 상호작용을 개선할 수 있는 방안을 모색해 본다.

1. 노인사회참여활동의 개념

노인의 사회참여활동에 대한 대한 정의는 크게 두 가지로 구분할 수 있는데, 첫째는 전통적인 정의로, 사회참여활동은 가족과 지역주민들과의 지속적인 교류관계를 통하여 지역사회에 기여 및 공헌하는 적극적인 활동을 의미한다. 둘째는 법적 근거에 기초한 정의로, 「노인복지법」에는 사회참여활동에 대해 국가 또는 지방자치단체는 노인에게 적합한 직종의 개발과 그 보급을 위해 시책을 강구하고, 노인의 사회참여 확대를 위하여 노인의 지역봉사활동의 기회를 확대하며, 근로능력이 있는 노인에게 일할 기회를 우선적으로 제공하도록 노력해야 한다고 규정하고 있다.

그러나 일반적으로 노인의 사회참여활동은 가정 이외에서 봉사활동에 참여하거나 친목회, 여가 관련 단체, 노인대학, 그 밖에 신체활동에 참여함으로써 보다 적극적으로 개인의 여가시간을 보내는 활동을 의미한다. 최근에는 점차 증가하고 있는 노년기를 보다 의미 있게 보내기 위한 사회적 활동이 매우 강조되고 있는 실정이다. 왜냐하면 고령인구는 사회참여활동을 통해 사회적 관계를 지속적으로 유지함으로써 다른 사람들과의 관계형성의 기회를 갖게 되기 때문이다. 이러한 활동은 노년기에 접어들면서 느끼는 사회적 역할의 상실감을 보상해 주며, 고령인구는 이러한 역할을 통해 개인의 가치감 및 만족감을 느끼고 나아가 개인의 삶의 질을 높일 수 있다(김은경, 2013).

고령인구의 사회참여는 고령인구 자신과 사회적 측면에 있어 다양한 필요성을 가지고 있다. 먼저 사회참여는 고령인구의 삶의 만족도 향상에 영향을 미친다. 또한 이들의 건강유지 및 노년기 발달과업의 수행에 도움을 주며, 사회적 관계망을 유지하고 고령인구의 부정적 인식 개선에 긍정적 효과를 가져온다. 탁초희(2016)는 이러한 고령인구의 사회참여활동을 통해 삶의 즐거움과 심리적 만족감을 느낄 수 있으며, 사회구성원으로써 원활한 의사소통을 가능하게 한다고 주장하고 있다. 결국 사회참여는 참여하는 자체만으로도 사회의 구성원으로 심리적, 정신적 안정감을 갖게 하고 축소된 사회활동의 범위를 확대하도록 돕는다. 따라서 노인들의 사회참여활동은 그들의 삶에 대한 자신감을 회복할 수 있게 하며, 사회적 관계도 함께 개선되어 근본적인 질병 완화에 긍정적인 영향을 미치게 되는 활동이라고 할 수 있다.

2. 노인사회참여활동의 유형

노인의 사회참여활동을 노년기 일, 노년기 자원봉사활동, 노년기 여가활동 및 노년기 평생학습으로 구분하여 살펴보면 다음과 같다(이기원, 2023; 오병철, 2012).

1) 노년기 일

일에 대한 개념 정의는 학자에 따라 다양한데, 광의로서의 일(work)의 개념은 모든 종류의 생산적인 활동(productive activity)과 동일한 의미로 사용되는 반면, 협의의 일의 개념은 좀 더 육체적인 유급의 산업노동인 노동(labor)으로 국한되어 사용되고 있다. 우리나라에서는 일과 노동의 의미를 엄밀히 구분하지 않고 유급의 노동만을 일로 간주하는 경향이 있지만, 일반적으로 일이란 '자신과 사회에 필요한 재화와 서비스를 만들어 내는 제반 생산적 활동'을 의미하는 것으로 받아들여지고 있다. 즉, 일이란 정신적이고 육체적인 경제적 활동뿐만 아니라 비공식적인 도움이나 무급의 자원봉사 형태로 사회에 생산적 기여를 하는 생산적 활동까지를 모두 포함하는 넓은 의미의 개념이라고 할 수 있다.

인간이 일을 하는 이유는 오로지 경제적 기능 이외에 사회적 · 윤리적 · 심리적 기능도 동시에 지니며, 경제적 기능보다는 사회적 · 윤리적 · 심리적 기능이 각 개인에게 더욱 중요한 의미를 지닌다(Thorson, 2000). 이것은 노인의 경우도 마찬가지로 일은 다양한 기능을 수행한다. 즉, 노년기에 있어서 일이란 노인의 개개인 차원에서는 **표 9-1**과 같은 다양한 기능을 제공하게 된다.

표 9-1. 노년기 일의 다양한 기능수행

- 생활비 및 용돈의 소득원 확보
- 자기유용감과 정체감의 부여
- 사회관계망의 유지
- 신체 및 정신적 건강 유지
- 소일 또는 여가활용의 기회 제공
- 노인을 의존적인 소비계층으로만 간주하는 부정적인 사회적 인식의 개선을 도모
- 국가의 생산성 제고와 사회보장비용 절감 효과

그러나 노년기에 이르게 되면, 신체 및 정신기능의 약화로 인한 노동능력의 저하, 현대화에 따른 경제적 생산기술과 생산체계의 변화에 대한 적응능력의 부족 등으로 인하여 노인은 노동시장에서 탈락하게 되는 경향이 높다. 따라서 노동시장에서 탈락하게 된 노인은 소득 감소 또는 상실로 인한 경제적 고통뿐만 아니라 역할상실, 지위하락, 사회적 관계축소, 생활만족도의 저하, 여가활동 및 문화활동의 생활공간 축소 등과 같은 사회 · 심리적 문제도 함께 경험하게 된다. 즉, 경제활동을 하지 못하는 노인은 적극적인 사회참여를 하지 못하게 되고 생활의 장이 축소되어 결국 생활만족도나 안녕감이 낮아지게 된다. 또한 노년기 일은 고령시대에 노인들에게 사회적 경험과 지식을 활용할 수 있게 하여 노인의 신체적, 심리적 만족감을 높이고, 노인의 적성, 능력, 연령에 따라 일을 선택함으로써 여가시간을 활용함은 물론, 경제활동을 통한 소득보장 기회를 제공하여 노인의 부양부담을 줄이는 시너지효과를 얻을 수 있는 활동이다.

2) 노년기 자원봉사활동

우리나라에서 자원봉사에 대한 인식이 상당 부분 개선된 것이 사실이지만, 아직도 불쌍한 이웃을 돕는 선행이나 구제활동 정도로 생각하는 인식이 지배적이다. 이에 반해서 서구에서는 자원봉사를 자신이 하고 싶어서 하는 활동이기는 하지만 시민으로서 당연히 해야 하는 일, 즉 시민의 책임이라고 생각하는 경우가 대부분이다. 이와 같이 자원봉사활동을 어떻게 규정하는가에 따라 봉사활동의 내용과 질이 달라질 수 있다.

자원봉사(Voluntarism)라는 용어가 지닌 의미는 '스스로가 원해서 다른 사람을 사랑으로 섬기고 받드는 행위'라고 할 수 있다. 이러한 의미를 지닌 자원봉사에 대해 미국사회사업가협회(1995)에서는 자원봉사를 '개인, 집단, 지역사회에서 발생하는 다양한 문제를 예방 · 통제 · 개선하기 위하여 여러 조직이나 기관에서 아무런 보수 없이 자발적으로 수행하는 활동'이라고 규정하고 있다.

따라서 자원봉사활동이란 공식 · 비공식적인 조직을 통하여 지역사회에서 발생하는 다양한 문제를 해결하기 위한 목적으로 수행하는 보수 없는 개인의 자발적인 행위라고 할 수 있으며, 자선사업이나 사회복지의 영역에만 국한된 것이 아닌 지역사회의 모든 영역에서 이루어지는 지역사회활동이라고 할 수 있다. 노인 자원봉사활동은 **표 9-2**와 같이, 양방향성, 양면성, 치료성, 자조성이라는 네 가지 특성을 지니고 있다(오병철, 2012).

표 9-2. 노인 자원봉사활동의 특성

- 노인 자원봉사활동은 자원봉사를 행하는 측과 받는 측의 상하관계로 구분되는 것이 아니라 '줌'으로써 '받는 것'이며, '하는 것'이 자신의 삶의 보람이나 즐거움으로 이어지므로 노인 자원봉사활동은 양방향성의 특성을 지니고 있다.
- 일생을 살아오면서 사람들은 자원봉사활동을 통하여 타인에게 도움을 주지만 언젠가는 자신이 도움을 받는 입장에 처할 수 있으므로, 노인은 젊은 시절에 한 봉사에 대한 보상으로 봉사를 받을 수 있으며, 어떤 사람에게서 봉사를 받지만 또 다른 사람에게는 노인 자신이 봉사를 행할 수 있으므로 양

면성을 지니고 있다.

- 노년기에 타인을 돕거나 사회발전에 기여하는 활동에 참여하게 되면, 노인 봉사자는 신체 및 심리적으로 긍정적 보상을 받고 자신이 가진 심신의 문제를 해결할 수 있는 효과가 있으므로, 노년기의 자원봉사활동은 치료적 특성을 지닌다.
- 같은 문제로 고민하는 노인이 집단을 구성하여 서로 문제해결을 돕는 경우가 많으므로 노년기의 자원봉사활동은 자조성(自助性)의 특성을 지닌다.

특히 노인의 자원봉사활동은 노인 스스로가 자신에게 적합한 역할을 찾아 수행함으로써 노인이 변화하는 현대사회에서 노후생활을 보다 보람되고 능동적으로 대처할 수 있게 하는 능력을 기를 수 있게 한다. 또한 노인의 이러한 자원봉사활동 참여는 주로 노인 자신의 사회봉사나 타인을 위해 보람된 일을 하고 싶다고 느끼는 이타주의와 새로운 지위와 역할의 수행, 자신의 지식과 경험의 재활용, 지역사회의 구성원 및 동료와의 인간관계 유지 등의 이기주의에 있는 것으로 보고되고 있다. 노년기에 주어진 여가시간의 일부 또는 전부를 자원봉사활동에 참여하여 보내는 것이 자기 자신과 사회에 어떠한 이익과 의의가 있는가를 살펴보면 표 9-3과 같다(장인협, 최성재, 2006).

표 9-3. 노인의 자원봉사활동 참여의 이익과 의의

구분	내용
개인에게 주는 이익	• 퇴직으로 상실되었던 사회적 지위와 역할을 보충해 준다. 자원봉사활동에 참여함으로써 사회의 일원으로서의 지위와 그러한 활동의 구체적 조직 속에서 새로운 지위(회장, 부회장, 봉사부장, 연구의원, 섭외의원 등)와 그 지위에 맞게 맡겨진 일을 보다 자발적이고 기쁜 마음으로 할 수 있게 된다. • 자원봉사활동의 참여는 사회의 일선에서 물러나 자칫하면 상실되기 쉬운 자신의 사회적 가치성을 회복하거나 유지할 수 있게 해 주어 아직도 자신이 사회에 유용하고 중요한 존재의 가치를 갖게 된다. • 자원봉사 참여는 노년기에 있어서의 자아상을 긍정적으로 유지시켜 주고 자존심을 유지·향상시켜 줄 수 있다. 퇴직은 직업상의 지위뿐 아니라 직업과 관련되어 가졌던 여러 가지 지위마저도 상실하고 가정에서도 생계유지자로서의 지위도 잃어버리므로 자칫하면 자기 자신을 부정적으로 평가하고 자존심을 크게 손상당하게 되는데, 사회봉사활동의 참여는 자아상과 자존심을 유지시켜 주는 데 큰 도움을 준다.

구분	내용
	• 자원봉사활동의 참여는 소외감을 극복하는 데 유익하다. 퇴직은 어떤 의미로는 사회에서 노인을 퇴장시키는 것으로 볼 수 있으므로 많은 경우에 사회로부터 소외당하는 감정을 갖기 쉽다. 사회봉사활동의 참여는 다시 자신을 사회 속으로 참여시키므로 사회로부터의 소외감을 극복할 수 있게 해 준다. • 자원봉사활동의 참여는 자기성장과 자아실현을 돕고 창의성과 책임성을 발휘할 수 있는 기회를 제공해 준다. 즉, 노년기에도 자기성취, 자기성장, 자기실현의 욕구를 갖고 있고 계속 충족되기를 바라고 있으므로 자원봉사활동의 참여는 어떤 의미로 지금까지 하지 못했던 일들을 자기의 계획 속에서 수행할 수 있게 해 준다.
사회에 주는 이익	• 자원봉사활동의 참여는 노화 또는 노인에 대한 인상을 긍정적으로 바꿀 수 있다. 노화과정은 개인에 따라 차이가 많고 또한 한 개인에게 있어서도 신체의 어떤 기능은 빨리 퇴화되는가 하면 어떤 기능은 아직도 건전한 상태에 있는 경우가 많다(예를 들어, 눈이 먼저 잘 보이지 않게 되지만 귀로 듣는 것은 문제가 없는 것 등). 그러므로 60세 또는 65세 이상이 되더라도 다 같은 정도의 노화의 상태에 있는 것이 아니라는 것을 사회에 보여 줄 수 있다. • 자원봉사활동의 참여는 노인이 아닌 다른 사람들의 노인을 바라보는 인상을 새롭게 만드는 데 도움이 될 뿐만 아니라 노인이 스스로 노인을 바라보는 인상도 새롭게 만든다.

3) 노년기 여가활동

사람이 태어나서 일생을 살아가는 동안에 청소년기까지는 교육을 받는 것이 주된 일이었고, 청년기부터 중년기까지는 직업적인 활동과 가사 및 육아활동이 주된 일이었다. 즉, 중년기까지 대부분의 활동은 학업, 직업 및 가사와 관련된 의무적인 일(근로 · 노동)이었고 여가활동은 일에 비하여 상대적으로 훨씬 적은 편이었다. 따라서 중년까지 대부분의 사람들은 의무적이고 시간 제약적인 일에서 벗어나 즐거움과 자기실현을 위한 여가활동을 많이 하기를 항상 원하고 있다(권중돈, 2010).

여가(leisure)라고 하는 용어는 그리스어로 '스콜(Scole)'이라고 하는데, 이는 정지, 중지, 평화와 평온을 의미하며, 자기 교양을 높이기 위한 적극적인 행위를 뜻한다. 로마어로 여가는 오티움(Otium)인데, 소극적인 무위 활동을 뜻한다. 따라서 여가란 일로부터 해방되어 자유, 휴식, 즐거움 등을 누릴 수 있는 여유시간을 의미하며 자기분야 개발을 위한 시간이라는 의미도 포함하고 있는 개념이다(오병철, 2012).

다시 말해, 여가란 노동에서의 신체적 해방과 자신에게 부과된 의무감에서 해방되어 자유롭게 휴식을 갖는 것을 의미하는데, 이런 의미에서 본다면 노년기는 의무적인 일에서 벗어난 시기로 노인의 대부분의 시간과 활동은 여가활동인 것이다. 노년기는 여가의 시기로서 극단적으로는 노인의 하루 잠자는 시간을 제외한 24시간 전부가 여가시간일 수 있다. 그러므로 풍부하게 주어져 있는 자유시간을 무엇을 하며, 어떻게 보내야 할 것인가는 노인에게 큰 과제가 되고 있다.

그리고 여가문제는 노인이 되기 전에 얼마나 노후준비를 잘 준비하느냐 못하느냐에 따라 노년기의 삶의 성공적으로 영위할 수 있느냐 없느냐의 주요한 결정요인이 된다(장인협, 최성재, 2006). 따라서 노인에게 있어서의 여가개념은 재생산의 수단 또는 심신의 피로회복 등을 목적으로 하는 젊은이들의 여가개념과는 달리 노인의 경우에는 언제 어디서나 여가생활을 할 수 있기에 여가 자체가 즐거움이라기보다는 무료함과 함께 정신적 · 정서적 고통을 안겨 주는 결과를 초래한다. 따라서 노인에게 여가로 인해서 제기되는 고통을 감소시키고 여가를 유용하게 보낼 수 있도록 다양한 여가활동 개발이 필요하다.

노년기에 여가활동에 적극적으로 참여하게 될 경우 노후생활의 적응에 많은 긍정적 효과를 기대할 수 있는데, 구체적인 여가활동의 효과는 표 9-4와 같다(권중돈, 2010; 모선희, 2004; 오병철, 2012).

표 9-4. 노년기 여가활동의 효과

- 여가활동에 참여하게 됨으로써 직장동료관계, 가족관계 등의 위축된 사회적 관계망을 보완 · 유지 또는 확대할 수 있는 기회를 갖게 되므로, 고독과 소외감을 해소할 수 있다.
- 여가활동을 통해서 무엇이든 의미 있는 활동을 마련하게 되므로, 무위 상태에서 벗어나고 자기유용감과 자아개념이 긍정적으로 변화된다.

- 직장이나 가정에 대한 책임으로 인하여 지금까지 발휘하지 못했던 자신의 잠재적 재능을 확인하고 이를 표현함으로써 자아실현의 기회를 가질 수 있다.
- 여가활동의 참여를 통하여 신체 및 정신건강을 유지 또는 향상시킬 수 있다.
- 후세대의 삶의 지혜와 문화를 전수하고, 더 나아가서는 사회발전에 기여할 수 있는 기회를 갖게 된다.
- 여가활동을 통하여 삶의 활력을 되찾을 수 있으며, 사기(moral)와 삶의 만족도가 높아진다.
- 여가활동에 참여하는 과정에서 자신의 삶을 자율적으로 결정할 수 있는 기술과 능력이 증진되어, 삶에 대한 통제력이 높아지게 된다.

노인의 여가는 중년기와는 그 의미가 다르게 해석된다. 중년기에는 일하는 시간 외의 시간을 여가로 보지만 노년기에 여가는 일 이외의 시간이 아니고 하루의 무언가를 해야 할 생활 자체가 여가라고 할 수 있다. 따라서 긴 노년기 시간을 보내기 위해서 여가활동은 매우 중요하다. 노년기 여가활동을 통해서 노동력을 재생산하고 역할상실로 인한 고독감을 해결할 수 있으며, 자아실현의 기회를 제공함으로써 생활만족 및 자아존중감을 추구할 수 있게 되므로 여가시간을 어떻게 보내느냐에 따라 노인의 성공적인 삶이 결정될 수 있다(이정희, 2008). 또한 노년기 여가활동을 통하여 노인은 고독감과 허탈감, 소외감을 극복할 수 있고, 사회의 한 구성원으로 역할을 책임짐으로써 자아를 개발하고 잠재력을 발휘하여 사회발전에 기여할 수 있고, 위축된 사회관계망을 보완하고 능동적인 여가활동으로 자아실현을 할 수 있으며, 신체적, 정신적 건강을 유지·향상시킬 수 있다. 또한 노인문제를 해소하거나 완화시키고 자아존중감을 유지, 향상시킬 수 있고 생활만족도도 높일 수 있다(오병철, 2012).

이러한 노인들의 여가활동에 영향을 미치는 요인으로는 경제적 사정이 좋고 건강상태가 양호할수록, 생활환경으로 가까이에 친족이 있거나 이웃에 노인이 많거나, 노인복지시설이 잘 갖추어져 있을수록, 개인이 추구하는 생활목표가 다양하고 많을수록 여가활동에 긍정적인 영향을 미치게 된다.

4) 노년기 평생교육

노인교육은 활용성, 적응학습, 노동시장성, 계속교육이 그 중심이 되는 평생교육이다(김남선 외, 2014). 교육은 인간의 변화를 이끌어 내는 활동이며, 이를 위하여 적절한 외부환경을 제공하고 사회적으로 누구에게나 타당하게 인식되는 좋은 방향과 바람직한 변화를 유발하기 위하여 사전에 계획된 활동이다. 이때 학습은 가르치는 사람이 가르쳐 준 것을 배우고 익히는 것과 더불어 아무도 가르쳐 주지 않은 것을 배우는 사람이 스스로 깨우치고 익히는 모두를 포함하고 있다(양흥권, 2017).

평생교육이란 우리나라 「평생교육법」 제2조 1항에서 학교의 정규교육과정을 제외한 모든 형태의 조직적인 교육활동을 의미하며, 교육의 기회를 학령기인 아동에서부터 노인에 이르기까지 평생교육의 대상임을 법규상으로 정의하고 있다. 노인평생교육은 1919년 영국의 성인교육위원회의 보고서를 바탕으로 관심을 가지기 시작하면서 1965년 유네스코(UNESCO)에서 랑그랑(Langrand)이 제창한 평생교육이념으로 인해 학계에 주목을 끌게 되었으며, 현대적 의미의 평생교육의 시초가 되었다(임재춘, 2015).

성인평생교육의 일부분으로서 노인학습자를 대상으로 하는 교육을 노인평생교육이라 할 수 있다. 평생교육이 태어나면서 죽음에 이르기까지 인생의 전 과정에 걸쳐서 이루어지는 교육활동임과 동시에 인간 완성을 지향하는 교육이라면, 평생교육의 한 과정으로 인생의 노년기에 이루어지는 교육을 노인평생교육이라고 할 수 있다. 고령사회에서 평생교육은 삶의 질과 만족도를 높이기 위하여 전 생애에 걸쳐서 개인에게 제공되는 모든 학습과정과 교육적 결합을 의미한다.

노인인구가 빠르게 증가하는 것에 대비하기 위해 노인복지제도와 물질적 지원 체계 도입도 중요하지만 노인의 평생교육 활성화로 노인 자신이 그들의 입장을 받아들이고 급변하는 현대사회 생활에 잘 대처할 수 있도록 도움을 주며 건강이 허락하는 범위 내에서 자신의 문제를 스스로 해결하고 자존감을 높이는 일은 더 중요하다. 나아가 오랜 시간 동안 축적된 경험을 살려 국가와 사회에 긍정적인 영향을 주며 젊은 세대를 앞서 인도할 수 있는 인생의 선배로 교육하는 것이 중요하며, 일생 동안 거치는 많은 발달과정 중 가장 중요하고 많은 시간을 교육해야 하는 기간이 노인교육의 시기라고 할 수 있다. 이런 사회 환경적 변화와 함께 맥클러스키(McClusky, 1971)는 노인들의 교육욕구를 그림 9-1과 같이 다섯 가지 범주로 분류하였다(하미경, 2021).

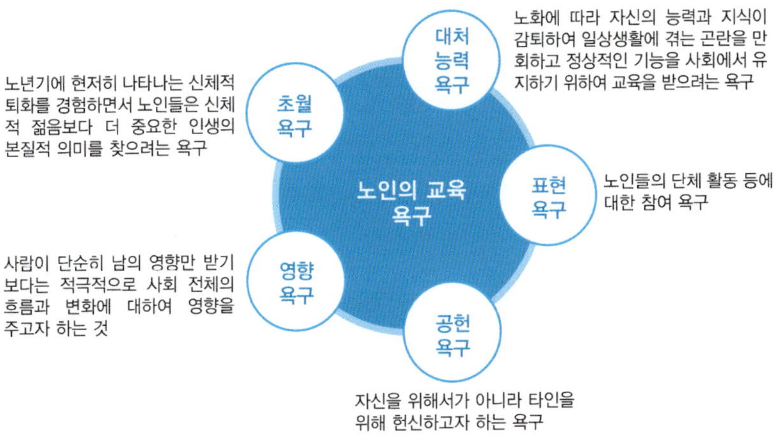

그림 9-1. **노인의 교육욕구**

첫째, 노인들의 대처능력욕구(coping needs)이다. 노화에 따라 자신의 능력과 지식이 감퇴하여 일상생활에 겪는 곤란을 만회하고 정상적인 기능을 사회에서 유지하기 위하여 교육을 받으려는 욕구이다. 예를 들어, 가족관계 적응, 건강관리, 수입유지, 여가선용, 법률적 조언 등이 해당된다.

둘째, 표현적 욕구(expressive needs)이다. 이는 노인들의 단체활동 등에 대한 참여욕구를 말한다. 즉, 노인들은 자발적인 사회적 활동, 신체운동, 새로운 경험, 그리고 새로운 것을 배우는 그 자체적인 재미와 다른 동료들과의 교제로 보다 높은 정신건강 수준유지와 심리적 안정을 바라는 노인들의 욕구이다.

셋째, 공헌적 욕구(contributive needs)이다. 이는 자신을 위해서가 아니라 타인을 위해 헌신하고자 하는 욕구가 노인들에게는 있다. 의료보건 및 사회복지기관, 종교단체에 자원봉사활동에 참여 등 지역사회에 참여함으로써 스스로 만족을 구하고 자아개념을 충족시키게 되는 것을 말한다.

넷째, 영향력의 욕구(influence needs)이다. 이는 사람이 단순히 남의 영향만 받기보다는 적극적으로 사회 전체의 흐름과 변화에 대하여 영향을 주고자 하는 것처럼 노인들도 노인단체, 종교단체, 봉사단체, 사회단체 등에 가입하여 많은 영향을 미치려고 하는 욕구이다.

다섯째, 초월적 욕구(transcendence needs)이다. 노년기에 현저히 나타나는 신체적 퇴화를 경험하면서 노인들은 신체적 젊음보다 더 중요한 인생의 본질적 의미를 찾으려는 욕구가 있다.

학교교육이 교육의 전체였다고 할 수 있는 과거와는 달리 오늘날 고령사회에서는 개인의 학습욕구가 높아지게 됨으로써 평생학습의 생활화가 점차 요구됨에 따라 노인의 교육도 더욱 중요한 의미를 지닌다. 이와 같이 노인의 평생교육이란 여러 학자들이 견해를 종합해 보면, 노화과정의 특성을 이해하고 노년기를 준비하기 위한 교육이며 노인의 지혜와 경험을 활용하는 노인에 의한 교육이며, 노년기의 과업을 실현할 수 있게 하기 위해 신체적, 경제적, 사회적 등의 변화 상황에 잘 적응할 수 있도록 능력을 발전시키기 위한 교육·학습활동을 의미한다고 할 수 있다.

따라서 노인평생교육 프로그램의 내용은 새로운 기술진보와 과학문명에 적응하는 것이어야 하고, 노년기의 신체적 변화와 건강에 대한 지식과 이에 적응하는 내용이어야 한다. 아울러 배우자와 사별에 적응하는 내용, 친구나 친인척을 잃은 슬픔에 적응하는 내용, 정년퇴직에 따른 수입 감소와 여가시간 등에 적응하는 내용, 다가오는 죽음을 준비하는 내용도 포함되어야 한다. 또한 젊은 세대에 대한 이해와 국제적인 감각에 접근하고 적응하는 내용, 노년기를 즐기는 방법을 찾는 내용이어야 한다.

이를 바탕으로 분류한 것을 기준으로 한 프로그램의 내용을 살펴보면, '생활 교육',

'퇴직 준비교육', '죽음 준비 교육'의 세 영역으로 나눌 수 있다. 최근 들어서는 노인평생교육 프로그램 참여대상인 노인의 더 다양해진 욕구를 고려하여 크게 다섯 영역으로 지적, 건강, 사회적, 경제적, 정서적 욕구의 영역 등으로 분류가 가능하다. 이러한 프로그램의 분류가 하나의 욕구를 충족시키기 위해 실시되어진다기보다는 욕구를 다양하게 충족시키는 것으로 이해되어져야 할 것이다. 또한 노인교육 내용을 구성함에 있어 필수적으로 고려되어야 하며 올바른 가치관을 함양하기 위한 청소년 교육과는 달리 노인교육에서는 실생활에 필요한 실용적이고 구체적인 교육내용이 바람직하다(오애숙, 2013). 평생교육에 참여하는 노인의 욕구 충족을 위한 노인평생교육 프로그램 다섯 영역의 주요 내용을 살펴보면 표 9-5와 같다(하미경, 2021).

표 9-5. 노인평생교육 프로그램의 욕구영역별 분류

구분	내용
건강 욕구 영역	노년병에 대한 기본지식과 건강관리법, 규칙적인 운동, 체력과 건강 유지, 식이요법에 관한 지식, 지병의 적절한 처방과 대처
지적 욕구 영역	사회변화와 세대 차 이해, 건강증진을 위한 지식 갖추기, 정치, 문화 · 사회, 경제의 최신 동향 배우기, 은퇴 후 필요한 생활과 지식 배우기
정서적 욕구 영역	건전한 오락과 취미, 적극적 생활태도의 유지, 여가습득, 소외감과 허무감 극복, 죽음에 대한 심리적인 준비와 적응, 독신생활 적응
사회적 욕구 영역	가정과 직장에서 일과 책임의 계승, 자녀와 손자들과 원만한 관계유지, 동년배와의 친교 유지, 어른 구실하기, 사회봉사활동의 참여
경제적 욕구 영역	생계비, 재산 관리, 용돈 마련과 관련한 교육, 은퇴에 의한 수입 감소에 적응하기, 재취업과 공동작업 등 수입사업과 관련한 교육

궁극적으로 노인평생교육의 목적은 노인으로 하여금 삶의 질을 높일 수 있도록 지원하는 것이지만 구체적인 목표에 다양한 내용들이 포함된다. 즉, 건강, 취미, 오락, 여가시간의 활용, 지식산업사회에 대한 이해, 가치 있는 삶의 철학, 컴퓨터, 인터넷에 이르기까지 생활의 가치 있는 자료로서 활용될 수 있도록 할 수 있어야 한다. 하지만

노인평생교육에서 중요시되어야 하는 것은 개인차의 존중이다. 취미오락이든 교양이든 건강과 새로운 지식습득에서도 개인의 환경과 능력, 학습요구에 따라서 교육목표는 달라져야 하기 때문이다. 노인평생교육의 방향과 과제로는 만인을 위한 평생학습 기회 균등 및 기회 확충, 교육 취약계층을 위한 평생학습 지원정책, 일터의 학습 동아리화 및 민간 평생직업 교육의 활성화, 지역 학습문화 진흥을 통한 평생교육의 지역화, 양질의 평생학습 제공을 위한 평생교육기반 강화 등을 들 수 있다.

노인여가복지시설에서의 최근 평생교육 프로그램은 은퇴노인을 대상으로 다양한 교육을 실시하는 곳도 생겨나는 등 기존에 자기계발을 위한 지식함양이나 여가문화 프로그램 위주에서 벗어나 제2의 인생을 위한 자격증교육이 인기를 모으고 있다. 노인의 평생교육 프로그램은 건강증진교육, 정보화교육, 교양 교육, 취미여가교육, 자격증교육으로 크게 5가지로 분류할 수 있다. 프로그램 명에 대한 것은 각 기관별로 상이하지만 일반적으로 그림 9-2, 표 9-6과 같이 구분할 수 있다.

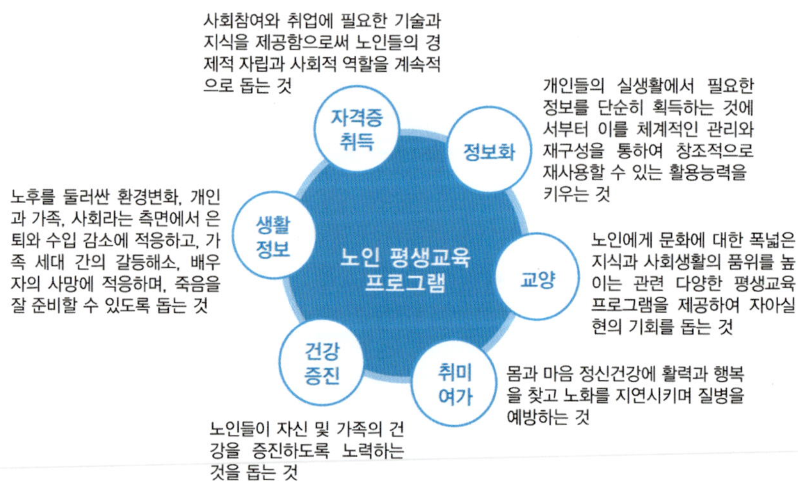

그림 9-2. 노인평생교육 프로그램

표 9-6. **노인평생교육 프로그램의 주요 내용**

구분	내용
정보화 프로그램	컴퓨터(문서편집, 인터넷 활용, 블로그 활용, SNS 활용, 동영상 제작), 디지털카메라(사진편집), 스마트폰 활용 인생설계 프로그램 등
교양 프로그램	한글, 한문, 중국어, 영어, 일본어, 풍수지리, 명심보감, 역학, 인문학, 고전의 향기 등
취미여가 프로그램	민요, 가요, 오카리나, 가곡, 노래교실, 장구, 사진, 서예, 손글씨, 한국화, 서양화, 사군자, 글짓기, 문예창작, 하모니카, 크로마하프, 아코디언, 오카리나, 포크기타, 우쿠렐레, 실버난타, 마술, 미술, 풍물, 민화, 소리장고, 통기타, 색소폰, 장수춤, 고전 무용, 수묵화, 독거남 요리교실, 연극 등
건강증진 프로그램	한국무용, 스포츠댄스, 웰빙댄스, 포크댄스, 벨리댄스, 라인댄스, 국학기공, 세라밴드, 실버태권도, 발건강, 웃음건강, 건강요가체조, 리듬짝체조, 단전호흡, 건강체조, 몸살림운동, 생활댄스, 우리춤 체조, 민속생활체조, 기체조, 수지침, 태극권, 탁구, 당구, 모던댄스, 덩더쿵체조, 실버에어로빅, 게이트볼 등
생활정보 프로그램	부모교육, 가족관계, 은퇴 설계, 연금과 재산관리, 노년기 질환 예방, 노인복지, 생활안전, 생활법률, 웰다잉
자격증취득 프로그램	바리스타, 베이비시터, 문화해설사, 전래놀이지도사, 원예지도사, 동화구연지도사, 타로 심리상담사, 한자지도사 등

3. 노인사회참여와 관계의 현황

노인의 사회참여와 관계에 대한 현황을 자원봉사 참여율, 여가생활, 사회단체 참여율, 평생교육 참여율 및 사회적 관계망으로 구분하여 살펴보면 다음과 같다.

1) 자원봉사 참여율

자원봉사 참여율과 활동 분야에 대한 조사결과는 그림 9-3, 표 9-7과 같다.

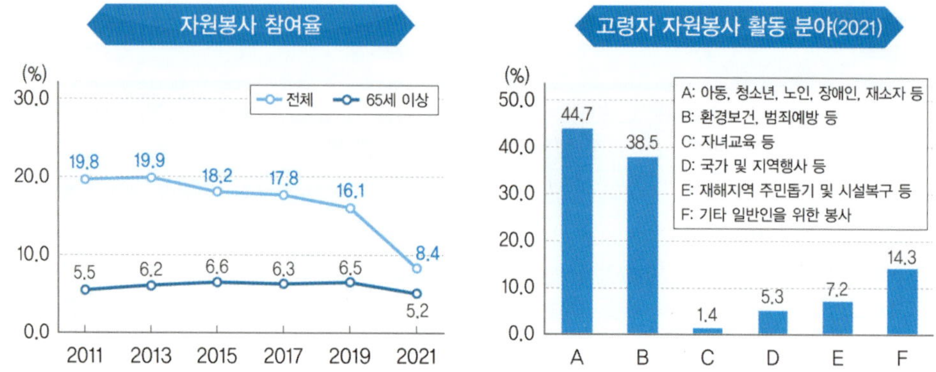

그림 9-3. 자원봉사 참여율과 활동 분야

출처: 통계청(2022). 2022 고령자 통계.

표 9-7. 자원봉사 참여율

(단위: %)

구분		참여율[1]	활동 분야(복수응답)					
			아동, 청소년, 노인, 장애인, 재소자 등	환경보전, 범죄예방 등	자녀교육 등	국가 및 지역행사 등	재해지역 주민돕기 및 시설복구 등	기타 일반인을 위한 봉사[2]
전체[3]	2011	19.8	58.2	20.6	8.8	7.7	4.4	16.0
	2013	19.9	62.4	19.4	6.6	7.7	3.9	15.3
	2015	18.2	58.2	19.4	7.8	8.0	4.1	17.6
	2017	17.8	54.5	18.5	9.1	8.8	3.9	20.5
	2019	16.1	57.7	20.4	9.7	9.1	4.6	17.5
	2021	8.4	51.5	24.6	6.2	7.4	8.6	16.4
65세 이상	2011	5.5	44.7	37.5	1.7	5.7	7.2	8.1
	2013	6.2	44.1	43.7	0.7	6.7	4.8	8.6
	2015	6.6	48.4	37.2	0.4	7.9	4.8	9.7
	2017	6.3	51.4	31.3	3.2	5.6	6.0	11.5
	2019	6.5	54.0	31.7	4.0	8.3	5.3	10.0
	2021	5.2	44.7	38.5	1.4	5.3	7.2	14.3

주: 1) 지난 1년간 자원봉사 활동에 참여한 적이 있는 인구의 비중임.
2) 관공서 업무 지원, 무료 상담 등.
3) 13세 이상 인구를 대상으로 함.
출처: 통계청(2022). 2022 고령자 통계.

2021년 고령자의 자원봉사 참여율은 5.2%로 2년 전(6.5%)보다 1.3% 감소하였고, 고령자의 자원봉사 참여율은 전체 연령 참여율(8.4%)보다는 3.2% 낮았다. 분야별 참여 비중은 아동 · 청소년 · 노인 · 장애인 · 재소자(44.7%), 환경보전 · 범죄예방(38.5%), 기타 일반인을 위한 봉사(14.3%) 순으로 나타났다.

2) 여가생활

주말(휴일 포함) 여가활동에 대한 조사결과는 표 9-8과 같다.

표 9-8. 주말(휴일 포함) 여가활동, 복수응답 (단위: %)

구분	동영상 시청	문화 예술 관람	문화 예술 활동	스포츠 관람	스포츠 활동	관광	인터넷 · 게임	취미 자기 개발	휴식	사회 활동	기타
2015	83.1	3.0	1.0	1.1	6.4	3.7	2.0	7.1	51.3	15.4	2.3
2017	86.2	4.5	1.2	1.3	11.0	8.0	3.3	11.8	70.0	18.9	0.5
2019	87.3	4.1	1.3	1.9	9.7	6.8	4.6	12.1	74.8	23.5	0.3
2021	88.3	2.4	1.8	1.1	12.7	2.5	7.5	15.0	77.5	14.2	0.7

출처: 통계청(2022). 2022 고령자 통계.

2021년 고령자의 주말(휴일) 여가활동은 주로 동영상 시청이 88.3%, 휴식 77.5% 순이었고, 지난 6년간 동영상 시청은 5.2%, 휴식은 26.2% 증가한 것으로 나타났다. 여가활용 만족도에 대한 조사결과는 표 9-9와 같다.

표 9-9. 여가 활용 만족도

(단위: %)

구분	계	만족[1]	보통	불만족[2]	경제적 부담	시간 부족	교통 혼잡	여가 시설 부족	여가 정보 부족	프로그램 부족[3]	취미 없음	건강, 체력 문제	함께할 사람 없음	기타[4]
2011	100.0	12.9	53.9	33.1	60.1	3.6	0.7	0.9	0.4	–	2.5	29.6	2.2	0.1
2013	100.0	16.7	52.2	31.1	52.6	4.4	1.0	0.6	0.6	–	2.9	34.5	3.4	–
2015	100.0	16.6	54.3	29.1	52.1	5.4	0.7	0.7	0.6	–	3.6	34.3	2.2	0.3
2017	100.0	17.8	49.7	32.5	53.0	4.7	1.6	0.9	1.0	–	3.7	33.0	2.0	0.0
2019	100.0	19.2	50.4	30.5	45.5	5.6	0.8	0.8	1.0	–	4.3	40.0	2.1	0.0
2021	100.0	17.2	55.3	27.5	43.8	4.9	1.1	2.4	1.1	1.6	5.0	33.3	2.4	4.5

주: 1) '매우 만족'과 '약간 만족'을 합한 수치임.
2) '매우 불만족'과 '약간 불만족'을 합한 수치임.
3) 2021년 신설.
4) 2021년의 경우 코로나19 사유로 불만족한 경우 '기타'에 포함.
출처: 통계청(2022). 2022 고령자 통계.

2021년 고령자의 여가 활용 만족도는 보통 55.3%, 불만족 27.5%, 만족 17.2% 순으로 나타났으며, 지난 10년간 만족은 4.3% 증가한 반면, 불만족은 5.6% 감소한 것으로 나타났다. 그리고 2021년 여가생활에 불만족 하는 사유는 경제적 부담 43.8%, 건강·체력문제 33.3% 순이었다. 여가활동을 함께하는 사람에 대한 조사결과는 그림 9-4, 표 9-10과 같다.

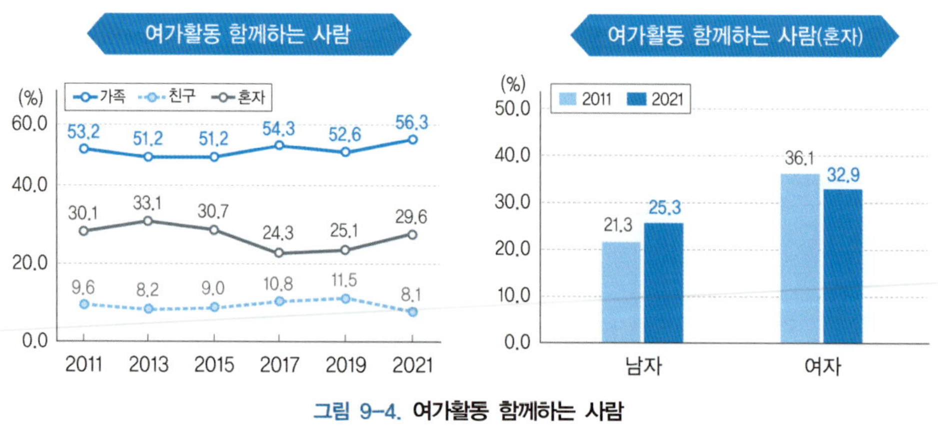

그림 9-4. 여가활동 함께하는 사람

출처: 통계청(2022). 2022 고령자 통계.

표 9-10. 여가활동을 함께하는 사람(주말 · 휴일)

(단위: %)

구분		계	가족	친구	동호회 활동	혼자	직장동료[1]	기타
전체	2011	100.0	53.2	9.6	7.0	30.1	–	0.2
	2013	100.0	51.2	8.2	7.4	33.1	–	0.2
	2015	100.0	51.2	9.0	8.9	30.7	–	0.2
	2017	100.0	54.3	10.8	10.2	24.3	0.4	0.1
	2019	100.0	52.6	11.5	10.2	25.1	0.6	0
	2021	100.0	56.3	8.1	5.7	29.6	0.3	0.1
남자	2011	100.0	62.7	9.9	6.0	21.3	–	0.1
	2021	100.0	61.1	8.5	4.7	25.3	0.4	0
여자	2011	100.0	46.6	9.3	7.7	36.1	–	0.3
	2021	100.0	52.6	7.8	6.4	32.9	0.2	0.1

주: 1) 2017년 신설 항목.
출처: 통계청(2022). 2022 고령자 통계.

2021년 고령자의 주말(휴일) 여가활동을 함께하는 사람은 가족이 56.3%, 혼자 29.6%, 친구 8.1% 순이었고, 지난 10년간 가족은 3.1% 증가하였으나 친구는 1.5% 감소한 것으로 나타났다. 그리고 지난 10년간 혼자 여가활동을 즐기는 비중은 0.5% 감소하였으며, 성별로 보면 남자는 4.0% 증가한 반면, 여자는 3.2% 감소한 것으로 나타났다.

3) 사회단체 참여율

사회단체 유형별 참여 비중과 참여율에 대한 조사결과는 그림 9-5, 표 9-11과 같다.

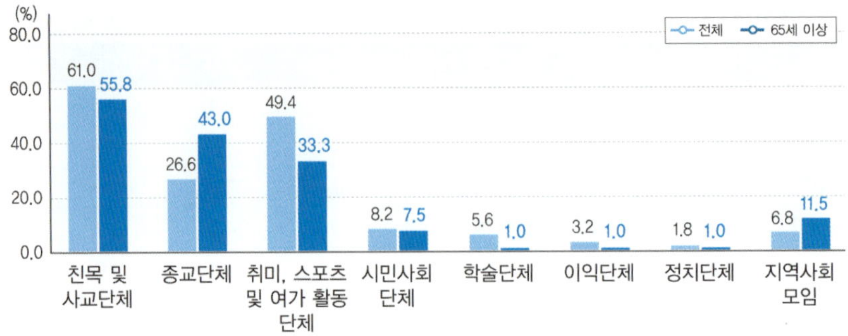

그림 9-5. 사회단체 유형별 참여 비중

출처: 통계청(2022). 2022 고령자 통계.

표 9-11. 사회단체 참여율 (단위: %)

구분		참여율[1]	단체 유형별 참여 비중(복수응답)								
			친목 및 사교 단체	종교 단체	취미, 스포츠 및 여가 활동 단체	시민 사회 단체	학술 단체	이익 단체	정치 단체	지역 사회 모임	기타
전체[2]	2011	46.6	73.1	28.7	34.0	11.0	4.7	2.5	1.0	10.1	0.7
	2013	50.1	75.3	26.4	32.8	11.3	4.6	2.1	0.7	8.9	0.3
	2015	48.9	75.6	27.2	35.2	9.4	5.3	2.5	0.6	9.2	0.1
	2017	49.7	78.2	28.2	43.6	8.4	5.6	3.8	1.3	10.4	0.1
	2019[3]	66.1	77.4	28.7	47.3	12.6	7.6	4.3	1.7	11.5	0.0
	2021	35.8	61.0	26.6	49.4	8.2	5.6	3.2	1.8	6.8	–
65세 이상	2011	35.4	69.1	37.9	11.5	4.5	1.4	0.4	1.0	16.9	1.3
	2013	39.3	69.7	33.4	14.5	6.2	0.8	0.4	0.6	17.9	0.6
	2015	40.0	71.4	33.8	17.5	5.5	1.3	0.5	0.3	18.5	0.3
	2017	42.9	74.6	39.8	22.2	5.5	2.0	0.9	0.6	17.7	–
	2019[3]	58.7	72.7	43.0	29.6	8.4	2.3	1.4	0.9	20.4	0.0
	2021	28.7	55.8	43.0	33.3	7.5	1.0	1.0	1.0	11.5	–

주: 1) 지난 1년간 각 항목의 단체에 참여하여 활동한 적이 있는 인구의 비중임.
2) 13세 이상 인구를 대상으로 함.
3) 참여율 집계 관련, 2017년까지 단체 참여 여부를 직접 질의하여 집계하였으나, 2019년부터 각 참여 단체 선택 응답자를 단체 참여자로 간주하여 집계하였으므로, 직접 비교 시 유의.

출처: 통계청(2022). 2022 고령자 통계.

2021년 65세 이상 고령자의 28.7%는 사회단체 참여 경험이 있고, 전체 연령대 참여율(35.8%)보다 7.1% 낮은 것으로 나타났다. 유형별 사회단체 참여 비중은 친목 및 사교 단체(55.8%), 종교단체(43.0%), 취미 · 스포츠 및 여가활동(33.3%) 순이었고, 전체 연령대와 비교하면, 종교단체(43.0%), 지역사회 모임(11.5%)의 참여 비중이 높은 것으로 나타났다.

4) 평생교육 참여율

평생교육의 참여율과 유형별 참여율에 대한 조사결과는 **그림 9-6**, **표 9-12**와 같다.

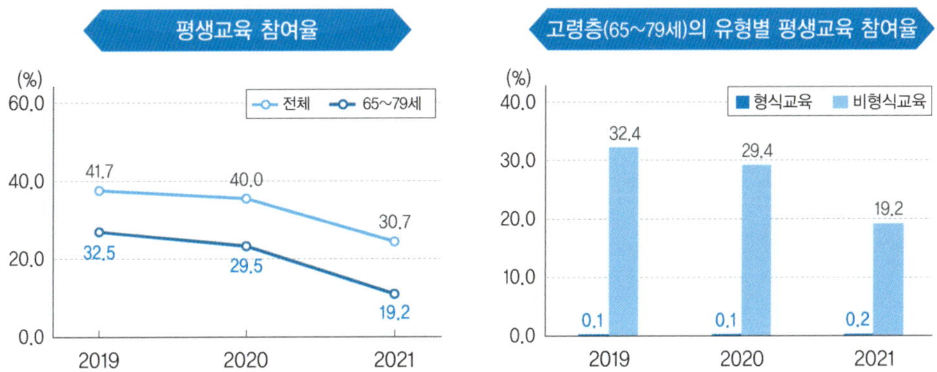

그림 9-6. 평생교육 참여율

출처: 통계청(2022). 2022 고령자 통계.

표 9-12. **평생교육 참여율**[1)] (단위: %)

구분	전체				65~79세			
	참여율[2)]	형식교육[3)]	비형식 교육[4)]	직업 관련 목적[5)]	참여율[2)]	형식교육[3)]	비형식 교육[4)]	직업 관련 목적[5)]
2019	41.7	1.5	40.9	18.7	32.5	0.1	32.4	4.9
2020	40.0	1.4	39.3	20.1	29.5	0.1	29.4	6.0
2021	30.7	0.8	30.2	17.1	19.2	0.2	19.2	4.9

주: 1) 지난 1년간, 25~79세 한국 성인 중 형식교육 또는 비형식교육에 참여한 한국 성인의 비중.
2) 형식교육과 비형식교육 동시 학습 인원 포함.
3) 초, 중, 고등학교나 대학과 같이 정규교육과정을 통해 공식적으로 졸업장이나 학위를 취득할 수 있는 교육.
4) 학교 교육 밖에서 이루어지는 모든 구조화된 학습활동.
5) 「취업, 이직, 창업에 도움」, 「일하는 데 필요한 기능 습득」, 「성과급 · 연봉 등 소득 증대」, 「고용안정」 등 직업과 관련된 목적을 가진 비형식교육 참여자에 대한 현황임.

출처: 통계청(2022). 2022 고령자 통계.

2021년 평생교육에 참여한 65~79세 고령자는 19.2%로 전년 대비 10.3% 감소하였다. 고령자의 유형별 평생교육 참여 현황을 보면, 형식교육 참여 비중은 0.2%로 전년 대비 0.1% 증가하였고, 비형식교육 참여 비중은 19.2%로 전년 대비 10.2% 감소하였으며, 직업과 관련된 목적의 비형식 교육을 받은 고령자는 4.9%로 전년 대비 1.1% 감소한 것으로 나타났다.

5) 사회적 관계망

사회적 관계망에 대한 조사결과는 **그림 9-7**, **표 9-13**과 같다.

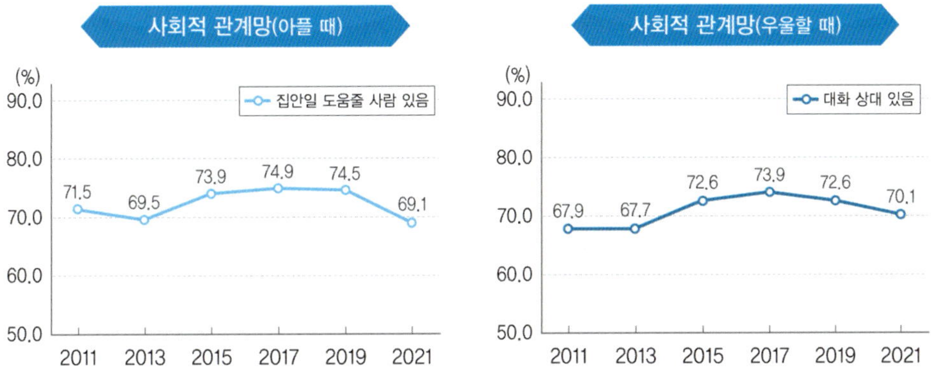

그림 9-7. 사회적 관계망

출처: 통계청(2022). 2022 고령자 통계.

표 9-13. 사회적 관계망 (단위: %, 명)

구분		계	몸이 아파 집안일을 부탁할 경우		갑자기 큰 돈을 빌려야 할 경우		낙심하거나 우울해서 이야기 상대가 필요할 경우	
			도움받을 사람 있음	사람 수	도움받을 사람 있음	사람 수	도움받을 사람 있음	사람 수
전체	2011	100.0	71.5	2.3	31.5	2.3	67.9	2.5
	2013	100.0	69.5	2.0	29.8	2.1	67.7	2.3
	2015	100.0	73.9	2.0	35.2	2.0	72.6	2.3
	2017	100.0	74.9	2.1	36.0	2.0	73.9	2.3
	2019	100.0	74.5	2.0	33.4	1.9	72.6	2.2
	2021	100.0	69.1	2.0	33.3	1.9	70.1	2.2
남자	2011	100.0	74.4	2.3	33.5	2.3	68.1	2.4
	2021	100.0	68.3	2.1	33.3	1.9	66.4	2.3
여자	2011	100.0	69.4	2.2	30.2	2.2	67.8	2.5
	2021	100.0	69.7	2.0	33.2	1.9	72.9	2.2

출처: 통계청(2022). 2022 고령자 통계.

2021년 고령자의 69.1%는 몸이 아플 때 집안일을 부탁할 사람이 있는 것으로 나타났으며, 지난 10년간 2.4% 감소하였다. 성별로 보면 남자가 6.1% 감소한 반면, 여자는

0.3% 증가한 것으로 나타났다. 그리고 2021년 고령자의 70.1%는 우울할 때 도움받을 사람이 있으며, 이는 지난 10년간 2.2% 증가한 결과이며, 성별로 보면 남자가 1.7% 감소한 반면, 여자는 5.1% 증가한 것으로 나타났다.

4. 노년기의 사회적 지지와 상호작용

1) 사회적 지지

아리스토텔레스(Aristoteles)는 인간을 사회적 동물이라고 주장하였다. 이것은 누구나 혼자서 살 수 없고 다른 사람들과 관계를 맺으며 인간으로서 존재한다는 것을 의미하는 것이다. 인간이 사회적 동물로 살아가기 위해서 필요한 것이 사회적 지지라고 할 수 있다. 사회적 지지는 자신을 둘러싼 사람들과의 관계에서 시작한다. 즉, 사회적 지지란 개인이 자신을 둘러싼 의미 있는 타인들로부터 구할 수 있는 다양한 자원을 말한다. 사회적 지지를 통해 개인은 자신이 다른 사람들로부터 사랑받고, 가치 있게 여기며 의사소통 관계망에 속하는 존재라고 여길 수 있게 된다(이화, 2015).

이러한 사회적 지지는 스트레스의 부정적인 효과로부터 개인을 보호하고 좌절을 극복할 수 있도록 작용한다고 알려져 있다. 특히 노년기에는 노화가 일어나며 여러 가지 변화가 발생하는 시기이기 때문에 사회적 지지가 더욱 중요하며, 은퇴, 배우자의 상실 등과 같은 노년기에 발생하는 여러 가지 문제에 성공적으로 대처하려면 주변 사람들의 지지가 필요하다. 머렐 등(Murrel et al., 1992)은 노년기의 사회적 지지가 스트레스와 그로 인한 증상을 예방하고, 나아가 노년기의 행복을 증진시켜 줄 수 있는 자원이라고 강조하였다.

사회적 지지의 개념에는 구조적 차원과 기능적 차원의 두 차원이 있다(Cohen & Wills, 1985). 구조적 차원이란 개인이 맺고 있는 대인관계 구조의 객관적인 측면을 의미하는데, 개인이 얼마나 많은 대인관계를 맺고 있으며, 어떤 사람과 관계를 맺는지 측정함으로써 얻어지는 양적 특성을 말한다. 기능적 측면이란 개인이 자신이 맺고 있는 대인관계의 질을 어떻게 지각하는지를 보여 줌으로써 사회적 지지의 질적 특성을 설명하는 주관적 측면의 개념이라고 볼 수 있다. 즉, 구조적 측면에서의 사회적 지지란 개인이 특정 상황에서 실제로 받았던 지지(recieved support)를 말하며, 기능적 측면에서의 사회적 지지란 개인이 도움을 필요로 할 때, 주변 사람들로부터 도움을 구할 수 있다는 믿음을 의미하는데, 기능적 측면에서의 사회적 지지를 지각된 사회적 지지(perceived social support)라고 한다. 지각된 사회적 지지는 실제로 제공받은 지지보다 정신건강을 예언하는 데 더 효과적이라고 주장한다(Wethington & Kaesler, 1986). 노인들을 대상으로 실시된 지각된 사회적 지지 척도의 예는 표 9-14와 같다.

표 9-14. 지각된 사회적 지지 척도

■ 다음 질문은 어르신의 가족, 친구 그리고 어르신이 관련을 맺고 있는 사람들과의 관계에 대한 것입니다. 각 질문들이 어르신께 얼마나 해당되는지 생각해 보시고 "전혀 그렇지 않다"부터 "항상 그렇다"까지의 번호 중에서 하나를 골라 O표 해 주십시오.

번호	문항내용	전혀 그렇지 않다	그렇지 않다	보통 이다	그렇다	항상 그렇다
1	내 주위에는 내가 어려울 때 나를 도와줄 특별한 사람이 있다.					
2	나에게는 나의 슬픔과 기쁨을 함께 나눌 특별한 사람이 있다.					
3	나의 가족들은 나에게 도움을 주고자 진정으로 노력한다.					
4	나는 내가 필요로 하는 정서적 도움과 지지를 가족들로부터 얻는다.					
5	나에게는 나를 진정으로 위해 줄 특별한 사람이 있다.					
6	나의 친구들은 나에게 도움을 주고자 진정으로 노력한다.					
7	어떤 일들이 잘못 되었을 때 나는 나의 친구에게 의지할 수 있다.					

8	나는 나의 문제들에 대해 가족들과 이야기 나눌 수 있다.					
9	나는 나의 슬픔과 기쁨을 함께 나눌 친구들이 있다.					
10	내 인생에는 나의 감정을 보살펴 주는 특별한 사람이 있다.					
11	나의 가족들은 내가 어떤 일을 결정할 때 기꺼이 도움을 주려고 한다.					
12	나는 나의 문제에 대하여 친구들과 이야기 나눌 수 있다.					

출처: 이화(2015). 노년기 사회적 지지와 주관적 안녕감의 관계: 스트레스와 삶의 의미의 매개효과. 이화여자대학교 대학원 석사학위논문.

2) 사회적 상호작용

사회적 상호작용은 사회적 통합정도와 같은 사회적 관계의 측면들로, 일상 속에서 개개인들 간에 이루어지는 다양한 교류를 포함하는 개념이다. 이러한 사회적 상호작용은 사회적 관계망, 사회적 지지의 구조적 측면 등으로 혼용되어 사용되는 측면이 있다. 구체적으로 사회적 관계망은 사회적 접촉으로 이루어진 모든 사람을 포함하고, 여기에는 가족이나 친구, 이웃, 동료, 그리고 공식적 지원자 등 다양한 사람이 모두 포함되는 것으로 정의된다. 한편 사회적 지지의 구조적 측면은 사회적 지지망(social network)이라고도 표현되며, 개인을 둘러싼 사회환경과의 연결을 의미한다. 그리고 사회적 상호작용은 주어진 환경 속에서 개인이 어떤 사물, 사람 또는 실체(entities)들과 행하는 모든 행위를 의미하는 것으로 정의된다(문나리, 2017).

표현의 차이는 존재하지만 사회적 상호작용이 사회적 관계망과 사회적 지지의 구조적 측면을 포함하는 개념이라고 볼 수 있다. 즉, 사회적 상호작용은 상호 교환적이고, 양방향적이며, 서로 간의 공감대 형성과 지지, 그리고 격려를 제공하도록 한다는 의미를 가지고 있기 때문이다. 이러한 사회적 상호작용은 적응유연성 기제를 작동시키고, 사별자를 회복시키는 요인으로 작용한다(Kawachi & Berkman, 2001).

사회적 상호작용망(interactive network)의 측정은 사회적 상호작용망 내 구성원들과 특정 기간 동안 얼마나 빈번하게 상호작용했는지를 통해 이루어진다. 빈번한 상호작용을 하는 구성원이 개인에게 더 중요하다고 확신할 수는 없지만, 사회적 상호작용의 다양한 특성을 파악할 수 있기 때문에 유용한 측면을 지닌다.

일반적으로 결혼상태나 다른 사람과의 동거여부처럼 단순한 사회적 관계의 존재 유무나 사회적 관계의 수와 사회적 상호작용의 범위 또는 크기라고 하는 상호작용망 내 구성원의 수, 구성원 간 접촉빈도, 상호작용망 내에서 교환되는 자원의 수 등으로 측정한다. 앞선 측정 항목들에 덧붙여 최근에는 종교모임, 여가활동, 지역사회모임 등의 사회활동들과의 관계 및 참석여부 등으로 그 측정변수를 확장하고 있다.

사회적 상호작용을 분석하는 것은 사회적 관계를 총괄적으로 이해하게 하고, 다양한 유형의 결속에 대한 설명과 효과의 분석을 가능하게 한다. 또한 주관적 평가가 덜 반영된 객관적 지표로 인식되어 최근 가장 많이 활용되는 개념 중의 하나이다(문나리, 2017).

PART 3

노인복지실천 및 개입방법의 이해

Chapter 10

노인복지실천

배울 내용

1. 사회복지실천의 개념과 모형
2. 노인복지실천의 의의와 구성체계
3. 노인복지실천의 과정
4. 노인복지실천의 기술
5. 노인복지실천이 개입수준과 역할

학습목표

1. 사회복지실천의 개념과 모형을 이해한다.
2. 노인복지실천의 의의와 구성체계를 설명할 수 있다.
3. 노인복지실천의 과정을 설명할 수 있다.
4. 노인복지실천의 기술을 숙지한다.
5. 노인복지실천의 개입수준을 이해하고 역할을 숙지한다.

1. 사회복지실천의 개념과 모형

1) 사회복지실천의 개념

사회복지실천(social work practice)은 개별사회사업, 집단사회사업, 지역사회조직사업이라는 3대 사회사업방법으로부터 일원적 방법, 즉 방법의 통합화를 지향하고 있다. 사회복지실천의 일원적 방법이란 모든 사회복지사들이 개인, 집단, 지역사회에서 제기되는 사회문제에 대처해 나가고자 할 때 활용할 수 있는 공통된 하나의 원리나 개념을 제공하고자 하는 것이다.

과거의 사회복지개입에서는 인간이나 환경 중 어느 하나를 변화시키는 데 주력하였다고 한다면, 1970년대 이후에 등장한 사회복지실천에서는 인간과 환경의 상호작용을 변화시키는 데 초점을 두고 있다. 즉, 오늘날의 사회복지실천은 인간과 환경이라는 두 체계에 동시에 초점을 두고, 양자 간의 상호작용을 변화시키는 사회복지의 통합적 접근을 시도하고 있다(권중돈, 2004).

따라서 사회복지사는 한 개인의 문제를 볼 때에도 그가 속한 집단과 지역사회의 맥락에서 파악하고, 치료 내지 변화를 시도할 때에도 개인은 물론 집단과 지역사회의 변화를 동시에 꾀하는 것이 이상적이다. 왜냐하면 사회복지실천의 초점은 사회적 기능수행(social functioning)의 향상으로서 사회적 상호작용과 관련되어 있는데, 이것은 인간과 환경 간의 상호교환을 통하여 어떠한 일이 진행되고 있는가에 관심을 두고 인간과 환경을 하나의 개념 속에 포괄하고 있기 때문이다. 그리고 여기서 사회적 기능수행의 개념은 인간의 대처 능력(coping)과 환경적 요구(environmental demands) 간의 균형을 개선하는 것이라고 할 수 있다(조흥식 외, 2000).

사회복지사들은 개인에 대한 변화전략을 지향할 수도 있고, 환경에 대한 변화전략을 지향할 수 있으며, 그리고 개인과 환경 간의 상호작용에 대한 변화전략을 지향할 수도 있다. 그러나 이 모든 경우에 이들 전략들은 개인과 상황의 상호작용의 본질의 변화를 지향한다.

결론적으로 사회복지실천(social work practice)이란 인간이 지닌 사회적 문제와 사회적 기능수행상의 어려움을 개별적, 집단적, 조직적, 지역사회적으로 도움을 제공하여 문제를 해결하기 위한 통합적 사회사업방법 중 하나라고 할 수 있다. 따라서 사회복지실천 노력의 핵심은 사회적 기능 수행상의 문제를 중심으로 사회복지사와 클라이언트가 함께 활동하는 것이라고 할 수 있다(김융일 외, 2000).

2) 사회복지실천의 모형

전통적인 사회사업방법들을 통합하고자 하는 시도는 많은 학자들에 의하여 이루어져 왔다. 특히 핀커스와 미나한(Pincus & Minahan, 1973)은 사회복지사는 사회복지현장에서 클라이언트를 돕기 위해 개인이나 집단, 가족, 지역사회 각각에 제한되는 접근방법보다 여러 유형이나 규모의 체계들과 관계를 맺을 수 있는 접근방법이 필요하다고 주장하면서, 모든 사회복지실천에 공동적으로 적용될 수 있는 통합적 접근의 필요성을 강조하였다. 이러한 통합적 방법을 토대로 하는 사회사업실천의 모형으로 4체계모형, 생활모형, 문제해결모형, 그리고 역량강화모형에 대해 살펴보면 다음과 같다(김융일 외, 2000; 양옥경 외, 2005; 차소영, 2007).

(1) 4체계모형

1970년대 초반 핀커스와 미나한(1973)은 통합적 방법을 직접적으로 활용할 수 있는 4체계모형(four systems model)을 제시하였다. 4체계모형은 포괄적이고 전체적인 관점에서 클라이언트체계를 사정할 수 있는 기초를 제공하고 사회복지사로 하여금 인간과 클라이언트의 비공식적 자원체계 간의 연결에 초점을 두고 있다. 이 모형은 '복잡한 여러 수준의 체계들과 연결되어 있는 사람들과 일한다'는 점을 강조하고 있으며 미시 대 거시, 또는 치료 대 사회행동과 같은 전통적인 이분법적 사고를 피할 수 있도록 해 준다(김융일 외, 2000).

이 모형은 일반체계접근법에 근거하여 개발되었다. 사회사업실천과정에서 사회복지사의 활동은 4체계와 관련되어 이루어지는데, 구체적으로 표 10-1과 같이 변화매개체계, 클라이언트체계, 표적체계 및 행동체계이다.

표 10-1. 4체계모형

구분	내용
변화매개체계	사회복지사 및 사회복지사를 고용하고 있는 기관 및 조직으로서 변화매개인이란 계획된 변화를 목적으로 특수하게 고용된 '돕는 사람', 즉 사회복지사를 의미한다.
클라이언트체계	클라이언트체계란 서비스나 도움을 필요로 하는 사람들로서 변화매개인과 계약이 이루어졌을 때 비로소 클라이언트가 된다. 여기에서 계약이란 변화노력의 목표나 목적을 분명히 하며 변화활동에 사용되는 방법을 확실하게 하는 것으로서 체계 구성원 모두 혹은 일부와 이루어진다.
표적체계	변화매개인이 목표로 한 것을 달성하기 위해 영향을 주거나 변화를 시키는 것이 필요한 사람들로서 클라이언트체계와 동일할 수도 있고 상이할 수도 있다.
행동체계	변화매개자들이 변화 노력을 달성하기 위해 서로 상호작용하는 사람을 말하는데, 이웃, 가족, 전문가들이 이 체계에 해당한다.

사회복지사는 4가지 사회체계들로 개입을 위한 표적체계를 설정하고, 변화와 관련이 있는 체계들을 찾아내고, 이 체계들을 변화과정에 끌어들이는 것이다.

(2) 생활모형

생활모형(life model)은 1970년대 초 저매인(Germain)과 기터맨(Gitterman)이 생태체계적 관점을 이론적 준거틀로 도입하여 개발한 모형이다(양옥경 외, 2005). 이 모형은 사람과 환경을 통합적으로 보고 개인과 환경 모두를 변화체계에 개입할 수 있도록 하는 실천원칙과 기술을 통합한 것으로서 생활과정에서 사람들이 문제를 해결해 나가도록 하는 실천모형이다. 또한 문제를 단순히 개인의 장애로서만 파악하지 않고 생활의 맥락 안에서 파악하고자 한다. 생활모형은 생활과정이라는 개념을 강조하고 있는데, 생활과정이란 인간이 각기 다양한 환경에서 태어나 죽을 때까지 다양한 생활경험 속에서 경험하는 독특한 발달과정을 의미한다.

이 모형은 또한 스트레스에 강조점을 두고 환경과의 적응적 교류의 균형이 깨지면서 발생하는 스트레스로 스트레스가 발생하는 상황은 생활주기 변화, 환경적 압력, 대인관계의 과정 등이며, 스트레스 유발 여부는 개인적 환경적 상황 및 특정 사건에 대한 인지방식에 의해 좌우된다. 따라서 생활모형에서는 외부세계를 통제할 수 있는 인지능력을 강조하며, 사회사업실천의 목적을 환경과 개인 간의 상호교류가 적응적이도록 하기 위해 개인의 적응능력을 강화하고 환경에 영향을 주는 것으로 보고 있다(남기민, 2005).

(3) 문제해결모형

문제해결모형은 1950년대에 펄만(Perlman, 1957)에 의해 개발된 것으로서, 인간의 삶 자체가 끊임없는 문제해결과정이라는 가정 아래 최초로 '문제'를 사회복지실천의 변화표적으로 제시한 모형이다. 펄만(1957)은 문제해결과정이 문제(problem), 사람(person), 장소(place), 과정(process)의 4대 요소로 이루어진다고 주장하였다. 구체적으로 문제는 사회 환경에 조정이 필요한 적응이상 상태를 말하며, 사람은 사회적 측면이나 개인적인 측면에서 도움이 필요한 사람을 말한다. 한편 장소는 문제를 가진 개인이 도움을 받으러 찾아오는 곳으로 사회복지관을 의미하며, 과정은 사회복지사와 클라이언트의 전문적인 관계를 통하여 문제해결에 도움을 주는 과정을 말한다. 펄만(1957)의 문제해결모형은 개인과 환경을 분리해서 이해할 수 없다는 생태체계적 관점과 일치하며, 문제의 발생과 관련된 개인의 환경과 관계망 등 다양한 변수를 고려하는 측면에서 현대적인 접근방법이다(양정남 외, 2004).

이 모형의 핵심은 성공적인 개입은 변화를 향한 클라이언트체계의 동기, 능력, 기회에 근거한다는 점이다. 문제해결과정에서 사회복지사는 클라이언트가 상호작용하는 환경 내에서의 자원 활용 가능성과 관계된다. 일반적으로 문제해결모형은 접촉단계, 계약단계, 행동단계의 3단계로 나누기도 하며, 문제의 분석과 욕구파악, 전략 대안의 개발, 각 대안에 대한 평가와 선택, 수행 및 평가의 5단계로 구분되기도 한다.

(4) 역량강화모형

역량강화모형(empowerment model)은 클라이언트를 문제중심으로 보는 것이 아니라 강점중심(strength perspective)으로 봄으로써 클라이언트의 잠재능력 및 자원을 인정하고 클라이언트의 탄력성(resiliency)을 전제로 하여 클라이언트가 스스로 삶을 결정할 수 있도록 능력을 부여하는 것을 말한다(Sheafor et al., 1988). 강점중심접근의 원칙은 표 10-2와 같다(Saleebey, 2005).

표 10-2. 강점중심접근의 원칙

- 모든 개인, 가족, 지역사회는 강점, 자질, 자원을 가지고 있다. 사회복지사는 클라이언트들 자신의 불행, 질병, 고통을 극복할 수 있는 잠재력과 가능성을 가지고 있다는 믿음을 가져야 한다. 이러한 강점을 식별하기 위해서는 사회복지사는 열린 마음과 사고로 클라이언트에 대한 관심, 존중, 존경심을 가져야 하며 그들의 말을 경청해야 한다.
- 클라이언트의 상처와 학대 그리고 질병과 같은 위기는 고통을 초래하지만 한편으로는 기회와 도전, 성장의 기회가 될 수 있다.
- 개인의 변화와 성장의 가능성은 무한하다.
- 가족과 개인, 그리고 지역사회의 전망과 희망을 진지하게 고려해야 한다.
- 모든 개인은 친구, 집단, 확대가족 등 용기를 주는 자원과 능력을 가지고 있다.

2. 노인복지실천의 의의와 구성체계

1) 노인복지실천의 의의

사회복지실천에 대한 정의로 볼 때, 노인복지실천은 "노인이 인간다운 생활을 영위하면서 자기가 속한 가족과 사회에 적응하고 통합할 수 있도록 필요한 자원과 서비스를 제공하는 데 관련된 공적 및 사적 차원에서의 조직적 제반 활동"이라 할 수 있다. 또한 노인복지실천은 노인과 그를 둘러싼 환경 특히 가족을 주된 대상으로 하며, 노인이 환경과의 상호작용과정에서 갖게 되는 욕구나 문제를 예방, 경감 혹은 해결하여 노인의 사회적 기능을 향상시키는 것을 기본적인 목적으로 한다.

미국사회복지사협회(NASW, 1992)에서 제시한 사회복지실천의 목적을 근거로 하면, 노인복지의 세부적인 실천목표는 표 10-3과 같다.

표 10-3. 노인복지의 세부적인 실천목표

- 노인의 문제해결능력, 대처능력 및 발달상의 능력 향상
- 자원, 서비스 및 기회를 제공하는 체계와 노인의 연결
- 자원과 서비스를 제공해 주는 체계의 효과적이고 인간적인 작동
- 사회정책의 개발과 증진
- 위험에 처한 집단의 역량강화를 통한 사회경제적 정의의 증진
- 전문적 지식과 기술의 개발과 검증

노인복지실천은 이와 같은 목적을 추구하는 과정에서 표 10-4와 같은 예방, 회복, 그리고 치료적인 기능을 수행하게 된다(권중돈, 2004).

표 10-4. 노인복지실천의 기능 수행

• 예방은 문제가 발생하기 전에 노인들의 사회적 기능을 향상시키는 것 • 회복은 신체, 정신적 문제나 장애로 약화된 기능을 되찾을 수 있도록 원조하는 데 초점을 두는 것 • 치료적 기능은 노인이 현재 겪고 있는 문제나 장애를 해결 또는 개선하는 것을 목적으로 하는 것

이러한 노인복지실천의 목적과 기능을 수행하기 위해 사회복지사는 노인과 가족을 대상으로 하여 상담, 집단활동 프로그램, 노인교육, 지역사회자원의 연결, 취업알선, 노인환자에 대한 케어, 가정방문서비스, 일상생활 동작훈련 및 여가활동 지원 등의 다양한 업무를 수행하게 된다(현외성 외, 2001).

2) 노인복지실천의 구성체계

노인복지실천은 노인들이 충족하지 못한 욕구에 관심을 기울이는 것에서부터 시작하여 노인이 처한 상황에 대한 사정과 개입계획을 수립하고, 이를 바탕으로 서비스나 원조를 제공하는 일련의 과정으로 구성된다. 이때 노인의 욕구에 대한 관심은 노인복지실천의 가치체계(feeling or value)이고, 노인의 상황에 대한 사정과 개입계획은 지식체계(thinking or knowledge)이며, 서비스나 원조는 기술체계(acting or skills)라고 할 수 있다.

따라서 효과적인 노인복지실천을 위해서 사회복지사는 **그림 10-1**과 같이 독자적인 지식체계를 구축함과 동시에 실제 복지현장에 적용할 수 있는 기술체계, 그리고 이러한 지식과 기술의 활용을 안내하는 가치체계를 동시에 갖추어야 한다(Johnson & Yanca, 2001).

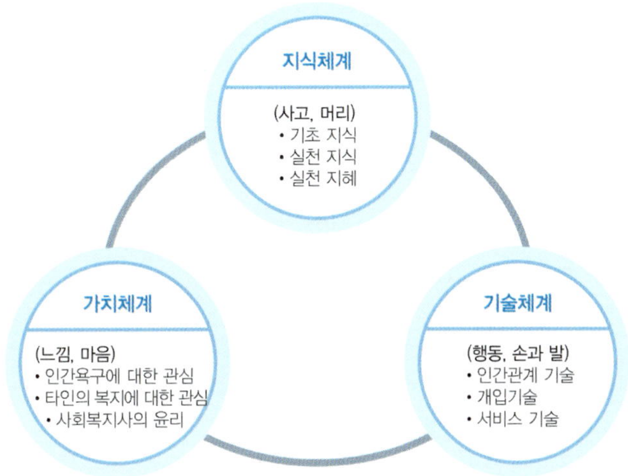

그림 10-1. 노인복지실천의 구성체계

출처: 차소영(2007). 노인복지실천의 개입방법과 사례. 청주대학교 대학원 석사학위논문.

인간과 사회환경은 지속적으로 변화하고 발전하여 노인복지실천의 지식체계의 범위도 넓어지고 있다. 따라서 노인복지실천에서는 심리학, 사회학, 경제학, 정치학, 문화인류학, 법학, 역사학, 의학, 공학 등과 같은 다른 학문의 지식을 종합적으로 활용할 수밖에 없는 상황이다(권중돈, 2004).

인간은 신분, 직업, 연령, 신체적 · 정신적 건강, 경제적 지위 등의 어떤 면에서도 차별받지 않는 인간적인 권리로서의 존엄성이 존중되어야 하며, 개인은 다른 개인과 구별되는 특성과 욕구를 지니고 있는 개성적인 존재로서 인정되어야 하고, 특히 노인은 생산성의 저하로, 갖고 있는 자원이 작다고 해서 무시되어서는 안된다. 따라서 노인복지실천은 노인을 돕고, 세상을 변화시키기 위해 노인들의 시대적 욕구를 잘 파악하고 수시로 욕구조사와 새로운 프로그램을 계획하는 등 지식, 가치, 기술을 잘 활용해야 한다.

3. 노인복지실천의 과정

노인복지실천의 과정은 그림 10-2와 같이, 접수면접과 관여, 자료수집 및 사정, 계획과 계약, 개입과 점검, 평가와 종결 순으로 이루어지게 된다. 노인복지실천의 과정을 구체적으로 살펴보면 다음과 같다(차소영, 2007).

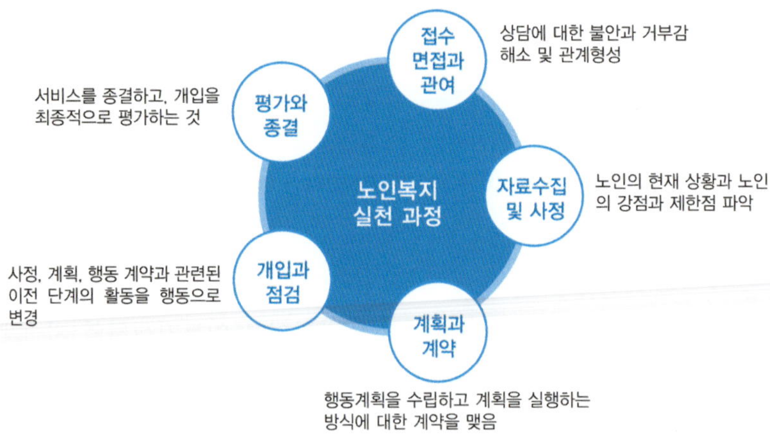

그림 10-2. 노인복지실천 과정

1) 접수면접와 관여

접수면접과 관여의 단계에서는 노인클라이언트가 상담에 대한 초기 불안과 거부감을 해소하고, 상담의 핵심적 요소가 되는 전문적 원조 관계를 형성하여야 한다. 접수 및 관여의 첫 대면에서 사회복지사는 노인에게 친절하고 호감을 갖고 명랑한 느낌을 주며, 적극적인 관심을 보여야 한다.

또한 접수면접과 관여 단계에서 사회복지사는 노인클라이언트를 이해하려는 진지한 자세, 모든 것을 노인클라이언트의 입장에서 생각해 보려는 태도, 비판하기보다는 수용하고 존중하며 허용적인 자세, 진실성, 온화함, 노인을 도와주고자 하는 인간적인 자세 등이 요구된다. 관여과정은 사회복지사와 클라이언트사이의 대인 관계적 교환과 관련된다. 어느 정도 긴장이 풀리면 노인클라이언트 자신의 문제를 이야기할 준비가 되어 있는지 확인하고, 동기(노인이 도움을 요청하는 이유) 등을 파악한다.

사회복지사는 "제가 어떤 점을 도와드렸으면 좋겠습니까?" 등과 같은 질문으로 노인클라이언트의 대답을 경청하고 클라이언트가 도움을 요청하는 직접적인 이유와 동기를 파악한다.

접수면접에는 사회복지사가 구체적인 조치와 사무적인 결정을 하는 것으로 클라이언트와 사회복지사는 클라이언트가 도움을 요청하는 이유를 이해해야 하며, 기관과 원조과정에 대한 클라이언트의 기대를 토론해야 한다. 또한 만약 초기라면 클라이언트 상황을 평가하게 될 것이고, 사회복지사와 클라이언트는 역점을 두어야 하는 관심사와 문제에 대한 잠정적 합의를 하고, 서비스의 자격 요건을 결정한다.

2) 자료수집 및 사정단계

자료수집과 사정단계에서는 노인의 문제를 규정하기 위해서 노인이 처한 상황과 노인의 강점과 제한점을 모두 파악해야 한다. 문제 규정 시 노인의 문제가 무엇인지, 심각한 정도, 문제로 인해 야기되는 결과 등을 탐색하고 조사한다. 따라서 자료수집 · 사정단계에서는 의도적으로 노인의 행동, 개인의 특성, 자원의 측면에서 노인의 강점을 파악하고 격려해야 한다. 이런 강점의 강조는 치료적 효과까지도 갖는다. 자료수집과 사정의 구체적인 내용은 표 10-5와 같다.

표 10-5. **자료수집과 사정**

구분	내용
자료수집	필요한 자료 유형과 자원은 역점을 두는 상황과 관련되는 클라이언트체계에 따라 다양하다. 클라이언트 또는 클라이언트체계가 자료를 수집하는 데 적극적으로 참여하는 것이 기대되지만, 사회복지사는 필요한 정보의 유형을 명확히 하고 정보를 수집하고 조직화해야 한다.
사정	의미와 관련된 사실로부터 잠정적인 결론까지 추론해 내는 사고과정으로 클라이언트의 상황을 이해하기 위하여 이용 가능한 자료와 정보를 조직하고 조사한다. 사정의 과정에는 전반적인 노인의 신체적 · 심리적 · 사회적 기능이 포괄적으로 고려되어야 하며, 노인의 자원에 대한 사정에는 문제해결능력, 필요한 자원과 한계, 성격 등의 측면에서 강점과 취약점을 조사해야 한다. 또한 환경에 대한 사정은 노인의 가족은 물론 친구, 친척, 이웃 등을 포함하는 사회지지체계의 적절성과 부적합성, 긍정적 측면과 취약한 측면이 사정내용에 모두 포함된다. 이와 같은 노인에 대한 문제규정과 사정의 결과를 바탕으로 하여 계획과 계약을 수립해야 한다.

3) 계획과 계약

클라이언트와 사회복지사가 사정에 대한 동의가 이루어지면, 행동계획을 수립하고 계획을 함께 실행하기 위한 방식에 대해 공식적 또는 비공식적 계약을 맺는 다음 단계로 나아가는데, 이 과정에서 행동체계가 규명되어야 한다. 목표를 달성하기 위하여 사회복지사와 클라이언트가 함께 일해야 하는 사람과 조직은 누구인가? 실행 가능한 계획을 만들기 위해 이 물음에 대답할 수 있어야 한다. 계획하기와 계약의 구체적인 내용은 표 10-6과 같다.

표 10-6. **계획하기와 계약**

구분	내용
계획하기	행동계획은 사정과 개입 사이를 연결한다. 계획은 클라이언트가 변화하거나 달성하기를 원하는 것을 정확하게 구체화하는 것에서 시작, 원하는 결과를 확실히 하고 사회복지사와 클라이언트가 목표에 초점을 두고, 변화과정을 계획하고 이끌어 가는 데 광범위한 실천틀, 관점, 이론, 모형을 활용할 수 있다. 각각은 변화하는 방법과 이유에 대한 가정, 그리고 이러한 가정 아래 사회복지사는 변화를 촉진시키기 위해 할 수 있는 것들에 대한 일련의 것들이 가정에 기초하고 있다. 변화를 위한 다양한 전략을 검토한 후, 사회복지사와 클라이언트는 자신들이 따라야 하는 계획의 세부 사항을 선택하고 개발한다. 취할 각각의 행동을 분명히 하고 행동에 대한 이유를 이해할 수 있어야 한다.
계약	사회복지실천 계약은 "클라이언트와 사회복지사 사이에 개입과정 동안 수행해야 하는 목적, 방법, 시간표, 상호 의무에 대하여 서면으로, 구두로, 암묵적으로 하는 합의"라고 정의되고 있다. 계약의 목적은 사회복지사와 클라이언트의 역할과 책임을 분명히 하고 오해를 예방하는 것이다. 어떤 경우에는 서면계약을 활용하는 것이 유리하다. 서면계약으로 명시하는 것은 사회복지사와 클라이언트 사이에 일치하는 것과 일치하지 않는 점을 분명히 하며, 클라이언트와 기관에 대한 책임감을 제공하는 기초가 되고, 다른 사회복지사에게 사례를 의뢰하는 것을 촉진시키는 효과적인 도구가 될 수 있으므로, 이러한 과정은 중요하다. 계약에서 구체화되어야 하는 요소로는 역점을 두어야 하는 문제, 명확한 목적, 클라이언트가 해야 할 활동, 사회복지사의 과제, 개입기간, 모임장소뿐 아니라 면접이나 다른 접촉의 스케줄, 참여할 사람 등이다. 다시 말해, 계약단계란 사회복지사와 클라이언트가 앞으로 다룰 문제를 정의하고, 목표를 설정하며, 개입계획을 서로 협상하는 과정이다.

4) 개입과 점검

개입과 점검단계는 사정, 계획, 행동 계약과 관련된 이전 단계의 활동을 행동으로 변형한 것이다. 이 시점에서 사회복지사는 계획에서 자신의 부분을 수행하고, 클라이언트가 동의한 과제를 실행하도록 돕고, 상황에 영향을 주는 데 필요한 자원을 제공하고, 과정을 점검하고, 발생한 긍정적인 변화를 고정시키도록 돕는 일을 한다. 개입과 점검의 구체적인 내용은 표 10-7과 같다.

표 10-7. **개입과 점검**

구분	내용
개입	사회복지사의 근본적인 역할은 클라이언트가 변화를 달성하도록 돕는 것이다. 사회복지사는 변화를 촉진하고 격려하기 위하여 행동하지만, 변화를 위한 궁극적인 책임은 거의 예외 없이 클라이언트에게 있다. 문제해결의 계획을 구체적인 행동으로 실천하는 단계, 즉 문제해결단계이다. 노인의 습관적 사고, 감정 및 행동유형을 변화시키기 위하여 개입하는 과정에서 노인의 저항에 직면하는 경우가 많다. 사회복지사는 노인의 저항을 보다 줄일 수 있는 방법을 생각해야 한다. 일반적으로 노인의 입장을 고려하지 않는 개입으로 일방적인 지시나 통제, 노인을 배려하지 않는 개입은 노인의 강한 저항을 불러일으키는 주요 요인들이다. 따라서 상담자는 이러한 경우들이 발생하지 않도록 조심하면서 노인의 변화동기를 고취시키는 방향으로 문제해결 노력을 기울여야 할 것이다. 개입활동으로 인해 야기된 새로운 행동 패턴과 태도 등이 노인의 일상적인 패턴으로 자리 잡을 때까지 일시적으로 혼란 상태에 놓이게 된다. 개입으로 인해 나타난 변화가 고정되고 지속될 수 있도록 계속적으로 평가하면서 도움을 제공하여야 한다.
점검	개입활동을 전개하면서 사회복지사는 일어나고 있는 것을 계속 유지하고 개입성과를 계속해서 평가해야 하는 책임을 가진다. 이러한 계속적인 평가는 제공된 서비스의 적절성과 효율성에 중점을 두며, 개입이 얼마나 잘 진행되는가에 따라 개입은 계속 또는 수정되며, 혹은 계획과 계약이 중단되고 새로운 것을 협상하는 것이다.

5) 평가와 종결

변화과정의 마지막 단계는 클라이언트에게 제공하는 서비스를 종결하고, 개입을 최종적으로 평가하는 것으로, 평가는 기관 내부의 앞으로의 행정적 결정과 사회복지사 자신의 실천의 질을 향상시키기 위한 합의를 가지는 것이다. 종결과 평가의 구체적인 내용은 표 10-8과 같다.

표 10-8. **종결과 평가**

구분	내용
종결	모든 원조 관계를 마무리 짓는 것이다. 종결은 전문적인 관계를 시작하는 시점에서부터 예견되어야 하며 현실적으로 다루어져야 한다. 종결은 급격히 이루어지기보다는 일정한 과정을 거쳐 서서히 이루어지는 것이 바람직하다. 특히 노인클라이언트와의 관계에 있어서는 이 단계에 특별히 유의해야 한다. 만일 문제가 무사히 해결되고 그 결과로 성공적인 것이어서 관계가 종결된다면 워커와 클라이언트는 모두 만족스러울 것이다. 그러나 사회복지사가 과업이 끝났다고 생각하기도 전에 클라이언트가 종결을 원한다면 사회복지사는 이 단계에서 부적절한 감정을 느끼게 되고, 또한 클라이언트에게 충분한 도움을 주지 못한 것에 대해 죄책감 등을 가질 수도 있다. 반면 사회복지사는 과업이 끝난 것으로 생각하고 있는데 클라이언트가 이에 동의하지 않고 관계를 계속할 것을 원한다면, 사회복지사는 클라이언트에게 종결의 결정을 내리게 된 이유를 설명해 주어야 한다. 이것이 부족하면 종결하기로 한 결정을 재고해 보거나 종결 이후 클라이언트 지원을 할 방법을 모색해 볼 수 있다. 하지만 때로는 조금 불만이 남아 있더라도 과감하게 중단할 수 있어야 한다.
평가	평가란 개입과정 동안에 이루어진 활동의 결과를 연구하고 측정하는 것으로 이러한 활동의 핵심은 특정지표를 이용하여 목적 성취 정도를 분석하는 것이다. 원조과정 동안 일어나는 것을 계속적으로 점검하는 것과 비교할 때 최종평가는 종결과정의 시점에서 또는 그 이후에 한다. '평가는 개입이 목적을 달성하였는가?, 효과적이었는가?, 서비스 전달에서 시정되어야 할 문제점이 있는가?' 하는 등이다. 개입의 목적과 목표가 시작부터 명확하지 않았다면 평가는 불가능하다. 평가는 기관의 관점에서 서비스가 효과적이었는지 여부와 스태프가 수행한 방식에 대하여 관심을 갖는 것으로 기관의 서비스가 클라이언트에게 영향을 미친 사정하는 능력과 방법을 유지하기 위해 기관의 재정적인 지원이 필수적이다. 다음으로 사회복지사는 클라이언트에게 윤리적으로 책임질 의무가 있으며 자기평가를 할 수 있다. 정리해 보면 평가는 클라이언트에게 제공된 서비스, 클라이언트의 진척 상황, 보호계획, 서비스 활동 및 서비스 체계의 효과성과 효율성을 전반적으로 판단하고 종결하는 과정이다. 이후 사후면접이나 사후관리도 중요하다.

4. 노인복지실천의 기술

인간에 대한 서비스를 제공하는 사회복지사는 다양한 종류의 지식, 기술, 기법 전략들을 자유자재로 이용할 수 있어야 한다. 지식과 기술을 적용할 때 가치는 실천의 어느 단계에서도 분리할 수 없는 것이다. 노인복지실천의 기술을 관여기술, 사정기술, 의사소통기술, 면접기술 및 기록기술로 구분하여 살펴보면 다음과 같다(차소영, 2007).

1) 관여기술

콤튼과 갤러웨이(Compton & Galaway, 1994)는 클라이언트의 욕구를 드러내는 것 같은 전문적 관계는 관계형성, 실천가와 클라이언트 협력이 몇몇의 문제해결로 만들 것이라는 예상으로 묘사한다. 도움의 과정에서의 몇 가지 기본적인 원리로는 있는 그대로 받아들이는 수용, 각각 개별적인 인간으로서 존중, 자기결정의 권리를 존중하는 것과 그들의 수준에 맞게 실천하는 것들이 업무관계에서 노인과 계약하면서 이루어지는 중요한 요인 중의 하나이다. 존중의 다른 방법은 특히 요양원에서 살고 있을 때 노인 클라이언트의 삶의 공간의 인정에 관한 것으로 거주자들과의 약속을 만들면서 입구에 노크하기, 그리고 계약하는 노인클라이언트들에게 가능한 위협적이지 않게 선택을 할 수 있게 허용하는 것이다.

도움을 필요로 하는 상황에 있는 개인, 가족 및 집단을 효과적으로 참여시키는 과정은 자아의 의도적 사용을 필요로 하므로 사회복지사는 도움을 필요로 하는 사람들의 목표, 의도, 역할 및 지위에 대해 분명히 알아야 한다. 또한 계층적 요인, 하위문화에 대한 지식, 사회의 상식에서 벗어나 집단, 준거집단, 소수인종집단 또한 전후 관계나 구조는 관여과정에 영향을 주므로 시간, 장소, 그리고 면접의 형식과 같은 요인은 관여과정을 고양시킬 수도 방해할 수도 있다.

그리고 원조를 요청하는 사람의 편의를 위해, 편리하고 적절한 시간과 장소가 선택되어야 한다. 관여기간 동안 사회복지실천의 예술적인 측면이 중요한데 감정 이입 · 온화함 · 진실성을 반영하는 관계를 맺는 능력, 활동과 희망을 주입하는 능력, 건전한 판단력 제시 등은 클라이언트의 두려움, 화를 감소시키고, 원조과정에서 신뢰를 형성하게 된다.

2) 사정기술

클라이언트와 관계를 형성하는 동안 실천가는 클라이언트 상황을 사정한다. 사정의 목적은 클라이언트의 상황을 이해하고 개별화하는 것이다. 그리고 특정한 상황과 관련된 요인들을 확인하고 분석하는 것이다. 철저한 사정은 특정 클라이언트에 대한 개입결정의 토대가 된다. 구체적인 사정기술의 내용은 표 10-9와 같다.

표 10-9. 사정기술의 내용

- 클라이언트가 찾는 서비스인 욕구를 설정하기
- 그 문제에 대한 클라이언트의 인식 찾기
- 그 상황에 관련된 다른 사람들을 알기
- 기관 내의 사용 가능한 자원에 대한 좋은 정보와 문제를 도울 수 있는 주변 지역사회 알기

노인클라이언트에 대한 사정은 다양한 수준의 기능에 관한 정보를 포함한다. 즉, 노인의 신체적, 심리적, 사회적 기능이 포괄적으로 고려되어야 한다. 구체적으로 노인의 신체적 기능을 사정할 때는 전반적 건강상태와 일상생활 수행능력에 초점을 두고, 심리적 기능 사정에서는 노인의 성격과 인지 및 정서 기능에 초점을 두고, 사회적 기능 사정에서는 노인이 주고받는 사회적 지원과 노인의 재정상태, 사회활동 참여정도, 주거환경에 대해 사정해야 한다. 또한 사정에서 이런 요소들 간의 상호연관성과 한 가지 영역에서의 기능저하가 다른 기능에 영향을 미칠 수 있는 가능성을 고려해야 한다.

노인클라이언트 체계에 대한 사정의 중요한 부분은 가능할 수 있는 지지의 유형이

다. 실버스톤과 부락 웨이스(Silverston & Burack-Weiss, 1983)는 노인들과 함께 일하기 위해 부가적 기능 모형을 개발하였는데, 이 모형의 기초는 현존하는 강점과 자원을 사정하고 클라이언트의 불충분한 욕구를 확인하는 것이다. 예를 들어, 재가대상 남자노인을 사정한 후에 사회복지사는 부인과 이웃, 성인자녀가 그에게 의복, 식사, 사회적 상호작용의 원조를 제공하는 것을 설정한다. 시간과 신체적 제한으로 아무도 위생조건인 목욕과 면도와 같은 원조를 할 수 없을 수도 있다. 따라서 사회복지사는 이 욕구를 충족하는 가정봉사원과 같은 자원을 클라이언트에게 연결할 책임이 있다. 이 남자노인의 상황사정을 통해 사회복지사의 개입은 안내된다. 비공식지지시스템을 보전하기 위한 서비스에 대한 클라이언트 욕구에 주의를 기울여야 한다.

3) 의사소통기술

노인클라이언트와 일하는 경우에 사회복지실천가는 노인들을 위한 적절한 의사소통기술이 필요하다. 콤튼과 갤러웨이(1994)는 메시지의 전달, 메시지의 받음, 그리고 두 사람 또는 그 이상의 사람들과의 내용해석을 포함하는 상호작용과정으로서 의사소통을 정의한다. 기본적으로 의사소통이란 한 개인이 다른 사람에게 의도적이건 아니건 정보를 전달하는 과정이다. 이는 한 사람이 다른 사람의 언어적, 비언어적 행위에 의미를 부여할 때 일어난다. 의사소통은 행동의 한 형태이지만 모든 행동이 다 의사소통은 아니다. 누군가가 다른 사람의 언어나 행동에 담긴 메시지를 인식하는가에 달려 있다. 무엇을 말했거나 전달하고자 했는가에 관계없이 그 말이나 몸짓에 의미를 부여하는 것은 수신자이므로 의사소통은 주로 수신자에게 초점을 두는 현상이다.

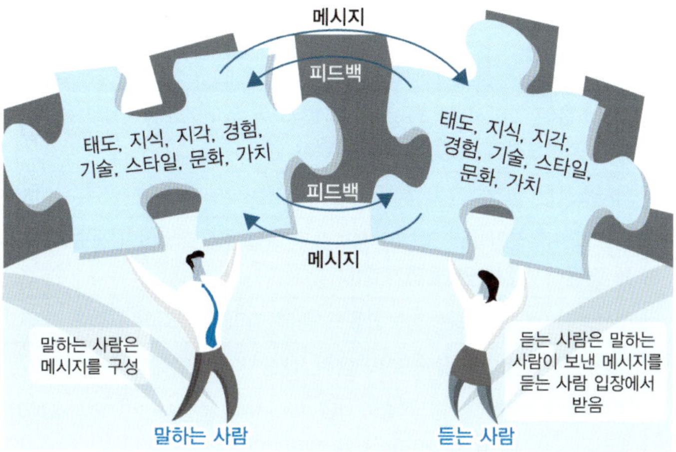

그림 10-3. **의사소통의 개념**

출처: 한국산업인력공단(2016). 의사소통능력 학습자용 워크북.

다시 말해, 의사소통은 내가 상대방에게 일방적으로 메시지를 전달하는 과정이 아니라 상대방과의 상호작용을 통해 메시지를 다루는 과정이다. 성공적인 의사소통을 위해서는 자신이 가진 정보와 의견을 상대방이 이해하기 쉽게 표현하는 것뿐 아니라, 상대방이 어떻게 받아들일 것인가를 고려해야 한다. 그리고 의사소통이라고 하면 무조건 기계적인 정보의 전달만으로 잘못 이해해서는 안된다. 의사소통은 정보전달 이상의 것이다. 즉, 의사소통이란 다른 이해와 의미를 가지고 있는 사람들이 공통적으로 공유할 수 있는 의미와 이해를 만들어 내기 위해 서로 언어 또는 문서, 그리고 비언어적인 수단을 통해 상호 노력하는 과정이다. 따라서 일방적인 말하기가 되지 않도록 의사소통의 정확한 목적을 알고, 의견을 나누는 자세가 필요하다.

이처럼 효율적인 의사소통이 이루어지기 위해서는 필요한 일반원칙이 존재한다. 표 10-10과 같은 원칙, 즉 명료성, 일관성, 적시성, 적량성, 배포성, 적응성과 동일성 및 관심과 수용하에 이루어질 때 가장 효율적인 의사소통이 이루어지게 된다.

표 10-10. 의사소통의 일반원칙

구분	내용
명료성	의사소통에 있어서 정보구조는 체계화되어 있어야 하고 정보표현의 언어는 정확해야 하며 정보표현의 문장은 알기 쉬워야 한다.
일관성	의사소통은 전달내용이 서로 모순되어서는 안되며, 일관성을 유지해야 한다.
적시성	정보의 도달점인 피전달자가 정보를 받아들이는 준비성의 정도에 따라서 적시에 정보를 전달하지 않으면 효과가 없다.
적량성	정보량은 책임도 또는 정보활용도 등에 따라 조절되어야 한다.
배포성	정보는 전달받아야 할 정보의 범위, 대상자가 명확해야 한다.
적응성과 통일성	적응성이란 융통성, 현실 합치성을 의미하며 통일성이란 의사소통이 각각 전체로서 통일된 내용을 담고 있어야 함을 의미한다.
관심과 수용	어떠한 의사소통이든 피전달자가 관심과 수용적인 태도를 보일 때 효과적으로 행해질 수 있다.

그리고 인간의 의사소통에 내재된 한계와 복잡성을 인식해야 한다. 각 개인은 독특한 인성과 삶의 경험을 가지고 있으므로, 메시지가 전달되고 수신되는 방법에 영향을 미치는 다양한 사고구조와 인지적인 여과장치를 발달시켜 왔다. 그러므로 인간은 다른 사람이 간과한 메시지를 인식할 수도 있고 누군가에게 매우 중요한 메시지가 다른 사람에게는 중요하지 않은 것으로 보일 수도 있다.

노인의 대화속도나 이해속도는 좀 느린 편이므로 사회복지사는 이에 잘 적응해야 한다. 이러한 제 요인들로 인해 노인과 면접을 할 때에는 젊은 사람들과 면접할 때보다 말로 하지 않는 커뮤니케이션에 훨씬 주의를 기울여야 한다. 생(生)에서 많은 상실을 경험한 노인일수록 사회복지사에게서 보다 많은 애정을 요구하게 된다. 만일 노인들이 사회복지사에게 이러한 애정을 표현한다면 자연스럽게 받아들여져야 한다. 예를 들어, 가벼운 신체적 접촉이나 만짐(손을 잡아 주는 등)은 매우 의의 있는 일이며, 때로는 이러한 행동이 유일한 의사소통의 방법이 되기도 하는 것이다. 또한 비언어적 의사소통도 의미 있고 중요한 것이다. 얼굴표정, 눈 마주침, 몸짓, 좌석의 위치와 자세 등은 모두 클라이언트가 말로는 표현할 수 없는 어떤 감정을 전달하는 것이다.

노인들은 종종 아는 사람들과의 신체적 접촉이 부족하다. 악수와 접촉은 의사소통 과정에서 따뜻함을 더할 수 있다. 좌석배치는 의사소통의 다른 형식이다. 노인에게 아주 가까이 근접하여 앉는 것은 존재로 말해지는 것과 수용의 자세의 둘 다로 이해되는 원조이다. 많은 노인들은 의사소통의 일부로 듣는다고 생각하지 않는 반면에 그것은 어려운 부분을 반영하고 피드백을 주고 그리고 눈마춤을 유지하는 적극적인 경청의 사용은 클라이언트에게 사회복지사가 무엇인가 말하는 것에 초대되고 있다고 알린다.

훌륭한 경청자는 단순히 수동적으로 듣는 것이 아니라 진심으로 클라이언트의 말에 관심을 갖고 열중하는 것이다. 사회복지사는 클라이언트의 욕구와 감정에 민감해야 하며, 긴 침묵을 참을 줄도 알아야 한다.

청각과 시각의 손상은 나이가 들어감에 따라 증가한다. 이 두 가지 감각의 변화는 효과적인 의사소통을 방해할 수 있다. 청각장애를 경험하고 있는 클라이언트와 의사소통하는 전략들은 심한 청각장애를 가진 사람들에게 중요하다. 이것은 더 나이든 클라이언트와 의사소통할 때 좋은 분별력을 제공한다. 시각상실을 보충하기 위한 전략은 확대인쇄 또는 글로 쓴 자료, 대화를 위해 밝고 환한 색깔의 방을 이용하기, 클라이언트의 얼굴을 볼 수 있도록 가까이 앉기, 그리고 그들이 이야기를 걸 때 그들이 알기 위해 클라이언트의 이름을 사용하기 등이다.

4) 면접기술

면접은 특별한 이슈나 문제에 대해 정보가 필요할 때 사용하는 특별한 의사소통의 형태이다. 실천가는 정보를 이끌어 내고 클라이언트가 문제해결활동을 할 수 있도록 클라이언트와 설정된 관계를 유지한다. 면접은 의도적인 의사소통 교환이며 비공식적인 대화나 일시적인(우연한) 교환과는 다른 것이다.

전문적인 관계의 의도적인 상태를 유지하기 위해서 실천가는 과업의 초점을 유지하고 개발함으로써 원조과정에서 지도 감독을 한다. 클라이언트는 상황에 대한 추상적인 서술로부터 현재의 문제가 되는 상황과 대안적인 해결을 위해 매우 특별한 토론(대화)에 이르도록 고무된다. 개방형 질문과 구조화되거나 비구조화된 질문 모두는 문제 상황을 탐색하도록 클라이언트를 돕는 데 포괄적으로 사용된다. 그리고 필요한 사실적인 정보를 수집하기 위한 폐쇄형 질문들은 면접 종결단계에 거의 조심스럽게 사용된다. 효과적인 면접의 첫 단계는 준비이다. 3가지 구성요소가 면접을 준비할 때 필요한데, 구체적인 내용은 표 10-11과 같다.

표 10-11. 면접기술의 3가지 구성요소

구분	내용
문제 규명하기	• 면접의 목적을 알기 • 물어볼 기본적인 질문들을 알기
문제에 대해 원인되는 정보 알기	• 문제의 원인 파악하기 • 문제의 지속정도와 영향정도 파악하기
면접계획을 세우고 시간 계획하기	• 시간분배를 고려하기(예, 면접이 급하게 흘러갈 수 있는가?) • 환경(현장)을 고려하기(예, 현장이 조용하고 사적인가?) • 시간(때)을 고려하기(예, 방해요소들이 있는가?)

노인클라이언트들을 면접할 때 주의할 사항은, 첫째, 노인클라이언트와 함께할 때는 또렷하게 큰 소리로 말하는 것을 포함해서 전략적인 의사소통이 필요하다. 즉, 면접을 촉박하게 서두르지 않아야 한다. 노인은 질문을 하고 대답을 생각하는 데 시간이 많이 필요하다. 둘째, 피로해지는 신호와 같은 비언어적 실마리를 관찰해야 한다. 노인은 젊은 사람보다는 쉽게 피로해지기 때문에 만약 그들이 지친다면 그의 반응에 대한 신뢰도는 감소될 수 있다. 셋째, 클라이언트 응답의 결과에 주의해야 한다. 예를 들어, 요양원 노인들은 그들이 정보를 들추어내는 결과를 두려워하기 때문에 직원들

이 학대에 대해 말을 하는 것을 꺼려할 수도 있다. 넷째, 특히 면접을 종결할 때 요약하는 기술을 사용해야 한다. 이 전략은 클라이언트를 위한 과정에서 면접 내내 나타난다. 개요를 듣고 난 후 만약 어떤 정보가 잘못 표현되었거나 생략되어졌을 때만 질문을 하고, 모든 정보가 습득된 후, 정보가 어떻게 사용되어질 것인가를 클라이언트가 알게 하는 것이 효과적이다.

5) 기록기술

기록기술은 노인복지실천을 진행할 때 노인으로부터 얻은 정보를 기록하거나 사회사업이 어떻게 진행되는가를 기록하는 것으로 기록은 클라이언트와 함께 중요한 구성요소이다. 기록은 개입과정에 대한 효과성과 효율성을 지지하고 적절한 사례 모니터링을 가능하게 한다.

정확한 서류는 클라이언트에게 서비스의 질을 보장하기 위해서 필요하다. 사회복지실천 서류들은 동시에 책임성을 보장하기 위해서 필요하다. 사회복지실천 서류들은 동시에 책임성, 효율성 그리고 비밀성을 충족해야 한다. 서류는 클라이언트와 기관을 위해 실천가의 기억을 보강하거나 이 사례와 연결된 다른 전문가들과 협력하게 하고 프로그램 평가를 위한 발표자료 등등 다양한 목적을 갖는다. 요약하면, 노인과의 사회복지실천은 다른 연령인구와 같은 기본적인 실천기술을 사용할 수 있지만, 노화로 인한 심리사회적 영향으로 뭔가 다른 실천방법으로 수정 변경하도록 요청할 수도 있다.

노인이 경험하는 여러 가지 문제의 측면을 여러 가지로 탐색하여, 해결방법을 노인과 함께 해결하여 나가는 과정과 노인에 대한 지원 과정(노인 개별실천 과정)을 기록하는 것이 무엇보다 중요하다. 기록의 목적은 표 10-12와 같다(한국임상사회사업학회, 2004).

표 10-12. **기록의 목적**

- 노인에 대한 지속적인 지원을 위한 것이다. 노인으로부터 얻은 사실을 정확히 기록하여 담당자가 바뀌어도 기록을 참고로 함으로써 동일한 질문 반복으로 인한 불신감을 감소시키는 것이다.
- 문제를 정리하여 그 원인을 탐색하여 지원계획을 수립하기 위한 것이다. 기록을 반복하여 읽음으로써 노인의 심신 상태나 가족과의 인간관계 등을 분석할 수 있다.
- 사회사업 지원방법을 연구하기 위한 것이다. 하나의 문제해결을 마친 후 수퍼비전을 진행할 때, 기록을 기초로 하여 상세하게 분석할 수 있다.

5. 노인복지실천의 개입수준과 역할

1) 개입수준

노인클라이언트는 사회복지사들이 실천함에 있어 가장 다양한 특성을 가진 집단일 것이다. 따라서 독특한 경험과 생활양식이 있기 때문에 개인의 욕구 및 문제를 파악하여 적절한 원조와 개입이 있어야 한다. 이러한 노인복지실천의 개입수준을 비버와 밀러(Beaver & Miller, 1985)는 노인클라이언트의 경험, 건강상태, 태도, 기능수준, 생활양식 등이 다르므로, 노인클라이언트의 사회복지실천에 대한 연속의 틀이 필요하고, 세 가지 수준의 개입이 필요하다고 주장하였는데, 구체적인 내용은 표 10-13과 같다(차소영, 2007).

표 10-13. **노인복지실천의 개입수준**

구분	내용
1차적 수준의 개입	1차적 수준의 개입은 건강하고 활동적인 노후생활을 영위하고 있는 노인들을 대상으로 하여 이들의 문제를 사전에 예방하는 데 목적을 둔 것이다. 이 수준에서의 노인복지실천은 신체적, 심리적, 사회적 건강상태를 가능한 한 유지시키고 사고로부터 문제를 예방하

구분	내용
	고 이들의 복리를 증진시키기 위해 노력한다. 1차적 수준의 개입의 한 형태로는 건강한 노인들이 좋은 건강습관을 계속 유지하게 하는 것으로, 예를 들어 저예산으로 영양식을 마련해 주고, 에어로빅 교육, 여가활동 교육 등을 통해 노인들에게 건강과 관련된 정보를 제공하고 실천할 수 있도록 노인들의 사회적 욕구에 초점을 맞추는 프로그램이다.
2차적 수준의 개입	2차적 수준의 개입의 목표는 초기 진단과 건강상의 치료를 고무시키는 것이다. 2차적 수준의 개입은 문제의 징후가 보이기 시작하는 초기에 더 이상 문제가 심화되는 것을 막기 위하여 조기진단과 적절한 치료를 제공하고, 문제상황에 대처하는 능력을 고양시키는 것이다. 이 수준에서 실천은 신체, 심리, 사회적 노화로 인하여 위기상황에 놓여 있거나 만성질환과 일상생활 동작 능력의 저하로 인하여 어느 정도 의존성을 지닌 노인들을 대상으로 한다. 2차적 수준의 개입의 중요 강조점은 더욱 확대될 가능성이 많은 문제를 해결하거나 사고로부터 더 심한 기능 손상을 예방하는 것이다.
3차적 수준의 개입	3차적 수준의 개입은 더 나이든 노인을 대상으로, 무능력으로 인한 제한에 대한 재활활동을 포함하다. 이 수준의 실천은 심각한 기능적·행동적 문제가 있다고 가정한다. 3차적 수준의 개입은 타인의 도움을 받지 않고 생활이 불가능하고 심한 기능상의 문제나 행동적 문제를 가진 노인과 그 부양가족을 대상으로 이들의 역기능을 최소화하고 잔존 능력을 유지하며, 다시 기능을 회복하도록 돕는 것이다. 3차적 수준의 개입은 클라이언트가 역기능적 상태를 효과적으로 변화시키고 가능한 한 많은 기능적 상태를 다시 회복하도록 돕는 것이다. 이 수준의 개입은 노인 개인과 그들의 보호자에게 모두 개입한다. 가족구성원 중 한 명이 심각한 질병이 있다면 전체 가족의 적응과 가족관계의 재조정을 요구하는 위기상황이다. 가족이 이러한 위기상황에 효과적으로 적응할 수 있고 부양부담에 대한 정서적 감정을 공유하고 표현할 수 있도록 돕는다.

2) 개입의 역할

개입역할은 실천가가 특정한 행동으로 클라이언트가 원하는 것을 결정하도록 돕는 것을 의미한다. 개입역할은 보편적으로 정의되고 다양한 클라이언트체계와 일할 수 있게 한다. 이 역할은 개인들, 가족들, 집단들, 지역사회들과 실천에서 이행된다. 콤튼과 갤러웨이(1994)는 개입역할을 5가지, 즉 중개자(broker), 가능케 하는 자(enabler), 교사(teacher), 옹호자(advocate) 및 중재자(mediator)로 구분하고 있으며, 각각의 역할은 클라이언트의 목적에 따라 다르다. 다섯 가지 역할 모두는 개별사회사업부터 지역복지실천까지 어떤 크기의 클라이언트에게도 사용될 수 있다. 비슷하게 이 역할들은 1차적 개입수준부터 3차적 개입수준까지 어떤 실천에서도 이행될 수 있다. 사회복지사로서 구체적인 개입을 역할을 살펴보면 표 10-14와 같다(차소영, 2007).

표 10-14. 노인복지실천 개입의 역할

구분	내용
중개자의 역할	중개자로서의 실천가는 클라이언트의 욕구와 환경자원 둘 다를 사정한다. 중개인의 역할은 클라이언트의 욕구에 가장 잘 맞는 현존하는 자원과 클라이언트를 연결하는 것이다. 이 역할의 효과적인 이행은 현존하는 지역자원의 전반적 지식뿐 아니라 클라이언트의 욕구와 자원을 이해해야 하고, 클라이언트가 필요로 하는 자원을 적시에 찾아 활용할 수 있도록 돕는 것이 사회복지사가 제공할 수 있는 중요한 서비스인 것이다.
가능케 하는 자의 역할	가능하게 하는 자의 역할은 클라이언트 역량강화를 돕는 것이다. 이 역할을 이행할 때 실천가는 클라이언트가 내적 강점을 찾는 것과 서비스 목적에 도달하는 데 대처하는 것을 원조한다. 가능케 하는 자 역할의 주요한 요소는 클라이언트의 대처능력을 강화시키고 자원의 발견과 활용을 도와주는 일이고, 클라이언트가 그의 환경을 변화시킬 방법을 발견하도록 도와준다. 또 클라이언트가 스스로 결정을 내리는 데 필요한 정보를 제공해 주거나 또는 가르쳐 주는 일도 가능케 하는 역할의 중요한 요소이다.
옹호자의 역할	법률적인 용어로 사회복지사가 계약된 목적을 달성하는 데 필요한 클라이언트의 입장을 표현해 주고 대신 주장해 주는 활동을 의미한다. 옹호자는 클라이언트의 편에서 행동을 취한다. 이것은 클라이언트를 대신해 논쟁하고 교섭하고 협상하는 것이다.
교사의 역할	가르치는 것은 사람들이 새로운 지식과 기술을 배우는 것을 돕는 것을 포함한다. 교사의 목적은 부가적인 기술과 다른 자원을 가지도록 클라이언트를 돕는 것이다. 클라이언트가 배우는 것을 돕기 위해 실천가는 모델링과 역할놀이 같은 다양한 기술을 사용할 수 있다. 가르치는 것은 정보를 전달하는 것이지 사회복지사의 충고나 견해를 전달해서는 안된다.
중재자의 역할	옹호자는 대변하는 역할이고, 중재자는 중재로 양쪽에서 주고받는 것을 통하여 분쟁을 해결하는 것이다. 옹호자와 달라서 중재자는 제3자의 입장에서 이슈를 명료화하고 해결되지 않은 모임 사이에서 공통된 기반을 찾으려고 노력하고, 이슈의 초점을 잃지 않고 모임 사이에서 수용할 만한 해결책을 찾는 것을 돕는 것이다.

Chapter 11

노인사례관리

배울 내용

1. 사례관리의 이해
2. 사례관리의 과정
3. 사례관리 실천모형

학습목표

1. 사례관리의 개념, 목적 및 등장배경을 이해한다.
2. 사례관리의 과정을 설명할 수 있다.
3. 사례관리 실천모형을 설명할 수 있다.

1. 사례관리의 이해

1) 사례관리의 개념과 목적

사례관리는 미국의 대인서비스 기관에서 가장 널리 보급되어 있는 서비스 전달방식이며, 가장 급속히 성장하고 있는 사회사업 분야 중의 하나이다(Rothman, 1992). 이것은 여러 분야에서 효과적으로 서비스를 전달하는 주요한 실천전략으로 인식되고 있으며, 재가보호, 정신보건, 노인복지, 직업재활 등의 다양한 분야에서 활용되고 있다.

사례관리의 개념은 시기에 따라 초점의 변화가 있어 왔다. 구체적으로 1970년대의 사례관리는 필요한 서비스를 클라이언트에게 연계하는 것이 주된 업무였고, 1980년대에는 많은 전문가와 클라이언트들이 '관리'라는 용어가 '통제'의 의미가 있고, 클라이언트의 참여나 역량강화를 반영하지 못한다는 문제를 제기함으로써 서비스 조정 등의 용어를 대안으로 제시하였다. 1990년대 후반 이후부터는 서비스 연계, 모니터링과 함께 직접적 서비스를 제공하는 이중적인 역할이 강조되었고, 2000년대에는 사례관리를 클라이언트가 최적의 사회적 기능을 강화할 수 있도록 하기 위한 사정, 상담, 교육, 설계, 그리고 옹호의 기술을 포함하는 창조적이고 협력적인 과정으로 보고 있다(Woodside & McClam, 2006).

그러나 아직도 사례관리의 개념을 정의하는 데 있어서 한 가지 합의된 개념으로 단정 짓기가 어려운데, 그 이유는 다양한 영역에서 대상자의 욕구, 서비스 목적, 서비스 제공자의 역할 등에 따라 포괄적으로 적용되어 왔기 때문이다(Pilling, 1992). 따라서 학자들이 가진 관점에 따라 매우 다양하게 정의되고 있다.

하지만 이들 학지들이 제시한 개념의 공통사항을 살펴보면, 사례관리란 통합적인 문제를 가진 개인 및 가족과 함께 자원제공기능을 원활히 수행할 수 있도록 돕는 통합적인 접근방법으로 개별 클라이언트의 복합적인 욕구에 초점을 두고, 기관의 목적보다는 클라이언트의 목적에 기반을 두며, 이미 고안된 프로그램에 기반을 두기보다는 개별화된 서비스 계획에 기반을 둔 실천을 기술하는 매우 폭넓은 용어로 사용되고 있음을 알 수 있다(송주라, 2013). 학자들의 사례관리에 대한 개념을 구체적으로 살펴보면 표 11-1과 같다.

표 11-1. 사례관리의 주요 개념

구분	내용
Johnson(1983)	클라이언트가 적절한 서비스를 받게 하는 것으로 서비스의 방법은 사회복지사가 책임을 지고 클라이언트를 다양한 서비스체계에 연결시켜 문제를 해결하는 것
Moxley(1989)	복합적인 욕구를 가진 사람들의 기능화와 복지를 위해 공식적 · 비공식적 지원과 활동의 네트워크를 조직 · 조정 · 유지하고, 이러한 활동을 통해서 클라이언트의 생활기술을 증진시키고, 사회적 망과 관련된 대인복지서비스 제공자들의 능력을 발전시키며, 제공되는 서비스의 효율성과 효과성을 증진시키는 것
마에다(1990)	각종 서비스나 자원을 이용할 수 없는 취약계층이 욕구에 부합하는 서비스를 받도록 하고 지역사회의 다양한 자원으로부터 가능한 범위의 지원을 받도록 서비스 네트워크 내에서 상호 협력 활동을 하는 것
Rothman(1992)	정신보건, 노인, 아동복지, 보건 및 발달장애 등과 같은 대인서비스 분야에 영향을 미치는 실천방식으로, 첫째, 지역사회에 있는 클라이언트에 대한 개별화된 조언, 상담 및 치료를 제공하고, 둘째, 서비스와 지원을 필요로 하는 클라이언트와 지역사회기관 및 비공식적인 원조망을 연결시키는 두 가지의 주요한 기능을 지님
Kumar(2000)	클라이언트 욕구에 대한 사정 · 계획 · 조정 · 전달과 모니터링을 통해 서비스 통합을 달성하기 위한 전문적 서비스 실천과정
한국보건복지인력개발원(2009)	장기적이고 복합적인 문제를 가진 클라이언트를 대상으로 사례관리자가 오랜 기간 동안 책임지고 필요로 하는 서비스들을 다양한 원천으로부터 동원하여 연결하고 모니터하는 활동

출처: 권진숙, 박지영(2008), 한국사례관리학회(2012)의 내용을 일부 수정.

사례관리가 주목받는 이유는 1980년대 이후 기존의 전통적인 사회복지실천 방법의 한계를 극복하는 과정에서 개발된 사회복지실천 방법의 하나로 1990년대 이후 우리나라에서도 사회복지실천의 핵심요소로 부각되고 있으며, 사회복지학계에서도 중요한 논의 주제가 되고 있기 때문이다. 사례관리의 구체적인 목적을 살펴보면 표 11-2와 같다(장인협, 우국희, 2001).

표 11-2. 사례관리의 목적

- 사례관리는 보호의 연속성(continuity of care)을 보장한다. 이는 클라이언트의 다양한 욕구를 충족시키기 위해 포괄적인 서비스를 제공하는 횡단적 차원의 연속성과 시간의 경과에 따라 변화하는 개인의 욕구에 반응적인 서비스를 지속적으로 제공해 주는 종단적 차원의 연속성으로 나눌 수 있다. 보호의 연속성을 보장하기 위한 사례관리의 노력에는 이 두 가지 차원이 동시에 고려되어야 한다.
- 사례관리는 서비스의 통합성(intergration of services)을 확보하는 것이다. 클라이언트의 복잡한 욕구를 다루기 위해서는 많은 기관의 서비스와 전문가들의 기능을 통합한 체계를 확보해야 서비스의 중복이나 누락을 예방하고, 서비스 제공자들의 갈등을 줄이고 긍정적인 상호작용을 강화할 수 있다.
- 사례관리는 서비스에 대한 접근성(accessibility to services)을 높인다. 기관의 자격 기준, 규제, 정책, 절차 등 클라이언트가 서비스 접근 시 부딪치는 장애들에 사례관리 기관 혹은 사례관리자가 도움으로써 서비스에 대한 접근성을 증대시켜 주어야 한다.
- 사례관리는 사회적 책임성(social accountability)을 보장한다. 이는 클라이언트의 욕구에 적합하고 적절한 방법으로 서비스가 제공될 수 있도록 보장하는 효과성과 비용 절감과는 다른 차원의 것으로 자원이 부족한 현실에서 적절한 자원을 제공받는 효율성을 포함한다.

결국 사례관리는 대상자를 종합적으로 케어하기 위한 서비스 전략으로 서비스 욕구에 대한 통합적 접근과 서비스 제공의 연속성과 책임성을 강조하려는 목적을 갖고 있다고 할 수 있다.

2) 사례관리의 등장배경

사례관리는 클라이언트가 자신이 위치한 외부환경에 잘 적응할 수 있도록 자신의 잠재력을 최대화시키고 클라이언트와 그 가족이 여러 가지 서비스와 공식적 체계, 비공식적 체계에 접근하여 이를 활용할 수 있는 방법을 습득하여 활용함을 목적으로 클라이언트가 자신을 둘러싼 환경과의 관계에서 개인과 환경과의 조화를 추구한다. 이와 같이 사례관리는 클라이언트에 대한 보다 효율적이고 효과적인 서비스를 필요한 시기에 지원함을 목적으로 사례관리를 담당하는 전문가인 사례관리사가 다양하고 복잡한 문제를 가진 클라이언트의 욕구를 해결하기 위한 하나의 서비스과정이라 볼 수 있다.

사례관리의 등장배경은 1970년대 후반에 들어서면서 지역사회를 중심으로 보다 포괄적이며 구조화된 체계 안으로 엮어지게 되었다. 또한 사회사업 실천영역에 있어서는 비공식적 지지에 대한 관심의 부상으로 상담 · 치료와 같은 직접적 개입과 더불어 사회적 지지망의 개발과 연결이 중요한 개입기법으로 강조되기 시작하였다. 서비스체계의 전환은 1970년대의 후반의 사회적 흐름에 기인된 바가 크다. 구체적인 내용으로는 크게 탈시설화, 다양하고 복잡한 욕구를 가진 인구의 증가, 서비스의 단편화, 가족부양기능의 저하 등을 들 수 있다(이미경, 2002).

(1) 탈시설화

사회복지서비스 형태인 시설수용보호가 시설병(hospitalism)과 같은 여러 가지 부작용을 초래하자 서비스 대상자를 가정과 지역사회에서 함께 생활하도록 하는 탈시설화 운동(deinstitutionalization)이 전개되었다. 이러한 탈시설화는 1960년대에 싹이 터, 미국에서는 1970년대 후반에 정점에 달했다. 그러나 시설중심에서 지역사회 중심으로의 서비스전달에 변화가 생김으로써 복잡한 문제들을 야기하게 되었다. 즉, 첫째, 수용시설에서는 클라이언트에 대한 집중적인 관리 및 서비스지원이 가능하였으나 지역사회 중심으로의 전환은 클라이언트에 대한 서비스 지원이 지역사회가 갖고 있는 자원 중 각기 다른 다양한 기관이나 단체에 의해 이루어지기 때문에 서비스가 단편화되고 분산되는 약점을 보이게 되었다. 둘째, 서비스의 목록이 각 기관마다 유사하거나 체계화되어 있지 못함에 따라 다양한 욕구를 가진 클라이언트에 대한 서비스지원이 필요한 시기에 적절하게 이루어지지 못하였고 포괄적으로 대응할 수가 없었다. 셋째, 탈시설화 과정에서 가장 심각한 문제로 인식된 대상은 정신질환자와 요양원에 수용되었던 노인이었다. 이들은 만성적인 질환으로 인해 심한 의존성을 가지기 때문에 지역사회에서의 서비스지원확립이 체계적이지 못한 상황에서는 가족들은 이들을 기피할 수밖에 없었으며, 결국 기관들이 가족의 역할을 맡아야 하는 부담까지 안게 되었다.

이러한 탈시설화에 따른 문제발생으로 인하여 서비스지원 시 기관 간의 중복성으로 인한 문제제기는 곧 클라이언트의 서비스 욕구에 대하여 계속적이고도 포괄적인 서비스를 제공하는 방식으로 나타났고 이의 방법으로 연구되어진 것이 사례관리이다.

(2) 다양하고 복잡한 욕구를 가진 노인인구의 증가

평균수명의 연장은 건강한 노인의 수적 증가와 더불어 병약한 고령인구의 증가를 동시에 가져왔다. 이는 경제, 의료, 심리, 사회, 가족적 문제 중에서 2개 이상의 서비스를 필요로 하는 클라이언트들이 증가하였으며 보건 및 사회적 서비스뿐만 아니라 비공식적 보호에 대한 욕구를 증대시키게 되었다.

(3) 서비스의 단편화

1960년대와 1970년대는 서비스 프로그램이 급속도로 증대되었던 시기이다. 이러한 확장의 결과로서 서비스 전달체계는 오히려 훨씬 복잡하고 단편화되었으며, 조정되지 않은 채 중복되기도 했다. 즉, 대인복지서비스의 대부분은 범주적으로 분류되고, 자원과 자격요건 측면에서 서비스 공급주체가 다원화되어 있다. 이는 클라이언트가 복합적인 욕구로 인해 두 개 이상 기관의 서비스를 필요로 할 때 이 기관들이 클라이언트의 욕구를 충족시키기 위해 상호 조정하고 연계함으로써 통합적인 서비스를 제공하는 경우는 매우 드물었다.

이처럼 대인복지서비스가 통합되지 못하고 서비스가 단편적으로 이루어지는 상황에서는 클라이언트의 욕구는 충족되지 못하고, 문제해결은 형식화되거나 방치되기 쉬워진다. 그러므로 서비스 공급자들이 서비스의 단편성과 범주적인 분류에서 벗어나서 상호작용할 수 있도록 사례관리의 필요성이 강력하게 대두되었다.

(4) 가족부양기능의 저하

요보호자들을 위한 서비스는 그동안 대체적으로 가족들에 의하여 부양되어 왔다. 우리나라에서 가족이 노인을 부양하는 형태를 크게 두 가지 관점에서 볼 수 있는데, 하나는 노인과 떨어져 사는 가족이 노인을 지원하는 경우이며, 또 하나는 노인과 동거하면서 부양하는 경우이다. 전자는 대체로 산업화가 가져다주는 생활형태라고 볼 수 있고, 후자는 전통문화에 뿌리를 둔 형태라고 볼 수 있다. 그러나 핵가족화의 등장과 취업여성들의 증가, 산업화로 인한 이전 등은 가족들에 의한 보호나 부양기능이 점차적으로 약화되고 있다. 결과적으로 혼자 사는 노인 또는 배우자와 사는 노인의 수가 급증하게 되었다.

이러한 가족의 분산으로 인한 가족기능의 약화를 보완, 대체하기 위하여 정부기관과 민간단체의 지역사회자원을 효과적으로 활용하기 위하여 사례관리기법이 등장하게 되었다.

(5) 복지체제의 변화

지금까지 살펴본 것과 같이, 수용시설의 비인간화에 대한 비판으로 인해 시작된 탈시설화, 다양하고 복잡한 욕구를 가진 노인인구의 증가 및 고령화추세, 서비스의 단편화, 가족 부양기능의 저하 등은 국가의 재정적 위기와 맞물려 서비스의 효율적인 제공방식에 대한 탐구가 공식적인 정책과제로 등장하게 되었다. 특히 서비스전달이 지방자치단체 간의 책임으로 분담되면서 서비스가 단편화되고 분산화되는 등의 지방분권화에 따른 부정적 영향을 완화시키도록 각 기관들의 서비스를 조직화하고, 통합할 수 있는 전문가(혹은 팀)의 활동이 요구되어졌다. 또한 국가의 재정적 위기는 부족한 자원의 한도 내에서 서비스 전달의 효과를 최대화하고 동시에 대인적 서비스 전달의 비용을 억제해야 할 상황이기 때문에 대인서비스의 비용효과성에 대한 인식이 증대되었다.

2. 사례관리의 과정

사례관리 실천은 연속적 · 통합적 기능을 가진 과정으로써 클라이언트나 기관의 성격, 사례관리자의 역할에 따라 다르게 나타날 수 있으나 사례관리 실천의 핵심적 요소에 대한 일반적 합의는 존재한다. 즉, 사례관리의 단계는 학자마다 차이가 있지만, 그림 11-1과 같이 일반적으로 접수, 사정, 서비스 계획, 개입, 점검 및 재사정, 평가 및 종결, 사후관리의 7단계로 구분할 수 있다(송주라, 2013).

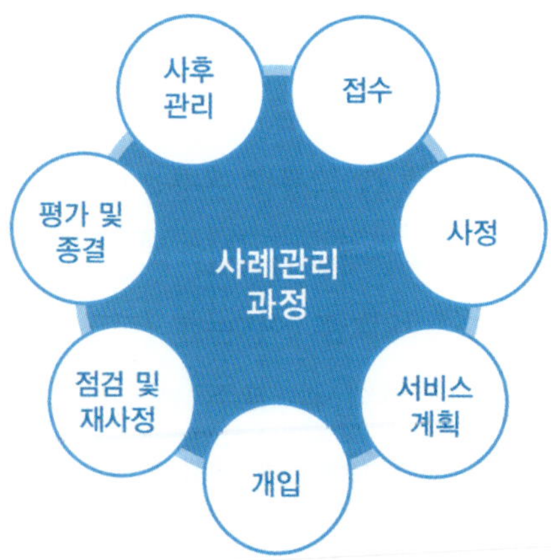

그림 11-1. 사례관리의 과정

1) 접수

접수단계는 사례관리의 첫 단계로 사례를 발견하고 스크리닝을 통해서 사례관리 대상이 되는 클라이언트를 판단하고 사정을 위한 자료를 수집하는 과정을 말한다. 이 단계는 사례발견과 인테이크로 구성된다. 인테이크 초기에는 클라이언트가 사례관리 대상으로 적합한가를 스크리닝해야 한다. 스크리닝 과정에서 그 기관에 적합하지 않은 사례로 판정이 되면 그 사례를 다른 기관에 의뢰한다.

클라이언트가 사례관리 대상으로 적합하다고 판단되면 사정을 위한 정보수집이 시작되는데, 클라이언트의 문제, 장애, 욕구를 개괄적으로 파악한다. 또한 클라이언트가 사례관리를 수용할 의향이 있는지 확인하고 계약한다. 이 계약은 사례관리 과정에서 클라이언트의 책임감을 높여 주는 기본이 된다.

2) 사정

개입방식을 선정하기 위하여 클라이언트의 신체적 · 인지적 · 사회적 · 정서적 욕구는 물론 재정적 · 환경적 욕구를 파악하여 서비스 수준을 결정한다. 또한 공식적 · 비공식적 서비스 제공자로부터 클라이언트에게 제공될 수 있는 도움에 대한 면밀한 검토도 실시되어야 한다. 구체적인 사정도구 및 사정의 영역에 대한 연구가 필요하며 사정단계에서 클라이언트와의 관계형성을 통한 사례관리자와 클라이언트의 접촉 강도는 사례관리의 질을 향상시키게 된다.

3) 서비스 계획

서비스 계획은 사례관리의 목적을 달성하기 위해 클라이언트에 대한 장 · 단기의 목표를 설정하고, 목표달성을 위한 가장 적절한 해결방안을 모색하기 위하여 클라이언트에 대한 개별적인 보호계획을 수립하는 과정이다. 사정이 문제의 명확화에 초점을 맞추었다면 계획은 초점화된 문제를 해결하기 위한 적절한 방법을 선택하는 것이다. 또한 사례관리자는 문제를 해결하기 위해 클라이언트의 욕구와 관련된 전문가들과 검토, 논의하고 서로 정보를 공유하는 등 통합적인 과정을 이끌어 나간다.

4) 개입

서비스계획을 실행하는 단계로, 양질의 서비스나 자원을 확보하여 직접적 · 간접적 서비스를 제공한다. 직접적 개입은 클라이언트 스스로가 서비스에 접근하고 이용할 수 있는 능력과 기술을 향상하도록 사례관리자가 사용하는 개입으로 클라이언트에게 자기표현기술이나 자기옹호기술을 가르치며 위기기간 동안 개입하는 것을 말한다. 간접적 개입은 사례관리자가 클라이언트를 대신해 체계의 수행이나 행동을 변화시키려고 할 때 사용하는 방법으로 대인서비스 제공자와 클라이언트를 연결하여 서비스들을 중개하고, 클라이언트의 욕구가 충족될 수 있도록 옹호하여 사회적 지원을 증가시키는 것이다. 사례의 지속적인 개입과 서비스 여부에 대한 모니터링을 하면서 평가 및 종결을 갖는다.

5) 점검 및 재사정

점검 및 재사정은 사례관리가 계획대로 진행되어 가고 있는지, 클라이언트가 만족하고 있는지, 어떤 부분에 변화가 필요한지를 지속적으로 파악하는 것이며, 반복적인 평가를 통해 새로운 연결이나 배치, 새로운 서비스 계획이나 수정된 개입목표와 연결된다.

6) 평가 및 종결

평가는 사례관리 개입의 효과성을 보여 주는 근거가 된다. 개입계획 시 구성된 전문인력, 서비스 그리고 자원들이 목표로 삼은 사례관리 목적을 달성하기에 적정한 것인가의 여부를 평가하는 '투입의 평가'와 클라이언트에 대한 서비스와 지지계획에서 정해진 활동과 과업이 적절한 방법으로 수행되고 있는가의 여부를 평가하는 '과정의 평가'를 포함한다. 또한 클라이언트에 대한 서비스와 지원계획은 클라이언트의 욕구에 부응될 수 있는 것인가, 특히 클라이언트 지지망에 대한 계속적인 사정과 점검을 통해 드러난 욕구와 관련해서 볼 때 계획이 여전히 욕구에 부응할 수 있는 것인가의 여부를 평가하는 '연관성 평가'를 포함한다.

7) 사후관리

사후관리의 단계는 학자들의 분류에서는 따로 다루어지고 있지 않으며, 재사정의 단계에서 일정한 기간을 단위로 하여 평가하는 것을 계속 반복하는 것으로 나타나고 있다. 그러나 사후관리의 중요성이 증가하고 있어 하나의 독립된 과정으로 분리하는 추세가 지배적이다. 사후관리를 통해 클라이언트가 욕구 충족되지 않은 것이 확인되거나 또 다른 문제가 발생한 것이 나타나면 재사정의 단계를 거쳐 목표설정과 계획작성으로 돌아가 사례관리 과정의 순환을 반복하게 된다.

3. 사례관리 실천모형

사례관리는 다양한 분야에서 복합적 욕구를 가진 클라이언트에게 적용되고 있어 그 실천모형을 명확하게 정의하기란 매우 어렵다. 하지만 일반적으로 사례관리는 의뢰, 사정, 계획, 서비스조정, 모니터링 및 사후평가라는 기본적 틀은 유지하고 있다. 다양한 사례관리 실천모형 중 사례관리기능에 따른 분류, 자원에 대한 통제정도에 따른 분류, 사례관리자의 유형에 따른 분류, 사례관리자의 역할에 따른 분류, 사례관리 제반기능을 종합한 유형에 따른 분류로 구분하여 살펴보면 다음과 같다(이미경, 2002).

1) 사례관리기능에 따른 분류

사례관리기능에 따라 다양한 형태로 구분될 수 있지만 대표적인 것으로 로스(Ross)와 무어(Moore)의 것의 들 수 있다. 로스의 사례관리모델은 케어매니지먼트를 수행할 때 고려할 수 있는 다양한 선택의 여지를 보여 주려는 의도에서 시도되었으며, 무어의 경우 지역사회의 자원보유정도와 지역사회 내의 서비스 통합정도에 따라 케어매니지먼트의 기능이 달라짐을 제안하였다.

먼저 로스(1980)의 분류를 살펴보면 다양한 케이스매니지먼트 실천을 경험적으로 검토한 후 주요 기능에 따라 표 11-3과 같이 세 가지 모델과 그에 관련된 기능적 요소들을 제시하고 있다.

표 11-3. 로스의 케이스매니지먼트 프로그램의 3가지 모델

최소한의 모델 (Minimal Model)	조정 모델 (Coordination Model)	포괄적 모델 (Comprehensive Model)
• 아웃리치 • 클라이언트 사정 • 케이스 계획 • 서비스 제공자에게 의뢰	• 아웃리치 • 클라이언트 사정 • 케이스 계획 • 서비스 제공자에게 의뢰 • 클라이언트 옹호 • 직접적 케이스 워크 • 자연적 지지 체계 개발 • 재사정	• 아웃리치 • 클라이언트 사정 • 케이스 계획 • 서비스 제공자에게 의뢰 • 클라이언트 옹호 • 직접적 케이스 워크 • 자연적 지지 체계 개발 • 재사정 • 자원 개발 옹호 • 서비스 질 모니터링 • 공공교육 • 위기개입

둘째, 무어(1992)는 복합적인 욕구를 지역사회 내에 분산되어 있는 다양한 자원에 연결시키는 것이 케어매니지먼트의 핵심적인 특징인 만큼, 자원이 풍부할 때와 빈약할 때, 그리고 서비스 전달 체계가 통합되어 있을 때와 통합되어 있지 않을 때 케어매니지먼트의 기능은 달라질 수밖에 없다고 보았으며, 이 기준에 따라 그림 11-2와 같이 사례관리의 모델을 개발하였다

그림 11-2. 서비스 전달의 기반과 사례관리의 모형

2) 자원에 대한 통제정도에 따른 분류

자원에 대한 접근 및 통제력은 전문적 실천의 자율성을 높일 뿐 아니라 자원의 효율적이고도 융통성 있는 활용을 가능하게 해 주기 때문에 중요하다. 자원에 대한 통제력은 자원의 구매 및 예산에 대한 통제 정도로 판단할 수 있는데, 이와 관련하여 케어매니저에게는 어느 정도의 사회사업가 본연의 다양한 기술에 덧붙여 조직의 행정적 기반에 요구되는 기술을 상호 관련시킬 것이 강조된다. 즉, 사정기술, 효과적인 대화 기술, 상담 기술 등 대인관계에 필요한 기술뿐만 아니라, 행정 기술, 예산 편성기술, 다른 전문가와의 협상 기술 등이 요구된다.

이러한 쟁점을 중심으로 정리해 보면 중개모델(Brokering Model)[1]과 서비스 관리모델(Service Management Model)[2]로 나누어 볼 수 있으며, 서비스 관리모델의 경우 행정가형 모델과 사회적 기업가형 모델로 다시 분류할 수 있다. 이 중에서 행정가형 모델의 경우 심리적, 정서적 욕구보다는 간단한 신체적 욕구를 가진 이용자에게만 적절할 수 있으며 사례관리책임을 행정직원에게 이임한 형태로 클라이언트와 실천가의 관계를 희생시킴으로써 가장 만족스럽지 못한 모델이다. 클라이언트와 기관의 입장에서 장·단점을 비교해 보면, **표 11-4**와 같다.

---

1) 중개모델(Brokering Model)에서의 사례관리자는 클라이언트를 제공자에게 의뢰하고, 추적하는 중개지로서 기존의 프로그램을 통해 제공될 수 있는 서비스나 자원만을 연결할 수 있을 뿐이며, 아웃리치를 통한 클라이언트 발굴은 매우 제한적이다.

2) 서비스 관리모델(Service Management Model)에서의 사례관리자는 예산 및 구매에 대한 통제권을 갖고 있기 때문에 다양한 서비스를 계획할 수 있으며 서비스를 구매할 권한을 가질 수 있다는 것이 이 모델의 가장 큰 특징이다.

표 11-4. 서비스 관리모델 유형의 장·단점 비교

구분	장점		단점	
	행정가형 모델	사회적 시업가형 모델	행정가형 모델	사회적 시업가형 모델
클라이언트	• 조정의 효율성 • 명확한 책임소재	• 보다 폭넓은 선택 • 보다 적절한 보호 패키지 마련	• 이용자와의 관계결핍 • 총체적 사정의 어려움 • 신체적·심리적 욕구를 분리할 위험 • 독립된 결정의 어려움	• 서비스 구매와 옹호 기능 간의 잠재적 갈등 소지
기관	• 직원의 비용의 효과적 이용 • 전문적 직원이 행정업무의 부담에서 벗어남	• 보다 비용 효과적인 자원할당 • 보다 반응적인 서비스 체계	• 행정 직원과 전문 직원 간의 신뢰성 • 확립의 어려움 • 관료주의화의 위험 • 부적절한 서비스 제공의 가능성 • 수퍼비전의 수준이 높아야 함	• 구매자와 서비스 제공자의 분리 • 전문가들 저항의 잠재 • 보다 전문적인 교육, 훈련 필요

3) 사례관리자의 유형에 따른 분류

사례관리의 제공자를 중심으로 재가노인의 특성, 욕구, 문제 등을 고려하여 가족보호모형, 지역사회 지원모형과 포괄모형의 3가지로 구분하고 있다(이근홍, 1998).

(1) 가족보호모형(Family care model)

건강상태가 나쁘거나 만성질환을 앓고 있는 노인에게는 전문가보다 오히려 가족이 그들이 필요로 하는 서비스를 가장 신속하고 적절하게 제공할 수 있다는 전제에 기초하고 있다. 이 모형은 재가노인들에게 가장 적절하며 우리 실정에 알맞은 실천모형으로 노인에게 1차적으로 가족이 보호를 제공하는 것을 토대로 하며, 가족이 적절한 서비스를 제공하지 못할 때 보충적으로 사례관리자가 직접적 또는 간접적으로 서비스를 제공하는 것이다.

(2) 지역사회 지원모형(Community support model)

건강상태가 나쁘거나 만성질환을 앓고 있는 독거노인, 또는 노인부부 가족에게는 지역사회 주민이나 지역사회기관 등이 노인들에게 필요한 보호를 적절히 제공할 것이라는 전제에 기초하고 있다. 이 모형은 노인에게 보호를 제공할 가족이 없는 독거노인 또는 노인부부 가족 내에서 한쪽 배우자가 다른 배우자를 부양할 신체적, 정신적 능력이 부족한 노인을 대상으로 친구, 친척, 이웃, 지역사회 주민, 자원봉사자, 자조집단, 지역사회 내의 공식지원망 등을 통하여 그들에게 서비스를 제공하는 것이다.

(3) 포괄모형(Comprehensive model)

다양하고 복합적인 욕구와 문제를 가진 노인들에게는 서비스의 단편적인 접근보다 포괄적인 접근이 그들의 욕구와 문제를 효과적으로 해결할 수 있는 방법이다. 즉, 한 사람의 전문가가 책임을 지고 욕구와 문제를 해결해 줄 수 있는 사람과 노인을 연계시켜 주며, 계속적으로 다양하고 포괄적이며 적절한 서비스를 제공받을 수 있도록 하는 것이다.

이 모형은 건강수준, 일상생활기능수준, 생활수준, 가족사항, 주거상황 등과 관계없이 가족보호모형과 지역사회 지원모형을 통하여 해결하지 못하는 다양하고 복합적인 욕구와 문제를 가지고 있는 노인을 대상으로, 주민자치센터나 보건소(보건복지 사무소)와 같은 국가기관과 비영리 인가기관, 즉 지역사회복지관과 노인복지회관 등을 통하여 다양하고 포괄적인 서비스를 제공하는 것이다.

이상과 같은 세 가지 모형을 주체, 대상, 기능, 방법과 사례관리자의 역할로 나누어 설명하면, 표 11-5와 같다.

표 11-5. 사례관리의 제공자에 따른 모형

구분	가족보호모형	지역사회 지원모형	포괄모형
주체	부모, 성인자녀 또는 배우자	지역사회의 비공식적 지원체계	사례관리 기관
대상	가족과 함께 거주하는 발달장애아동, 기능적장애를 가진 노인, 신체장애인, 만성정신장애인	가족의 보호를 받지 못하는 지역사회에 거주하는 클라이언트	가족과 지역사회의 지지적 보호자가 해결할 수 없는 복합적인 욕구와 문제를 가진 클라이언트
기능	가족의 보호능력의 극대화, 클라이언트의 사회적 기능 향상, 클라이언트와 가족 간의 상호작용 촉진, 클라이언트와 서비스와의 연결, 옹호	가족을 제외한 일차집단의 보호능력의 향상, 클라이언트와 지역사회 비공식 지원체계와의 상호작용 촉진, 클라이언트와 서비스와의 연결, 클라이언트에 대한 상담과 옹호	클라이언트와 서비스의 연결, 사례관리기관 상호 간의 조정, 클라이언트와 비공식지원체계와의 상호작용 촉진, 문제해결, 클라이언트에 대한 상담과 옹호
방법	사례관리자로부터 클라이언트의 보호에 필요한 지식과 기술을 훈련받은 가족구성원에 의한 보호의 제공, 가족이 적절한 보호를 제공하지 못하는 경우 서비스제공자와의 연결을 통한 서비스 제공	지역사회 주민 중에서 일정기간 훈련을 받은 지지적 보호자에 의한 사회적 지지와 서비스의 제공, 지지적 보호자가 스스로 제공할 수 없는 서비스의 경우 서비스제공기관과 연결을 통한 서비스의 제공	사례관리기관이 복합적인 욕구와 문제를 가진 클라이언트에게 포괄적인 서비스의 제공, 사례관리기관에서 제공하지 못하는 특수한 서비스는 다른 기관과의 협력을 통하여 제공
사례관리자의 역할	교육자, 정보제공자, 안내자, 지지자, 중계자, 조정자, 평가자, 옹호자	교육자, 자원개발자, 정보제공자, 점검자, 옹호자	상담자, 문제해결자, 위기개입자, 계획자, 평가자, 옹호자

4) 사례관리자의 역할에 따른 분류

사례관리자의 역할을 바탕으로 사례관리의 모형을 중개모형, 개발모형 및 판매모형으로 분류하고 있다(이근홍, 1998).

(1) 중개모형

중개모형(Brokering model)은 사례관리모형 중에서 가장 단순한 것으로, 사례관리자가 직접적으로 서비스를 제공하지 않고 클라이언트와 필요한 서비스를 단순하게 연결시키는 것으로, 지역사회 내에 클라이언트에게 유용한 자원은 많지만 그러한 자원을 전달할 수 있는 서비스전달체계가 제대로 정비되어 있지 못한 경우에 활용할 수 있는 것이다.

(2) 개발모형

개발모형(Developing model)은 클라이언트에게 제공할 서비스가 결핍되어 필요한 서비스를 제공할 수 없는 상황에서 사례관리자가 지역사회의 자원을 개발하고 조정하는 것으로, 지역사회 내에 클라이언트에게 제공할 유용한 자원이 거의 없으며, 서비스전달체계도 제대로 정비되어 있지 못한 경우에 활용할 수 있는 것이다.

(3) 판매모형

판매모형(Vending model)은 사례관리자가 클라이언트가 필요로 하는 서비스를 사례관리기관이나 특수한 서비스를 제공하는 다른 기관에서 구매하며 일정한 계약을 통하여 클라이언트에게 제공하는 것으로 지역사회 내에 클라이언트에게 제공할 자원이 많으며, 서비스전달체계가 잘 정비되어 있는 경우에 활용할 수 있다.

이와 같은 사례관리자의 역할에 따른 세 가지 모형을 좀 더 구체적으로 전제조건, 기능, 방법, 사례관리자의 역할로 나누어 보면, 표 11-6과 같다.

표 11-6. 사례관리자의 역할에 따른 분류

구분	중개모형	개발모형	판매모형
전제조건	지역사회 내에 유용한 자원이 많지만 서비스전달체계가 제대로 정비되어 있지 못함	지역사회 내에 유용한 자원이 거의 없으며, 서비스전달체계도 제대로 정비되어 있지 못함	지역사회 내에 유용한 자원이 많으며, 서비스 전달체계가 잘 정비되어 있음
기능	클라이언트와 서비스와의 연결, 클라이언트와 자원체계와의 상호작용의 촉진	자원의 개발, 클라이언트와 자원체계와의 상호작용 촉진, 옹호	클라이언트와 서비스와의 연결, 서비스 제공기관 상호 간의 조정
방법	사례관리자가 클라이언트에게 제공할 서비스를 준비하지 않고, 서비스가 필요한 클라이언트에게 의뢰와 안내를 통해서 서비스제공자와 연결시킴	사례관리자가 서비스전달을 위해 필요한 자원을 파악하고, 비공식·공식지원체계를 분석하여 클라이언트에게 필요한 서비스를 개발하고 조정함	사례관리자가 사례관리기관의 서비스를 클라이언트에게 제공하거나, 다른 기관에서 특수한 서비스를 구매하여 클라이언트에게 제공함
사례관리자의 역할	중개자, 정보제공자, 안내자, 점검자	자원개발자, 계획자, 체계정비자, 조정가, 서비스조직가	자원개발자, 계획자, 체계정비자, 조정가, 서비스조직가

5) 사례관리 제반기능을 종합한 유형에 따른 분류

사례관리 실천을 위한 모형개발과 한국적 적용에 관한 연구에서는 사례관리의 실천을 위한 제반실행 및 조직구조적인 요소들을 충분히 고려하여 한국적 적용을 위한 모형을 단순형(Simple Model), 기본형(Basic Model), 종합형(Comprehensive Model), 전문관리형(Professional Management Model)의 4가지로 분류하였으며, 주요 기능별로 살펴보면 표 11-7과 같다(황성철, 1995).

표 11-7. 사례관리의 실천적 모형과 실행 및 구조적 차원의 특징

구분	단순형	기본형	종합형	전문관리형
사례관리의 근본목적	지역사회의 자원 및 서비스연계	지역사회의 자원 및 서비스연계	지역사회 자원 및 서비스연계와 심층상담 또는 치료	직접적, 간접적 서비스 제공과 관리자로서 서비스관리
사례관리의 기능	욕구인식 및 사정, 사례계획과 서비스연계, 서비스점검	적극적 사례발굴, 사정, 사례계획 및 개입, 서비스연계, 상담, 서비스점검	로스만(Rothman)의 15개 기능을 수행	기본적인 사례관리기능과 자원 배분, 통솔, 의사결정 기능 포함
사례관리자의 역할	자원 및 서비스중재자	중재자, 상담자, 교육자, 지지자, 서비스 점검자	자원 및 서비스중재자, 상담 또는 치료자, 교육자, 클라이언트 옹호자	연계자, 상담자, 치료자, 교육자, 관리자
사례관리자의 교육 및 전문성 정도	준전문가, 비전문가(전문대졸업자 또는 훈련된 자원봉사자)	준전문가, 전문가(전문대졸업자 또는 초년생 사회복지사)	전문가(경력이 풍부한 선임 사회복지사)	특수분야별 전문가
조직 내 사례관리자의 위치와 수퍼비전	기존의 조직 및 업무수행부서에서 수행, 전문가에 의한 엄격한 수퍼비전	기존의 조직 내에서 수행, 경험 많은 사회사업가의 수퍼비전이 필요	독립된 사례관리부서, 최소한의 수퍼비전	독립된 팀의 형성, 수퍼비전이 필요없음
사례관리자의 담당사례 수	비교적 많을 수 있음	적절한 수의 사례(30 case 내외)	비교적 적은 사례의 수(10~20case)	최소한의 사례(10case)
개별/팀접근	팀 접근이 가능 그러나 주로 개별적 접근	개별적 접근	개별적 접근	팀 형성에 의한 접근
사례관리자의 업무에 관한 자율성 및 권위의 정도	자율적인 결정권이 없음. 전문가와 협의요망	어느 정도 자율성이 보장됨	자율적인 의사결정이 보장됨	전문 분야별 자율성 보장, 그러나 공통점 요망

Chapter 12

노인인권실천

배울 내용

1. 노인학대
2. 노인학대의 판정기준 및 유형
3. 노인학대에 대한 이론
4. 노인학대의 현황
5. 노인학대에 대한 사회제도
6. 성년후견제도

학습목표

1. 노인학대의 개념 및 위험요인을 파악한다.
2. 노인학대의 판정기준과 유형을 설명할 수 있다.
3. 노인학대에 대한 이론들을 이해하고 대응방안을 모색해 본다.
4. 노인학대의 현황을 파악한다.
5. 노인학대에 대한 사회제도의 개선방향을 모색해 본다.
6. 성년후견제도를 파악하고 활용방안을 모색해 본다.

1. 노인학대

1) 노인학대의 개념

노인학대는 다른 가족학대의 형태와 유사하게 복잡한 현상으로 나타나기 때문에 단일 개념으로 다양한 측면을 포괄하기는 매우 어렵다. 특히 노인학대는 사회 · 문화적 요인과 가치관을 반영하여 학대에 대한 개념이 정립되므로, 나라마다 그리고 학자마다 조금씩 다르게 노인학대를 정의하고 있다.

우리나라의 보건복지부 업무수행지침에 따르면, 신체적 학대는 물리적인 힘이나 도구를 사용하여 노인에게 신체, 정신, 고통, 장애 등을 유발시키는 행위로 간주하고 노인을 폭행하거나, 강제로 가두거나 출입 통제, 신체 억압 및 통제, 생명 저해 등을 구체적인 학대행위의 지표로 삼고 있다. 즉, 좁게는 신체적 학대에서부터 방임이나 부적절한 처우, 심리적 학대로 넓게는 자기학대, 자기방임까지도 포함하고 있는 개념이다.

1970년대 이후 다양한 연구와 조사과정을 통해 노인학대가 사회문제화되면서 그 개념은 다양하게 변화되어 노인학대를 누군가가 의도적으로 노인에게 해를 가하는 소극적인 전제에서 벗어나 노인의 인권보장을 전제로 하는 적극적인 넓은 범위에서 정의가 규정되고 있다. 그 예로, 미국의 The Action on Elder Abuse(AEA)는 노인학대를 "모든 관계에서 발생되는 노인에게 해나 장해를 일으킬 수 있는 단일한 혹은 반복적 행동, 적절한 행동의 부족"으로 정의하고 있다. 영국의 Action on Elder Abuse(AEA)는 노인학대를 "신뢰가 기대되는 관계에서 발생하는 노인에게 상해나 고통을 일으키는 단일한 혹은 반복적인 행동이나 적절한 행위의 결핍"으로 정의하고 있다. 그리고 2000년대 후반에 들어 세계 각국은 노인학대에 대한 정의가 이루어지고 합의가 이루어지기 시작하였다. 이런 의미에서 세계보건기구(WHO)에서는 노인학대(elder abuse)는 노인과 신뢰 관계에 있는 사람이 노인에게 위해(harm)나 스트레스를 발생시키는 일회성행위 또는 반복적인 행위, 적절한 행위의 결핍을 의미하는 것으로 정의하고 있다(Lachs & Pillemer, 2004).

노인학대에 대한 이상의 정의를 종합해 보면, "노인학대는 가족구성원인 성인자녀, 배우자, 기타 부양자나 친척으로부터 언어·정서적, 경제적, 신체적으로 위협을 받고 있거나 노인을 방임하여 기본적인 건강을 유지시키기 어려운 상태"라고 정의할 수 있다.

2) 노인학대의 위험요인

노인학대의 위험요인을 노인의 의존성, 부양부담, 가족요인, 가해자 요인, 피해자 요인 및 사회적 요인으로 구분하여 살펴보면 다음과 같다.

(1) 노인의 의존성

일상생활동작능력의 제한, 치매, 신체적 질병 등의 인지기능장애가 있는 노인들이 의존성이 높으며, 이러한 노인환자에 대한 간호 부담이 커질수록 학대에 노출될 가능성이 높다. 즉, 노인의 의존성 증가는 노인학대를 유발하는 요인이 된다. 다시 말해, 대부분 부양자의 스트레스나 과중한 부양부담은 그 결과 노인학대로 이어지는 경우가 많다는 것이다.

노인학대 피해 상황에 놓인 노인들은 경제적, 신체적으로 의존적인 경우가 많다. 국내 연구들 역시 노인의 인지기능장애 수준이 학대에 미치는 영향에 대해 부정적으로 작용한다는 결과가 지배적이다. 노인의 신체, 인지적 건강 정도의 의존성은 학대에 영향을 미친다.

(2) 부양부담

부양부담은 부양자들이 경험하는 노인의 신체적 의존성과 문제행동 그리고 인지력 부족으로 인하여 생겨나는 부양 과업 수행에 따르는 어려움으로 규정하고 있다(Poulshock & Deimling, 1984). 최근 들어 노인부양과 관련하여 가족에게 과도한 부양부담은 가족 해체의 위기에 직면하여 극단적인 노인학대가 발생하게 된다고 주장한다.

학대가족은 노인부양에 대해 기피하거나 부양부담으로 인하여 학대가 발생할 가능성이 높고, 학대로 인해 보호 부양 기능 상실이 대부분이다. 부양자의 부양부담에 영향을 미치는 요인은 다양한 것으로 알려져 있다. 부양가족이 경험하는 부양부담과 스트레스가 위험요인으로 작용한다고 볼 수 있다.

우리 사회에 내부적으로 변화하고 있는 노인부양에 대한 책임의식은 다른 가족 관련 책임의식에 비해 급격히 감소하고 있을 뿐만 아니라 세대 간, 연령 계층 간 차이를 중심으로 간격이 벌어지고 있어, 향후 노인 부양 문제의 심각성을 더할 것으로 예상되고 있다.

(3) 가족요인

노인학대의 원인으로 가족요인을 들 수 있다. 일반적인 가족특성을 노인학대의 위험요인으로 제시하고 있는데, 노인학대 위험요인 중 가족 관련 요인으로는 가족 간 관계, 관계의 질, 의사소통 등이 보고되고 있으며, 가족 체계상의 특징인 고부 간 갈등, 불화 등이 강조되고 있다(이연호, 2003).

가족구조의 변화인 핵가족 현상은 가족기능을 변화시켜 전반적으로 축소, 상실되고 있으며, 가족 사회보장 기능이 감소되어 노인부양에 대한 문제를 야기한다. 학대받는 노인의 가족들은 대체로 낮은 수준의 애정 표현과 의사소통 또한 원만하게 이루어지지 않는 것으로 나타났고, 자녀들과의 정서적 유대감이 낮거나 자녀와의 결속력이 좋지 않을 시 노인학대의 경험도 높은 것으로 나타났다(박미은, 2004).

(4) 가해자 요인

학대자의 특성으로는 성별과 연령, 학력, 정신적 상태 및 경제적 의존, 과거 학대력 및 부양 스트레스 등이 언급되고 있다. 특성과 관련해서 가장 많이 지적되고 있는 것은 경제적 상태와 부양 스트레스이다. 학대자들은 실직, 실업상태에 있거나 비전문직에 종사하는 등 경제적으로 어려운 상태에 놓여 있으며, 피해노인에게 경제적으로 의존되어 있는 경우가 많다(한동희, 1996; Bennett & Kingston, 1993).

그리고 남성보다 여성이 노인부양에 따른 스트레스를 많이 받기 때문에 노인학대로 연결되는 경우가 높다(Sodei, 1999). 그러나 일부 연구에서는 남성과 여성이 비슷한 비율로 학대하거나(Pillemer & Finkelhor, 1988), 오히려 남성이 더 많이 학대한다는 주장도 있다(서윤, 2000). 또한 학대자의 학력은 대체로 낮은 편으로 보고되고 있다(Bennett & Kingston, 1993).

(5) 피해자 요인

피해자의 개인적 특성이 위험요인으로 제시되고 있다. 특히 고령노인일수록 학대위험이 높다는 결과를 제시하고 있다(보건복지부, 2017). 노인에 대한 부정적 편견(불편한 존재)으로 인해 노인들이 학대를 많이 받는 것으로 인식되고 있다(Childs et al., 2000). 노인은 종종 사회에서 어린아이와 같은 대우를 받고 있기 때문에 여러 모로 취약한 노인은 어린이의 지위와 동일한 취급으로 학대에 대한 합법성을 부여하기도 한다(고보선, 2005).

선행연구들에 의하면 평균수명이 여성노인이 남성보다 10년 정도 길어 남편의 사별 후 신체적, 사회적, 지적, 경제적 능력이 제한됨으로써 여성노인이 학대 대상이 되기 쉽고, 연령이 많아질수록 육체적, 정신적 손상이 증가하여 부양가족으로부터 많은 원조를 받아야 함에 따라 고령 자체도 학대의 요인이 될 수 있다(소희영 외, 2009). 그리고 노인의 신체적, 인지적, 건강정도의 수준이 노인학대에 영향을 미치고, 노인의 일상생활능력 등의 신체적 장애를 겪고 있는 노인이 그렇지 않은 노인보다 학대를 받을 가능성이 높다(이성희, 한은주, 1998).

학력과 관련해서는 교육수준이 낮은 경우 학대를 받을 확률이 높은 것으로 나타났으며, 자녀에 대한 경제적인 의존도가 높을수록 학대의 위험이 높은 것으로 나타났고(김태현, 1994), 결혼유무에 따라서는 배우자가 없는 노인이 성인자녀와 동거할 경우 학대를 받을 위험이 높은 것으로 나타나고 있다(한은주, 2000).

노인의 경제수준은 경제적 여유가 없는 노인이 여유가 있는 노인보다 학대를 받을 위험비율이 상대적으로 높은 것으로 나타나고 있다. 노인학대 요인으로 노인과 부양자의 힘의 갈등이나, 갈등해결의 미숙을 들고 있다. 또한 노인이 참을성이 없는 분노형의 성격을 가진 경우에도 학대를 받게 될 가능성이 높아진다는 연구결과도 있다(Hwalek & Sengstock, 1986).

(6) 사회적 요인

사회적 관계망의 구성원들은 노인에게 사회적 지지를 제공하여야 한다. 사회적 지지망이 없을 경우 의존적 욕구충족에 실패하게 되고 부양자에게 부양부담을 가중시켜 학대를 일으키는 원인이 된다(한은주, 2000). 노인학대의 잠재적인 증후는 사회적 관계망의 축소와 기능을 제대로 수행하지 못하는 것과 깊은 관련이 있는 것으로 나타났다. 전통적으로 강한 가족주의 의식이 노인학대의 반복적 발생촉진과 은폐의 요인이 될 수 있다(권중돈, 2002).

그리고 사회가 노인과 폭력에 대하여 어떤 인식을 가지고 있느냐는 노인이 폭력에 노출되는 학대요인을 완화시켜 줄 수 있는 사회적 자원이 될 수 있다. 노인을 과소평가하는 사회적 인식은 노인의 지위를 낮출 뿐만 아니라 학대에 취약하도록 만드는 요인이 될 수 있다(고보선, 2005). 사회적 지지체계란 가족, 친구, 동료 또는 전문가 등으로 이루어진 체계이며, 이들 체계들이 제공하는 도움을 사회적 지지라고 할 수 있다(정순돌, 2004).

노인들에게 사회적 지지가 필요한 것처럼 노인 부양자들에게도 그들을 위한 사회적 지지가 필요하다(김수영, 2000). 구체적으로 사회적 관계로부터 받는 지지는 어려움이나 위기에 처한 개인의 심리적 안녕, 가족관계, 가족 전체의 위기대처능력 등에 있어서 주요한 결정 요인이 된다(Belsky, 1993). 적극적 사회적 관계망은 노인학대의 영향력을 줄여 줄 수도 있으며, 개인의 위기대처 능력을 촉진시키는 매개 요인이 되기도 한다(고보선, 2005; 한은주, 2000).

2. 노인학대의 판정기준과 유형

1) 노인학대의 판정기준

노인학대가 최근 들어 주요한 사회문제로 인식하기 시작한 이유는 노인인구의 수적 증가에 따라 노인문제에 대한 심각성이 인식되고 있기 때문이다. 노인학대가 더 이상 개인의 문제가 아닌 전체사회의 문제로 제기됨에도 불구하고 이에 대한 사회적 차원의 예방이나 치료, 보호를 위한 노력은 미비한 수준이다.

이해영(1996)의 연구에 따르면, 노인학대의 대상은 여성노인이 가장 많으며 신체적, 정신적, 경제적으로 의존상태가 높은 것으로 나타났다. 가해자는 주로 노인을 돌보는 가족들로 개인적 병리, 과도한 수발부담, 알코올, 빈곤 등이 원인이며, 가족갈등과 경제적 동기도 관련되어 있음을 지적하고 있다. 한국형사정책연구원(1995)에서 제시하고 있는 노인학대의 유형과 판정기준을 살펴보면 표 12-1과 같다.

표 12-1. 한국형사정책연구원(1995)의 노인학대의 유형과 판정기준

- 노인을 돕거나 보호해 주는 사람이 부양을 꺼려서 거처를 여러 번 옮기는 행위
- 노인을 돕거나 보호해 주는 사람으로부터 없어져 주었으면 하는 느낌을 받은 적이 있는 경우
- 노인을 돕거나 보호해 주는 사람이 잠자리를 제대로 마련해 주지 않거나 분위기를 해쳐 잠을 자지 못하는 경우
- 노인을 돕거나 보호해 주는 사람이 돈벌이를 강요하는 경우
- 2~3일 이상 노인을 혼자 집에 내버려 두는 행위
- 집에서 노인에게 음식을 주지 않아 끼니를 거르게 하는 행위
- 노인을 돕거나 보호해 주는 사람이 폭언 및 모욕을 주는 행위
- 노인을 돕거나 보호해 주는 사람이 신체적인 폭행을 가하는 행위

최근 들어 신체적인 폭력뿐만 아니라 언어적 폭력이나 정서적인 학대 및 방임 등의 경험이 더 많이 발생하며, 신체적 폭력이나 성적 학대가 많은 아동학대와는 달리 노인의 경우는 방치, 방임, 심리적 학대 등이 비교적 많으며, 노인이 갖고 있는 재산, 연금, 수당을 착취하는 경우가 많아 경제적 독립의 경우도 학대의 대상이 되고 있다(박영수, 조용섭, 2014).

중앙노인보호전문기관(2007)에서 제시하고 있는 노인학대 판정항목은 노인학대의 신체적 학대 5개 항목, 성적 학대 2개 항목, 정서적 학대 4개 항목, 재정 학대 3개 항목, 방임 3개 항목, 유기 1개 항목, 자기방임 1개 항목을 포함한 19항목으로 군집분석(cluster-analysis)을 통해 분석하였는데(이윤경, 김미혜, 2008), 그 결과는 표 12-2와 같다.

표 12-2. 중앙노인보호전문기관(2007)의 노인학대의 유형과 판정기준

구분	내용
신체적 학대	• 노인을 제한된 공간에 강제로 가두거나 출입을 통제한다. • 노인의 신체를 강제로 억압한다. • 약물을 사용하여 노인의 신체를 통제하거나 생명을 저해한다. • 거친 행위로 노인을 협박하거나 위협한다. • 노인을 폭행한다.
성적 학대	• 노인을 성폭행한다. • 노인에게 성적 수치심을 주는 표현이나 행동을 한다.
정서적 학대	• 노인과의 접촉을 기피한다. • 노인의 사회관계 유지를 방해한다. • 노인을 무시하는 언어적 표현과 행동을 한다. • 노인을 의사결정과정에서 소외시킨다.
재정적 학대	• 노인의 소득 및 재산을 가로채거나 임의로 사용한다. • 노인의 재산에 관한 법률적 권리를 침해하는 학대행위를 한다. • 노인이 수행하기 어려운 집안일 또는 노동을 강요하거나 시킨다.
방임	• 거동이 불편한 노인의 의·식·주 등 일상생활 관련 보호를 제공하지 않는다. • 경제적 능력이 없는 노인의 생존을 위한 경제적인 보호를 제공하지 않는다. • 의료 관련 욕구가 있는 노인에게 의료적 보호를 제공하지 않는다.
유기	• 의존적인 노인을 유기한다.
자기방임	• 자신을 돌보지 않거나 돌봄을 거부함으로써 노인 자신의 생명을 위협받는다.

보건복지부에서는 노인학대 선별도구의 항목을 정서적 학대, 경제적 학대, 신체적 학대, 성적 학대, 방임, 유기 등으로 제시하고 있다.

2) 유형별 노인학대

노인인구의 증가는 사회적 변화와 노인학대와 관련된 노인문제의 양상을 변화시키고 있다. 또한 증가하는 노인 간 갈등, 노부부 간 갈등뿐만 아니라 자녀세대의 사회적 문제의 양상은 노인세대의 문제로 확산되면서 노인학대의 형태와 원인에도 영향을 미치고 있다. 우리나라 「노인복지법」(제1조의2 제4호, 제5호)은 노인에 대하여 신체적 · 정신적 · 정서적 · 성적 폭력 및 경제적 착취 또는 가혹행위를 하거나 유기 또는 방임을 하는 것으로 노인학대를 규정해 두고 있다. 또한 노인학대 관련 범죄란 65세 이상 노인에 대한 노인학대를 말한다고 규정하고 있으며, 노인학대는 한 가지 원인보다는 복합적인 원인에 근거하여 발생하고 있다(강춘수, 2018). 유형별 노인학대를 신체적 학대, 정신적 학대, 정서적 학대, 성적 학대, 경제적 학대, 방임 및 유기로 구분하여 살펴보면 다음과 같다.

(1) 신체적 학대

노인에 대한 신체적 학대(physical abuse)는 사회적인 문제로 쉽게 인식되고 있다. 신체적 학대는 부양자가 피부양자인 노인에게 폭력을 행사하는 것이다. 폭행행위란 사람의 신체에 가해진 형태가 있는 힘(有形力)의 행사로 여기에서 형태가 있는 힘이란 일반적으로 물리적인 힘이라고 말하며, 외상이란 일반적으로 외부로부터 신체에 입은 상해(사람의 생리적 기능에 대한 해를 입는 것)를 말한다. 노인의 신체에 외상(골절, 내장파손 등 체내의 물리적 기능이 해를 입는 결과도 포함됨)을 입힐 가능성이 있는 물리적인 힘을 가하는 행위는 외상이라는 결과가 발생하지 않더라도 해당한다. 신체적 학대는 폭력행위에 의해 신체에 자극, 고통을 부여하는 행위나 외부와의 접촉을 의도적으로 계속해서 차단하는 행위라고 할 수 있다.

구체적인 신체적 학대로는, 첫째, 폭력적 행동으로, 고통이나 외상을 부여하는 행위로 이는 손바닥으로 뺨을 때리고 꼬집으며, 발로 때리거나 차는 행위, 둘째, 노인을 향한 위험한 행동으로 노인을 향해 물건을 던지거나 날붙이를 접근시키는 행위, 셋째, 노인의 이익이 되지 않는 아픔이나 고통을 부여하는 것으로 신체적 구속과 화학적 구속을 통해, 강제하거나 일부러 거칠게 대하는 행위를 나타낸다. 이러한 신체적 학대는 폭력행사뿐만 아니라 성적 폭행 행동의 자유에 대한 통제도 이에 해당한다. 즉, 행동을 제어하기 위해 행하는 구속적 혹은 신체를 침입하는 조치도 포함한다.

그러나 면허를 지닌 의사 또는 자격을 갖춘 전문가에 의해서 서면(書面)에 기록된 간호 계획의 일환인 것은 신체적 학대로 간주하지 않는다. 신체적 학대에는 취약한 입장에 있는 성인 사이에서 행해진 언쟁 또는 폭력적 행위는 포함되지 않는다.

(2) 정신적 학대

정신적 학대(mental abuse)는 노인에게 정신적 고통을 일으키는 행동으로 심리적, 언어적 학대와 상호교환적으로 사용되는 개념이다. 보통 언어에 의한 학대에 관한 의도적인 행위 또는 부작위를 말한다. 강요학대 및 취약한 입장에 있는 노인을 가족 또는 친구로부터 격리하며 정기적인 활동에서 제외하고 조롱·협박, 큰 소리로 이름을 부르거나 악담을 포함하지만, 이것들로 국한된 것은 아니다(Richard & Robert, 2003). 또한 유기 또는 시설입소 등 다른 형태로 나타나기도 하며, 눈에 띄는 신체적 학대와는 차이가 있으며 이에 반해 정신적 학대는 구체적으로 나타나는 행위들이 아니므로 정의하기도 측정하기도 어렵다(오승주, 2017).

(3) 정서적 학대

정서적 학대(emotional abuse)는 정신적 학대와 비슷하며, 언어적 또는 심리적 학대로도 불리기도 하며, 가장 많이 발생하는 학대유형이다. 신체적 학대와 비교하면 사회문제로 인식되는 비율이 낮다. 그러나 정서적 학대는 모든 학대의 출발이며, 가시적인 학대보다 더 큰 피해를 남길 수 있다. 노인에게 의도적 또는 미필적 고의에 의해 정서적 위해(危害)를 가하는 것으로 심리적 고통을 동반시키는 행위이며, 보통 신체적 학대가 수반한다. 정서적 학대의 구체적인 내용과 세부적인 내용을 살펴보면 표 12-3과 같다(정진희, 2004; 편승용, 2004).

표 12-3. 정서적 학대의 구체적인 내용과 세부적인 내용

구분	내용
구체적인 내용	• 노인을 부양하는 것이 부담스럽다고 앞에서 노골적으로 말한다. • 집안 의사결정 과정에서 고의로 소외시킨다. • 위협적이면서 무례한 태도를 보인다. • 몸이 불편한 노인에게 빨래나 청소 등 어려운 일을 시킨다. • 노인의 친지나 친구 등이 방문하는 것을 싫어한다. • 노인이 보는 앞에서 물건을 던지거나 부수면서 화풀이를 한다. • 노인이 가족을 타이르거나 의견을 개진하면 간섭한다고 불평하거나 화를 낸다. • 노인의 일상적 사회활동을 방해하거나 활동 등을 노골적으로 방해한다. • 노인에게 발을 구르거나 방문을 세게 닫는 등 거친 행동을 한다. • 부양자가 노인에게 없어져 죽었으면 하는 느낌을 들게 만든다.
세부적인 내용	• 노인의 수치심을 느낄 수 있는 모욕적인 말을 한다. • 노인에게 집을 떠나라고 폭언을 한다. • 소리 지르고 큰 소리로 매도하고 험담한다. • 모욕을 담아 어린아이처럼 다룬다. • 말을 거는 행동을 의도적으로 무시한다. • 배설 실패를 비웃거나 그것을 남 앞에서 말하는 등에 의해 본인을 수치스럽게 한다.

그리고 이보다 좀 더 소극적인 방임의 개념으로 본 정서적 학대는 의존적인 노인에게 사회적인 격려를 제공하지 않는 것으로, 노인을 오랜 시간 동안 혼자 내버려 두거나 무시 또는 침묵으로 대하는 것을 말한다.

(4) 성적 학대

성적 학대(sexual abuse)는 노인에게 외설적인 행위 또는 외설적인 행위를 시키는 성적 학대를 말한다. 외설적인 행위란 「형법」상에 의해 무의미하게 성욕을 흥분 혹은 자극하며 또한 일반인의 정상적인 성적수치심을 유발한다. 선량한 성적의 관념에 위반하는 것으로 원하지 않는 부적절한 접촉, 항문성교, 강간, 성적 강요, 노골적인 성적 촬영 그리고 성희롱을 포함된다. 이것들로 한정되는 것이 아닌 어떠한 형태의 동의가 없이 성적 접촉을 하는 것을 말한다. 신체적 · 정신적으로 취약한 상태에 있는 노인의 성기 애무 혹은 노출 및 매춘행위와 성행위를 하는 것으로 의미한다. 또한 배설 실패로 하반신을 알몸을 방치하거나 성기를 향한 접촉, 그 외 키스를 하거나 외설적인 말을 건네는 행동 등이 포함된다(오승주, 2017).

(5) 경제적 학대

경제적 학대(economic abuse)는 노인의 재산, 소유물, 소득, 경제적 권리를 착취하거나 빼앗는 것으로 정의할 수 있다. 경제적 학대는 부양을 제공하는 자 또는 친척 등이 노인의 금전 혹은 재산 등을 노인의 뜻과 관계없이 이전하거나 훔치는 것을 말한다. 이따금 폭력, 사기 행위, 허위의 대행권 행사 등이 그 수단으로 사용된다. 재산상속 문제를 둘러싸고 자녀가 부모를 학대하는가 하면 갖고 있던 재산, 연금, 수당을 착취해 경제적으로 곤란에 빠지게 하는 경우도 있다. 이러한 행동이 경제적 학대의 전형이라고 할 수 있다.

경제적 학대에 있어 보살핌을 제공자로만 한정하지 않고 '노인의 친족'까지 확대하고 있다. 노인 소유의 재산을 부당하게 처분하거나 재산상의 이익을 취하려고 할 경우 보살핌 제공자에 의한 학대에 해당된다. 또한 노인 본인이 작성한 유언장을 동의 없이 수정 또는 새로운 수혜자를 지명하거나 동의 없이 부양자가 소유권을 이전하는 행위이다. 그리고 연금이나 임대료 등의 소득을 가족이나 친족이 부당이득을 취하는 행위, 또한 일상생활에 필요한 금전을 주지 않으며, 사용하지 못하도록 하는 행위, 빌린 물건을 반환하지 않거나 보석 등 고가의 노인의 물건을 절도하는 행위를 말한다.

(6) 방임

방임(neglect)은 노인의 기본적인 생존 및 생명과 직결되는 문제로 주로 정신적, 신체적 장애로 인해 타인에게 의존적인 노인들이 방임을 받을 위험이 높다. 방임이란 사전적 의미로는 돌보거나 간섭하지 않고 제멋대로 내버려 두는 뜻의 개념으로 사용되며, 법률적 의미로는 법이 행위자의 의사에 맡기고 관여하지 않는 행위로 적법(適法)도 위법도 아니다. 법의 보호도 받지 못하지만, 처벌도 받지 않는 행위를 뜻한다고 정의하고 있다.

미국의 경우, 주(州)마다 방임에 대한 법령해석을 달리하지만 대부분 방임에 대한 개념을 보살핌 제공자에 의한 방임(caretaker neglect)과 자기 방임(self neglect)으로 크게 두 가지 부류로 나누어 해석하고 있다. 보살핌 제공자에 의한 방임에는 시설 내 방임에 대한 개념도 포함하고 있다. 보살핌 제공자에 의한 방임(caretaker neglect)이란, 신체적 정신적으로 약자인 자에게 충분한 음식, 의복, 주거, 심리적 간호, 신체적 간호, 의료 간호 혹은 감독이 보장되어 있지 않은 상황 또는 보살핌 제공자에 의해서 고의로 혹은 영속적으로 어떠한 장소에 유기 또는 포기하는 것을 뜻한다.

시설 내 방임에는 배변, 입욕, 식사 및 안전을 포함하지만, 이것들로 한정된 것이 아닌 환자 또는 입소자의 신체적 욕구에 대해 주의를 소홀히 하는 것과 환자 혹은 입소자의 건강문제에 대한 변화 또는 건강 상태의 변화를 가장 가까운 감독인 간호사에게 보고하는 것을 소홀히 하는 것을 포함하고 있다.

(7) 유기(abandonment)

의존적인 노인을 보호자 또는 부양 의무자가 낯선 장소에 버리는 행위로 대표적인 행위로는 가족이나 보호자 누구와도 연락이 되지 않는 경우이며, 노인을 병원, 시설 등에 입소시키고 연락 및 왕래를 두절하는 행위를 말한다. 또한 「형법」 제271조(유기,

존속유기)에서 “노유 질병 기타 사정으로 인하여 부조를 요하는 자를 보호할 법률상 또는 계약상 의무 있는 자가 유기한 때에는 3년 이하의 징역 또는 500만 원 이하의 벌금에 처한다. 그리고 자기 또는 배우자의 직계존속에 대하여 제1항의 죄를 범한 때에는 10년 이하의 징역 또는 1천 500만 원 이하의 벌금에 처한다”로 규정하고 있다.

3. 노인학대에 대한 이론

노인학대를 설명하는 대표적 이론에는 스트레스 이론, 사회구성 이론, 사회교환 이론, 사회학습 이론, 심리병리학적 이론 등이 있다. 이처럼 노인학대에 관한 연구는 다양한 관점에서 이루어지고 있다(강춘수, 2018).

1) 스트레스 이론

스트레스 이론(stress theory)은 사회 · 문화적 관점에서 접근하는 것이다. 즉, 노인을 부양하는 성인자녀나 배우자 등의 가족이 스트레스를 받아서 노인에게 신체적, 정서적 학대 행위를 하는 것으로 설명하고 있다(Gordon & Brill, 2001). 특히 치매노인의 경우 스트레스가 가중된다는 점에 주목하고 있다.

허약한 노인을 부양하는 데 있어 부담과 다른 가족구성원이나 지역사회로부터 적절한 지원을 받지 못한 부양자가 학대행위자가 되는 것으로 설명한다. 이 이론에 기반하여 노인학대를 설명하는 가설을 스트레스 부양자 가설이라 하며, 상황모델로 표기되기도 한다. 개인이 경험하는 스트레스 요인(stressor), 자원(resources), 인식(appraisals)의

세 가지 요인과의 관계로 노인학대를 설명할 수 있는 것이다(Lee, 2005).

스트레스 요인은 신체 및 정신적 측면이 강조되는 부양 욕구가 충족되어야 하는 환경적 요구이다. 자원은 개인적인 자원이나 환경적 자원이 포함되어야 한다. 이러한 인식에 있어 스트레스 요인 또는 자원에 대한 개인의 평가 또는 인지를 의미한다. 노인부양에 따른 긍정적 또는 부정적인 평가를 할 수 있으며, 이들이 가진 자원이 스트레스 요인을 대처할 수 있는지 평가하게 된다.

개인이 느끼는 노인부양을 부정적으로 인식할 경우 자신이 가진 자원으로 노인부양을 하는 데 어려움이 있다고 판단될 경우 발생되는 스트레스가 학대행위로 연결될 수도 있다. 물론 스트레스 요인은 노인과 관련된 것뿐만 아니라 부양자의 실업, 이혼 등과 같은 생애사건(life events)이 될 수도 있다. 노인부양과 이러한 생애사건이 스트레스 요인으로 가중되고 부양자가 이에 대처할 수 있는 자원이 부족하다고 인식되면 스트레스로 연결되고 이로 인해 학대를 행할 위험성이 증가된다(나용선, 김나영, 2004).

실제 경험적 연구에 의하면 신체적 · 정신적으로 의존적인 노인, 특히 치매로 인한 문제행위를 보이는 노인이 주된 학대피해 노인이라는 점에서 스트레스 이론을 지지해주는 근거를 제공하고 있다(권중돈, 2004; 한은주, 김태현, 2000; Gordon & Brill, 2001). 하지만 주목할 점은 스트레스를 느끼는 개인 모두가 노인학대를 행하는 것은 아니기 때문에 스트레스 이론적 근거를 보다 정교화할 필요가 있다. 이는 부양부담으로 인한 스트레스를 받는 부양자에 대한 일반화의 오류를 제거하기 위해서도 개인별 특성을 무시할 수 없는 요인으로 포함시켜야 한다.

2) 사회구성주의 이론

사회구성주의 이론(Social Constructionism theory)은 사회현상(social reality)으로 사회적 · 문화적으로 어떻게 발전되어 오는지 전제하고 출발한다. 이 이론은 사회현상을 인식하고 이해하는 데 사회의 문화적 배경의 역할을 강조한다. 사회현상에 있어 주어진 것으로 인식하지 않고 사회구성원들이 주어진 사회의 문화적 체계 안에서 적극적인 방법에 의해 구성한다. 따라서 사회현상은 문화적 맥락에 의해 인간이 주도하고 구성하여 나가기 때문에 사회적 이슈인 노인학대 문제도 그 사회의 주관적인 문화상황에서 이해가 필요하다.

그러므로 이 이론은 노인학대를 사회문제로 인식하고 이해하는 데 사회과정(social process)을 강조하고 있다. 사회의 어떤 요소나 특정 사태, 즉 사회구성원들이 노인학대를 어떤 방식으로 바라보는지에 대하여 탐구하는 일반적인 흐름이다. 이러한 접근에 있어 사회문제 인식은 상호작용과 공공정책을 통해 해석될 수 있다. 나아가 공공정책이 조직되고 대표됨으로써 노인학대의 사회문제 의미를 사람들에게 논의할 수 있음을 가정한다.

사회구성주의 접근의 공통점은 현실이 인간들 간에 관계에서 구성된다는 점이다. 주관적인 판단이 요구되는 노인학대의 사회문제는 사회적 상황을 확인하는 데 있어 중요시되며 각각의 다양한 사회적 맥락의 차이로 인해 하나의 현상에 대처하는 개개인들이 그 현상을 다르게 인식할 수 있다(윤현숙 외, 2010).

3) 사회교환 이론

사회교환 이론에서 도출된 가설인 의존성 가설(the dependency hypothesis)은 피해노인의 의존성 또는 학대행위자의 의존성으로 학대행위를 설명하는 가설로 피해노인의 의존성으로 노인학대를 설명하고 있다(Gordon & Brill, 2001).

사회교환 이론에서 사회적 행동이나 대인관계가 지속성을 유지하기 위해서는 이득이 비용과 균형을 이루어야 한다. 노인학대는 노인부양으로 인한 비용이 이득을 초과함으로써 이를 보상하기 위한 차원에서 발생하는 것으로 설명할 수 있다. 여기에서 이익과 비용은 경제적인 측면만을 의미하는 것은 아니며 신체적 또는 심리적 차원으로 확장된 개념이다(이미진, 2000). 따라서 노인학대가 발생하는 것은 부양으로 인한 보상에 비해 노인을 부양하는 데 드는 비용이 많기 때문이다.

최근 연구들은 피해노인의 의존성이 아닌 부양자의 의존성에 초점을 맞추는 경향이 있다(Gordon & Brill, 2001). 피해노인과 학대행위자가 서로 의존적인 관계에 있는 것으로 가정하여 이 둘의 관계를 상호의존관계가 있는 것으로 보고 있다(Jones et al., 1997). 상호의존적인 환경에서 학대가 발생하고 가족이라는 이유로 학대행위자를 분리시키지 못하는 상황이 지속된다.

따라서 노인은 학대행위자가 아닌 타인의 도움을 받거나 시설에 입소하는 것이 두려워 이러한 상호의존적인 관계를 벗어나지 못하고 있다. 이러한 이유에서 학대상황이 지속적으로 이루어진다는 데 있다.

4) 사회학습 이론

사회학습 이론은 학대가 학습을 통해 터득한 행동이 출발선이며, 학습된 폭력가설의 이론적 기초를 제공하고 있다. 개인은 타인의 행동을 관찰하여 모방함으로써 새로운 행동을 표출하게 된다. 특히 아동기에 부모로부터 학대받고 자란 경우 성인이 되었을 때 그들은 노부모를 학대하는, 즉 역학대를 하게 될 가능성이 높다고 보고 있다(한동희, 김정옥, 1994; 한은주, 김태현, 2000; Gordon & Brill, 2001).

외국연구에서도 아동기에 학대를 받는 사람은 노인을 학대하기보다는 그들의 자녀를 학대하는 가해자라는 근거를 제시되기도 하였다(Payne, 2002). 그러나 2000년대 이후 수행된 연구에서는 사회학습 이론에 대한 경험적 검증의 부족으로 폭력의 세대 간 전이가 잠재적인 위험요소로 간주되어야 한다는 것이다.

아동기 학대경험은 대인관계에 있어 폭력을 유발시키는 위험요인의 가능성이 높다는 주장이 대두되고 있다(Choi & Mayer, 2000; National Research Council, 2003; Lachs & Pillemer, 2004). 학대피해노인만을 조사한 국내 양적 조사에서 아동기 학대경험이 있거나 학대목격경험이 있는 행위자의 경우 신체적 학대와 경제적 학대를 행할 가능성이 높은 것으로 나타났다(배진희, 정미순, 2008). 또한 국민기초생활보장 수급자의 경우 노인 학대행위자의 특성 중 하나는 과거 아동기에 폭력을 경험한 것으로 분석되었다(박미은, 2004).

5) 심리병리학적 이론

학대행위자의 여러 가지 병리학적 요인 중 알코올중독이나 약물남용, 정신질환, 편집증, 반사회적 인격장애와 같은 요인이 노인학대를 발생시키는 것으로 설명한다(최정혜, 2000; Gordon & Brill, 2001; Wolf, 2000).

알코올중독자의 경우 분노를 조절하거나 행동을 통제할 수 있는 능력이 떨어져 노인에게 폭력적이고 학대적인 행위를 가할 수 있다. 또한 다른 견해로 서구 사회에서는 경제적 학대를 보면 약물의존성 결과로 노인으로부터 돈을 탈취하여 특정 약물을 구입하는 경향이 있다.

정신질환자나 지적장애인의 보호시설에서 지역사회로 거주환경이 바뀌는 과정에서 이들의 부모가 노년기에 들어서게 될 경우 가족부양자로서의 역할을 수행하게 된다. 이들 역시 본인 또한 의존적인 욕구가 높음에도 불구하고 노인부양과 같은 스트레스 상황을 대처할 능력이 부족하다. 이들은 그들의 노부모나 배우자를 학대할 위험이 있으며(Gordon & Brill, 2001), 학대를 문제로 인지하지 못하는 경우가 대부분이다.

특히 약물중독자의 경우 부적절한 돌봄의 결과를 인지하지 못하거나 약물중독으로 인해 판단과 인지가 잘못됨으로써 학대행위를 하게 될 수 있다(Kosberg, 1988). 치매나 인지기능상의 혼돈이 있는 경우 역시 적절한 돌봄을 수행하지 못하고 더 나아가 학대행위를 할 수 있다(Kosberg, 1988). 주된 학대유형으로는 방임(neglect)이며, 학대피해노인을 통제하기 위해 신체적 · 정서적 학대가 부가적으로 이루어지기도 한다(Ramsey-Klawsnik, 2000).

4. 노인학대의 현황

보건복지부와 중앙노인보호전문기관(2022)의 2021년 1월 1일부터 12월 31일까지 한 해 동안 전국 37개 지역노인보호전문기관에 신고접수된 19,391건의 사례를 분석한 결과를 중심으로 살펴본 2021년 노인학대의 신고접수 현황은 그림 12-1과 같다.

그림 12-1. 노인학대 신고접수

출처: 보건복지부, 중앙노인보호전문기관(2022). 2021 노인학대 현황보고서.

전체사례는 2021년 19,391건으로 전년 대비 14.2% 증가하였으며, 일반사례는 12,617건으로 전년 대비 17.8% 증가하였고, 학대사례는 6,774건으로 전년 대비 8.2% 증가한 것으로 나타났다. 학대피해노인 현황에 대한 조사 결과는 그림 12-2와 같다.

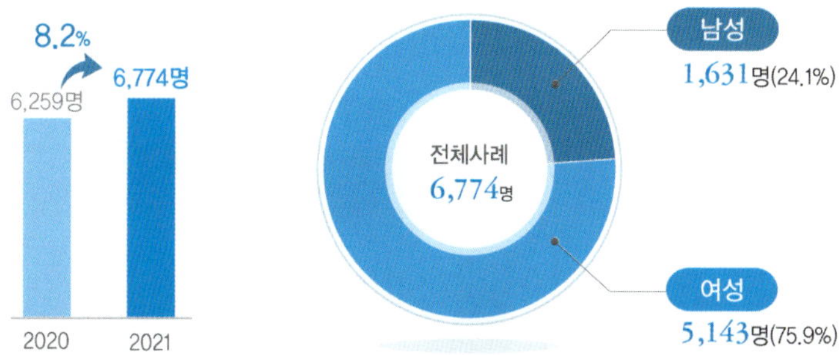

그림 12-2. 학대피해노인 현황

출처: 보건복지부, 중앙노인보호전문기관(2022). 2021 노인학대 현황보고서.

학대피해노인은 6,774명으로 전년 대비 8.2% 증가하였고, 성별에서는 남성이 1,631명(24.1%), 여성 5,143명(75.9%)으로 나타났다. 학대피해노인 가구형태에 대한 결과는 그림 12-3과 같다.

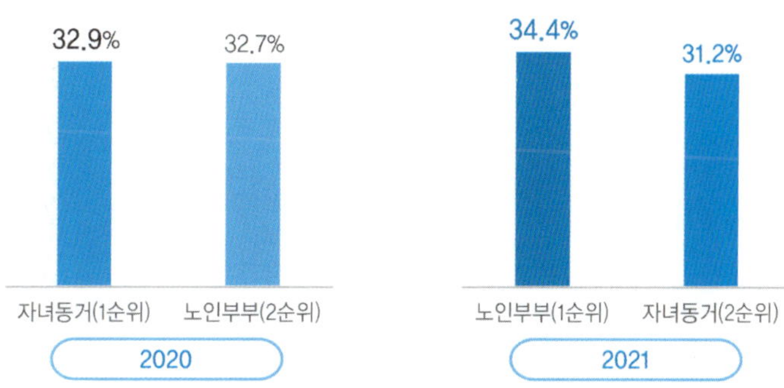

그림 12-3. 학대피해노인 가구형태

출처: 보건복지부, 중앙노인보호전문기관(2022). 2021 노인학대 현황보고서.

가구형태는 2020년 자녀동거와 노인부부 순으로 나타났지만 2021년에서는 노인부부에서 자녀동거 순으로 변동된 것으로 나타났다. 구체적으로 자녀동거는 2020년 32.9%에서 2021년 31.2% 순이었고, 노인부부는 2020년 32.7%에서 2021년 34.4%로 나타났다. 학대행위자 현황은 **그림 12-4**와 같다.

그림 12-4. 학대행위자 현황

출처: 보건복지부, 중앙노인보호전문기관(2022). 2021 노인학대 현황보고서.

학대행위자 현황은 총 8,423명으로 전년 대비 25.8% 증가하였고, 남성이 5,413명(64.3%), 여성 3,010명(35.7%)으로 나타났다. 학대행위자 유형에 대한 조사결과는 **그림 12-5**와 같다.

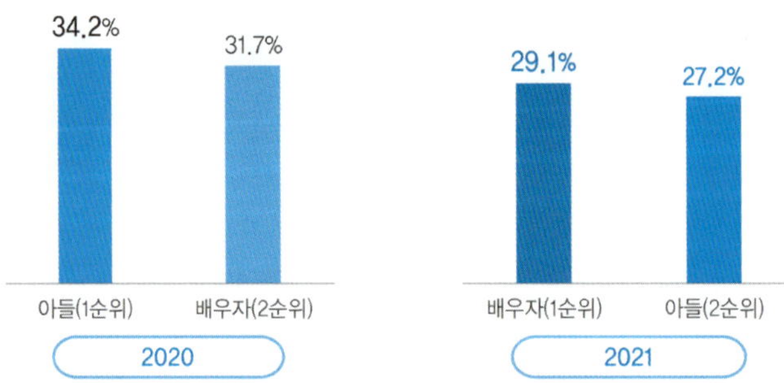

그림 12-5. 학대행위자 유형

출처: 보건복지부, 중앙노인보호전문기관(2022). 2021 노인학대 현황보고서.

행위자 유형은 2020년은 아들(34.2%)과 배우자(27.2%) 순이었는데, 2021년에는 배우자(31.7%), 아들(29.1%) 순으로 변동된 것으로 나타났다. 노인학대 유형에 대한 결과는

그림 12-6과 같다.

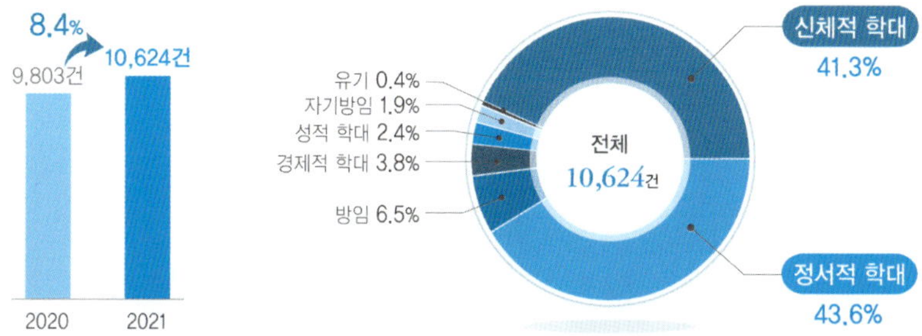

그림 12-6. 노인학대 유형

출처: 보건복지부, 중앙노인보호전문기관(2022). 2021 노인학대 현황보고서.

노인학대는 2021년 10,624건으로 전년 대비 8.4% 증가하였고, 구체적으로 정서적 학대(43.6%), 신체적 학대(41.3%), 방임(6.5%), 경제적 학대(3.8%), 성적 학대(2.4%), 자기방임(1.9%), 유기(0.4%) 순으로 나타났다. 장소별 노인학대 유형에 대한 결과는 그림 12-7과 같다.

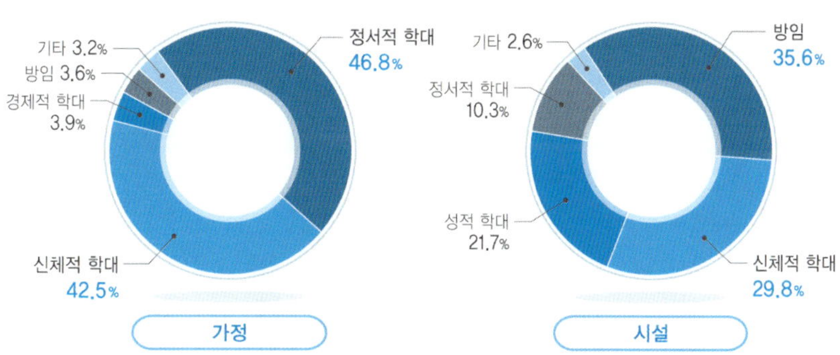

그림 12-7. 장소별 노인학대 유형

출처: 보건복지부, 중앙노인보호전문기관(2022). 2021 노인학대 현황보고서.

가정에서는 정서적 학대(46.8%), 신체적 학대(42.5%), 경제적 학대(3.9%), 방임(3.6%) 등이었고, 시설에서는 방임(35.6%), 신체적 학대(29.8%), 성적 학대(21.7%), 정서적 학대(10.3%) 등으로 나타났다. 노인학대 발생장소 및 특성에 대한 조사결과는 그림 12-8과 같다.

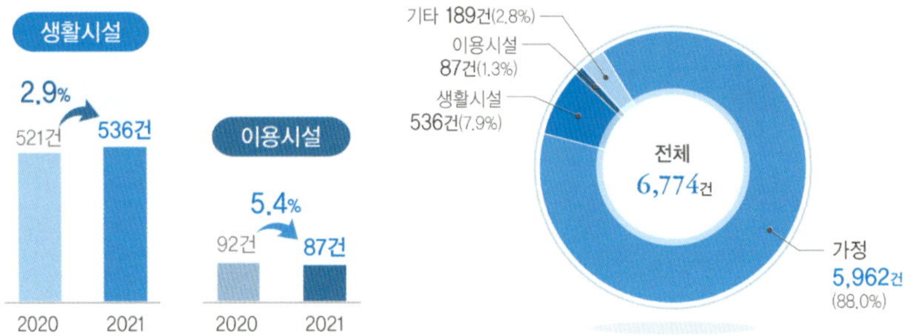

그림 12-8. 노인학대 발생장소 및 특성

출처: 보건복지부, 중앙노인보호전문기관(2022). 2021 노인학대 현황보고서.

학대발생장소는 가정이 5,962건(88.0%), 생활시설 536건(7.9%), 이용시설 87건(1.3%) 등이었고, 생활시설은 전년 대비 2.9% 증가하였고, 이용시설은 전년 대비 5.4% 감소한 것으로 나타났다. 학대발생빈도 및 지속시간에 대한 조사결과는 그림 12-9와 같다.

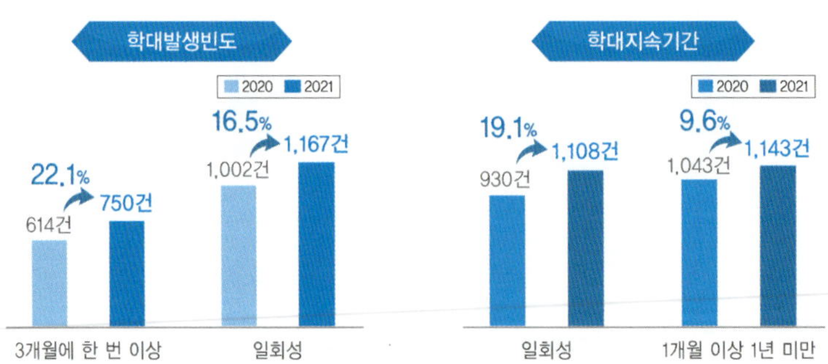

그림 12-9. 학대발생빈도 및 지속시간

출처: 보건복지부, 중앙노인보호전문기관(2022). 2021 노인학대 현황보고서.

학대발생빈도는 3개월에 한 번 이상이 2021년 750건으로 전년 대비 22.1% 증가하였고, 일회성은 2021년 1,167건으로 전년 대비 16.5% 증가하였다. 그리고 학대지속기간은 일회성은 2021년 1,108건으로 전년 대비 19.1% 증가하였고, 1개월 이상 1년 미만은 2021년 1,143건으로 전년 대비 9.6% 증가한 것으로 나타났다.

5. 노인학대에 대한 사회제도

최근에는 범죄의 대상인 피해자에 대한 연구가 활발히 전개되고 있다. 이에 범죄학에 대응하는 피해자학이 등장하게 되었다. 피해자의 개념에 대하여 대개 범죄의 직·간접 피해자에 한정하고 있다. 범죄피해자는 가족 및 친족을 포함한 모든 학대행위에 노출되어 피해받은 노인으로 지칭한다. 코스버그(Kosberg, 1988)에 따르면 학대행위 신고가 잘 이루어지지 않는 이유에 대하여 표 12-4와 같이 설명하고 있다(강춘수, 2018; 김태동, 2018).

표 12-4. 학대행위 신고가 잘 이루어지지 않는 이유

- 가족은 신성불가침이라고 생각되어 외부인들로부터 가족의 일에 간섭하는 것을 인정하지 않으려고 한다. 이러한 시각에서 보면 가족구성원이 학대행위자인 경우, 자진해서 학대를 신고할 가능성이 낮다.
- 학대 발생 장소와 관련한 것으로 학대가 가족 내에서 발생하기 때문에 외부인이 이를 발견하기가 쉽지 않다. 특히 노인의 경우, 활동영역이 상대적으로 적어 외부인의 눈에 잘 띄지 않는다.
- 학대행위자가 가족인 경우 가족이 자신을 학대한다는 사실을 신고하지 않으려는 경향이 있다. 이는 학대행위자 가족에게 법적 처벌을 받을 수 있다는 두려움, 노인의 경우 자녀들로부터 학대받았다는 자존감의 상실, 신고 후에 닥쳐올 결과가 매우 나쁠 것으로 예상되기 때문에 신고를 주저할 수 있다.

범죄피해자는 그 피해 후의 심리적 부분에서 다양한 형태를 보인다. 특히 피해자는 범죄피해로 인한 충격과 스트레스에 노출되는데, 이를 인정하고 받아들이기까지 다양한 심리 변화를 경험한다. 즉, 범죄피해는 타인에 의해 갑작스럽고 인위적으로 가해진 만큼 회복하는 데 더욱 어려운 과정을 거치게 되고 많은 노력과 오랜 시간이 필요하다(경찰청, 2014).

보통 범죄피해를 입은 사람은 심리 상태가 변화하는데 여기에는 변화 단계별로 심리적인 반응을 보이고 있다. 즉, 처음 충격 이후, 부인과 의문, 그리고 분노, 체념, 수용의 심리 상태로 변화한다. 보통 사건 현장에서 접하게 되는 범죄피해자는 대부분 심리적으로 매우 불안정한 상태에 있어 이상해 보이는 언행을 할 수 있기 때문에 이를 이해하고 받아들이는 자세가 필요하다. 특히 범죄피해자에 대한 이해가 없으면 '정신 나간 사람'이라는 편견을 가질 수 있으며, '피해 진술의 비합리성' 등을 이유로 피해자 보호 및 사건 실체 파악에 소홀할 수 있다.

따라서 범죄피해자를 대할 때에는 서두르지 말고 인내심을 갖고 대응할 필요가 있다(경찰청, 2014). 보통 범죄 사건이나 사고가 일어난 직후 조기에 일어나는 인간의 심리적인 반응과 이것이 장기간 지속되는 경우로 나누어 볼 수 있다.

사고 직후, 조기에 일어나는 심리적 반응으로는 감정의 마비, 분노의 감정 표출, 피해 당시의 공포, 피해에 대한 수치심, 자기 자신의 비하, 무력감 등으로 나타난다. 보통 범죄사건이나 사고가 일어난 직후 조기에 일어나는 인간의 심리적인 반응은 표 12-5와 같은 상태로 나타난다(강춘수, 2018).

표 12-5. 사건·사고 직후, 조기에 일어나는 심리적 반응

구분	내용
감정의 마비	강간의 피해상황을 담담하게 진술하거나 남편의 죽음에 대해서 눈물 한 방울도 흘리지 않고 의연하게 있는 경우 등은 이러한 감정의 마비의 사례이다.

구분	내용
분노의 감정 표출	피해자는 범인에 대해 마음속 깊은 곳에 강한 분노를 지니고 있다. 분노는 때로 공격이라는 형태로 나타나기도 한다.
피해 당시의 공포 상기	사건 · 사고의 현장으로부터 벗어나 이미 안전이 확보되었음에도 피해 당시의 상황이 생각나 무서움을 느끼는 등 이겨 내기 힘들 정도의 공포감에 시달린다.
피해에 대한 수치심	피해자 자신이 부끄럽고 수치스럽다고 마음을 갖는 경향이 있다. 특히 성범죄 피해자의 경우는 그 정도가 심하다.
자기 자신 비하	"어두운 밤길을 걸은 내 잘못이다", "내가 심부름을 시키지 않았다면 아이는 사고를 당하지 않았다"라고 생각하는 등 피해자 자신을 책망하고 비하하는 경우가 있다.
무력감	"나는 살아갈 가치가 없다"고 자신의 존재 가치를 부정하는 경우가 있다. 특히 연속해서 같은 피해를 당한 피해자, 강간 피해자 등에게 이러한 경향이 강하다.

또한 장기간 심적 문제로 트라우마나 외상 후 스트레스 장애 등이 나타날 수 있는데, 구체적인 내용은 표 12-6과 같다(강춘수, 2018).

표 12-6. 장기간 지속되는 심적 문제

구분	내용
심리적 외상 혹은 마음의 상처 (Trauma)	• 가장 사랑하는 가족을 잃은 사람, 강간 피해를 당한 여성의 정신적 피해는 경제적 피해보다도 훨씬 커, 평생 마음의 상처로 남게 된다. • 범죄 · 재해 등으로 하마터면 죽을 뻔했거나 신체에 중상을 입는 등의 충격적인 사건을 체험하면 심리적으로도 심한 상처를 입는다.
외상 후 스트레스장애 (Post-Traumatic Stress Disorder)	• 심리적 충격에 의해 발생한 신체적 · 정신적인 여러 증상을 PTSD라고 한다. • PTSD의 다양한 증상은 일시적인 것이 아니고 수년간에 걸쳐 지속되는 경우도 있다. PTSD의 증상으로는 사건의 재경험, 회피, 우울증, 만성 조현병 등이다.

특히 우리나라의 범죄피해자보호는 1987년 제9차 「헌법」이 개정되고, 「헌법」 제27조 제5항의 피해자의 재판 진술권, 즉 형사피해자는 법률이 정하는 바에 의하여 당해 사건의 재판절차에서 진술할 수 있다고 규정하고 있다. 그리고 「헌법」 제30조의 범죄피해자구조 청구권, 즉 타인의 범죄행위로 인하여 생명 · 신체에 대한 피해를 받은 국

민은 법률이 정하는 바에 의하여 국가로부터 구조를 받을 수 있다고 규정하고 있다.

이러한 「헌법」의 규정에 따라 1987년 「형사소송법」이 개정되었고, 뿐만 아니라 국가가 피해자에 대해서 경제적인 원조를 할 수 있도록 1987년 11월 28일 「범죄피해자구조법」이 처음으로 제정되었다. 이후 2005년 12월 23일 「범죄피해자보호법」이 제정되어 범죄피해자에 대한 국가차원의 보호 · 지원체계를 구축하고 민간 활동을 촉진하는 등 종합적이고 효과적인 대책을 마련하게 되었다. 그리고 2010년이 되어 동 법률은 범죄피해자를 보호 · 지원하는 제도와 범죄피해자를 구조하는 제도는 정책 방향이 같아 2010년 5월 「범죄피해자구조법」을 동 법률에 통합하였다.

1985년 UN총회에서도 「범죄 및 권력남용의 피해자를 위한 사법의 기본원칙 선언」이 채택되었다. 그 가운데에는 피해자는 그 존엄에 대해 공감과 경의를 갖고 다루어져야 한다. 피해자에 대한 소송 절차에 있어서는 피해자의 역할과 소송의 진행상황, 소송결과 등에 관한 정보를 제공해야 한다. 피해자가 필요한 물질적, 의료적, 정신적 사회적 원조를 받을 수 있도록 하여 그 정보를 피해자에게 제공해야 한다. 그리고 각국 정부는 재판, 경찰, 사회복지, 의료 등의 관계기관의 직원에게 충분한 교육과 훈련을 행하고 행정상 · 사법상의 민첩하고 빠른 대응을 추진하기 위해 적절한 제도 정비 등을 하여야 한다고 제언하고 있다.

선진국에서도 범죄피해자들을 위한 다양한 지원 시스템의 정비가 진행되고 있는데, 범죄피해자의 보호 및 지원은 이제 국제적인 흐름으로 정착되어 가고 있다고 할 수 있다.

6. 성년후견제도

1) 성년후견제도의 도입배경

후견제도는 고대 그리스 로마 시대부터 기원을 찾을 수 있다. 한 가족이 탄생하고, 그 가족들을 중심으로 친족 관계가 형성되고, 그 집단들이 다시 사회와 국가를 형성한다. 가족 내, 그리고 사회 내 구성원이 스스로 자신을 돌보지 못할 때 가족이나 국가는 그를 돌볼 책임을 가진다. 미성년자녀에 대한 부모의 돌봄, 사회적 취약계층에 대한 국가의 돌봄은 실정법의 존재 여부를 떠나 부모와 국가의 존재 근거 중 하나이다. 후견제도는 역사적으로 가족제도 중의 하나였다. 그 목적은 가족 내에서 돌봄을 필요로 하는 사람이 있을 경우, 그의 신체와 재산을 관리하기 위한 것이었다. 그중에서 가족의 재산인 가산(家産)의 관리가 중요한 임무였고, 후견인은 가족 중에서 재산관리 및 처분을 할 수 있는 법적으로 승인된 권한 있는 자였다. 한편 가족이 후견의 역할을 할 수 없을 때에는 국가가 후견인을 통하여 이를 대신하였다. 이 의미는 결국 후견을 받는 대상자가 가지고 있던 자신의 신체와 재산에 대한 권한은 제약된다는 의미이다. 즉, 후견제도는 한 인격(피후견인)의 의사결정을 법적으로 제약하고, 그 의사결정을 다른 인격(후견인)의 결정으로 대체한다. 국가가 국친사상(國親思想)을 기반으로 정신능력이 부족한 사람의 권한 일부 혹은 전부를 다른 사람에게 승인하게 하여 심신 미약자들이 가족의 재산을 탕진하는 것을 막기 위해 이들의 자율권을 제한하고 생활과 재산을 통제하기 위해 국가 차원의 행정기관에 등록하여 관리하였다.

후견이란 일반적으로 무능력자를 보호하고 감독하며 그 사람의 재산을 관리하고, 대리하는 것을 목적으로 한다. 즉, 친권자가 없거나 기타의 여러 사유로 친권에 의한 보호를 받지를 못하는 미성년자나 판단능력이 온전하지 않아 가정법원으로부터 제한능력자로 선고받은 자를 보호하기 위한 제도이다(김효운, 2023).

후견은 미성년후견과 성년후견으로 나누고 있다. 구법에서 인정된 금치산 및 한정치산 제도는 피후견인의 재산관리에는 용이하지만 신상을 보호하고 감호하는 데는 그 기능을 발휘하지 못하고 있다. 특히 고령자나 장애인인 성년자를 보호하기에는 부적절한 제도라고 할 수 있다. 구법에서 인정된 금치산 및 한정치산 제도에 대한 이러한 비판과 우려에 직면하여 「민법」 개정 과정에서는 "하나의 극히 탄력적인 단일한 보호유형을 인정할 것인지, 아니면 여러 유형을 인정하되 각각의 유형에 탄력적인 운영을 가능하게 할 여지를 부여하는 방법을 채택할 것인지"의 여부에 관한 논의가 있었다. 그러나 입법론적 연구와 법조 전반의 의견수렴이 없는 상황에서 기존 법 구조의 급진적 변경을 회피하기 위하여, 다원적 보호유형을 유지하면서 이를 탄력적으로 구성하여 유형적 보호주의의 경직성에 따른 문제를 극복하기 위한 규정들이 채택되었다.

2006년 국제인권조약인 '장애인의 권리에 관한 협약'이 장애인의 법적 능력의 행사를 조력하는 의사결정 지원제도를 시행하도록 함에 따라 우리나라도 2009년 위 협약이 발효되어서 성년후견제도의 도입을 검토하게 되었으며, 2011년 3월 개정된 「민법」이 2013년 7월 1일부터 발효된 것이다. 이렇듯 성년후견제도는 장애인권리 협약의 내용이 투영되어 있다고 볼 수 있다.

2) 치매와 성년후견제도

성년후견제도는 치매로 정신적 어려움을 겪고 있는 사람에게 행복추구권과 인간다운 생활을 할 권리를 보장하고 복지를 증진하는 국가적 과제의 축을 담당하고 있다. 이는 노년층 보호를 위한 제도적 장치의 필요, 기존 의사결정 무능력자 제도에 대한 반성, 국제적인 성년후견제도 개혁 동향 등이 후견제도 개정의 주요한 요인으로 작용하였다. 첫째, 사무처리 능력에 도움이 필요한 성인의 재산보호뿐만 아니라 의료행위와 거주지 결정 등 신상에 관한 폭넓은 지원이 이루어지고, 둘째, 가정법원 또는 후견

감독인에 의한 실질적인 후견업무의 감독이 가능해졌으며, 셋째, 후견과 관련한 별도의 등기제도를 운영하여 후견인 선임 여부에 대한 개인정보도 보호된다(김효운, 2023).

3) 유엔장애인권리협약

WHO(세계보건기구)의 기준에 따르면, 전 세계에서 6억 5천 명이 넘는 사람들이 이런저런 장애를 가지고 불편하게 살고 있다. 앞으로 인구 증가, 의학 발전, 전쟁 그리고 노령화, 각종 산업재해 등으로 장애인 수는 더욱 늘어날 전망이다. 그렇지만 장애인들은 전 세계 모든 지역에서 불이익이 가장 심한 소수자 집단이다. 국제사회 차원에서 일치단결하여 모든 장애인의 존엄과 가치를 재확인하고 대다수의 장애인들이 직면하고 있는 불공평과 차별을 종식하기 위한 효과적인 법적, 제도적 장치로써 협약이 제정되었다. 따라서 협약은 장애인의 문제에 대해 개인의 재활이나 시혜적인 복지차원이 아니라 장애인의 실질적인 참여와 기회균등을 보장하는 권리에 기초한 접근이다. 장애인을 정책적 차원에서의 프로그램 대상으로 간주하는 것이 아니라 권리의 정당한 소유자이자 주체자로 본다는 점을 내포하고 있어 장애인 당사자의 참여를 적극 도모하기 위해 협약을 제정하였다.

장애인 권리협약은 일반원칙(제3조)과 평등 및 미차별의 원칙(제5조) 그리고 제10조부터 제30조는 시민, 자유권 및 경제, 사회, 문화적 권리로서 당사국들은 모든 인류가 천부적 생존권을 부여받았음을 재확인하고 제반의 필요한 대책을 마련하여 비장애인과 동등하게 이 권리를 효과적으로 누릴 수 있도록 보장해야 한다고 천명하고 있다. 우리나라는 2008년 12월 위 협약을 비준하였다(2009. 1. 10. 발효). 정부는 구법상 인정된 금치산, 한정치산 제도가 장애인의 법적 능력을 차별한다는 의문을 불식시키기 위해 성년후견제도의 도입을 적극적으로 검토하게 되었다(김효운, 2023).

Chapter 13

노인 관련 다양한 사회문제와 사회복지 제안

배울 내용

1. 노인의 정신건강
2. 노인의 가족관계
3. 노인의 여가활동
4. 노인의 죽음수용
5. 노인과 성
6. 고령친화산업

학습목표

1. 노인의 정신건강에 대한 개념과 영향 요인을 파악한다.
2. 노인의 가족관계의 개념 및 노인의 우울감과의 관계를 설명할 수 있다.
3. 노인의 여가활동의 의미와 영향을 주는 요인을 설명할 수 있다.
4. 노인의 죽음수용의 개념과 단계를 파악한다.
5. 노인의 성의 특성 및 성 문제를 이해하고 대처방안을 모색해 본다.
6. 고령친화산업의 개념을 파악한다.

1. 노인의 정신건강

1) 정신건강의 개념

정신건강은 전체 건강의 중요한 측면이며, 진단된 정신질환이 존재하거나 존재하지 않는 것보다 더 넓은 개념으로 사용되고 있다. 즉, 정신건강의 개념은 정신질환의 유무에 따라 정신병리학적 개념에서 출발하였으나 최근에는 자아의 기능이나 삶의 환경에서의 적응과 개인의 심리적인 안녕(Psychological Well-Being)도 중요시하는 경향으로 사용되고 있는 개념이다.

사람의 정신건강은 신체 · 심리 · 사회건강의 상태로 정의되고 있으며, 세계보건기구에서도 정신건강에 대하여 정신질환이 없는 상태뿐만 아니라 개인이 자신의 능력을 실현하고 일상생활에서의 스트레스에 적응하며 지역사회에 참여할 수 있는 건강상태라고 정의하고 있다(World Health Organization, 2004). 그리고 현재 건강의 영역은 정신, 신체, 사회적 영역을 넘어 독립과 자기결정(자율), 외부 세계에 대한 통제 의식을 갖는 것(환경 파악), 타인과의 긍정적 관계(긍정적 관계), 자신의 삶에서 의미를 찾고(삶의 목적), 성장하고 팽창하는 자신을 보는 것(개인 성장), 자신이 좋다고 느끼는 것(자아 수용) 등 6가지 차원으로 구성되어 있다고 주장하고 있다.

2) 정신건강 영향 요인

정신건강은 생활양식의 선택과 밀접한 관련성을 가진다. 즉, 정신건강은 개인의 의사결정과정에 영향을 줄 수 있으며, 사람이 건강정보를 얻는 능력을 손상시켜 그들의 건강에 영향을 줄 수 있다. 동반 시간의 부족은 종종 노인들의 사기 저하와 능력 저하를 초래할 수 있다. 노인의 적절한 사회참여 및 활동적인 여가활용을 통해 신체적, 사회적, 인지적 건강이 증진되고 우울과 스트레스가 경감되는 것이다. 여가활동을 많이 하고 여가활동 시간을 적당히 늘리면 외로움을 덜 수 있어 사회관계를 많이 가질 수 있고 안정적인 사회관계 형성을 유지해 갈 수 있는 것이다(Dacey et al., 2008).

노년기 정신건강에 영향을 미치는 요인은 다양한데, 구체적으로 노인의 인구학적 특성, 경제적 요인, 주거환경, 식생활 습관 및 신체활동이 대표적이다(구본미, 2019; 이선미, 2017; 장기연 외, 2020). 첫째, 노인의 인구학적 특성에 따라 우울증 유병률에 차이가 있으며, 교육수준, 거주지역, 소득수준 및 나이에 따라서 정신건강에 차이가 있는 것으로 나타났다. 특히 노인의 삶의 질은 인구사회학적 특성, 건강상태 및 신체적 기능 및 정신적 기능과 관련성이 있다. 그리고 여성노인이 남성노인보다 우울증에 더 쉽게 걸리며, 나이가 많을수록 인지기능 점수는 낮았으며 교육연수 및 주관적 정신건강 수준이 높을수록 인지기능 점수가 더 높은 것으로 나타났다.

둘째, 경제적 요인으로는 빈곤집단 노인이 빈곤하지 않은 집단 노인에 비해 건강상태가 나쁘고, 만성질환을 더 오래 앓고 있으며, 자존감이 낮고 삶의 만족도가 낮으며, 경제적, 신체적, 정신적 건강, 사회적 건강이 열악한 것으로 나타났다.

셋째, 주거환경으로는 노인의 주거환경에 대한 만족도가 증가할수록 노인들의 신체활동에 참여할 확률이 높고, 노인의 우울 수준이 감소하는 것으로 나타났다.

마지막으로 식생활 습관과 신체활동의 정도는 노인의 정신건강과 관련성이 있고, 특히 여가활동 관련 신체활동은 삶의 질에 긍정적이지만 일과 관련된 신체활동은 삶의 질에 부정적이며, 여가활동은 노인의 우울감 및 인지기능에서 긍정적인 변화를 보이며, 집단 운동 참여가 여성노인의 우울감 개선과 인지기능 향상에 긍정적인 효과가 있는 것으로 나타났다.

2. 노인의 가족관계

1) 가족관계의 개념

가족관계란 일반적으로 가족구조 안에서 가족구성원 간의 상호관계를 말하며 친족관계도 여기에 포함된다. 가족관계는 부부, 자녀, 형제라는 하위체계로 이루어지고, 하위체계 간의 모든 가족관계를 포함한다. 가족관계는 비교적 고정되어 있으며 장기적 혹은 영구적으로 지속된다는 특성을 지닌다. 가족들이 갖는 사회적, 문화적, 시간적, 지역적, 경제적 조건에 따라 가족관계의 성격이 다르며, 가족의 성장과 발전단계에 따라 변화한다. 가족관계는 어떤 다른 인간관계보다도 일찍 시작되고 오랫동안 지속되지만 지나치게 밀접하고 요구적이며 보상적일 수 있기 때문에 문제가 발생할 수도 있다(강혜영, 2016).

가족관계에 대한 연구는 가족관계의 정의에 따라 그 범위가 다양하게 분류된다. 가족관계를 자녀와의 관계, 배우자의 관계 등으로 분류하여 자녀나 배우자의 유무, 동거유무, 자녀의 수에 대한 정보를 토대로 노인의 우울감에 미치는 영향력을 살펴본 연구들이 있는 반면, 자녀와의 관계를 접촉 빈도나 연락 빈도, 자녀의 지지, 배우자의 지지 등 응집력을 중심으로 파악한 연구들이 존재한다(권중돈 외, 2012; 이미애, 2011). 또한 양옥경과 이민영(2003)은 가족관계를 가족의 정서적 관계에 초점을 두어 정서친밀관계, 인정책임관계, 수용관계로 구분하였으며, 정경희(2012)의 연구에서는 가족관계에 있어서 형제자매나 친인척과 같은 수평적 친족관계보다는 자녀, 손자녀, 부모 등의 수직적인 관계의 의미가 더 크다고 주장한다.

2) 가족관계와 노인의 우울감

가족관계에 따른 노인의 우울감과 관련된 연구들을 살펴보면, 대다수의 연구에서 자녀 및 배우자와 함께 사는 노인이 그렇지 않은 노인보다 우울감이 적었는데, 이러한 결과를 자녀 및 배우자와 함께 거주한 결과보다는 자녀 및 배우자와의 관계 만족도가 높기 때문에 가족과 함께 살며 그 결과로 우울감이 낮을 수 있다고 주장하기도 하였다(이민아 외, 2011). 자녀와의 동거에서도 자녀와 동거하는 경우 그렇지 않은 노인에 비해 우울을 더 경험하는 것으로 나타나기도 했다. 이는 자녀와 동거할 경우 부양자의 압박과 스트레스로 인해 가족관계에 부정적 영향을 미치게 된다는 것을 의미한다. 자녀와의 연락횟수와 노인의 우울감의 관계에서는 자녀와 연락횟수가 적을수록 우울증상이 많은 것으로 나타났다(이미애, 2011). 따라서 노후에 자녀와 부모의 좋은 관계를 유지하기 위해서는 자주 연락하고 방문하는 것이 중요하다고 할 수 있다.

그리고 성인자녀와의 접촉적 결속력에서는 접촉적 결속이 높을수록 노인의 우울감이 낮아진다고 주장하는 반면, 자녀와 만남횟수는 노인의 우울감에 영향을 미치지 않는 것으로 나타난 연구도 있었다(이미애, 2011). 이는 자녀와 만남 자체가 크게 중요하다기보다는 자녀와의 친밀도가 더욱 중요하다는 것을 시사하고 있다.

또한 가족의 지지는 노인의 우울감에 긍정적 영향을 미치는데(고민석, 서인균, 2011), 가족의 지지는 노인이 겪는 여러 가지 스트레스를 완화시키고 보호하는 역할을 함으로써 개인의 위기나 변화에 대한 적응을 할 수 있도록 도와준다. 그리고 가족지지를 자녀의 지지만으로 한정한 연구들도 있었는데, 자녀의 지지에서도 가족지지와 마찬가지로 자녀의 지지 정도가 높을수록 노인의 우울감이 낮아지는 것으로 나타났다(김오남, 2013).

이혜자와 박경애(2009)의 연구에서는 농촌노인의 가족관계망에 따른 생활만족도를 비교하였는데, 가족관계망을 관계망 형태(배우자 동거 유무, 동거 자녀 수, 동거 손자녀 수, 인근 거주 자녀 수, 인근 거주 손자녀 수), 상호작용 빈도(자녀와 전화 · 대면접촉, 손자녀와 전화 · 대면접촉), 상호작용 내용(배우자의 경제적 · 도구적 · 정서적 지지, 자녀의 경제적 · 도구적 · 정서적 지지, 손자녀의 경제적 · 도구적 · 정서적 지지)에 따라 구분한 결과, 손자녀와의 대면접촉 빈도가 높을수록, 배우자의 정서적 지지가 높을수록 노인의 생활만족도가 높은 것으로 나타났다.

지금까지 살펴본 노인들의 가족관계에 대한 결과를 종합해 보면, 가족관계에서 배우자의 유무, 자녀와 동거 유무, 자녀의 수 등과 같이 객관적 사실과 자녀와의 접촉 빈도나, 연락 빈도, 자녀의 지지, 배우자의 지지 등 가족의 응집력이 노인의 우울감에 영향을 미친다고 할 수 있다.

3. 노인의 여가활동

1) 노인의 여가활동의 의미

노후 생활의 여가는 인간관계의 긴장 상태로부터 벗어나 휴식을 취하고 자기생활의 균형을 회복하는 의미로서 매우 필요한 활동 중의 하나이며, 이러한 여가는 성공적인 노년기를 보낼 수 있도록 해 준다. 즉, 노인들이 각종 레저 활동에 참여하는 것은 사람들을 즐겁게 하는 매우 중요한 요소로, 여가활동은 사람들의 심리적 안정을 가져올 뿐만 아니라, 건강도 양호하게 유지할 수 있도록 해 주는 중요한 요인 중의 하나이다(Cooper, 2020). 이와사키 등(Iwasaki et al., 2005)은 여가와 스트레스 해소의 관계에서 삶의 질, 즉 생활만족도를 향상을 위한 여가의 중요성을 강조하였으며, 노인들에게 휴가 여행은 가족과 관계 만족을 향상시키고, 고독감을 감소시키며, 회복 능력을 향상시킨다고 주장하였다. 다시 말해, 여가활동의 역할은 효과적인 은퇴생활을 지내면서 정서 순화와 삶의 만족감을 더하여 긴 여생에 활력소가 될 수 있는 것이다.

여가활동은 생산적 여가활동과 소비적 여가활동을 분류할 수 있다(방건, 2023). 생산적 여가활동은 건강·스포츠 활동(등산, 체조, 수영, 조깅, 탁구, 배드민턴, 게이트볼, 골프, 테니스, 자전거 등), 취미활동(그림, 노래, 악기, 민요, 서예, 화초 등), 학습활동(노인대학, 교양강좌, 평생교육, 문화센터강좌, 여가 관련 교육 등) 및 종교·사회참여활동(종교활동, 사회봉사활동, 정치활동 등)으로 구분할 수 있으며, 소비적 여가활동은 소일활동(라디오, 휴식, TV, 수면 등), 오락·사교활동(바둑, 장기두기, 화투놀이나 공원, 경로당, 노인회관 등), 사회단체활동(향유회, 동창회, 친목회, 기타모임 등), 문화활동(영화, 연극, 음악회, 미술전시회 관람 등)으로 구분할 수 있다.

그리고 노인의 여가활동 유형은 사교오락형, 근로형 및 한거형과 폐쇄형 등으로 분류할 수 있다. 사교오락형은 대부분의 여가활동이 여기에 해당된다고 할 수 있으며, 근로형은 자신이나 가족들의 생계에 보탬이 되는 일을 하는 경우이며, 한거형은 재임 시절 요직을 맡았던 사람이 은퇴 후 여유로운 생활을 누리게 된 유형으로 재임 동안의 노력과 헌신은 은퇴생활을 위한 좋은 조건을 만들어 주었고, 지식과 높은 자질을 가지고 있었기 때문에 이런 유형의 노인들은 독서와 음악 및 그림을 취미로 삼아 노년기의 삶을 즐기는 것으로 몸과 마음을 모두 쉬게 하고 승화시킬 수 있는 유형의 여가활동이다. 마지막으로 폐쇄형은 건강상 활동이 부자유스럽거나 다니기가 귀찮거나, 늙어 가는 것에 한탄해 여생을 포기하고 집에 있는 경우로 여생을 폐쇄된 가운데 쓸쓸히 보내는 경우를 의미한다.

2) 노인의 여가활동에 영향을 주는 요인

노인들에게 여가활동의 역할은 노인들의 사회참여와 사회관계를 높임으로써 노인들의 삶의 만족도를 높이는 중요한 요소로 작용한다는 것이다. 따라서 여가를 통해 사회적 관계의 질을 높이고 삶의 만족도를 높이는 것이 중요하다(방건, 2023).

노인의 여가활동에 영향을 주는 요인으로는, 첫째, 퇴직 여부이다. 퇴직 여부는 여가활동의 참여 유형 및 여가활동 참여 양에 가장 큰 영향을 주는 요인으로, 의무적인 일에서 벗어나면 자유로운 생활을 시작하고 여가활동을 할 수 있는 시간이 많아졌으므로 퇴직은 여가활동의 하나의 전제 조건이 될 수 있다.

둘째, 경제적 요인이다. 경제적 요인은 여가활동 참여자에게 중요한 영향 요인 중의 하나이다. 특히 퇴직으로 인하여 소득을 상실한 노인들은 경제적 형편이 어려워질 수 있다. 경제적 사정이 좋은 노인이 경제적으로 어려운 노인보다 다양한 여가활동에 더 많이 참가하고 여가활동을 더 즐길 수 있다.

셋째, 노인의 교육수준이다. 그들의 교육수준에 따라 노인들의 여가활동 방식이 다른데, 즉 교육수준이 높을수록 여가활동에 더 참여하는 경향을 보이고, 교육정도가 높은 노인들이 창조적 여가활동, 체력관리, 클럽(club)활동, 사회적 봉사활동 및 책읽기 등에 많이 참여하고, 교육수준이 낮은 노인들이 많이 참여하는 여가활동은 수면을 취하거나 TV를 시청하는 것으로 나타났다.

넷째, 노인들의 노화정도와 건강상태이다. 노인들은 나이가 들면서 신체적 노쇠현상으로 활동능력이 떨어지며, 노인 참여 활동 강도와 한계에도 영향을 미치게 된다. 즉, 노인들의 노화정도에 따라 여가활동 참여가 다르게 나타날 수 있다. 구체적으로 노인의 연령이 낮을수록 여가활동 참여도가 높고, 연령이 증가할수록 여가활동이 감소하는 것으로 나타났다. 또한 건강상태가 좋을수록 노인 여가활동 참여도가 더 높다. 더불어 노인의 개인생활목표가 다양하고 많을수록 노년기 활동의 다양성에 가장 큰 영향을 미치게 된다.

다섯째, 성별에서도 차이를 보인다. 구체적으로 여성노인이 남성노인에 비해 중심적 생활형태가 다르게 나타난다. 즉, 노인 여가활동 참여 실태조사에 따르면 성별이 노인이 선택하는 여가유형에 영향을 미치는 것으로 나타났다. 남성노인들은 노인학교

참여, 화투 및 장기, 라디오 청취, 친척 및 친구 방문, 집 보기의 순으로 여가활동이 이루어지고, 여성노인은 집 보기, 집안일, 친구 및 친척 방문, 라디오 청취, 손자녀 돌보기의 순으로 나타났다. 이러한 연구 결과는 여성노인과 남성노인들의 여가활동 참여에 차이가 있다는 것을 의미한다.

여섯째, 배우자의 유무도 노인 여가활동 참여에 영향을 미친다. 한국의 남녀수명 차이는 남성노인이 여성노인보다 평균수명이 8세나 적은 것으로 나타났다. 배우자가 없는 여성노인의 경우 여러 문제들이 나타나는데, 예를 들어 사회적, 경제적, 심리적 불안 등은 여가활동에 부정적인 영향을 미친다. 또한 배우자 상실은 여가활동에 많은 영향을 미친다고 볼 수 있기 때문에 배우자의 유무는 여가생활에 중요한 요인이라고 할 수 있다.

마지막으로 노인들의 주거환경이다. 노인들에게 거주환경은 매우 중요하며 거주상태에 따라 노인 여가활동 참여가 다르다. 주변 사람들의 영향을 받거나 거주지 주변 복지시설의 건전성 여부도 노인들의 여가활동 참여에 영향을 미치는 요인들이다.

4. 노인의 죽음수용

1) 죽음수용의 개념

인간은 자신이 속한 사회구성원이 되기 위해 태어나면서 죽을 때까지 전 생애를 통해 사회화과정이 일어난다. 죽음 역시 개인이 속한 사회의 문화를 습득하는 과정에서 형성된 사회적 산물이기 때문에 죽음에 대한 반응과 태도 그리고 적응 과정은 그들이 처한 사회·문화적 맥락을 통해 이해될 수 있다(김종진, 2010).

죽음수용이란 인간이 죽음을 진지하게 통찰하고 올바르게 인식하여 죽음을 불안과 두려움의 존재가 아닌 편안함으로 승화하는 것을 의미한다(김민주, 2017). 죽음에 대해 수용적인 사람은 죽음을 불가피한 일로 받아들이는 동시에 삶의 자연스러운 일로 받아들이며, 노인들은 젊은 사람보다 더 큰 죽음수용을 통해 삶의 질에 영향을 받을 수밖에 없다(이종욱, 우영미, 2016).

죽음수용에 대한 초기 연구자인 레이와 나이만(Ray & Najman, 1974)은 실제로 죽음에 대해 수용하는 사람들도 죽음에 대한 공포를 완전하게 떨쳐 버리지 못하기 때문에 죽음수용과 죽음공포를 단일 차원으로 보았다. 이후 클럭과 신하(Klug & Sinha, 1987)는 "자신의 유한성에 대한 인지적 인식과 그 인식에 대한 긍정적인 정서적 동화"로 정의하면서 죽음수용을 2개의 차원인 죽음에 대한 직면과 죽음에 대한 통합으로 구분하였다(장휘숙, 최영임, 2008).

그리고 죽음에 대한 연구의 선구자인 스위스 출신 미국의 심리학자인 퀴블러 로스(Kübler-Ross, 1969)는 죽음을 앞둔 환자들의 인터뷰를 통해 죽음을 접했을 때 5단계로 구분 지어 심리적 변화를 경험하게 된다고 주장하였다(정운경, 2014). 즉, 인간은 죽음이 닥치면 처음에는 부정하고 분노하지만, 일정 시간이 지난 후에는 자신의 운명과 타협하고 우울해하다가 결국 죽음을 수용하는 과정을 밟는다는 것으로, 그림 13-1과 같다(송양민, 유경, 2011).

특히 웡 등(Wong et al., 1994)은 "정상적이고 기능적인 개인이 자기 죽음을 예상하는 데에 대한 심리적 준비와 관계된 것으로 죽음에 대한 심리적 준비"라고 정의하면서 기존 연구를 개관하고 죽음에 대한 공포뿐 아니라 죽음수용까지 포괄하는 죽음에 대한 다면적인 측정 도구인 죽음태도 척도(DAPR: Death Attitude Profile Revised)를 개발하였다(Wong et al., 1994).

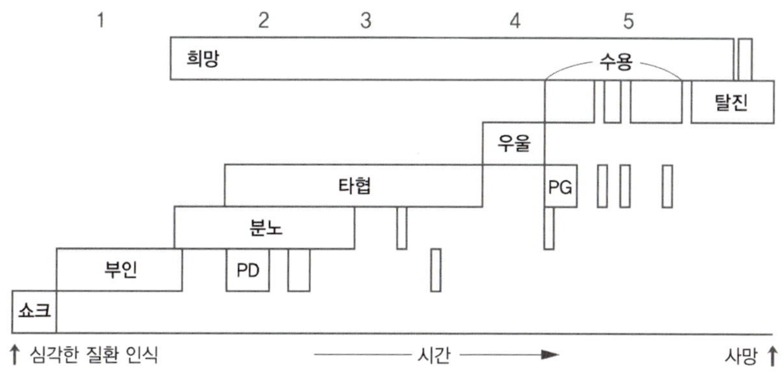

그림 13-1. **퀴블러 로스의 죽음의 5단계 과정**

PG: preparatory grief, PD: partial deniar

출처: 안은숙(2020). 노인요양시설 요양보호사의 돌봄노인 죽음경험에 대한 질적연구. 대구대학교 대학원 박사학위논문.

표 13-1. **죽음태도(DAPR) 설문지**

구분	문항	내용	전혀 아니다	아니다	보통이다	그렇다	매우 그렇다
접근적 수용	1	나는 죽음을 영원한 축복의 장소로 가는 통로라고 생각한다.					
	2	죽음은 신과의 결합이고 영원한 축복이다.					
	3	죽음은 새롭고 멋진 삶을 다시 살 수 있게 할 것이다.					
	4	나는 사후의 세계를 기대한다.					
	5	내가 죽음에 편안할 수 있는 것은 내세를 믿기 때문이다.					
	6	죽은 후에 나는 천국에 있을 것이라고 믿는다.					
	7	나는 천국이 이 세상보다 훨씬 더 좋은 곳이라고 믿는다.					
	8	죽음은 영혼의 해방이다.					
죽음 공포	9	죽음이 모든 것의 마지막이라는 사실을 아는 것은 나를 두렵게 한다.					
	10	죽음이 끝이라는 생각 때문에 나는 혼란스럽다.					
	11	죽을 것이라는 생각은 나를 불안하게 한다.					

구분	문항	내용	전혀 아니다	아니다	보통이다	그렇다	매우 그렇다
	12	죽음 후에 어떤 일이 일어날지 알지 못하기 때문에 나는 죽는 것을 걱정한다.					
	13	나는 죽음에 대한 강한 공포를 가지고 있다.					
탈출적 수용	14	죽음은 이 끔찍한 세상으로부터 나를 벗어나게 한다.					
	15	죽음은 고통과 괴로움으로부터 나를 벗어나게 한다.					
	16	나는 죽음을 삶의 짐으로부터의 해방이라고 생각한다.					
죽음 회피	17	나는 죽음에 관해 생각하지 않으려고 언제나 애를 쓴다.					
	18	나는 어떤 일도 죽음과 관련짓지 않으려고 애를 쓴다.					
	19	죽음이라는 생각이 떠오를 때마다 나는 생각하지 않으려고 애를 쓴다.					
	20	나는 죽음에 대해 전혀 생각하지 않으려고 한다.					
중립적 수용	21	죽음은 삶의 자연스러운 부분이다.					
	22	죽음은 삶의 과정의 일부일 뿐이다.					
	23	죽음은 지극히 자연스럽고 불가피한 사건으로 생각되어야만 한다.					

출처: 이운영(2007). Wong의 죽음태도 척도의 타당화. 충남대학교 대학원 석사학위논문.

그들은 죽음불안과 죽음수용을 공존하는 개념으로 보았으며, 특히 삶의 의미를 추구하는 데 있어 죽음불안과 죽음수용이 함께 고려되어야 한다고 보았다. 이러한 죽음에 대한 태도와 다양한 심리적 변인들의 관계성을 밝히기 위해 죽음수용의 유형에 따라 회피적 수용, 접근적 수용, 중립적 수용으로 구분하고 있다(이운영, 2007). 첫째, 회피적 수용은 삶이 고통스럽고 괴로울 때 삶으로부터 탈출하는 과정으로 죽음을 수용하는 것이고, 둘째, 접근적 수용은 행복한 내세에 관련된 신념으로써 죽음을 긍정적으로 수용하는 것이다. 종교적 신념이 강한 사람들은 더 나은 사후세계를 위해 종교활동에 적극적으로 참여하게 되고, 사후세계를 믿고 있기에 접근적인 수용을 하게 된다. 셋째, 중립적 수용은 삶의 마지막을 자연스럽게 죽음으로 가정하며, 죽음을 삶의 필수적 요소로 보는 입장으로, 삶이 곧 죽음을 향해 가는 여정으로 인식하여 비교적 담담하게 죽음을 수용하는 태도를 의미한다(김미성, 2022).

웡은 중립적 수용, 즉 죽음에 대해 두려움의 대상도 적극적으로 환영받을 대상도 아니며 죽음을 그저 변화 불가능한 인생의 사건 중의 하나라고 생각하였다. 이처럼 살아 있다는 것이 죽음을 포함한다는 입장을 가장 성숙한 죽음의 태도로 인식하고 있다.

2) 노인 죽음수용의 특성

죽음은 다른 연령대보다 대부분 노년기에 발생하는 사건으로 노년기는 죽음과 관계가 깊다. 즉, 나이가 들어감에 따라 노인들은 죽음을 생각하거나 경험하는 것이 증가하게 된다. 특히 노인은 신체적 기능과 건강이 나빠지면서 죽음과 관련된 정서적 고통, 즉 불안, 공포, 분노, 우울, 두려움 등이 수반되어 무력감과 자존감 저하도 함께 경험하게 된다.

또한 노인들이 타인의 죽음을 경험하면서 자기 죽음을 수용하게 되고, 자기 죽음을 맞이하는 과정에서 삶의 한 부분으로 받아들이는 것이 중요하다. 왜냐하면 노년기에 접어들면 가족이나 친구 등 가까운 지인들의 죽음을 지켜보면서 죽음에 관심이 높아질 뿐 아니라 자기 죽음에 대한 자각이 시작되기 때문이다. 다가올 죽음에 대해 깊이 생각하게 될 때, 노인은 삶을 더욱 가치 있고 의미 있게 살아갈 수 있는 것이다(홍명진, 2023).

지금까지 내용을 살펴보면, 노인은 일반적으로 죽음에 수용적인 태도를 보이고 있지만 영향요인에 따라 정도에 차이가 나타나면서 노년기 삶의 만족도에 영향을 미치게 된다. 또한 죽음에 수용적인 태도가 삶의 만족도에 직접적인 영향보다는 사회적 지지라는 매개효과를 통한 간접적인 영향을 주는 것으로 나타났다. 특히 경제적으로 안정적이고 건강한 삶을 사는 노인들은 죽음을 수용하는 데 더 높게 나타났으며, 이러한 죽음에 대한 수용적인 태도는 삶이 의미 있다고 지각하여 죽음불안을 덜 느낄 수 있다. 따라서 나이가 들어감에 따라 노인에게 있어 죽음은 생애주기의 마지막 도전이기에 죽음에 대한 사고나 태도를 어떻게 인식하고 대응하는가에 따라 현재 삶의 의미와 건강에도 영향을 미치게 된다. 또한 노인이 죽음에 대한 수용을 통해 역설적으로 죽음의 불가항력에 순응하며 오히려 인생을 새롭게 다시 설계하고 이해하여 삶의 존재 방식을 성찰할 수 있게 된다(신교남, 2018).

5. 노인과 성

1) 노인 성의 특징

노인에 대한 사전적 정의는 '늙은 사람', '나이든 사람'이다. 일반적으로 우리가 노인이라고 인식하는 연령층은 65세 이상인 것이며 이는 인구학이나 사회학에서 통용되는 개념이다. 노인에 대해서 정의하는 것은 쉽지 않으나, 1951년 제2회 국제노년학회(International Association of Gerontology)에서는 "노인이란 인간의 노화" 과정에서 나타나는 생리적, 심리적, 환경적 행동의 변화가 상호작용하는 복합형태라고 정의하면서 구체적인 특징으로, 첫째, 환경의 변화에 적절히 적응할 수 있는 조직기능이 감퇴하고 있는 사람, 둘째, 생체의 자체 통합능력이 감퇴하여 가는 시기에 있는 사람, 셋째, 신체적 기능, 조직기능 등에 쇠퇴 현상이 일어나는 시기에 있는 사람, 넷째, 생활에 대한 적응 능력이 점차로 결손되어 가고 있는 사람, 다섯째, 삶의 예비능력이 감퇴되어 적응이 제대로 안되는 사람으로 규정하고 있다(박태룡, 2008).

프로이트(Freud)는 "인간은 '성적인 존재이며', 삶의 본능은 바로 성생활에서 시작되고, 이 본능이 삶의 에너지로 전환된다"고 하였고 노인의 사랑과 성은 문화적 부정주의(negativism), 노인 차별주의(ageism)적 관점에서 의도적 혹은 무의식주의로 도외시되어 왔다. 그러나 성에 관한 고전서인 킨제이 보고서(1948)에서는 60세 이상의 노인의 95%, 70세 이상 노인의 70%가 성적 활동 능력이 있음을 주장하고 있다(양옥남, 2002). 이것은 노화가 노인의 성을 표현하는 방식에 있어서 변화와 적응을 요구할지 모르지만 나이가 든다고 성적인 존재인 것이 중단되지 않는다는 것이다(정윤모, 2007). 노인의 성관계 및 성태도에 대한 조사 연구에 따르면, 유배우자 중 여성의 61.4%(70명 중), 남성의 70%(110명 중)가 성생활을 하고 있는 것으로 나타났으며, 연령이 낮을수록 성생활 빈도가 높았다. 배우자가 없는 여성의 경우, 65.5%(130명 중), 6.9%(9명), 배우자가 없는 남성의 경우, 45.0%(90명 중), 25.6%(23명)가 성생활을 하는 것으로 나타났다. 비율은 낮지만 배우자가 없는 경우의 사람도 성생활을 하고 있는 것을 알 수 있는 사실이다(김송고, 2022).

2) 노인의 성 문제

노인의 성 문제는 생식보존 측면에서 논의되기보다는 정서적 측면에서 논의되어야 한다. 성행위와 관련된 여러 애정이나 이해타산, 남자다움 혹은 여자다움 등의 과시, 고독의 해소 등 성행위는 단순한 성적 만족이 아니라 대단히 많은 이유나 동기에 의해서 행해진다. 인간의 성은 성욕, 생식, 애정 3가지 요소가 복합적으로 이루어지고, 노화로 인해 생식기능이 끝났다고 해도 성적 기능이 모두 상실된 것은 아니다. 그러므로 성은 인간적인 보람과 애정적인 부분이다. 각 개인에게 있어 성은 사랑의 행위, 남녀간의 정신적, 육체적 결합으로서 사회 · 문화적 의미와 사회적 존재로서 정체감을 만든다. 즉, 성은 인간적인 애정과 사는 보람인 것이다. 개인에 있어서 성과 사랑의 행위는 남녀 간의 육체와 정신적 결합으로, 사회적 의미와 사회적 존재로서의 정체감을 형성시킨다. 또한 성행위에 대한 개인적 인식은 남녀 간의 성기능의 차이, 정신적 심리적 상황, 그리고 개인적 사회경험이 작용하는 지극히 사적인 상황이다.

사람의 삶에서 성은 자신을 확인하고 타인과의 관계에서 자극제가 될 수 있다. 성생활은 삶에 있어 활력소의 역할을 하는 중요한 행위이다. 노인의 성은 성적 욕구 충족이나 생식기능의 측면이 아니라 위로, 위안이라는 정서적 의미가 중요하다. 노인에게 있어 생리적 특징은 성이란 이성에 대한 정신적 감정과 신체적 움직임을 유발하는 인간의 원초적 본능이다. 남성과 여성 모두에게 있어 노화는 성적인 구성요소들, 충동, 동기, 소원, 자극, 오르가즘, 그리고 감정적인 만족 등 어느 것에도 부정적인 영향을 미칠 수 있다. 하지만 노화로 인한 변화들은 점진적이기 때문에 부부들은 적응을 위한 시간을 가진다. 더불어 성과 연관된 상황에서 각자 동원하게 되는 인지적이고 감정적인 성향은 각자가 경험하는 즐거움에 영향을 미친다.

그러나 노인의 성생활은 이러한 생명 탄생의 원초적 기능이 상실되고 이성 간의 감정을 교류하는 행위로서만 이해될 수 있다. 또한 노인의 성생활은 사회공동체의 원동력 등의 의미를 담고 있다. 하지만 성행위 자체만을 자녀의 출산을 위해서 필요한 것으로 간주되던 성인식에 비추어 임신이 불가능한 노인들의 성생활은 매우 부정적이고 자연에 대한 죄악으로 생각되었다. 따라서 과거에는 '노인은 성적인 존재가 아니다'라고 규정하였다. 이러한 고정관념이 아직도 상당 부분 해결되지 못한 채 남아 있다고 해도 과언이 아니다. 전통적인 성문화는 현대사회에 들어와서 많은 변화를 겪어 성행위가 아름답고 행복한 것으로, 사랑하는 이성 간의 진실한 표현의 방법으로 인식되고 있지만 여전히 노인의 성행위에 대해서만은 노인뿐만 아니라 사회 전체가 부정적인 시각으로 바라보고 있는 것이다(손창형, 2006).

노인의 성생활에 대한 편견은 연령집단이 나이를 먹는다는 이유로 인해 그 연령집단이 가진 성적 욕구 표출을 혐오하는 태도 혹은 적의를 갖는 태도를 말한다. 노인의 성생활에 대한 편견 및 신화는 노인의 성생활에 대한 태도 및 행동과도 깊은 관련을 가지고 있다. 이러한 사회적 편견에 대한 연구가 서구사회에서는 많이 이루어지고 있다.

우리나라의 노인 성생활에 대한 편견은 노인들은 몸과 마음이 노쇠하고 얼마 남지 않은 삶을 비전 없이 그날그날 살아가는 존재로서 성적 욕구는 아예 존재하지 않는 것으로 간주하고 욕구를 인정하더라도 조소나 비난의 대상으로 여기며 이것이 우리 사회의 풍조이다. 이러한 편견은 성생활을 생식의 기능에서만 파악하고 있는 것으로 생식의 시기를 지난 노인의 성활동은 불필요한 것으로 여기며 노인의 이성교제에서도 성생활을 제외하고 이를 바람직한 모델로 강요하고 있다. 특히 여성의 순결을 중요시하는 역사적 전통으로 인해 여성노인들은 남성노인보다 일찍 성욕 감퇴를 경험할 뿐만 아니라 그것을 당연시하고 성생활과 아무런 접점이 없는 노인으로 존재하도록 문화적 압력이 가해진다. 체면 때문에 성관계에 만족을 누리지 못했다는 호소나 재혼을 원치 않는다는 노인들의 입장은 문화적 편견이 강요되고 있음을 보여 주며, 여성노인의 경우 홀로 지내는 것을 미덕으로 여기는 경향이 많아 성생활은 더 인정받기 힘든 측면이 있다.

이렇듯 노인의 경우 성생활을 할 수 없는 상황에 놓이게 되기도 한다. 인간의 성활동은 삶을 영위하는 과정에서 지속됨에도 불구하고, 노인의 성활동은 신체적이며 생리적 제약과 사회, 문화적 압력으로 인해 노인 자신 및 사회구성원의 성적 편견이 작용하여 제한되어 왔다(이윤숙, 1994). 노인 세대는 이러한 사회변화에도 불구하고 대부분 성에 관한 한 이중성을 가지고 있다. 즉, 노인의 성생활은 노인 자신의 삶을 영위하는 데 혹은 인간적인 권리를 누리는 데 매우 중요한 역할과 기능을 하고 있다.

6. 고령친화산업

1) 고령친화산업의 개념과 정의

고령친화산업은 협의의 개념과 광의의 개념으로 구분이 가능하다. 고령친화산업의 협의의 개념은 노인의 수요(needs)를 만족시키기 위한 상품 및 서비스를 제공하는 것이라고 할 수 있으며, 노인이 생물학적 노화와 사회 · 경제적 능력 저하로 인해 이를 보완하기 위한 상품 및 서비스가 필요한 것에서 기인한다. 노인의 생물학적인 특성과 관련된 분야로는 보건, 요양, 식품, 의약품, 복지용품, 한방 및 장묘산업, 주택산업, 의료기기 등이 존재한다. 경제활동에서 은퇴하여 수입이 적어지거나 없어지는 노인의 사회 · 경제적 변화를 보완하여 인간다운 생활이 가능하도록 해 주는 서비스가 고령친화산업에 포함될 수 있으며, 정보산업, 교육, 금융, 문화 · 여가산업, 교통 등이 이에 해당된다(이지훈, 2021).

고령친화산업의 광의의 개념은 노인의 수요(needs)를 우선적으로 고려하여 개발된 상품 및 서비스를 제공하는 산업으로 정의가 가능하다. 노인이 편리할 수 있다면 모두가 편리할 수 있다는 취지로 노인을 주요 수요처로 하되 노인 이외의 연령층 모두를 잠재적 수요자로 정의하여 편의성과 안정성을 강화한 상품과 서비스를 개발하여 제공하는 산업으로 확대가 가능하다. 넓은 의미로 고령친화산업은 노인뿐 아니라 여성, 장애인, 어린이 등의 신체능력이 약한 사람들과 편의성 및 안정성을 추구하는 사람들이 수요 대상에 포함될 수 있다(부산복지개발원, 2014).

국내에서는 고령층의 욕구를 충족시킬 수 있는 제품 및 서비스를 공급하는 산업을 고령친화산업(Aging-Friendly Industry), 실버산업(Silver Industry)이란 용어로 주로 부르고 있으며, 미국이나 유럽의 경우 주로 성숙시장(Mature Market), 시니어시장(Senior Market)이란 용어로 부르고 있다. 우리나라의 경우 급격한 고령화로 인한 미래의 사회 · 경제적 변화에 대비하기 위해 2002년 7월 국무총리실 '노인보건복지대책위원회'의 종합계획에서 처음으로 정부 정책으로써 '실버산업 활성화 방안'이 검토된 바 있으며, 2003년 참여정부 시절 대통령 직속으로 '고령화 및 미래사회위원회'가 수립되었고, 2004년 1월 '제35회 국정과제 보고'를 통해 처음 추진과제로 제안된 바 있다. 고령친화산업 발달 초기에는 대부분의 제품과 서비스 개발에 있어 정부의 정책적 지원이 필요했던 관계로 2005년 6월 「저출산 · 고령화사회기본법」이 제정되었다. 이로 인해 제19조(고령친화적 산업의 육성) 법안을 중심으로 고령친화산업이 본격적으로 시작되었다고 할 수 있다. 또한 2006년 12월 「고령친화산업진흥법」 제정을 통해 고령친화산업육성을 위한 법적 근거를 마련하였으며, 고령친화산업을 지원하고 발전 기반조성을 통해 노인 삶의 질 향상과 국민경제의 건전한 발전 및 고령화를 대비하는 것을 목적으로 하였다(조건우, 2017).

고령친화산업에 대한 정의는 다양하게 나타난다. 「고령친화산업진흥법」 제1장 제2조에서는 고령친화산업에 대하여 고령자의 생물적 노화와 사회적, 경제적 능력의 저하로 인해 발생하는 다양한 수요를 충족시키기 위한 산업으로써 고령자를 주요한 수요자로 삼는 제품과 서비스를 연구 · 개발 · 제조 · 건축 · 제공 · 유통 또는 판매하는 업이라 정의하였으며, 안은주(2017)는 고령친화산업이 수익성을 추구하는 영리사업임과 동시에 공익성이 요구되는 사업이므로 수익성 및 공익성이 공존하는 사업이라고 정의하기도 하였다. '고령친화'라 함은 안전성과 편리성에 기초한 노인의 선호를 우선적으로 고려함을 의미하는 것으로 '노인이 편리하면 모든 사람도 편리하다'는 보편적 설계에 입각하고 있음을 의미한다(이견직 외, 2005).

우리나라 고령친화산업의 필요성을 인식하며 논의를 시작한 지는 해외에 비해 비교적 짧은 시간을 가지고 있으므로 각종 기관들의 선행연구들 간에 정의에 대한 차이가 존재한다. 하지만 급속한 고령화가 진행되며 증가하는 노인을 대상으로 한 제품 및 서비스를 제공하는 폭넓은 산업이라는 점에서는 공통된 의견을 보이고 있다.

고령친화산업은 민간기업의 참여가 본격화되고 정부의 협업이 더해지면서 지속적으로 성장해 왔음을 알 수 있다. 초기에는 노인을 대상으로 한 산업 중 일부인 요양산업과 간호산업 등에서 민간기업의 참여가 시작되었으나 최근에는 인력양성 플랫폼, 여가산업 플랫폼, 기업 네트워킹 플랫폼, 이동서비스 플랫폼, 정보제공 플랫폼 등 다양한 형태의 정부 및 민간참여를 통한 서비스들을 선보이며 함께 성장해 나가고 있다. 정부가 산업 형성을 주도하고, 민간기업이 수익성을 추구하면서 제품 및 서비스의 고급화가 이루어졌으며 고객들 역시 획일적이고 질 낮은 서비스 대신 고급 서비스에 아낌없이 지출할 수 있는 환경이 마련된 것이다. 고객들의 비용 지출이 증가하면서 민간기업들은 서로 더 나은 서비스를 제공하기 위해 다양한 방식의 경쟁을 하게 되었고, 이를 통해 고객들은 더욱 다양한 선택지를 갖게 되어 전반적인 산업의 성장이 이루어진 것을 알 수 있다. 현재 우리나라의 고령친화산업은 노인장기요양보험제도 등 요양서비스중심으로 성장되었던 점을 넘어서 민간기업들이 경쟁하면서 성장할 수 있는 환경을 조성할 필요가 있으며, 정부 차원에서는 협업을 통한 동반성장이 가능한 분위기를 조성할 필요가 있다.

2) 고령친화산업의 시장규모

한국보건산업진흥원(2014)의 고령친화산업 실태조사 및 산업분석에 따르면, 그림 13-2와 같이 고령친화산업은 2012년 27조 원이었던 시장규모가 2020년 72조 원(금융산업은 누적, 거치 등의 특성을 지니고 있어 고령사회대비 은퇴자산의 개념으로 접근함에 따라 고령친화산업 전체 시장 추계에서 제외함)까지 연평균 13.01%를 기록하며 성장할 것이라고 예측하고 있다.

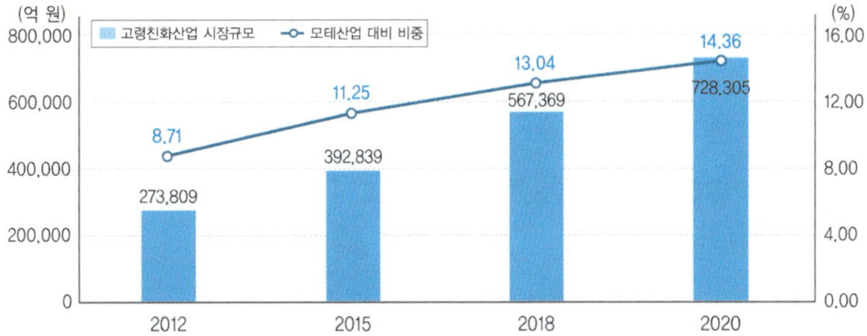

그림 13-2. **고령친화산업 시장규모 전망**

그리고 2018년 우리나라 고령 사회 진입과 2020년 베이비붐 세대의 65세 이상 노인 세대 진입으로 시장규모가 더욱 커질 것으로 전망되고 있다. 또한 산업연구원(2012)에 따르면 2012년 고령 친화산업의 취업계수는 생산액 10억 원당 15.8명으로 측정되었으며 이는 전 산업 평균치인 14명을 상회하는 것이므로 고령친화산업의 시장 성장에 맞물려 고용인력 또한 증가할 것임을 시사하고 있다. 고령친화산업 분야별 규모에 대한 예측 결과는 표 13-2와 같다.

표 13-2. **고령친화산업 분야별 규모**

구분	2012		2015		2020		CAGR (2012 ~2020)
	시장규모 (억 원)	비중 (%)	시장규모 (억 원)	비중 (%)	시장규모 (억 원)	비중 (%)	
의약품	37,791	13.8	54,010	13.8	97,937	13.4	12.6%
의료기기	12,438	4.5	17,827	4.5	32,479	4.5	12.8%
식품	64,016	23.4	93,609	23.8	186,343	24.2	13.5%
화장품	6,945	2.5	10,645	2.7	21,690	3.0	15.3%
용품	16,689	6.1	18,770	4.8	22,907	3.1	4.0%
요양	29,349	10.7	46,533	11.9	100,316	13.8	16.6%
주거	13,546	5.0	14,209	3.6	14,301	2.0	0.7%
여가	93,034	34.0	137,237	34.9	262,331	36.0	13.8%
전체	273,809	100.0	392,839	100.0	728,305	100.0	13.0%
고용유발(명)	31,213		44,782		83,026		13.0%

출처: 한국보건산업진흥원(2014). 고령친화산업 실태조사 및 산업분석.

표 13-2와 같이 2020년 고령친화산업 중 가장 높은 비중을 차지한 산업은 여가산업으로 36%를 차지하고 있다. 그다음으로는 식품산업이 24.2%, 요양산업이 13.8%, 의약품이 13.4%를 차지하며 뒤를 잇고 있다. 성장률 측면에서는 2012년~2020년 사이 16.6%의 성장률을 보인 요양산업이 가장 높은 것으로 나타났으며, 용품시장은 같은 기간 4.0%의 성장률을 보이며 가장 낮은 성장률을 보인 것으로 나타났다.

참고문헌

강소랑, 김병수(2016). 노인일자리 사업이 고령자의 성공적 노화에 미치는 영향. **한국행정학보, 50**(1), 167-199.

강춘수(2018). 우리나라 노인학대의 실태와 대응체계에 관한 연구. 가천대학교 대학원 박사학위논문.

강혜영(2016). 노인의 인구사회학적 특성, 가계재무상태 및 가족관계가 우울감에 미치는 영향. 고려대학교 대학원 석사학위논문.

고민석, 서인균(2011). 노인의 건강상태가 스트레스와 우울에 미치는 영향과 사회적 지지와 조절효과. **대한보건연구, 37**(1), 1-14.

고보선(2005). 노인학대 위험요인이 학대 심각성 인지 및 학대 경험 정도에 미치는 영향에 관한 연구. **노인복지연구, 29**, 91-121.

고수현, 윤선오(2008). **새로운 노인복지론**. 경기: 양서원.

구본미, 채철균(2019). 주거환경만족도가 노년기 우울에 미치는 영향: 신체활동의 매개효과를 중심으로. **한국노년학, 39**(4), 781-800.

국회입법조사처(2020). 커뮤니티케어 '케어안심주택'사업계획의 쟁점 및 과제.

권석만(2008). **임상심리학**. 서울: 학지사.

권중돈(2002). 노인학대의 이해와 대응방안. 대전노인학대상담센터 세미나 자료집, 1-16.

권중돈(2004). 노인 학대에 영향을 미치는 요인. **한국노년학, 24**(1), 1-19.

권중돈(2004). **노인복지론**. 서울: 학지사.

권중돈(2006). 최신 노화이론과 성공적 노화. 대한간호협회 보건진료원회 대구·경북지회. 보건진료원 혁신교육 및 건강증진발표대회 자료집, 23-33.

권중돈(2010). **노인복지론**. 서울: 학지사.

권중돈, 김동기, 김기수, 박수진(2012). 노인의 가족응집력, 스트레스, 우울 및 문제음주의 구조적 관계에 대한 연구. **사회과학연구, 23**(3), 3-25.

권진숙, 박지영(2009). **사례관리의 이론과 실제.** 서울: 학지사.

김광태(2002). 노인의 성생활에 대한 사회집단 간의 지식과 태도. 대전대학교 대학원 박사학위논문.

김남선 외(2014). **노인교육개론.** 서울: 형설출판사.

김다미(2018). 노인돌봄종합서비스 서비스 질에 대한 중요도: 수행도 분석. 부산대학교 대학원 석사학위논문.

김만기, 채경선(2018). 공무원 · 공기업 중년기 남성의 심리적 안녕감에 대한 연구. **문화교류와 다문화교육, 7**(4), 127-151.

김명 외(2004). **노인보건복지 이론과 실제.** 경기: 집문당.

김미령(2013). 준고령자의 성공적 노화 구성요소의 삶의 만족도 영향 및 노후준비의 매개효과. **노인복지연구, 62**, 257-287.

김미성(2022). 영성, 알아차림 주의자각, 자기자비, 죽음수용, 심리적 안녕감의 관계분석을 통한 매개효과 모형 검증. 능인대학교 대학원 석사학위논문.

김선희(1989). 노인의 신체적 노화와 생활만족도에 대한 연구. 성신여자대학교 대학원 석사학위논문.

김성순(1991). **고령화 사회와 복지행정.** 서울: 홍익재.

김송고(2022). 노인의 성생활 및 성태도가 삶의 질에 미치는 영향: 우울의 매개효과. 대구대학교 대학원 박사학위논문.

김수민, 조택연(2015). 진화심리학적 관점으로 해석한 장소애착에 관한 연구. **기초 조형학연구, 16**(6), 101-112.

김수영(2000). 요보호노인 가족보호자들을 위한 지지체계의 분석. 한국사회복지학회, 2000년도 춘계학술대회자료집, 381.

김수영, 문경주, 오찬옥(2015). 고령화 지역의 Aging in place에 영향을 주는 조건 분석을 통한 정책방향 탐색. **지역사회연구, 23**(2), 137-164.

김연진(2012). 한국형 은퇴준비 척도타당화 연구. 단국대학교 대학원 박사학위논문.

김영선, 오상우, 정덕영, 김정근, 조현승, 이용호, 임기웅, 이대겸, 김수경, 엄사랑, 양정우, 신정영(2019). 고령친화산업 혁신 발전방안 연구. 한국보건산업진흥원.

김오남(2013). 농촌노인의 건강수준, 사회적 지지와 우울에 관한 연구. **한국가족복지학회지, 8**(2), 5-22.

김완균(2010). **청소년을 위한 뇌과학**. 서울: 비룡소.

김용득(2018). 탈시설과 지역사회중심 복지서비스 구축, 어떻게 할 것인가?: 자립과 상호의존을 융합하는 커뮤니티케어. **보건사회연구, 38**(3), 492-520.

김우중(2022). 노인장기요양시설 거주노인의 성공적 노화요인과 시설만족도가 삶의 만족도에 미치는 영향 연구. 성균관대학교 일반대학원 박사학위논문.

김유진(2016). 노인의 집을 중심으로 살펴본 도시지역저소득 독거노인의 주거안정 개입에 관한 사례연구: 우리는 앞으로 어떤 논의가 필요한가?. **보건사회연구, 36**(4), 187-220.

김윤수, 류호영(2012). 사회적 돌봄서비스 만족도에 대한 영향요인 분석. **보건사회연구, 32**(3), 298-326.

김융일 외(2003). **사회복지개론**. 서울: 동인.

김융일, 조흥식, 김영옥(2000). **사회복지실천론**. 서울: 나남출판.

김은경(2013). 노인의 사회 참여 및 사회적 지지가 삶의 만족도에 미치는 영향. 호서대학교 벤처전문대학원 석사학위논문.

김정희(1998). 성인의 노화과정에 관한 고찰. 중앙대학교 사회개발대학원 석사학위논문.

김종진(2010). 생활무용 참가 노인의 건강증진행위와 성공적 노화인식 및 죽음수용태도의 관계. 단국대학교 대학원 박사학위논문.

김지연(2016). 건강생성이론(Salutogenesis)에 근거한 자살기전분석과 예방정책. 서울대학교 대학원 박사학위논문.

김청자, 선우현, 유경훈(2012). **발달심리학의 이해**. 서울: 동문사.

김태동(2018). 아동학대와 노인학대 관련법 법적 비교. **사회복지법제연구, 9**(2), 139-162.

김태현(1994). **노년학**. 경기: 교문사.

김한덕(2012). 노인장기요양시설 이용자의 만족도에 영향을 미치는 요인에 관한 연구. 세종대학교 대학원 박사학위논문.

김효운(2023). 성년후견제도의 법정책적 과제. 대진대학교 공공정책대학원 석사학위논문.

나용선, 김나영(2004). 노인학대실태와 사회사업적 개입방안에 관한 연구. **임상사회사업연구, 1**(2), 59-86.

남기민(2005). **현대사회복지학**. 경기: 양서원.

남선경(2012). 노년층 성인교육자의 실천적 지식을 활용한 교수활동 특성 탐색. 숙명여자대학교 대학원 석사학위논문.

노길희, 박일연, 백종진, 이경자(2021). **노인복지론**. 경기: 지식공동체.

모선희(2004). 고령화 사회의 노인여가활동. 대전보건대학 평생교육원 노인복지사 양성교재.

모선희, 김형수, 유성호, 윤경아(2006). **현대노인복지론**. 서울: 학지사.

문나리(2017). 중·노년기 사별과 인지기능의 관계: 사회적 상호작용의 조절효과를 중심으로. 서울대학교 대학원 석사학위논문.

박경숙(2002). 한국과 일본에서 장애노인 가족부양자의 사회적 보호 서비스에 대한 이용욕구: 가족부양과 사회적 보호 서비스는 대체적 관계인가 보완적 관계인가?. **한국노년학, 22**(1), 241-260.

박미은(2004). 국민기초생활보장 노인과 일반노인의 노인학대 관련요인 비교연구. **한국사회복지학, 56**(2), 93-119.

박미은(2004). 도시거주 노인의 노인학대에 영향을 미치는 요인에 관한 연구. **노인복지연구, 26**, 309-336.

박석돈, 박순미, 이기원, 이용환, 이재모, 최병태(2022). **노인복지론**. 경기: 양성원.

박영수, 조용섭(2014). 노인학대의 실태분석과 대응방안에 관한 연구: 서울시를 중심으로. **한국경찰연구, 13**(3), 109-136.

박태룡(2008). **노인복지론**(제4판). 경북: 대구대학교 출판부.

방건(2023). 노인의 여가활동이 생활만족도와 정신건강에 미치는 영향: 관광활동의 조절효과. 신한대학교 대학원 박사학위논문.

배진희, 정미순(2008). 노인이 인식한 가해자 특성이 노인학대에 미치는 영향. **한국노년학, 28**(3), 443-457.

백서영(2020). 노년기 건강행동의 영향 요인 분석: 앤더슨 행동 모델을 적용하여. 청주대학교 대학원 석사학위논문.

변금선(2018). 노인일자리 사업 정책효과에 관한 연구의 경향과 쟁점. 한국노인복지학회 학술대회, 206-227.

변선희(1998). 노인욕구충족에 관한 복지개선방안. 한양대학교 행정대학원 석사학위논문.

보건복지부(2017). 2017년도 노인돌봄서비스 사업안내.

보건복지부(2017). 노인실태 보고서. 한국보건사회연구원.

보건복지부(2020). 2020 노인일자리 및 사회활동지원 사업 운영안내.

보건복지부(2021). 2020 보건복지백서.

보건복지부, 중앙노인보호전문기관(2022). 2021 노인학대 현황보고서.

보건복지부, 한국보건사회연구원(2020). 2020년 노인실태조사.

부산복지개발원(2014). 부산지역 고령친화산업의 현황과 과제(www.bswdi.re.kr).

서영호(2019). 방사선사의 건강생성이론에 의한 건강상태 영향요인. 경북대학교 대학원 박사학위논문.

서윤(2000). 노인학대에 대한 사회복지사의 인지와 목격실태에 관한 연구. **노인복지연구, 7**, 27-71.

소희영, 김현리, 정미현(2009). 노인의 노인학대 경험. **재활간호학회지, 12**(2), 128.

손창형(2006). 노인의 성생활과 삶의 만족도에 관한 연구. 영남대학교 대학원 석사학위논문.

송양민, 유경(2011). 죽음준비교육이 노인의 죽음불안과 생활만족도, 심리적 안녕감에 미치는 효과 연구. **노인복지연구, 54**, 111-134.

송영민(2003). 피학대 여성노인의 의존성에 관한 생애사적 고찰. **페미니즘 연구, 3**, 85-120.

송주라(2013). 노인장기요양시설의 사례관리 실천활동에 관한 연구. 공주대학교 대학원 석사학위논문.

신교남(2018). 실존주의 철학에서의 죽음 이해와 죽음교육. 공주대학교 대학원 박사학위논문.

안용석(2012). 노인장기요양보험제도에서 사례관리전문 사회복지사의 제도화에 관한 연구. 대구대학교 대학원 석사학위논문.

안은숙(2020). 노인요양시설 요양보호사의 돌봄노인 죽음경험에 대한 질적연구. 대구대학교 대학원 박사학위논문.

양연희(2021). 지속가능한 노인돌봄정책에 관한 연구: 한국과 일본 사례를 중심으로. 전남대학교 대학원 박사학위논문.

양옥경, 김정진(2005). **사회복지실천론**. 경기: 나남출판.

양옥경, 이민영(2003). 가족관계척도 활용을 위한 타당도 연구. **한국사회복지학회지**, 54, 5-34.

양옥남(2002). 노인의 비공식 지지에 대한 인지가 사회서비스 이용태도에 미치는 영향. **한국노년학, 21**(3), 231-250.

양정남, 최선령(2004). **사회복지실천론**. 경기: 양서원.

양흥권(2017). **평생교육론**. 서울: 신정.

오병철(2012). 베이비붐 세대 남성 직장인들의 퇴직 태도, 노후준비, 노년기 사회참여 의향. 한서대학교 대학원 박사학위논문.

오승주(2017). 노인학대범죄의 대책에 관한 연구. 동국대학교 대학원 박사학위논문.

왕행남(2004). 노년기 성생활 실태에 관한 연구: 전주시 거주 노인을 중심으로. 한일장신대학교 대학원 석사학위논문.

우국희(2017). 섬 지역 고령자의 장소경험과 의미: Aging in place는 가능한가?. **비판사회정책, 54**, 260-304.

윤성민(2019). 성인애착이 심리적 안녕에 미치는 영향: 스트레스 대처방식과 기본 심리적 욕구 만족의 이중매개효과. **한국심리학회지: 상담 및 심리치료, 31**(4), 1139-1164.

윤정희(2010). 노인장기요양보험제도에서의 케어매니지먼트 기능 분석. 경남대학교 행정대학원 석사학위논문.

윤현숙, Lee, Hee-Yun, 박은수, 윤지영, 권종희, 박금화, 남륜, 강성보(2010). 노인학대 예방 및 대처 교육프로그램 효과. **한국지역사회복지학, 34**, 231-258.

윤형준(2010). 성공적 노화에 미치는 영향요인과 인식에 관한 연구. 강원대학교 대학원 박사학위논문.

이견직, 김수영, 문주석, 박세진, 변재관, 이신해, 이필도, 장석인, 정병유, 정영호, 채창균(2005). 고령친화산업 활성화 전략. 고령화 및 미래사회위원회.

이근홍(1998). **케이스매니지먼트**. 서울: 대학출판사.

이기원, 한영상, 박선태, 정혜선, 명근홍, 장순휘(2023). **평생교육론**. 경기: 양성원.

이나겸(2019). 연령통합 사회를 위한 노인 평생교육 프로그램의 연구: S재단 W캠퍼스 중고령층을 중심으로. 서강대학교 교육대학원 석사학위논문.

이도노(2021). 노인의 건강상태와 자살생각의 관계에서 우울의 매개효과. 강원대학교 대학원 석사학위논문.

이미경(2002). 재가노인에 대한 사례관리실천 모형의 적용과 개발. 신라대학교 사회정책대학원 석사학위논문.

이미애(2011). 노인 우울에 영향을 미치는 요인: 건강요인과 가족요인의 상대적 영향력을 중심으로. **한국지역사회생활과학회지, 22**(4), 623-635.

이미진(2000). 장기요양보호노인 주수발자의 부양부담 결정요인. 성공회대학교 시민사회복지대학원 석사학위논문.

이민아, 김지범, 강정한(2011). 동거형태와 한국노인의 삶의 질 만족도: 자녀와의 관계 만족도가 갖는 매개효과. **한국보건사회학회지, 29**, 41-67.

이병관(2017). 임대주택 유형별 특성이 고령자 주거만족도에 미치는 영향 연구. 서울대학교 행정대학원 석사학위논문.

이상일(1997). **(치매가 무섭다고요?) 치매! 빨리 알면 쉬워요**. 서울: 동학사.

이선미(2017). 독거노인의 고독감이 죽음불안에 미치는 영향: 사회적 지지의 조절효과를 중심으로. 목원대학교 대학원 석사학위논문.

이성희, 한은주(1998). 부양자의 노인학대 경험과 관련요인. **한국노년학, 18**(3), 123-141.

이소정, 정경희, 이윤경, 유삼현(2007). 우리나라 노인의 사회참여 유형분석 및 정책적 함의. 한국보건사회연구원.

이연호(2003). 노인학대 위험요인 및 특성이 학대로 인한 피해영역에 미치는 영향. **한국노년학, 23**(2), 105-123.

이연호(2005). **노인학대 위험요인과 피해.** 경기: 한국학술정보.

이영옥, 김필환, 박미라, 제남주(2019). 웰다잉(well-dying) 프로그램이 죽음불안, 좋은 죽음에 대한 인식, 죽음준비도에 미치는 효과: 노인과 대학생의 비교. **한국산학기술학회논문지, 20**(8), 514-522.

이운영(2007). Wong의 죽음태도 척도의 타당화. 충남대학교 대학원 석사학위논문.

이윤경, 강은나, 김세진, 변재관(2017). 노인의 지역사회 계속 거주(Aging in Place)를 위한 장기요양제도 개편방안. 한국보건사회연구원.

이윤경, 김미혜(2008). 노인학대 유형화 및 유형결정요인 연구. **한국노년학, 28**(4), 1165-1178.

이윤경, 김세진, 황남희, 임정미, 주보혜, 남궁은하, 이선희, 정경희, 강은나, 김경래(2020). 2020년도 노인실태조사. 보건복지부 · 한국보건사회연구원.

이윤숙(1994). 노인보건사업 개발전략. **국민보건연구소논문, 4**(2), 106-112.

이은숙(2004). 장소에 대한 애착의 개념구조. **사회과학연구, 20**, 1-16.

이정희(2008). 노인의 여가활동이 생활 만족도와 자아존중감에 미치는 영향. 한양대학교 사회복지정책학과 석사학위논문.

이정희(2015). 노인의 성공적 노화에 영향을 미치는 요인에 관한 연구: 여가 · 자원봉사 · 영성을 중심으로. 건국대학교 행정대학원 석사학위논문.

이종복, 김성철, 김재열, 남희수, 박승자, 순덕기, 고미영, 이권일, 이금숙, 이유선, 홍성로, 이재선(2018). **노인복지론.** 경기: 양서원.

이종욱, 우영미(2016). 노인의 죽음에 대한 수용적 태도가 삶의 만족도에 미치는 영향: 사회적 지지의 매개효과를 중심으로. **한국의료윤리학회지, 19**(2), 225-243.

이주원(2020). 노인일자리 및 사회활동 지원 사업의 활동적 노화에 대한 효과성 연구. 숙명여자대학교 대학원 박사학위논문.

이지훈(2021). 고령친화산업체의 사내기업가정신이 기업성과에 미치는 영향에 관한 연구: 공유가치창출(CSV)의 매개효과를 중심으로. 경희대학교 동서의학대학원 박사학위논문.

이해영(1996). 새로운 복지문제로서의 노인학대에 대한 고찰. **노인복지정책연구**, 3, 300-328.

이현미(2007). 노인의 직업활동과 생활만족도 관계에 관한 연구. 서울대학교 대학원 석사학위논문.

이혜자, 박경애(2009). 농촌노인의 가족관계망 유형과 생활만족도. **한국노년학회지, 29**(1), 291-307.

이화(2015). 노년기 사회적 지지와 주관적 안녕감의 관계: 스트레스와 삶의 의미의 매개효과. 이화여자대학교 대학원 석사학위논문.

임소림(2012). 노인장기요양보험의 케어매니지먼트 개선방안에 관한 연구. 서울시립대학교 도시과학대학원 석사학위논문.

임연옥(2016). 친숙한 지역사회에서 존엄하게 늙어가는 것은 어떻게 가능할까?: 농촌과 도시거주 노인간 Aging in Place 모델과 경로 비교 분석. **노인복지연구, 71**(3), 411-436.

임재춘(2015). 노인의 평생교육 참여 실태와 학습 만족도에 관한 연구: 김천시 사례를 중심으로. 대구대학교 산업 · 행정대학원 석사학위논문.

장기연, 이은진, 강미영(2020). 국내 노인들의 신체적 활동 유형별 참여와 건강 관련 요인 연구. **대한지역사회작업치료학회지, 10**(2), 47-61.

장성현(2022). 노년기 노동이 빈곤에 미치는 영향 연구: 직종별 분석을 중심으로. 연세대학교 사회복지대학원 석사학위논문.

장은아(2023). 노인장기요양보험제도의 개선 방안에 관한 연구. 전북대학교 행정대학원 석사학위논문.

장은하(2022). 지역사회 독거노인의 건강증진행위 구조모형: 개인-환경 적합성 이론과 건강생성이론을 중심으로. 청주대학교 대학원 박사학위논문.

장인협, 우국희(2001). **케어 · 케이스 매니지먼트**. 서울: 서울대학교 출판부.

장인협, 최성재(2006). **노인복지학**. 서울: 서울대학교 출판부.

장휘숙, 최영임(2008). 죽음공포와 죽음수용의 관계. **한국심리학회지, 21**(2), 59-76.

정경희(2012). 노인의 가족생활 실태와 정책과제. **보건복지포럼, 192**, 6-16.

정순돌(2004). 저소득 노인의 사회적 지원망의 특성: 연결고리의 분석을 통한 탐색적 연구. **노인복지연구, 24**, 7-29.

정순둘, 송아영, 전혜상(2015). 복지태도와 연령주의에 대한 연구. **노인복지연구, 70**, 245-266.

정순둘, 정주희, 김미리(2016). 연령주의와 연령통합이 세대갈등인식에 미치는 영향. **한국사회복지학, 68**(4), 5-24.

정옥분(2008). **성인 · 노인 심리학**. 서울: 학지사.

정윤모(2007). 노인의 성문제 해결을 위한 사회복지적 접근에 관한 연구. **교정복지연구, 8**, 125-141.

정진희(2004). 노인학대의 실태와 대처방안에 대한 연구. 서강대학교 대학원 석사학위논문.

정찬우, 한창근(2021). 주거 특성이 지역사회 지속거주 의사에 미치는 영향. **한국노년학, 41**(3), 393-396.

조건우(2017). 고령친화산업진흥법 시행 10년간(2007~2016) 고령친화산업 연구동향 분석. 강남대학교 대학원 석사학위논문.

조아라(2013). 일본의 고령자 거주문제와 주거정책: Aging in Place를 중심으로. **대한지리학회지, 48**(5), 709-727.

조휘래(2022). 아동의 다차원적 빈곤과 주관적 행복의 관계. 숭실대학교 대학원 석사학위논문.

조흥식, 오승환, 박현선, 공계순, 신영화, 우국희(2000). **사회복지실천분야론**. 서울: 학지사.

지재진(2006). 노인복지를 위한 교회의 역할에 관한 연구. 가야대학교 행정대학원 석사학위논문.

차소영(2007). 노인복지실천의 개입방법과 사례. 청주대학교 대학원 석사학위논문.

최경인(2014). 노년기 사회참여의 변화궤적: 심리사회적 기능과의 관계 및 예측요인. 상지대학교 일반대학원 박사학위논문.

최대환(2019). 노인진료비 현황분석. 건강보험심사평가원.

최두진, 김은정, 이재광(2009). **고령층의 정보문화 활성화 방안: 사회참여활동을 중심으로**. 서울: 한국정보문화진흥원.

최성재, 장인협(2010). **노인복지학**. 서울: 서울대학교 출판부.

최일섭, 최성재(1995). **사회문제와 사회복지**. 서울: 나남출판.

최정혜(2000). 성별에 따른 노인부부폭력 차이연구. **한국노년학회, 20**(3), 17-35.

최진태(2021). 노인보건복지정책 문제점과 개선방안에 관한 연구. 경운대학교 대학원 박사학위논문.

최현자, 주소현, 조혜진, 김민정, 김정현(2012). 우리나라 가계의 은퇴준비 종합지수 개발 연구. **조사연구, 13**(3), 63-87.

최희경(2009). **노인에 대한 사회적 돌봄과 돌봄 서비스의 질 보장**. 경기: 집문당.

탁초희(2016). 고령인구의 사회참여, 심리적 우울 및 삶 만족의 구조적 관계에 대한 종단적 모형 검증. 숙명여자대학교 교육대학원 석사학위논문.

통계청(2010). 장래인구추계.

통계청(2021). 2021 고령자 통계.

통계청(2021). 가계동향조사.

통계청(2022). 2022 고령자 통계.

편승용(2004). 노인학대에 관한 실태분석과 대책에 관한 연구. 조선대학교 대학원 석사학위논문.

표준국어대사전(2017). 돌보다(http://stdweb2.korean.go.kr/search/List_dic.jsp).

하미경(2021). 노인의 인구사회학적 특성에 따른 평생교육프로그램 참여형태에 관한 연구. 대구대학교 디자인·산업행정대학원 석사학위논문.

한국노인인력개발원(2019). 2018 노인일자리 및 사회활동 통계 동향.

한국보건산업진흥원(2014). 고령친화산업 실태조사 및 산업분석.

한국사례관리학회(2012). **사례관리론**. 서울: 학지사.

한국산업인력공단(2016). 의사소통능력 학습자용 워크북.

한국임상사회사업학회(2004). **노인복지론**. 경기: 양서원.

한국형사정책연구원(1995). 노인의 범죄 및 범죄피해에 관한 연구.

한동희(1996). 노인학대에 관한 연구. 대구가톨릭대학교 대학원 박사학위논문.

한동희(2000). 학대받는 여성노인의 상황에 관한 연구. 노인생활과학연구소.

한동희, 김정옥(1994). 노인학대에 관한 이론적 고찰. **대한가정학회지, 32**(4), 45-56.

한은주(2000). 노인학대의 원인에 대한 생태학적연구. 성신여자대학교 대학원 박사학위논문.

한은주, 김태현(2000). 노인학대의 원인에 대한 생태학적 연구. **한국노년학, 20**(2), 71-89.

한정란(1993). 노인교육 교육과정 실천연구. 연세대학교 대학원 박사학위논문.

현다운(2021). 생애과정 관점에서 본 노년기 건강 위험 요인: 경제 위기(IMF)로 인한 빈곤의 영향력을 중심으로. 성공회대학교 일반대학원 박사학위논문.

현외성, 장필립, 홍태용, 김은자, 조추용, 김혜경, 손덕옥, 남정자, 김용환, 윤은경(2001). **노인케어론**. 서울: 양서원.

홍명진(2023). 노인복지관 이용 남성 독거노인의 죽음불안과 죽음수용에 관한 웰다잉 집단미술치료 질적 사례연구. 동국대학교 대학원 석사학위논문.

홍송이(2017). Aging in Place를 위한 노인복지정책의 비판적 이해: 싱가포르 사례 연구. **사회과학연구, 43**(1), 227-254.

홍숙자(1999). **노년학 개론**. 서울: 하우동설.

황성철(1995). 사례관리실천을 위한 모형개발과 한국적 적용에 관한 연구. **한국사회복지학, 27**, 275-304.

Antonovsky, A. (1987). *Unraveling the mystery of health: How people manage stress and stay well.* San Francisco: Jossey-Bass.

Antonovsky, A. (1996). The salutogenic model as a theory to guide health promotion. *Health Promotion International, 11*(1), 11-18.

Antonovsky, A. (2019). **질병중심의료에서 건강중심의료로의 전환 건강생성모델.** [Health, stress, and coping] (공은숙 역). 서울: 학지사메디컬(원저출간: 1979).

Atchley, R. C. (1989). A continuity theory of normal aging. *The Gerontologist, 29*, 83-190.

Baltes, P. B., & Baltes, M. M. (1990). *European Network on Longitudinal Studies on Individual Development. Successful Aging: Perspectives from Behavioral Sciences.* New York: Cambridge University Press.

Baltes, P. B., & Baltes, M. M. (1990). Psychological perspectives on successful aging: The model of selective optimization with compensation. In P. B. Baltes & M. M. Baltes(Eds.), *Successful aging.* Cambridge, England: Cambridge University Press.

Beaver, M. L., & Miller, D. (1985). *Clinical Social Work Practice with Elderly: Primary, Secondary and Tertiary Interventions.* Homewood, IL: Dorsey Press.

Belsky, J. (1993). Etiology of child maltreatment: A developmental-ecological analysis. *Psychological bulletin, 114*(3), 413-434.

Bennett, G., & Kingston, P. (1993). *Elder abuse Concept, Theories, and Interventions.* London: Chapman & Hall.

Blaxter, M. (1990). *Lifestyle and health.* London: Tavistock/Routhledge.

Blumer, H. (1969). *Symbolic Interactionism.* NJ: Prentic-Hall.

Bonnie, R. J. & Wallace, R. B. (eds.) (2002). *Committee on National Statistics and Committee on Law and Justice, Division of Behavioral and Social Sciences and Education.* Washington, DC: the National Academics Press.

Bookman, A. (2008). Innovative models of aging in place: Transforming our communities for an aging population. *Community Work & Family, 11*(4), 419-438.

Brody, E. M. (1977). *Long-term care of older people: A practical guide.* New York: Human science press.

Butler, R. N. & Lewis, M. I. (1997). *Aging and Mental Health*(2nd ed.). St Louis: The C. V. Mosby.

Campbell, N. (2015). Designing for social needs to support Aging in Place within continuing care retirement communities. *Journal of Housing and the Built Environment, 30*, 645-665.

Childs, H. W., Hayslip, B. Jr., Radika, L. M., & Reinberg, J. A. (2000). Young and middle-aged adult' perceptions of elder abuse. *The Gerontologist, 40*(1), 75-85.

Choi, N. G., & Mayer, M. (2000). Elder abuse, neglect, and exploitation. *Journal of Gerontological Social Work, 33*(2), 5-25.

Cohen, S., & Wills, T. A. (1985). Stress, social support, and the buffering hypothesis. *Psychological Bulletin, 98*, 310-357.

Compton, B. R., & Galaway, B. (1994). *Social Work Processes*(5th ed). Homewood, IL: Dorsey Press.

Compton, B. R., & Galaway. B. (1999). *Social Work Processes*(6th ed). Pacific Grove, CA: Brooks/ Cole Publishing Company.

Cooper, S. L. (2020). Promoting physical activity for mental well-being. *ACSM's Health & Fitness Journal, 24*(3), 12-16.

Cross, K. P. (1982). *Adults as Learners*. San Francisco: Jossey-Bass Publishers.

Crowther, M. R., Parker, M. W., Achenbau, W. A., Larimore, W. L. & Koenig, H. G. (2002). Rowe and Kahn's Model of Successful Aging Revisited: Positive Spirituality-The Forgotten Factor. *The Gerontologist, 42*(5), 613.

Cumming, E., & Henry, W. E. (1961). *Growing Older: The Process of Disengagement*. New York: Basic Books.

Dacey, M., Baltzell, A., & Zaichkowsky, L. (2008). Older adults' intrinsic and extrinsic motivation toward physical activity. *Am J Health Behav, 32*(6), 570–582.

Daly, M., & Lewis, J. (2000). The concept of social care and the analysis of contemporary welfare states. *British Journal of Sociology, 51*(2), 281-298.

Deci, E. L., & Ryan, R. M. (2000). The "what" and "why" of goal pursuits: Human needs and the self-determination of behavior. *Psychological inquiry, 11*(4), 227-268.

Erickson, L. D., Call, V. R. A., & Brown, R. B. (2012). SOS-satisfied or stuck? Why older rural residents stay put: Aging in Place or Stuck in Place in rural Utah. *Rural Sociology,*

77, 408-434.

Erikson, E. H. (1964). *Childhood and Society*(2nd ed.). New York: Norton.

Fields, G. S., & Mitchell, O. S. (1984). The Effects of Social Security Reforms on Retirement Ages and Retirement Incomes. *J. Public Econ., 25*, 143–159.

George, L. K., & Gwyther, L.(1986). Care-giver well-being: A Multidimensional Examination of Family Care-givers of Demented Adults. *The Gerontologist, 26*, 253-259.

Gordon, R., & Brill, D. (2001). The abuse and neglect of the elderly. *International Journal of Law and Psychiatry, 24*, 183-197.

Harris, D. K. (1988). *Dictionary of gerontology*. New York, NY: Greenwood Press.

Havighurst, R. J. (1973). Social roles, work, leisure, and education. In C. Eisdorfer & M. P. Lawton (Eds.), *The psychology of adult development and aging* (pp. 598–618). Washington: American Psychological Association.

Hooyman, N. R., & Kiyak, H. A. (2008). *Social Gerontology: A multidisciplinary perspective*(8th ed.). Boston, MA: Allyn and Bacon.

Hwalek. M., & Sengstock. M. (1986). Assessing the probability of abuse of the elderly: Toward development of clinical screening instrument. *Journal of Applied Gerontology, 5*, 153-173.

Iwasaki, Y., Mannell, R. C., Smale B. J. A., & Butcher, J. (2005). Contributions of leisure participation in predicting stress coping and health among police and emergency response services workers. *Journal of Health Psychology, 10*(1), 79-99.

Johnson, L. C., & Yanca, S. (2001). *Social Work Practice: A Generalist Approach*(7th ed.). Boston: Ally and Bacon.

Jones, J. S., Holstege, C., & Holstege, H. (1997). Elder abuse and neglect: Understanding the causes and potential risk factors. *American Journal of Emergency Medicine, 15*, 579-583.

Kawachi, I., & Berkman, L. F. (2001). Social Ties and Mental Health. Journal of Urban Health. *Bulletin of the New York Academy of Medicine, 78*(30), 458-467.

Kinch, J. W. (1963). A formalized theory of self-concept. *American Journal of Sociology, 68*, 481-486.

Klug, L., & Sinha, A. (1987). Death acceptance: A two-component formulation and scale. *Omega: Journal of Death and Dying, 18*(3), 229–235.

Kosberg, J. T. (1988). Preventing Elder Abuse: Identification of High Risk Factors Prior to

Placement Decisions. *The Gerontologist, 28,* 43-50.

Kübler-Ross, E. (1969). *On death and dying.* New York, NY: Macmillan Publishing.

Lachs, M. S., & Pillemer, K. (1995). Abuse and neglect of elderly persons. *The New England Journal of Medicine, 332*(7), 437-443.

Lachs, M. S., & Pillemer, K. (2004) Elder Abuse. *Lancet, 364,* 1263-1272.

Lee, M. (2005). The effects of REACH interventions on longitudinal changes of negative and positive care giver outcomes. Unpublished doctoral dissertation. Washington University in St. Louis, Missouri.

Leininger, M. M. (1981). *Caring; an Essential Human Need: Proceedings of Three National Caring.* Michigan: Wayne State University Press.

McClusky, H. Y. (1971). *Education: Background. Report prepared for the 1971 White House Conference on Aging.* Washington, DC: White House Conference on Aging.

McDonald, L. (2011). Elder abuse and neglect in Canada: the glass is still half full. *Canadian Journal on Aging, 30*(3), 437-465.

Mclnnis-Dittrich, K. (2005). *Social work with Elders: A Biopsychosocial Approach to Assessment and Intervention*(2nd ed.). Boston, MA: Pearson Education, Inc.

Morgan, L., & Kunkel, S. (2001). *Aging: The Social Context*(2nd ed.). CA: Academic Press.

Murrell, S. A., Norris, F. H., & Chipley, Q. T. (1992). Functional versus structural social support, desirable events, and positive affect in older adults. *Psychology and Aging, 7,* 562-570.

National Association of Social Workers(1992). *Standards for the Classification of Social Work Practice.* Washington, DC: NASW.

National Research Council.(2003). Elder mistreatment: abuse, neglect and exploitation in an aging America. Panel to Review Risk and Prevalence of Elder Abuse and Neglect. R.

Neugarten, B. L. (1979). Time, age and the life cycle. *American Journal of Psychiatry, 136,* 887-894.

Payne, B. K. (2002). An integrated understanding of elder abuse and neglect. *Journal of Criminal Justice, 30*(6), 535-547.

Pillemer, K., & Finkelhor, D. (1988). The Prevalence of Elder Abuse: A Random Sample Survey. *The Gerontologist, 28*(1), 51-57.

Pilling, D. (1992). Approaches to case management for people with disabilities, Rehabilitation Resource Centre.

Pincus, A., & Minahan, A. (1973). *Social Work Practice: Model and Method.* Itasca, IL: Peacock.

Poulshock, S. W., & Deimling, G. T. (1984). Families caring elders in residence: Issues in the measurement of burden. *Journal of Gerontology, 39*(2), 230-239.

Ramsey-Klawsnik, H. (2000). Elder-abuse Offenders: A Typology. *Generations, 24*(2), 17-22.

Ray, J. J., & Najman, J. (1974). Death anxiety and death acceptance: A preliminary approach. *Omega: Journal of Death and Dying, 5*(4), 311-315.

Relph, E. (2005). **장소와 장소 상실.** [Place and placelessness] (김덕현, 김현주, 심승희 역). 서울: 논형(원저출간: 1976).

Richard, J. B., & Robert, B. (2003). Elder Mistreatment: Abuse, Neglect, and Exploitation in an Aging America. National Research Council, 232.

Rosow, L. (1974). *Socialization to Old Age.* CA: University of California.

Rothman, J. (1992). *Guidelines for Case Management: Putting Research to Professional Use.* Itasca, IL: F. E. Peacock Publishers, Inc.

Rowe, J. W., & Kahn, R. L. (1997). *Successful Aging.* New York: Dell Publishing Random House.

Rowe, J. W., & Kahn, R. L. (1998). *Successful aging.* New York: Pantheon Books.

Rubinstein, R. L. & Parmelee, P. A. (1992). Attachment to place and the representation of the life course by the elderly. In I. Altman & S. Low (Eds), *Place Attachment*(pp. 139-163). New York: Plenum.

Saleebey, D. (2005). The strengths perspective: Principles and practices. In B Compton, B. Galaway & B. Cournoyer(Eds.), *Social work processes*(6th ed.). Belmont: Brooks/Cole Publishing Company.

Sheafor, B. W., Charles, R., Horejsi, & Gloria, A., H. (1999). *Techniques and Guidelines for Social Work Practice*(4th ed.). Boston: Allyn and Bacon.

Sodei, T. (1999). How to prevent elder abuse caused by the heavy burden of family caregiviging. 99 서울국제노년학대회 특별후원심포지엄, 21세기 노인부양과 여성노인의 문제.

Steinmetz, S. K. (1981). Elder abuse. *Aging, Jan-Feb,* 315-316.

Sullivan, T. (1988). *Social Problems: Divergent Perspective.* New York: John Wiley & Sons.

Thomas, C. (1993). De-constructing concepts of care. *Sociology, 27*(4), 649-669.

Thorson, J. A. (2000). *Aging on the Changing Society*(2nd ed.). Pennsylvania: Brunner/Mazel.

Tornstam, L. (1994). Gerotranscendence: A theoretical and empirical exploration. In L.E. Thomas & S.A. Eisenhandler (Eds.) *Aging and the religious dimension* (pp. 203-225). Westport, CT: Greenwood Publishing Group.

UN(1991). United Nations Principles for Older Persons(http://www.ohchr.org/EN/ProfessionalInterest/Pages/OlderPersons.aspx).

Wethington, E., & Kessler, R. C. (1986). Perceived support, received support, and adjustment to stressful life events. *Journal of Health and Social Behavior, 27*, 78-89.

Wolf, R. S. (2000). The nature and scope of elder abuse. *Generations, 24*(2), 6-12.

Wong, P. T. P., Recker, G. T., & Gesser, G. (1994). Death Attitude Profile-Revised: A multidimensional measure of attitudes toward death(DAP-R). In R. A. Neimeyer(Ed), *Death anxiety handbook: Research, instrumentation, and application* (pp.121-148). Washington, DC: Taylor & Francis.

WHO(2004). Global Burden of Disease 2004 Update: Selected figures and tables.

Woodside, M., & McClam, T. (2006). *Generalist case management: A method of human service delivery*(3rd ed.). Belmont, CA: Thmopson/Brooks Cole.

World Health Organization(2004). Promoting Mental Health: Concepts Emerging Evidence and Practice; Summary Report(M), A Report of the World Health Organization, Department of Mental Health and Substance Abuse in Collaboration with the Victorian Health Promotion Foundation and The University of Melbourne: Geneva, Switzerland.

Zastrow, C. (1992). *The Practice of Social Work.* California: Wadsworth Pub. CO.

찾아보기

ㅇ

ㅈ

ㅊ

ㅌ

ㅎ

기타

저자 소개

■ **신경안**

성결대학교 대학원 사회복지학박사
현, 동서울대학교 사회복지학과 교수
〈저서〉 사회복지개론, 자원봉사론, 사회보장론 외

■ **공영미**

계명대학교 대학원 박사 수료(유아교육학 전공)
현, 경북과학대학교 보육복지계열 교수
〈저서〉 유아사회교육, 보육학개론 외

■ **김송고**

동국대학교 사회복지학 석사
대구대학교 일반대학원 철학박사(사회복지정책 전공)
현, 포항대학교 사회복지학과 겸임교수

■ **김태희**

영남대학교 대학원 행정학 박사(사회복지정책 및 행정 전공)
현, 성운대학교 스마트평생교육학부 IT융합복지 전공 교수

■ 김현경

연세대학교 대학원 철학박사
현, 경민대학교 자율전공학부 사회복지 전공 교수
〈저서〉 사회복지학개론, 사회복지와 인권, 사회문제론 외

■ 오승하

동방문화대학원대학교 교육학박사(사회복지상담)
현, 강동대학교 글로컬사회복지학부 교수
〈저서〉 사회복지학개론, 사회복지정책론 외

■ 이영희

청주대학교 대학원 사회복지학박사
현, 대전과학기술대학교 보건복지상담과 교수
〈저서〉 지역사회복지론, 사회복지법제와 실천, 정신건강사회복지론 외

■ 정형민

대구대학교 사회복지대학원 석사영남대학교 지역 및 복지행정학과 박사과정 수료
현, 영남외국어대학교 사회복지과 교수
〈저서〉 사회복지실천기술론, 장애인복지론, 사회복지현장실습의 이해 외

노인복지론

1판 1쇄 발행 — 2023년 7월 28일
1판 2쇄 발행 — 2024년 1월 25일

저　자 – 신경안 공영미 김송고 김태희
김현경 오승하 이영희 정형민
발 행 인 – 강철원
발 행 처 – 양성원
주　소 – 경기도 파주시 검산로 173번길 29-12
전　화 – 031-946-3861(代)
팩　스 – 031-946-3864
이 메 일 – tnwpub@naver.com
홈페이지 – tnwpub.co.kr
출판등록 – 2015년 8월 31일 제2015-000211호

ISBN 979-11-6126-543-8

정가 22,000원